야금야금 **공부해**
한 번에 **합격**

JLPT
N1

임승진·원영순 공저

임승진

저서
너도 일본애들처럼 말해봐
짧은 표현으로 거침없이 말하는 일본어
판타스틱 일본백서
야금야금 공부해 한번에 합격 JLPT N4/N5
야금야금 공부해 한번에 합격 JLPT N3/N4
야금야금 공부해 한번에 합격 JLPT N2
야금야금 공부해 한번에 합격 JLPT N1

원영순

저서
야금야금 공부해 한번에 합격 JLPT N4/N5
야금야금 공부해 한번에 합격 JLPT N3/N4
야금야금 공부해 한번에 합격 JLPT N2
야금야금 공부해 한번에 합격 JLPT N1

야금야금 공부해 한번에 합격 JLPT
新 경향 실전 대비집 N1

개정판 1쇄 발행 2019년 12월 10일

지은이 임승진·원영순
기획 및 편집 글로벌21 어학연구소
표지디자인 이영숙
영업마케팅 정병건

펴낸곳 ㈜글로벌21
출판등록 2019년 1월 3일
주소 서울시 구로구 시흥대로 577-11
전화 02)6365-5169
팩스 02)6365-5179
www.global21.co.kr

ISBN 978-89-8233-175-6 13730

- 이 책에 실린 모든 내용, 디자인, 편집 구성의 저작권은 ㈜글로벌21과 지은이에게 있습니다.
  허락 없이 복제하거나 다른 매체에 옮겨 실을 수 없습니다.
- 잘못된 책은 구입하신 곳에서 바꿔 드립니다.

머리말

2010년부터 실시되는 新일본어 능력시험은 단편적인 문법 지식이나 어휘를 묻는 출제방식이 아니라 좀 더 종합적으로 일본어를 이해하고 있는가에 초점을 맞추어 새로운 문제유형을 제시하고 있습니다. 따라서 일본어에 관한 지식과 실제 운용 가능한 일본어 능력을 중시합니다. 이 책은 기존의 일본어능력시험에서 다루어왔던 핵심적인 문법사항을 철저히 분석함과 동시에 신경향의 출제패턴에 맞추어 커뮤니케이션 상의 과제 수행 능력을 향상시킬 수 있는 문제들을 예상하여 제시하고 있습니다.

기존 능력시험은 자격증을 가지고 있어도, 실제로 회화수준은 거기에 못 미친다는 것이 지적이 되어 왔었습니다. 따라서 新시험유형은 그러한 단점을 보완한다는 취지에서 회화능력을 간접적으로 평가할 수 있는 문제들로 많이 변화되었습니다. 그리고 합격평가기준도 절대평가에서 과락제로 기준이 바뀌면서 파트별로 골고루 점수를 취득하지 못하면 합격이 어렵게 되었습니다. 이러한 흐름에 맞춰 응시생들에게 꼭 필요한 교재가 있어야 한다고 판단이 되어 본 교재를 만들게 되었습니다.

본 교재는 기존의 문제집과는 달리 한 과에 실제 시험문제와 같은 형식인 언어지식(문자/어휘, 문법), 독해, 청해순으로 구성되어져 있습니다. 그러므로 한 권만으로도 모든 파트를 다 마스터할 수 있습니다. 문자/어휘파트에서는 품사별로 설명이 되어져 있어 문자와 어휘를 쉽게 정리 할 수 있게 했고, 청해와 독해파트는 자세한 스크립트를 첨부해 혼자서도 충분히 학습이 가능하도록 했습니다. 특히 2010년부터 새롭게 도입된 문제패턴을 철저히 분석해 문제를 제시함으로써 新시험유형에 대한 적응력을 키울 수 있도록 힘썼습니다.

아무쪼록 본 교재가 新일본어 능력시험대비자들에게 큰 도움이 되길 바라며 더불어 능력시험 합격을 진심으로 바라는 바입니다.

일본어 능력 시험 개요

1. **목적**

   일본 국내 및 해외에서 일본어를 모국어로 하지 않는 사람을 대상으로 일본어 능력을 측정하고 인정하는 것을 목적으로 한다.

2. **주최 및 시험일시**

   일본 국내는 재단법인 일본국제교육협회가 주최한다.
   일본 국외는 독립행정법인 국제교류기금이 주최한다.
   시험은 매년 2회, 7월과 12월에 전 세계에서 동시에 실시한다.

인터넷 접수	www.jlpt.or.kr (시험장 선택 가능)
방문 접수	당 사무국 또는 방문접수처 (시험장 선택 불가)

3. **시험과목과 시험시간**

   시험은 1급 ~ 5급으로 나뉘어져 있어 수험자의 능력에 맞는 급수를 선택한다.
   각 급마다 문자, 어휘/문법, 독해/청해 세 부분으로 나뉜다.

레벨	시험과목(시험시간)	
N1 (기존 1급보다 다소 높은 레벨)	언어지식(문자, 어휘, 문법), 독해/110분	청해(65분)
N2 (기존 2급과 비슷)	언어지식(문자, 어휘, 문법), 독해/105분	청해(55분)
N3 (기존 2급과 3급의 사이 레벨)	언어지식(문자,어휘)/30분 언어지식(문법), 독해/70분	청해(45분)
N4 (기존 3급과 비슷)	언어지식(문자,어휘)/30분 언어지식(문법), 독해/60분	청해(40분)
N5 (기존 4급과 비슷)	언어지식(문자,어휘)/25분 언어지식(문법), 독해/50분	청해(35분)

   * 시험시간은 변경되는 경우도 있습니다. 또한 청해는 시험문제의 녹음 길이에 따라 시험시간이 다소 변하기도 합니다.
   * N1과 N2의 시험과목은 [언어지식(문자, 어휘, 문법), 독해]와 [청해]로 2과목입니다.
   * N3, N4, N5의 시험과목은 [언어지식(문자, 어휘)][언어지식(문법), 독해][청해]로 3과목입니다.

구성 및 특징

1. 구성
각 과는 문자, 어휘/문법, 독해/청해로 구성되어 있다.

2. 특징(각 파트별)

문자/어휘: N1 신경향 문제 유형에 맞춰 Practice Test를 제시한다.

문자 1번 문제(한자 읽기)
문자 파트에 해당된다. 한자 읽기문제로서 한자로 쓰여 있는 말의 읽는 법을 묻는 문제이다.

문자 2번 문제(문맥규정)
어휘 파트에 해당된다. 문맥에 따라 의미적으로 규정되어진 말이 무엇인지 묻는 문제이다.

어휘 3번 문제(바꾸어 말하는 유의어)
어휘파트에 해당된다. 출제 되어진 말이나 표현과 의미적으로 가까운 말이나 표현을 묻는 문제이다.

어휘 4번 문제(용법)
어휘파트에 해당된다. 출제어가 문장 안에서 어떻게 사용되는지를 묻는 문제이다.

문법/독해: N1에서 나올 가능성이 높은 문법 패턴정리하고 신경향 문제 유형에 맞춰 Practice Test를 제시한다.

문법 1번 문제   문법형식판단문제 (문장 내용에 맞는 바른 문법형식 찾기)
문법 2번 문제   문장구조문제 (문장을 문법에 맞게 배열하는 문제)
문법 3번 문제   문장문법문제 (단문 속에서 바른 문법형식 찾기)

독해 1번 문제(내용이해/ 단문)
생활이나 일 등 다양한 화제가 포함된 설명문이나 지시문 등 200자정도의 텍스트를 읽고 내용을 이해할 수 있는지를 묻는 문제이다

독해 2번 문제(내용이해/ 중문)
비교적 쉬운 내용의 평론, 해설, 에세이 등 500자정도의 텍스트를 읽고, 인과관계나 이유, 개요나 필자의 생각 등을 이해할 수 있는지를 묻는 문제이다

독해 3번 문제(내용이해/ 장문)
해설, 에세이, 소설 등 1000자정도의 텍스트를 읽고 개요나 필자의 생각 등을 이해할 수 있는지를 묻는 문제이다.

독해 4번 문제(통합이해)
비교적 쉬운 내용의 복수의 텍스트(600자정도)를 비교해서 읽어보고, 비교·통합해가면서 이해할 수 있는지를 묻는 문제이다.

독해 5번 문제(주장이해/장문)
사설, 평론 등 논리전개가 비교적 명쾌한 1000자정도의 텍스트를 읽고, 전체적으로 전달하고자하는 주장이나 의견을 파악할 수 있는지를 묻는 문제이다.

독해 6번 문제(정보검색)
광고, 팸플릿, 정보지, 비즈니스문서 등의 정보소재(700자정도)중에서 필요한 정보를 찾아낼 수 있는지를 묻는 문제이다.

* 본권의 1과부터 5과까지는 신유형인 정보검색 문제와 통합이해 문제, 6과부터 12과까지는 기존의 시험유형과 변동이 없는 단문/중문 문제, 13과부터 15과까지는 장문 문제를 중심으로 다루었다. 그리고 16과에서는 유형별로 골고루 연습할 수 있도록 종합문제를 실었다.

청해

청해 1번 문제
과제 이해 문제이다. 문장을 들려주고 내용을 이해했는가를 묻는 문제로서 구체적인 과제해결에 필요한 정보를 듣고 다음에 어떤 행동을 취해야하는지를 묻는 문제가 출제된다.

청해 2번 문제
포인트 이해 문제이다. 문장 속에서 핵심 포인트를 집어낼 수 있는 가를 묻는 문제가 출제된다.

청해 3번 문제
개요 이해 문제이다. 문장을 들려주고 내용을 이해했는가를 묻는 문제로서 화자의 의도나 주장을 이해했는지를 묻는 문제가 출제된다.

청해 4번 문제
즉시 응답 문제이다. 짧은 질문을 듣고 적절한 대답을 신속하게 선택하는 문제가 출제된다.

청해 5번 문제
통합 이해 문제이다. 비교적 긴 텍스트를 들려주고 여러 가지 정보를 비교 통합하면서 내용을 이해했는가를 묻는 문제가 출제된다.

목차

머리말 ---- 003
일본어 능력 시험 개요 ---- 004
구성과 특징 ---- 005

Part 01 ---- 011
chapter 01   **문자/어휘** 1번 문제/명사
                      2번 문제/명사
chapter 02   **문법** N1 문법패턴 1 (〜あっての에서 〜が最後(さいご)까지)
                독해 정보검색/통합이해 문제
chapter 03   **청해** 과제 이해 문제 1

Part 02 ---- 043
chapter 01   **문자/어휘** 1번 문제/명사
                      2번 문제/명사
chapter 02   **문법** N1 문법패턴 2 (〜かたがた에서 〜ことなしに(は)까지)
                독해 정보검색/통합이해 문제
chapter 03   **청해** 과제 이해 문제 2

Part 03 ---- 073
chapter 01   **문자/어휘** 1번 문제/명사
                      2번 문제/명사
chapter 02   **문법** N1 문법패턴 3
                (〜始末(しまつ)だ에서 ただ〜のみ/ただ〜のみならず까지)
                독해 정보검색/통합이해 문제
chapter 03   **청해** 과제 이해 문제 3

Part 04 ---- 105
chapter 01   **문자/어휘** 1번 문제/명사
                      2번 문제/명사
chapter 02   **문법** N1 문법패턴 4 (〜たてまえ에서 〜てしかるべきだ까지)
                독해 정보검색/통합이해 문제
chapter 03   **청해** 포인트 이해 문제 1

Part 05 ——————————————————————— 137

    chapter 01   **문자/어휘** 1번 문제/동사
                            2번 문제/동사

    chapter 02   **문법** N1 문법패턴 5 (~でなくてなんだろう에서 ~とあれば까지)
               독해 정보검색/통합이해 문제

    chapter 03   **청해** 포인트 이해 문제 2

Part 06 ——————————————————————— 165

    chapter 01   **문자/어휘** 1번 문제/동사
                            2번 문제/동사

    chapter 02   **문법** N1 문법패턴 6 (~といい ~といい에서 ~ところを까지)
               독해 단문/중문 문제

    chapter 03   **청해** 포인트 이해 문제 3

Part 07 ——————————————————————— 191

    chapter 01   **문자/어휘** 1번 문제/복합동사
                            2번 문제/복합동사

    chapter 02   **문법** N1 문법패턴 7 (~としたところで에서 ~ないまでも까지)
               독해 단문/중문 문제

    chapter 03   **청해** 개요 이해 문제 1

Part 08 ——————————————————————— 219

    chapter 01   **문자/어휘** 1번 문제/い형용사
                            2번 문제/い형용사

    chapter 02   **문법** N1 문법패턴 8
                           (~ないものでもない에서 ~にかこつけて까지)
               독해 단문/중문 문제

    chapter 03   **청해** 개요 이해 문제 2

Part 09 ——————————————————————— 245

    chapter 01   **문자/어휘** 2번 문제/파생어(접두어,접미어)
    chapter 02   **문법** N1 문법패턴 9
                           (~にはあたらない에서 ~に足(た)る까지)
               독해 단문/중문 문제

    chapter 03   **청해** 개요 이해 문제 3

Part 10 ——————————————————————— 273
- chapter 01 **문자/어휘** 2번 문제/외래어
- chapter 02 **문법** N1 문법패턴 10
  (〜にひきかえ에서 〜べく/〜べくもない까지)
  독해 단문/중문 문제
- chapter 03 **청해** 즉시 응답 문제 1

Part 11 ——————————————————————— 295
- chapter 01 **문자/어휘** 2번 문제/부사
- chapter 02 **문법** N1 문법패턴 11 (〜まじき에서 〜ものなら까지)
  독해 단문/중문 문제
- chapter 03 **청해** 즉시 응답 문제 2

Part 12 ——————————————————————— 317
- chapter 01 **문자/어휘** 2번 문제/な형용사
- chapter 02 **문법** N1 문법패턴 12
  (〜や/〜や否(いな)や에서 〜を経(へ)て까지)
  독해 단문/중문 문제
- chapter 03 **청해** 즉시 응답 문제 3

Part 13 ——————————————————————— 339
- chapter 01 **문자/어휘** 1번 문제/기타
  2번 문제/기타
- chapter 02 **문법** N1 문법패턴 13 (〜をもって에서 〜んばかりだ까지)
  독해 장문 문제
- chapter 03 **청해** 통합 이해 문제 1

Part 14 ——————————————————————— 367
- chapter 01 **문자/어휘** 3번 문제/유의어(명사, 동사, い형용사, な형용사)
  4번 문제/용법(명사, 동사, な형용사)
- chapter 02 **문법** N1에 나올 수 있는 N2 필수문법패턴 1
  독해 장문 문제
- chapter 03 **청해** 통합 이해 문제 2

Part 15 ----- 411

- **chapter 01**   **문자/어휘** 3번 문제/유의어(부사, 외래어, 기타)
  4번 문제/용법(부사, 외래어)
- **chapter 02**   **문법** N1에 나올 수 있는 N2 필수문법패턴 2
  독해 장문 문제
- **chapter 03**   **청해** 통합 이해 문제 3

Part 16 ----- 447

- **chapter 01**   **문자/어휘** 종합문제
- **chapter 02**   **문법** 종합문제
  독해 종합문제
- **chapter 03**   **청해** 종합문제

정답과 문법/독해해석 ----- 477

N1

뉴 일본어 능력시험

Part 01

문자/어휘　**chapter 01**
1번 문제/명사
2번 문제/명사

문법　**chapter 02**
N1 문법패턴 1 (~あっての에서 ~が最後(さいご)까지)

독해
정보검색/통합이해 문제

청해　**chapter 03**
과제 이해 문제 1

chapter 01 문자/어휘

N1 1교시

1번 문제/필수명사(1자 한자)

垢あか 때, 더러움	銅あかがね 구리, 동	味あじ 맛	麻あさ 삼(베)
値あたい 가치	宛あて ~앞	網あみ 그물	碑いしぶみ 비석
市いち 시장	稲いね 벼	鼾いびき 코고는 소리	
嗽うがい 입 안을 물로 가셔냄	渦うず 소용돌이		うそつき 거짓말쟁이
器うつわ 그릇	生うまれつき 천성, 본성	柄え 자루, 손잡이	尾お 꼬리
甥おい 조카	公おおやけ 국가, 공공, 정부		丘おか 언덕
お菜かず 반찬	沖おき 먼 바다, 앞바다	雄おす 수컷	
お喋しゃべり 수다쟁이, 잡담함		趣おもむき 풍취, 뜻, 취지	織おり 짬, 짠 솜씨
踵かかと 발뒤꿈치	崖がけ 벼랑, 낭떠러지	雷かみなり 천둥	頭かしら 우두머리, 머리
粥かゆ 죽	癌がん 암	兆きざし 징조, 조짐	甲きのえ 갑
行ぎょう 행, 가로나 세로로 늘어 놓인 글자의 줄		玉ぎょく 구슬, 보석, 옥	桐きり 오동나무
際きわ 때, 즈음, 기회	茎くき 줄기	嚔くしゃみ 재채기	
嘴くちばし 부리, 새의 주둥이		蔵くら 곳간, 창고	傑けつ 걸(뛰어난 사람)
獣けもの 짐승	志こころざし 뜻	毎ごと ~마다	暦こよみ 달력
財ざい 재물, 재산	竿さお 장대	杯さかずき 술잔	錆さび 녹
侍さむらい 무사	潮しお 바닷물	軸じく 굴대, 축	滴/雫しずく 물방울
躾しつけ 예의범절	芝しば 잔디	霜しも 서리	僕しもべ 하인, 종
弱じゃく ~약, 약함	銃じゅう 총	塾じゅく 사설학원, 보습학원	
情じょう 정	皺しわ 주름	巣す 둥지	裾すそ 옷자락
倅せがれ 자기아들을 일컫는 말		善ぜん 선, 선행	禅ぜん 선(불교)
像ぞう 물체의 모양, 모습	園その 동산, 뜰, ~원	類たぐい 류, 종류	丈たけ 키
館たち 관, 공공(公共)의 건물		盾たて 방패	魂たましい 혼
乳ちち 젖	宙ちゅう 공중	腸ちょう 장, 창자	庁ちょう 관청
蝶ちょう 나비	筒つつ 통	角つの 뿔	唾つば 침
翼つばさ 날개	帳とばり 방장, 장막	壺つぼ 단지, 항아리	蕾つぼみ 꽃봉오리
露つゆ 이슬	刺とげ 가시	床とこ 잠자리, 이부자리, 마루	
隣となり 이웃	扉とびら 문	富とみ 부, 재산	共とも 같음, 동시

苗 なえ 모종	鉛 なまり 납	訛 なまり 방언	並 なみ 보통
荷 に 짐	主 ぬし 주인	沼 ぬま 늪	音 ね 소리
鼠 ねずみ 쥐	念 ねん 생각, 심정	脳 のう 뇌	鋸 のこぎり 톱
刃 は 칼날	肺 はい 폐	墓 はか 묘, 무덤	鋏 はさみ 가위
端 はし 끝, 가	恥 はじ 수치	柱 はしら 기둥	蓮 はす 연, 꽃
旗 はた 기깃발	裸 はだか 알몸	鉢 はち 화분	浜 はま 바닷가
判 はん 도장, 판정	美 び 미(아름다움)	雛 ひな 병아리, 새끼 새	標 ひょう 표, 표지
部 ぶ 부, 구분	封 ふう 봉함, 봉한 자리에 하는 표시		福 ふく 행복
蓋 ふた 뚜껑, 덮개	札 ふだ 표찰	斑 ぶち 얼룩(배기)	仏 ふつ 프랑스의 준말
臍 へそ 배꼽	歩 ほ 걸음, 진행	穂 ほ 이삭	僕 ぼく 나
巻 まき 감음	誠 まこと 진실	的 まと 표적, 목표	鞠 まり 공, 볼
幹 みき 나무줄기	自 みずから 스스로	溝 みぞ 도랑	源 みなもと 근원
峰 みね 봉우리	婿 むこ 사위, 신랑	旨 むね 취지	紫 むらさき 자색
芽 め 싹	雌 めす 암컷	喪 も 상, 상중	腿 もも 허벅다리
弓 ゆみ 활	世 よ 세상, 시대	寮 りょう 기숙사	輪 りん 바퀴, 원형, 고리
和 わ 화목, 화해	枠 わく 틀	技 わざ 기술	藁 わら 짚

1번 문제/필수명사(2자 한자)

愛想 あいそう 붙임성	間柄 あいだがら 사이, 관계	合間 あいま 틈, 짬	赤字 あかじ 적자
悪癖 あくへき 나쁜 버릇	朝晩 あさばん 아침저녁	悪化 あっか 악화	圧倒 あっとう 압도
圧迫 あっぱく 압박	圧力 あつりょく 압력	油絵 あぶらえ 유화	雨具 あまぐ 우비
甘口 あまくち 단맛이 돎	粗筋 あらすじ 개강의 줄거리, 개요		有様 ありさま 상태, 꼴
暗殺 あんさつ 암살	暗算 あんざん 암산	暗示 あんじ 암시	安静 あんせい 안정
医院 いいん 의원	家出 いえで 가출	意義 いぎ 의의	異議 いぎ 이의
育成 いくせい 육성	幾多 いくた 많음	意見 いけん 의견	以降 いこう 이후
移行 いこう 이행	意向 いこう 의향	意地 いじ 고집	維持 いじ 유지

移住 いじゅう 이주	衣装 いしょう 의상	異性 いせい 이성	遺跡 いせき 유적
依然 いぜん 의연	依存 いぞん 의존	委託 いたく 위탁	悪戯 いたずら 장난
一段 いちだん 한층	一同 いちどう 일동	一面 いちめん 일면, 온통	一目 いちもく 일견, 슬쩍 봄
一様 いちよう 한결같음	一連 いちれん 일련	一括 いっかつ 일괄	
一見 いっけん 한 번 봄, 언뜻 봄		一切 いっさい 일체, 모두	一歳 いっさい 한 살
一生 いっしょう 일생	一心 いっしん 일심	一節 いっせつ 한 구절	一帯 いったい 일대
一変 いっぺん 일변	意図 いと 의도	異動 いどう 이동	田舎 いなか 시골
稲光 いなびかり 번개	違反 いはん 위반	衣服 いふく 의복	移民 いみん 이민
意欲 いよく 의욕	依頼 いらい 의뢰	以来 いらい 이래	
衣料 いりょう 의료(옷의 총칭)		医療 いりょう 의료	威力 いりょく 위력
衣類 いるい 의류	異論 いろん 이론, 이의	印鑑 いんかん 인감, 도장	陰気 いんき 침울함
隠居 いんきょ 은거	印刷 いんさつ 인쇄	飲酒 いんしゅ 음주	印象 いんしょう 인상
飲食 いんしょく 음식	引退 いんたい 은퇴	引用 いんよう 인용	引力 いんりょく 인력
受身 うけみ 수동	団扇 うちわ 부채	内訳 うちわけ 내역	腕前 うでまえ 솜씨
雨天 うてん 우천	雨量 うりょう 우량	浮気 うわき 바람을 핌	運営 うんえい 운영
運送 うんそう 운송	運賃 うんちん 운임	運搬 うんぱん 운반	運命 うんめい 운명
運輸 うんゆ 운수	運用 うんよう 운용	永遠 えいえん 영원	永久 えいきゅう 영구
影響 えいきょう 영향	営業 えいぎょう 영업	英字 えいじ 영자	映写 えいしゃ 영사
衛生 えいせい 위생	衛星 えいせい 위성	映像 えいぞう 영상	英文 えいぶん 영문
英雄 えいゆう 영웅	栄養 えいよう 영양	英和 えいわ 영일	閲覧 えつらん 열람
獲物 えもの 사냥감	円滑 えんかつ 원활함	縁側 えんがわ 툇마루	沿岸 えんがん 연안
婉曲 えんきょく 완곡(말이나 행동을 빙 돌려서 함)		演習 えんしゅう 연습	円周 えんしゅう 원주
演出 えんしゅつ 연출	援助 えんじょ 원조	沿線 えんせん 연선(도로를 따라 그 옆에 있는 지역)	
演奏 えんそう 연주	遠足 えんそく 소풍	縁談 えんだん 혼담	延長 えんちょう 연장
遠方 えんぽう 먼 곳	円満 えんまん 원만함	遠慮 えんりょ 사양	応援 おうえん 응원
応急 おうきゅう 응급	往診 おうしん 왕진	横断 おうだん 횡단	往復 おうふく 왕복
応募 おうぼ 응모	応用 おうよう 응용	大方 おおかた 대강, 거의	大柄 おおがら 몸집이 큼
大筋 おおすじ 대강	大幅 おおはば 대폭	大水 おおみず 홍수	お菓子 かし 과자

お洒落しゃれ 멋 부림, 멋쟁이, 세련됨		お世辞せじ 아첨, 발림으로 하는 말	
汚染おせん 오염	織物おりもの 직물	恩恵おんけい 은혜	温室おんしつ 온실
温泉おんせん 온천	温帯おんたい 온대	温暖おんだん 온난	御中おんちゅう 귀중
温度おんど 온도	御礼おんれい 감사의 말씀	穏和おんわ 온화함	改悪かいあく 개악
会員かいいん 회원	海運かいうん 해운	外貨がいか 외화	改革かいかく 개혁
貝殻かいがら 조가비	会館かいかん 회관	外観がいかん 외관	階級かいきゅう 계급
海峡かいきょう 해협	会見かいけん 회견	介護かいご 간호	開催かいさい 개최
回収かいしゅう 회수	改修かいしゅう 개수(고쳐지음)		怪獣かいじゅう 괴수
解除かいじょ 해제	解消かいしょう 해소	外相がいしょう 외무장관	快晴かいせい 쾌청
概説がいせつ 개설	改善かいぜん 개선	回送かいそう 회송	階層かいそう 계층
開拓かいたく 개척	会談かいだん 회담	階段かいだん 계단	
改定かいてい 개정(고쳐서 다시 정함)		改訂かいてい 개정(책의 내용을 고침)	
回答かいとう 회답	解答かいとう 해답	街道かいどう 가도	街頭がいとう 가두
該当がいとう 해당	介入かいにゅう 개입	概念がいねん 개념	海抜かいばつ 해발
介抱かいほう 간병, 돌봄	解剖かいぼう 해부	海洋かいよう 해양	概要がいよう 개요
外来がいらい 외래	回覧かいらん 회람	概略がいりゃく 개략, 개요	海流かいりゅう 해류
改良かいりょう 개량	回路かいろ 회로	海路かいろ 해로	課外かがい 과외
価格かかく 가격	垣根かきね 울타리	架空かくう 가공	学芸がくげい 학예
格差かくさ 격차	拡散かくさん 확산	学士がくし 학사	各種かくしゅ 각종
隔週かくしゅう 격주	革新かくしん 혁신	確信かくしん 확신	学説がくせつ 학설
確定かくてい 확정	獲得かくとく 획득	楽譜がくふ 악보	格別かくべつ 각별
確保かくほ 확보	革命かくめい 혁명	確立かくりつ 확립	学歴がくれき 학력
家計かけい 가계	可決かけつ 가결	加減かげん 가감	下限かげん 하한
火口かこう 화구	加工かこう 가공	下降かこう 하강	
化合かごう 화합(화학적 결합)		火災かさい 화재	風車かざぐるま 풍차
火星かせい 화성	化石かせき 화석	仮説かせつ 가설	下線かせん 밑줄
河川かせん 하천	過疎かそ 과소	課題かだい 과제	気質かたぎ 기질, 성미
片言かたこと 서투른 말투, 한마디의 말		花壇かだん 화단	家畜かちく 가축

画期 かっき 획기	楽器 がっき 악기	合唱 がっしょう 합창	合致 がっち 합치
勝手 かって 제멋대로 굶, 부엌		活発 かっぱつ 활발함	月日 がっぴ 월일
合併 がっぺい 합병	活躍 かつやく 활약	家庭 かてい 가정	株式 かぶしき 주식
花粉 かふん 꽃가루	貨幣 かへい 화폐	加味 かみ 가미맛을 더함	過密 かみつ 과밀
歌謡 かよう 가요	過労 かろう 과로	簡易 かんい 간이, 손쉬움	眼科 がんか 안과
感覚 かんかく 감각	間隔 かんかく 간격	喚起 かんき 환기	眼球 がんきゅう 안구
観客 かんきゃく 관객	環境 かんきょう 환경	関係 かんけい 관계	歓迎 かんげい 환영
簡潔 かんけつ 간결함	還元 かんげん 환원	看護 かんご 간호	漢語 かんご 한어
頑固 がんこ 완고함	刊行 かんこう 간행	慣行 かんこう 관행	観光 かんこう 관광
勧告 かんこく 권고	関西 かんさい 관서지방(일본)		換算 かんさん 환산
監視 かんし 감시	感謝 かんしゃ 감사	慣習 かんしゅう 관습	観衆 かんしゅう 관중
願書 がんしょ 원서	干渉 かんしょう 간섭	鑑賞 かんしょう 감상	勘定 かんじょう 계산
頑丈 がんじょう 튼튼함	感触 かんしょく 감촉	肝心 かんじん 중요함	歓声 かんせい 환성
完成 かんせい 완성	関税 かんぜい 관세	岩石 がんせき 암석	間接 かんせつ 간접
幹線 かんせん 간선	感染 かんせん 감염	簡素 かんそ 간소함	乾燥 かんそう 건조
観測 かんそく 관측	官庁 かんちょう 관청	観点 かんてん 관점	感度 かんど 감도
関東 かんとう 관동지방(일본)		監督 かんとく 감독	元年 がんねん 원년
観念 かんねん 관념	乾杯 かんぱい 건배	看板 かんばん 간판	幹部 かんぶ 간부
勘弁 かんべん 용서함	勧誘 かんゆう 권유	関与 かんよ 관여	寛容 かんよう 관용
慣用 かんよう 관용	元来 がんらい 원래	観覧 かんらん 관람	管理 かんり 관리
官僚 かんりょう 관료	慣例 かんれい 관례	還暦 かんれき 환갑	関連 かんれん 관련
貫禄 かんろく 관록	漢和 かんわ 한문과 일본어	緩和 かんわ 완화	議案 ぎあん 의안
議員 ぎいん 의원	気温 きおん 기온	危害 きがい 위해	規格 きかく 규격
企画 きかく 기획	気軽 きがる 가볍게 행동함. 선선함		器官 きかん 기관
季刊 きかん 계간	危機 きき 위기	帰京 ききょう 귀경	企業 きぎょう 기업
戯曲 ぎきょく 희곡	基金 ききん 기금	喜劇 きげき 희극	議決 ぎけつ 의결
危険 きけん 위험함	棄権 きけん 기권	起源 きげん 기원	機嫌 きげん 기분
機構 きこう 기구	記号 きごう 기호	既婚 きこん 기혼	記載 きさい 기재

儀式 ぎしき 의식	気質 きしつ 기질	期日 きじつ 기일	汽車 きしゃ 기차
記述 きじゅつ 기술	基準 きじゅん 기준	気象 きしょう 기상	起床 きしょう 기상
奇数 きすう 홀수	規制 きせい 규제	帰省 きせい 귀성	犠牲 ぎせい 희생
汽船 きせん 기선	基礎 きそ 기초	寄贈 きぞう 기증	偽造 ぎぞう 위조
貴族 きぞく 귀족	期待 きたい 기대	議題 ぎだい 의제	基地 きち 기지
貴重 きちょう 귀중함	議長 ぎちょう 의장	規定 きてい 규정	起点 きてん 기점
軌道 きどう 궤도	記念 きねん 기념	機能 きのう 기능	規範 きはん 규범
基盤 きばん 기반	気品 きひん 기품	気風 きふう 기풍	起伏 きふく 기복
規模 きぼ 규모	希望 きぼう 희망	期末 きまつ 기말	気味 きみ 기미
奇妙 きみょう 기묘	義務 ぎむ 의무	記名 きめい 기명	規約 きやく 규약
脚色 きゃくしょく 각색	逆転 ぎゃくてん 역전	脚本 きゃくほん 각본	客観 きゃっかん 객관
救援 きゅうえん 구원	休暇 きゅうか 휴가	休学 きゅうがく 휴학	究極 きゅうきょく 궁극
窮屈 きゅうくつ 비좁음, 궁색함, 거북함		球根 きゅうこん 알뿌리	救済 きゅうさい 구제
給仕 きゅうじ 식사 시중을 드는 사람, 급사		吸収 きゅうしゅう 흡수	給食 きゅうしょく 급식
休戦 きゅうせん 휴전	急速 きゅうそく 급속	旧知 きゅうち 구면	宮殿 きゅうでん 궁전
窮乏 きゅうぼう 궁핍함	旧友 きゅうゆう 오래된 친구, 옛 친구		丘陵 きゅうりょう 구릉, 언덕
給料 きゅうりょう 급료	寄与 きよ 기여	器用 きよう 솜씨가 있음	驚異 きょうい 경이
教育 きょういく 교육	教員 きょういん 교원	強化 きょうか 강화	教科 きょうか 교과
境界 きょうかい 경계	協会 きょうかい 협회	共学 きょうがく 공학	共感 きょうかん 공감
競技 きょうぎ 경기	協議 きょうぎ 협의	供給 きょうきゅう 공급	
境遇 きょうぐう 경우, 처지, 형편		教訓 きょうくん 교훈	強行 きょうこう 강행
強硬 きょうこう 강경함	教材 きょうざい 교재	凶作 きょうさく 흉작	教師 きょうし 교사
業者 ぎょうしゃ 업자	享受 きょうじゅ 복을 누림(예술상의 미감(美感)을 음미하고 즐김)		
教習 きょうしゅう 교습	郷愁 きょうしゅう 향수	恐縮 きょうしゅく 죄송하게 여김	
教職 きょうしょく 교직	強制 きょうせい 강제	業績 ぎょうせき 업적	競争 きょうそう 경쟁
共存 きょうぞん 공존	境地 きょうち 경지	協調 きょうちょう 협조	共通 きょうつう 공통
協定 きょうてい 협정	郷土 きょうど 향토	脅迫 きょうはく 협박	恐怖 きょうふ 공포
興味 きょうみ 흥미	業務 ぎょうむ 업무	共鳴 きょうめい 공명	教養 きょうよう 교양

郷里きょうり 고향	強烈きょうれつ 강렬함	共和きょうわ 공화	許可きょか 허가
局限きょくげん 국한	極限きょくげん 극한	極端きょくたん 극단	居住きょじゅう 거주
拒絶きょぜつ 거절	漁船ぎょせん 어선	漁村ぎょそん 어촌	拒否きょひ 거부
許容きょよう 허용	距離きょり 거리	義理ぎり 의리	規律きりつ 규율
気流きりゅう 기류	疑惑ぎわく 의혹	禁煙きんえん 금연	近眼きんがん 근시
緊急きんきゅう 긴급함	均衡きんこう 균형	近郊きんこう 근교	近視きんし 근시
金銭きんせん 금전	金属きんぞく 금속	緊張きんちょう 긴장	勤勉きんべん 근면
吟味ぎんみ 음미	勤務きんむ 근무	禁物きんもつ 금물	金融きんゆう 금융

2번 문제/필수명사

愛情あいじょう 애정	圧縮あっしゅく 압축	圧勝あっしょう 압승	安易あんい 안이, 손쉬움
暗記あんき 암기	安全あんぜん 안전	意外いがい 의외	一部いちぶ 일부
一覧いちらん 일람	一律いちりつ 일률적임	一気いっき 단숨	一層いっそう 한층
一般いっぱん 일반	意力いりょく 의지력	引火いんか 인화	運行うんこう 운행
運転うんてん 운전	延期えんき 연기	応答おうとう 응답	趣おもむき 풍취, 멋
会議かいぎ 회의	解釈かいしゃく 해석	回収かいしゅう 회수	外出がいしゅつ 외출
改正かいせい 개정	解説かいせつ 해설	回想かいそう 회상	回復かいふく 회복
開放かいほう 개방	確実かくじつ 확실	拡大かくだい 확대	拡張かくちょう 확장
過剰かじょう 과잉	傍かたわら 옆, 곁	課程かてい 과정	加入かにゅう 가입
感激かんげき 감격	観察かんさつ 관찰	感情かんじょう 감정	関心かんしん 관심
感心かんしん 감탄함	感想かんそう 감상	感動かんどう 감동	記憶きおく 기억
機会きかい 기회	きがね 어렵게 여김, 스스럼	機関きかん 기관	期間きかん 기간
器具きぐ 기구	期限きげん 기한	気候きこう 기후	気性きしょう 기질
規則きそく 규칙	記入きにゅう 기입	寄付きふ 기부	気分きぶん 기분
休憩きゅうけい 휴식	救助きゅうじょ 구조	休養きゅうよう 휴양	教科きょうか 교과
共同きょうどう 공동	共有きょうゆう 공유		

PRACTICE TEST

問題1 ＿＿＿＿の言葉の読み方として最もよいものを、1・2・3・4から一つ選びなさい。

1 この箱の中のお菓子を一人に十個ずつ渡してください。
　　1　おかき　　　　2　おもち　　　　3　おやつ　　　　4　おかし

2 駅やスーパーなどに空きびんの回収箱を設置することにした。
　　1　かいしょう　　2　かいじょう　　3　かいしゅう　　4　かいじゅう

3 一瞬ビザールな印象を受けた。
　　1　いんぞう　　　2　いんそう　　　3　いんじょう　　4　いんしょう

4 日本では徹底した義務教育が行われてきた。
　　1　きむ　　　　　2　ぎむ　　　　　3　きんむ　　　　4　ぎんむ

5 貨幣の偽造は、経済的取引の信用を損なうおそれがある。
　　1　いそう　　　　2　ぎそう　　　　3　いぞう　　　　4　ぎぞう

6 資金難、交通難を解消せねばならぬ。
　　1　かいしょ　　　2　かいしょう　　3　げしょ　　　　4　げしょう

7 採用時の審査が厳しいにもかかわらず応募する人が多い。
　　1　のうぽう　　　2　おうぽう　　　3　おうぼ　　　　4　のうぽ

8 男女の雇用条件の格差は是正されつつある。
　　1　らくさ　　　　2　こうさ　　　　3　かくさ　　　　4　きくさ

9 彼らの速やかな救援活動は、賞賛に値する。
　　1　きゅうかん　　2　きゅうえん　　3　きゅうだん　　4　きゅうめん

10 夫婦は互いに束縛したり干渉したりしない方がいいと思う。
　　1　かんしょう　　2　かんほ　　　　3　せんしょう　　4　せんほ

19

11 老人の介護をする人の負担が増えてしまった。
　　1　かいかく　　2　かんかく　　3　かいご　　4　かんご

12 ビタミン欠乏の症状が見られたので食生活の改善を指導した。
　　1　こうぜん　　2　こうせん　　3　かいぜん　　4　かいせん

13 伝統的な文化の枠をこえて物事を考えるのはむずかしいことだ。
　　1　いき　　2　すい　　3　せん　　4　わく

問題2　（　　）に入れるのに最もよいものを、1・2・3・4から一つ選びなさい。

1 疲れているようですから、自宅で十分に（　　）を取ってください。
　　1　休日　　2　休業　　3　休養　　4　休憩

2 投票日は明日だが、彼が当選するのはほぼ（　　）だろう。
　　1　確実　　2　的確　　3　確保　　4　正確

3 最近仕事が忙しくて、社員は（　　）気味だ。
　　1　過多　　2　過剰　　3　過労　　4　過密

4 大気汚染の対策として、車の排気ガス（　　）が強化された。
　　1　規制　　2　規格　　3　規模　　4　規約

5 このスープは塩の（　　）がむずかしい。
　　1　場合　　2　調子　　3　加減　　4　都合

6 けがをしたが、その場ですぐ（　　）処置をしたので、大事にはいたらなかった。
　　1　救援　　2　救助　　3　応急　　4　応援

PRACTICE TEST

[7] 仕事の(　　　)にほかの用事をすませました。
1 合間　　　2 手間　　　3 空間　　　4 仲間

[8] 資金を上手に(　　　)し、利益をあげた。
1 運搬　　　2 運行　　　3 運用　　　4 運営

[9] この事業を実行するためには、まず人材を(　　　)する必要がある。
1 確信　　　2 確立　　　3 確率　　　4 確保

[10] 小松さんの迫力に(　　　)されて、思わず同意してしまった。
1 抑圧　　　2 重圧　　　3 圧倒　　　4 圧縮

[11] 電車の中で突然気分が悪くなったが、親切な人が(　　　)してくれた。
1 救済　　　2 養護　　　3 介抱　　　4 奨励

[12] 「近代」という(　　　)を、わかりやすく正確に説明するのは難しい。
1 意識　　　2 概念　　　3 文脈　　　4 様相

[13] この辞書は、今いちばん(　　　)がある日本語の辞書と言われている。
1 威力　　　2 迫力　　　3 権威　　　4 権限

chapter 02　문법/독해

N1 2교시

01　～あっての　～이 있어야 성립하는

접속: [명사]＋あっての

「AあってのB」는 A라는 조건이 없으면 뒤의 B라는 결과도 성립되지 않는다. 즉 A가 있어야만 비로소 B가 성립된다는 표현이다.

職場に復帰できたのも家族の支援あってのことだ。
직장에 복귀할 수 있었던 것도 가족의 지원이 있었기 때문이다.
周囲の手助けあっての成功である。
주위의 도움이 있었기에 가능한 성공이다.

02　～いかんだ/～いかんで(は)/～いかんによっては/～いかんにかかっている
～에 달려있다/～에 따라(서는)/～여하에 따라서는/～여하에 달려있다

접속: [명사](の)＋いかんだ(いかんで(は)/いかんによっては/いかんにかかっている)

約束の時間に間に合うかどうかは、道路の混み具合いかんだ。
약속 시간에 맞출 수 있을 지 어떨지는 도로의 정체사정에 달려있다.
結果いかんで対応策を決める。　결과에 따라 대응책을 정한다.
当日の天候いかんでは、試合は中止になるかもしれない。
당일 날씨 여하에 따라서는 시합은 중지가 될지도 모른다.
営業の成績いかんによってはボーナスが出る可能性もある。
영업성적 여하에 따라서는 보너스가 나올 가능성도 있다.
今回のコンテストに入賞できるかどうかは自分の努力いかんにかかっている。
이번 콘테스트에 입상할 수 있을 지 어떨지는 자신의 노력 여하에 달려있다.

03　～いかんによらず/～いかんにかかわらず　～에 관계없이/～여하에 관계없이

접속: [명사](の)＋いかんによらず(いかんにかかわらず)

理由のいかんによらず、暴力は許されないことだ。
이유에 관계없이 폭력은 용서할 수 없는 것이다.
審査の結果いかんにかかわらず、ご提出いただいた申込書などは返却できません。
심사결과여하에 관계없이 제출하신 신청서 등은 반환해 드릴 수 없습니다.
相手の意見のいかんにかかわらず、こちらはこちらの主張を貫き通すつもりだ。
상대방의 의견에 관계없이 이쪽은 이쪽의 주장을 관철할 생각이다.

문법 필수 문형 – N1 문법패턴 1

04 ～(よう)が, ～(よう)と /～だろうが ～だろうが(～かろうが ～かろうが)
(설령)~하더라도, (설령)~이더라도/ ~이든 ~이든

접속: [동사의 의지형/ い형용사어간+かろう/ な형용사어간+だろう/ 명사+だろう]+が(と)

どこへ行こうが何をしようが、私の勝手だ。
어디에 가든 무엇을 하든 내 마음이다.
どんなに苦しかろうと、人に迷惑だけはかけるな。
아무리 힘들더라도 남에게 피해만은 끼치지 마라.
お金持ちだろうが、貧乏だろうが、健康だろうが、障害があろうが。そんなのは関係ない。부자든 가난하든 건강하든 장애가 있든 그런 것은 상관없다.
天気がよかろうが悪かろうが、明日は必ず引っ越しをしなければならない。
날씨가 좋든 나쁘든 내일은 반드시 이사를 하지 않으면 안 된다.

05 ～(よう)が～まいが, ～(よう)と～まいと 하든~안 하든, 이든~아니든

접속: [동사의 의지형]+が(と)+[동사의 기본형(원형)]+まいが(と)
* まい는 1그룹동사의 경우는 원형+まい, 2그룹동사는 る를 떼고 まい, 3그룹의 동사 する는 しまい, 来(く)る는 来(こ)まい로 바꾸면 된다.

雨が降ろうが降るまいが、父は休みには必ず山登りに行く。
비가 오든 오지 않든 아버지는 쉬는 날에는 반드시 등산에 간다.
あなたが信じようが信じまいが、これは事実なのです。
당신이 믿든 믿지 않든 이것은 사실이다.
行こうと行くまいとあなたの自由です。
가든 가지 않든 당신의 자유입니다.
化粧をしようがしまいが、大して変わる顔じゃないようだ。
화장을 하든 안 하든 크게 달라지는 얼굴이 아닌 것 같다.
観光客が来ようが来まいが、あまり関係ない。
관광객이 오든 오지 않든 별로 상관없다.

06 ～(よう)にも～ない ~하려해도 ~할 수 없다

접속: [동사의 의지형]+にも+[동사의 가능형]+ない
어떤 일을 하고 싶어도 어떤 사정에 의해 할 수가 없다는 표현이다. 접속형태가 앞쪽이 동사의 의지형, 뒤쪽이 동사의 가능형인 것에 주의하자.

仕事が多くて、遊ぼうにも遊べない。
일이 많아서 놀고 싶어도 놀 수 없다.

朝から大雨で、出かけようにも出かけられない。
아침부터 호우로 외출하려해도 외출할 수 없다.

包帯などの医療品もなく、治療しようにもできない。
붕대 같은 의약품도 없어 치료하려고 해도 할 수 없다.

07 ～(よう)ものなら ～했다가는, ～하기라도 하면

접속: [동사의 의지형]+ものなら
만약 그것을 하면 그것을 계기로 더 큰일이 일어날 것이라고 예상될 경우 쓰인다.

そんなことを部長に言おうものなら、怒られるよ。
그런 것을 부장에게 말했다가는 혼나요.

無断欠勤をしようものなら、首になるに決まっている。
무단결근을 했다가는 해고당할 것임이 틀림없다.

08 ～かいもなく ～한 보람도 없이

접속: [동사의 た형/명사+の]+かいもなく
「甲斐(かい)」는 「보람/효과」라는 뜻으로 「～かいがある(ない)」는 「～한 보람이 있다(없다)」 「～かいもなく」는 「～한 보람도 없이」라는 표현이 된다. 또한 「동사의 ます형+がい」의 형태로 「～할 충분한 가치나 보람이 있음」이라는 의미로 쓰인다. 자주 쓰이는 예로서는 「やりがい(하는 보람)/育(そだ)てがい(기르는 보람)/教(おし)えがい(가르치는 보람)/生(い)きがい(사는 보람)/作(つく)りがい(만든 보람)」등이 있다.

毎日練習したかいもなく、簡単に負けてしまった。
매일 연습한 보람도 없이, 쉽게 져 버렸다.

二度の手術のかいもなく、下半身麻痺となった。
두 번 수술한 보람도 없이 하반신 마비가 되었다.

生きがいのある仕事がしたい。
사는 보람이 있는 일을 하고 싶다.

09 　～かぎりだ　아주 ～하다

접속: [명사の/い형용사-い/な형용사-な]+かぎりだ

「～かぎりだ」는「喜(よろこ)ばしい(기쁘다)/うれしい(기쁘다)/心強(こころづよ)い(마음이 든든하다)/心細(こころぼそ)い(마음이 안 놓이다)/うらやましい(부럽다)」와 같은 감정표현을 나타내는 형용사에 주로 붙어서「아주～하다」라는 정도를 나타내는 표현이다.

> おかげさまで合格(ごうかく)できました。本当(ほんとう)にうれしいかぎりです。
> 덕분에 합격했습니다. 정말로 기쁩니다.
>
> 桜(さくら)が全部(ぜんぶ)散(ち)ってしまって残念(ざんねん)なかぎりだ。
> 벚꽃이 전부 져버려서 너무 아쉽다.
>
> 遠方(えんぽう)からお時間(じかん)をかけて、ご参加(さんか)して下(くだ)さった方(かた)もおり、皆様(みなさま)には感謝(かんしゃ)のかぎりです。
> 멀리서 시간을 내어 참가해주신 분들도 계시고, 여러분들께는 너무 감사할 따름입니다.

10 　～が最後(さいご)　일단 ～했다하면

접속: [동사의 た형]+が最後(さいご)

'일단 ~했다하면 그걸로 끝이다'라는 절망적인 뉘앙스를 강하게 나타낸다.

> 彼(かれ)はカラオケが大好(だいす)きで、マイクを握(にぎ)ったが最後(さいご)、誰(だれ)にもマイクを渡(わた)さない。
> 그는 노래방을 아주 좋아해서 마이크를 일단 잡았다하면 누구에게도 마이크를 넘겨주지 않는다.
>
> 木村(きむら)さんは本当(ほんとう)に話(はな)し好(ず)きで、目(め)があったが最後(さいご)、最低(さいてい)30分(ぶん)は放(はな)してくれない。
> 키무라씨는 정말로 이야기하는 것을 좋아해서 일단 눈이 마주치기만 하면 최하 30분은 잡고 놓아주지 않는다.

問題1 次の文の（　　　）に入れるのに最もよいものを、1・2・3・4から一つ選びなさい。

1　台風で電車が止まっているから、出かけよう（　　　）出かけられない。
　　1　にも　　　　2　でも　　　　3　とも　　　　4　かも

2　周囲がいかに反対（　　　）、自分でやると決めたことは最後までやりぬくつもりだ。
　　1　しようが　　2　したが　　　3　するが　　　4　すれば

3　外国語を学ぶときは、まずたくさん聞いてみることだ。最初はわかろうと（　　　）気にすることはない。そのうち、体で覚えてくるものだ。
　　1　わからなければ　　　　　　2　わからないが
　　3　わかりまいと　　　　　　　4　わかるまいと

4　彼女に一言でも（　　　）、あっという間にうわさが広がってしまうでしょう。
　　1　話そうとも　　　　　　　　2　話すにしても
　　3　話そうものなら　　　　　　4　話すにとどまらず

5　国の情勢いかん（　　　）訪問を中止することもある。
　　1　ともなると　　2　によっては　　3　ときたら　　4　をしらず

6　昇進できるかどうかは、今年の営業成績（　　　）だ。
　　1　かぎり　　　2　ばかり　　　3　から　　　　4　いかん

7　試験当日は理由の（　　　）、遅刻は認めませんから注意してください。
　　1　いかんによっては　　　　　2　いかんによらず
　　3　いかんで　　　　　　　　　4　いかんでも

8　こんなに教育費が高いと、若い夫婦は子どもを持とうにも（　　　）。
　　1　持てない　　2　持ちかねない　　3　持たない　　4　持とうとしない

PRACTICE TEST

9 木村さんは(　　　)、決して考えを曲げない。
   1　一度言い出すなり　　　　　　2　一度言い出すや否や
   3　一度言い出したが最後　　　　4　一度言い出すかいもなく

10 応援の(　　　)、私のクラスのチームは一勝もできなかった。
   1　反面　　　　2　いかんでは　　　3　こととて　　　4　かいもなく

11 不況が続く中、どの会社も生き残るために必死である。しかし、社員(　　　)会社なのだから、社員に負担をかけるようなことは、できるだけ避けなければならない。
   1　あっての　　　2　ずくめの　　　3　まみれの　　　4　かぎりの

12 毎年、休暇でヨーロッパ旅行とは(　　　)。
   1　うらやましいとはかぎらない　　2　うらやましいところだ
   3　うらやましいかぎりだ　　　　　4　うらやましいまでもない

13 必死の練習の(　　　)オリンピックの代表選手には選ばれなかった。
   1　いかんでは　　2　かいもなく　　3　あっての　　　4　かぎりだ

14 どんな秘密も、彼女に話した(　　　)、会社中に広がってしまう。
   1　が最後　　　　2　ものなら　　　3　かいもなく　　4　まもなく

15 世界では何億という人が、食べるものがなくて死にかけているのよ。おいしかろうが、(　　　)、お腹いっぱい食べられるだけで感謝しなければいけないわ。
   1　おいしくあろうが　　　　　　　2　おいしだろうが
   3　まずくなかろうが　　　　　　　4　まずかろうが

問題2　次の文の　★　に入る最もよいものを、1・2・3・4から一つ選びなさい。

[1] _____ ★ _____、_____対する責任だけはきちんと果たすべきだ。
　　1　しまいが　　　　2　子供に　　　　3　自由だが　　　　4　結婚しようが

[2] S校の運動部では、_____ _____ ★ 、_____あわされる。
　　1　反抗しよう　　　2　ひどい目に　　3　ものなら　　　　4　先輩にむかって

[3] 子ども ★ _____、_____ _____、即離婚だな。
　　1　いなかったら　　2　あっての　　　3　子どもが　　　　4　我が家

[4] 初めて_____ _____ _____。★ かぎりだ。
　　1　一人きりで　　　2　ことになった　3　海外出張する　　4　心細い

[5] 一度お支払いいただいたお金は、★ _____ _____ _____できません。
　　1　お返し　　　　　2　かかわらず　　3　いかんに　　　　4　理由の

PRACTICE TEST

問題3　次の文章を読んで、1から5の中に入る最もよいものを、1・2・3・4から一つ選びなさい。

　仕事のことで、あなたは同僚の村山氏に助けを求めた。村山氏は自分の仕事を犠牲にして、時間もお金も使って助けてくれた。しかし結果は、あなたの窮状(注1)をわずかに救ってくれたに 1 。他方、あなたは小沢氏にも助けを求めた。小沢氏は電話一本で、窮状を救ってくれた。さて、あなたは二人のどちらにより強い恩義(注2)を感じるだろうか？

　対人心理学では、恩義の強さはコストとあなたが得た利益で決まると考える。

　コストとは、相手があなたを助けるために費やした時間やお金、もろもろの犠牲のことである。利益もお金や物 2 。地位や名誉、失わずにすんだ面目の場合もあるだろう。

　コストや利益が何であるにせよ、恩義はコストが 3a ほど、また利益が 3b ほど、強く感じる。恩義の強さは、コストの量と利益の量の 4 というのである。

「恩や義理は、日本人の人間関係の根幹(注3)にかかわる問題だ。それをコストだ利益だなどというのはけしからん」と思う人もいるだろう。 5 、「恩を売ったり」「借りを返したり」「見舞いの半返し(注4)をしたり……」日本人の人間関係だって意外と計算高い。

　　　　　　　　　　　　　　　　　　（相川充「OL・サラリーマン行動学⑤」による）

(注1)窮状(きゅうじょう):非常に困った状態
(注2)恩義(おんぎ):恩と義理、人から受けた親切に感謝し、いつかお礼をしなければならないと思う気持ち
(注3)根幹(こんかん):基本、基礎
(注4)半返(はんがえ)し:贈られた金や品物の半額に当たるものを相手に返すこと

1 1　しろ
　 2　すぎない
　 3　もまして
　 4　ひきかえ

2 1　といったところだ
　 2　といったらありゃしない
　 3　ところだった
　 4　とは限らない

3 1　a　小さい　b　大きい
　 2　a　大きい　b　小さい
　 3　a　大きい　b　大きい
　 4　a　小さい　b　小さい

4 1　足し算で決まる
　 2　引き算で決まる
　 3　暗算で決まる
　 4　割り算で決まる

5 1　だから
　 2　それに
　 3　しかし
　 4　いわゆる

PRACTICE TEST

問題4 次は、ある塾で高校生向けに募集したプログラムについての案内である。下の問いに対する答えとして、最もよいものを1・2・3・4から一つ選びなさい。

1. 生物化学プログラムに参加するためには、志望理由書をいつ郵送すれば間に合うか。
   1. 7月20日
   2. 7月25日
   3. 8月8日
   4. 8月12日

2. プログラムについて気になることは、どこへ連絡すればいいか。
   1. 沖田大学
   2. 野山キャンパス
   3. 青山塾
   4. 青山理科大学

プログラム参加者募集

1. 生物化学　プログラム

    対象：高校3年生・2年生・1年生

    　　　志望理由(400字程度)による書類審査合格者

    　　　(青山塾に在籍していない一般生の方も受講できます)

    受講条件：後述する全日程への参加が可能なこと

    　　　　　受講や活動における映像および写真を、広報的に使用できること。

    開講場所：青山塾　表参道校

    開講期間：2010年8月9日〜11日

    志望理由書：郵送締切　2010年7月24日必着

対象：高校3年生・2年生
　　　志望理由(400字程度)による書類審査合格者
　　　（青山塾に在籍していない一般生の方も受講できます）
受講条件：後述する全日程への参加が可能なこと
　　　　受講や活動における映像および写真を、広報的に使用できること。
開講場所：沖田大学
開講期間：2010年8月5日〜7日
志望理由書：郵送締切　2010年7月20日必着

3. 生命創薬科学ワークショップ
　　対象：高校3年生・2年生
　　　　志望理由(400字程度)による書類審査合格者
　　　　（青山塾に在籍していない一般生の方も受講できます）
　　受講条件：後述する全日程への参加が可能なこと
　　　　　　受講や活動における映像および写真を、広報的に使用できること。
　　開講場所：青山理科大学野山キャンパス
　　開講期間：2010年8月1日・26日〜28日
　　志望理由書：郵送締切2010年7月20日必着

　　　　　　　　　　お申込み・参加費用等のお問い合わせは、下記まで。
　　　　　　　　　　　　　　　　　　　　　　　　0120-123-***
　　　　　　　　　　　　　　　　　　　　　　　　青山塾

PRACTICE TEST

問題5　次のAとBの意見文を読んで、後の問いに対する答えとして最もよいものを1・2・3・4から一つ選びなさい。

A
　大学に行けば、ゼミに入ったり、サークル活動をやったり、バイトをやったり（家庭教師、塾講師等の大学生ならではのバイトもできます）、合コンやったり、海外留学やったりと楽しいことが目白押しです。
　就職もマスコミ、外資金融、コンサル、総合商社、メガバンク、大手旅行代理店等の人気業界にも入れるチャンスがあります。司法試験、公認会計士試験等の難関国家資格に合格できるだけの基礎的な教養も身に付けられます。
　とにかく、高卒よりも断然将来の選択肢が幅広い。正直今の時代、高卒では工場、外食、小売、介護ぐらいしか就職先はありません。地方公務員になる人もいますが。学費に不安があれば、奨学金制度も利用出来ます。

B
　自分で授業料払えば、行く意味もあるでしょうけど、大学行って遊びたいと思っているなら、就職した方がいいですよ。大学生より遊べるはずです。他人のことは気にしない。友達と一緒の会社に就職したいのですか。また、友達が大学を辞めたら一緒に辞めますか。自分の人生ですから自分で切り開いてください。どっちを選んでも後悔はします。

[1]　AとBの文は、何について意見を述べたものか。
1　留学について　　　　　　　　2　進路について
3　就職について　　　　　　　　4　学費について

[2]　AとBの意見について、正しいのはどれか。
1　AもBも高校卒業後は働くことを勧めている。
2　Aは、進学について賛成だが、その後の就職が難しいと述べている。
3　Bは、学費は自分で支払うべきだと述べている。
4　進学についてAは賛成し、Bは反対している。

chapter 03 청해

N1 3교시

과제 이해 문제 1

N1 청해 문제 1은 과제 이해 문제이다. 구체적인 과제 해결에 필요한 중요한 정보를 듣고 다음에 어떤 행동을 취할 것인지를 예측하는 문제이다. 다양한 상황이 제시됨으로 먼저 어떤 주제에 대해 이야기를 하는지 주제 파악을 확실히 해야 한다. 중반 이후 갑작스러운 변수로 혼란을 주는 경우도 있으니 반전에 유의해 끝까지 집중하여 들어야 한다. 또한 대화 속에서 누구의 행동을 예측해야하는 지도 신경을 써야한다.

대화를 잘 듣고 맞는 답을 하나 고르시오.

1 ばん

2 ばん

PRACTICE TEST

3ばん

① 集合場所など細かい日程を聞きに行く
② 旅行の日程を相談し、費用を決める
③ 旅行の費用を振り込み、冊子が来たら、日程を確認する
④ 旅行の冊子で日程を確認してから、費用を振り込む

4ばん

① 自分で聞いてみる
② 女の人に聞いてもらう
③ 聞かずに諦める
④ 女の人に諦めさせる

스크립트

문제 1

質問 女(おんな)の人(ひと)がある島(しま)へ行(い)く船(ふね)に乗(の)ります。女(おんな)の人(ひと)はこれから何(なに)をしなければなりませんか。

女：おじさん、すみません、この船(ふね)に乗(の)りたいんですけど。中(なか)で切符(きっぷ)買(か)えますか。
男：中(なか)では買(か)えないんだよ。後(あと)1時間(じかん)ぐらいしたら、あそこの窓口(まどぐち)で売(う)りますから。
女：今(いま)、買(か)えないんですね。
男：うん、時間(じかん)が来(こ)ないと、売(う)らないんだよ。あっ、そうだ。切符(きっぷ)買(か)う前(まえ)にあそこの機械(きかい)で整理券(せいりけん)を取(と)って。
女：ええ、整理券(せいりけん)って。
男：船(ふね)に定員(ていいん)があるから、整理券(せいりけん)を持(も)っている人(ひと)にしか切符(きっぷ)売(う)らないんだよ。定員(ていいん)オーバーはまずいからね。
女：へーえ。
男：あっ、宿(やど)を取(と)ってるの？
女：いえ、まだなんですけど。
男：予約(よやく)を入(い)れといた方(ほう)がいいね。
女：そうですね。
男：整理券(せいりけん)を取(と)って、とりあえず、すぐに電話(でんわ)すれば、安心(あんしん)だから。
女：はーい、そうします。

女(おんな)の人(ひと)はこれから何(なに)をしなければなりませんか。

질문 여자가 어느 섬에 가는 배를 탑니다. 여자는 지금부터 무엇을 해야 합니까?

여 : 아저씨, 실례합니다. 이 배를 타고 싶은데요. 안에서 표를 살 수 있습니까?
남 : 안에서는 살 수 없어. 앞으로 1시간 정도 있으면 저기 창구에서 팔 테니까.
여 : 지금 살 수 없네요.
남 : 응, 시간이 되지 않으면 팔지 않아. 아, 맞다. 표 사기 전에 저기 기계에서 정리권을 뽑아.
여 : 어, 정리권이라니요?
남 : 배에 정원이 있으니까. 정리권을 가지고 있는 사람에게 밖에 표를 팔지 않아. 정원 오버는 곤란하니까.
여 : 아~
남 : 아, 숙소를 정했니?
여 : 아니요. 아직 인데요.
남 : 예약 해 두는 편이 좋아.
여 : 그러네요.
남 : 정리권을 뽑고, 우선, 곧바로 전화하면 마음이 놓이니까.
여 : 네, 그렇게 하겠습니다.

여자는 지금부터 무엇을 해야 합니까?

중요표현
1. 「まずい」는 「맛없다」라는 뜻 이외에 「상황이 난처하다/좋지 않다」는 뜻으로도 자주 사용된다.
2. 「~ておく(~해 놓다)」의 회화체 축약형은 「~とく」이다. 그러므로 「予約(よやく)を入(い)れといた方(ほう)が(예약을 해 놓는 편이)」는 「予約(よやく)を入(い)れておいた方(ほう)が」의 회화체 축약 표현이다.

문제 2

質問　男(おとこ)の人(ひと)と女(おんな)の人(ひと)が地図(ちず)の前(まえ)で話(はな)しています。二人(ふたり)はどの道(みち)を行(い)きますか。

女：どのルートで行(い)く？この川沿(かわぞ)いの道(みち)が景色(けしき)がきれいなんだ。
男：でも、カーブの多(おお)い道(みち)はいやだなあ。運転(うんてん)に自信(じしん)ないから。
女：じゃあ、このまっすぐの道(みち)は？
男：うーん、いいけど、踏切(ふみき)りが多(おお)いからかなり渋滞(じゅうたい)するかもしれない。
女：そう、それじゃ、ちょっと遠回(とおまわ)りだけど、この道(みち)を行(い)って線路(せんろ)の下(した)をくぐって行く。
男：いいね、そして展望台(てんぼうだい)に寄(よ)って…。
女：海(うみ)が見(み)えるのね。
男：あっ、展望台(てんぼうだい)の先(さき)、通行止(つうこうど)めだ。
女：じゃあ、この縁結(えんむす)びの松(まつ)のあるところを曲(ま)がって牧場(ぼくじょう)の方(ほう)へ行(い)ったら、絞(しぼ)りたての牛乳(ぎゅうにゅう)も飲(の)めるし。
男：でも牧場(ぼくじょう)霧(きり)多(おお)いって、お天気(てんき)掲示板(けいじばん)にあったなあ。前(まえ)が見(み)えないと怖(こわ)いしね。やっぱりこの道(みち)行(い)くしかないかなあ。
女：ゆっくり慎重(しんちょう)に走(はし)ればいいんじゃない。
男：うん、景色(けしき)を楽(たの)しみながらゆっくり行(い)こう。

二人(ふたり)はどの道(みち)を行(い)きますか。

질문　남자와 여자가 지도의 앞에서 이야기하고 있습니다. 두 사람은 어떤 길을 갑니까?

여：어느 루트로 갈래? 이 강가의 길이 경치가 예뻐.
남：그렇지만, 커브가 많은 길은 싫은데. 운전에 자신 없으니까.
여：그럼, 이 똑바른 길은?
남：으음, 좋지만, 건널목이 많기 때문에 꽤 정체할지도 모르겠다.
여：그래? 그러면 조금 돌아가긴 하지만, 이 길로 가서 선로아래를 빠져 나갈래?
남：좋아, 그리고 전망대에 들러서…
여：바다가 보이겠다.
남：앗, 전망대 앞, 통행금지야.
여：그럼, 이 인연을 맺어주는 소나무 있는 곳을 돌아서 목장 쪽으로 가는 게 어때? 금방 짠 우유도 마실 수 있고.
남：하지만 목장은 안개가 짙다고 날씨 게시판에 있었어. 앞이 안보이면 무섭기도 하고. 역시 이 길을 가는 수밖에 없겠다.
여：천천히 신중하게 달리면 괜찮지 않을까?
남：응. 경치를 즐기면서 천천히 가자.

두 사람은 어떤 길을 갑니까?

중요표현

1. 「동사의ます형＋たて」는 「그 동작이 끝난 직후」라는 뜻이다. 絞(しぼ)りたての牛乳(ぎゅうにゅう)(갓 짠 우유), 焼(や)きたてのパン(갓 구운 빵), できたての料理(りょうり)(갓 만든 요리)

스크립트

문제 3

質問　女(おんな)の人(ひと)が電話(でんわ)で旅行(りょこう)の手続(てつづ)きの確認(かくにん)をしています。女(おんな)の人(ひと)はこの後(あと)何をすればいいですか。

女：すみません。昨日(きのう)「北海道(ほっかいどう)ぐるめの旅(たび)」に申(もう)し込(こ)んだ高橋(たかはし)ですが…
男：はい。2月15日からのですね。
女：はい。
男：ありがとうございます。2名(めい)様(さま)でご参加(さんか)ですね。承(うけたまわ)っております。
女：それで、お金(かね)を振(ふ)り込(こ)んで、どうすればいいんでしたっけ。
男：ええ。旅行(りょこう)代金(だいきん)の入金(にゅうきん)が確認(かくにん)出来(でき)ましたら、集合(しゅうごう)場所(ばしょ)など旅行(りょこう)の細(こま)かい日程(にってい)を書(か)いた冊子(さっし)を送(おく)りますので、よくお読(よ)みください。
女：はい、それで、いつまでに振(ふ)り込(こ)めばいいんですか。
男：今月中(こんげつちゅう)にお願(ねが)いいたします。
女：分(わ)かりました。では、よろしくお願(ねが)いします。

女(おんな)の人(ひと)はこの後(あと)何をすればいいですか。

1. 集合(しゅうごう)場所(ばしょ)など細(こま)かい日程(にってい)を聞(き)きに行(い)く。
2. 旅行(りょこう)の日程(にってい)を相談(そうだん)し、費用(ひよう)を決(き)める。
3. 旅行(りょこう)の費用(ひよう)を振(ふ)り込(こ)み、冊子(さっし)が来(き)たら、日程(にってい)を確認(かくにん)する。
4. 旅行(りょこう)の冊子(さっし)で日程(にってい)を確認(かくにん)してから、費用(ひよう)を振(ふ)り込(こ)む。

질문　여자가 전화로 여행 수속 확인을 하고 있습니다. 여자는 이 후에 무엇을 하면 됩니까?

여 : 실례합니다. 어제「홋카이도 맛기행」을 신청한 타카하시입니다만...
남 : 네. 2월 15일부터 가는 것이군요.
여 : 네.
남 : 감사합니다. 2분 참가하시죠. 접수 되었습니다.
여 : 그런데, 돈을 이체하고, 어떻게 하면 됐던가요?
남 : 예. 여행 대금의 입금이 확인되면, 집합장소 등 여행의 세세한 일정을 쓴 책자를 보내드릴 테니까, 잘 읽어 주세요.
여 : 네, 그런데 언제까지 이체하면 됩니까?
남 : 이달 중으로 부탁드리겠습니다.
여 : 알았습니다. 그럼, 잘 부탁드리겠습니다.

여자는 이 후에 무엇을 하면 됩니까?

1. 집합장소 등 세세한 일정을 물으러 간다.
2. 여행일정을 상담하고, 비용을 결정한다.
3. 여행비용을 이체하고, 책자가 오면, 일정을 확인한다.
4. 여행책자에서 일정을 확인하고 나서, 비용을 이체한다.

중요표현

1. 「～っけ」는 잊었던 일이나 분명하지 않은 일을 묻거나 확인할 때 쓴다.「～였지/～던가」何だったっけ(뭐였었지?), どこまで話(はな)しましたっけ(어디까지 이야기했던가요?)

문제 4

質問　男(おとこ)の人(ひと)と女(おんな)の人(ひと)が話(はな)しています。男(おとこ)の人(ひと)はどうしますか。

男：この間(あいだ)のあれ、申(もう)し込(こ)まないうちに、締(し)め切(き)り過(す)ぎちゃった。
女：でも、聞(き)くだけでも聞(き)いてみれば？
男：聞(き)いたところで、とうてい無理(むり)だよ。
女：でも、万一(まんいち)ってことがないとも限(かぎ)らないじゃない。
男：うん、やってだめなら、その時(とき)だね。

男(おとこ)の人(ひと)はどうしますか。

1. 自分(じぶん)で聞(き)いてみる。
2. 女(おんな)の人(ひと)に聞(き)いてもらう。
3. 聞(き)かずに諦(あきら)める。
4. 女(おんな)の人(ひと)に諦(あきら)めさせる。

질문　남자와 여자가 이야기하고 있습니다. 남자는 어떻게 합니까?

남 : 이전의 그거. 신청하기 전에 마감이 지나버렸어.
여 : 그렇지만 물어보기만이라도 해보지?
남 : 물어봤자 도저히 무리야.
여 : 그렇지만 만에 하나인 일이 없으라는 법도 없잖아.
남 : 응. 해서 안 되면 그 때 생각하지 뭐.

남자는 어떻게 합니까?

1. 스스로 물어 본다.
2. 여자에게 물어보게 한다.
3. 묻지 않고 포기한다.
4. 여자에게 포기하게 한다.

> **중요표현**
>
> 「～ないとも限(かぎ)らない」는 「～하지 않는다고도 할 수 없다」 즉 「어쩌면 ～일지도 모른다」라는 뜻이다. **試験(しけん)に落(お)ちないとも限(かぎ)らない**(시험에 떨어지지 않는다고도 할 수 없다=떨어질지도 모른다). **万一(まんいち)ってことがないとも限(かぎ)らない**(만에 하나인 일이 없다고도 할 수 없다=있을 지도 모른다)

N1 뉴 일본어 능력시험

Part 02

문자/어휘 chapter 01
1번 문제/명사
2번 문제/명사

문법/ chapter 02
N1 문법패턴 2 (~かたがたで ~ことなしに(は)까지)
독해
정보검색/통합이해 문제

청해 chapter 03
과제 이해 문제 2

chapter 01 문자/어휘

N1 1교시

1번 문제/명사(2자 한자)

勤労きんろう 근로	空間くうかん 공간	空腹くうふく 공복	区画くかく 구획
区間くかん 구간	草花くさばな 화초	苦心くしん 고심	愚痴ぐち 푸념
屈折くっせつ 굴절	首輪くびわ 목걸이	工夫くふう 궁리	黒字くろじ 흑자
軍艦ぐんかん 군함	軍事ぐんじ 군사	君主くんしゅ 군주	群衆ぐんしゅう 군중
群集ぐんしゅう 군집	軍備ぐんび 군비	軍服ぐんぷく 군복	敬意けいい 경의
経緯けいい 경위	経営けいえい 경영	経過けいか 경과	軽快けいかい 경쾌함
警戒けいかい 경계	警官けいかん 경찰관	計器けいき 계량기	
敬具けいぐ 경구(편지 끝에 쓰는 말로 "아뢰옵니다"라는 의미)			経験けいけん 경험
軽減けいげん 경감	傾向けいこう 경향	掲載けいさい 게재	傾斜けいしゃ 경사
形成けいせい 형성	形勢けいせい 형세	継続けいぞく 계속	軽率けいそつ 경솔함
携帯けいたい 휴대, 휴대전화		系統けいとう 계통	刑罰けいばつ 형벌
経費けいひ 경비	警部けいぶ 경부(일본 경찰관 계급중 하나)		契約けいやく 계약
経歴けいれき 경력	経路けいろ 경로	劇団げきだん 극단	激励げきれい 격려
下車げしゃ 하차	下旬げじゅん 하순	決意けつい 결의	結核けっかく 결핵
血管けっかん 혈관	欠陥けっかん 결함	決議けつぎ 결의	決行けっこう 결행, 단행
結構けっこう 괜찮음, 상당히		結合けつごう 결합	決算けっさん 결산
月謝げっしゃ 월사금	欠如けつじょ 결여	決勝けっしょう 결승	
結晶けっしょう 결정, 노력의 결실		結成けっせい 결성	結束けっそく 결속
決断けつだん 결단	決定けってい 결정	欠点けってん 결점	月賦げっぷ 월부
欠乏けつぼう 결핍	気配けはい 낌새, 기미, 기척		家来けらい 부하
下痢げり 설사	権威けんい 권위	見解けんかい 견해	見学けんがく 견학
玄関げんかん 현관	兼業けんぎょう 겸업	厳禁げんきん 엄금	
原型げんけい 원형(물건을 만들 때 본이 되는 모양)		原形げんけい 원형(본디모양)	権限けんげん 권한
健康けんこう 건강	現行げんこう 현행	原稿げんこう 원고	健在けんざい 건재
原作げんさく 원작	検事けんじ 검사	原子げんし 원자	元首げんしゅ 원수
研修けんしゅう 연수	原書げんしょ 원서	懸賞けんしょう 현상	現象げんしょう 현상
減少げんしょう 감소	建設けんせつ 건설	健全けんぜん 건전함	元素げんそ 원소
見地けんち 현지	県庁けんちょう 현청(한국의 도청에 해당하는 기관임)		限定げんてい 한정

原点げんてん 원점	原典げんてん 원전	減点げんてん 감점	見当けんとう 짐작
検討けんとう 검토	言動げんどう 언동	原爆げんばく 원폭	原文げんぶん 원문
厳密げんみつ 엄밀함	懸命けんめい 힘껏 함	賢明けんめい 현명함	倹約けんやく 검약
原油げんゆ 원유	兼用けんよう 겸용	権利けんり 권리	原理げんり 원리
原料げんりょう 원료	権力けんりょく 권력	言論げんろん 언론	語彙ごい 어휘
行為こうい 행위	好意こうい 호의	合意ごうい 합의	
工員こういん 공원, 직공, 숙련공		強引ごういん 억지로 함	幸運こううん 행운
交易こうえき 교역	公演こうえん 공연	高価こうか 고가	効果こうか 효과
硬貨こうか 동전, 금속화폐	公開こうかい 공개	後悔こうかい 후회	航海こうかい 항해
公害こうがい 공해	工学こうがく 공학	交換こうかん 교환	後期こうき 후기
抗議こうぎ 항의	合議ごうぎ 합의	高級こうきゅう 고급	皇居こうきょ 황거
公共こうきょう 공공	好況こうきょう 호황	工芸こうげい 공예	貢献こうけん 공헌
高原こうげん 고원	交互こうご 번갈아 함	孝行こうこう 효도	交際こうさい 교제
工作こうさく 공작	耕作こうさく 경작	鉱山こうざん 광산	口実こうじつ 구실
校舎こうしゃ 교사	後者こうしゃ 후자	講習こうしゅう 강습	公衆こうしゅう 공중
口述こうじゅつ 구술	控除こうじょ 공제	交渉こうしょう 교섭	向上こうじょう 향상
行進こうしん 행진	香辛料こうしんりょう 향신료		香水こうすい 향수
降水こうすい 강수	洪水こうずい 홍수	公正こうせい 공정	構成こうせい 구성
合成ごうせい 합성	功績こうせき 공적	公然こうぜん 공공연함	高層こうそう 고층
構想こうそう 구상	構造こうぞう 구조	高速こうそく 고속	拘束こうそく 구속
高卒こうそつ 고졸	交代こうたい 교대	光沢こうたく 광택	耕地こうち 경지, 경작지
紅茶こうちゃ 홍차	好調こうちょう 순조로움, 호조		校庭こうてい 교정
肯定こうてい 긍정	豪邸ごうてい 호화 저택	鋼鉄こうてつ 강철	好転こうてん 호전
口頭こうとう 구두	強盗ごうとう 강도	講読こうどく 강독(책을 읽고 그 의미·내용 등을 강의함)	
購読こうどく 구독	購入こうにゅう 구입	公認こうにん 공인	後輩こうはい 후배
荒廃こうはい 황폐	購買こうばい 구매	後半こうはん 후반	交番こうばん 파출소
好評こうひょう 호평	交付こうふ 교부	幸福こうふく 행복	降伏こうふく 항복
鉱物こうぶつ 광물	興奮こうふん 흥분	公平こうへい 공평함	候補こうほ 후보
公募こうぼ 공모	巧妙こうみょう 교묘함	項目こうもく 항목	公用こうよう 공용

紅葉こうよう 단풍	公理こうり 공리(자명한 진리로 인정되는 원리)	功利こうり 공리(공명과 이익)
小売こうり 소매	公立こうりつ 공립	効率こうりつ 효율	考慮こうりょ 고려
効力こうりょく 효력	護衛ごえい 호위	御恩ごおん 은혜	誤解ごかい 오해
故郷こきょう 고향	小柄こがら 몸집이 작음	語句ごく 어구	
国際こくさい 국제	国産こくさん 국산	国定こくてい 국정	国土こくど 국토
告白こくはく 고백	黒板こくばん 칠판	克服こくふく 극복	国防こくぼう 국방
国有こくゆう 국유	極楽ごくらく 극락	国連こくれん 국제연합(UN)	語源ごげん 어원
個々ここ 개개, 하나하나	心地ここち 기분	心得こころえ 마음가짐	誤差ごさ 오차
孤児こじ 고아	故障こしょう 고장	故人こじん 고인	個性こせい 개성
戸籍こせき 호적	小銭こぜに 잔돈	古代こだい 고대	
火燵こたつ 일본의 실내 난방 장치의 하나(나무틀에 화로를 넣고 그 위에 이불·포대기 등을 씌운 것)			
誇張こちょう 과장	国交こっこう 국교	固定こてい 고정	古典こてん 고전
事柄ことがら 사항	孤独こどく 고독	碁盤ごばん 바둑판	個別こべつ 개별
固有こゆう 고유	雇用こよう 고용	孤立こりつ 고립	根気こんき 끈기
混血こんけつ 혼혈	今週こんしゅう 금주	献立こんだて 메뉴, 식단	昆虫こんちゅう 곤충
根底こんてい 근저, 밑바탕	混同こんどう 혼동	根本こんぽん 근본	混乱こんらん 혼란
再会さいかい 재회	災害さいがい 재해	才覚さいかく 재치, 기지	細菌さいきん 세균
細工さいく 세공	採掘さいくつ 채굴	採決さいけつ 채결	再建さいけん 재건
再現さいげん 재현	財源ざいげん 재원	最後さいご 최후	在庫ざいこ 재고
再三さいさん 여러 번	最終さいしゅう 최종	採集さいしゅう 채집	再生さいせい 재생
財政ざいせい 재정	最善さいぜん 최선	催促さいそく 재촉	最大さいだい 최대
採択さいたく 채택	最低さいてい 최저	採点さいてん 채점	災難さいなん 재난
才能さいのう 재능	栽培さいばい 재배	再発さいはつ 재발	裁判さいばん 재판
裁縫さいほう 재봉	細胞さいぼう 세포	採用さいよう 채용	材料ざいりょう 재료
詐欺さぎ 사기	索引さくいん 색인	削減さくげん 삭감	錯誤さくご 착오
作成さくせい 작성	作製さくせい 제작, 작성	作戦さくせん 작전	昨晩さくばん 어젯밤
些事さじ 사소한 일	指図さしず 지시, 지휘	撮影さつえい 촬영	雑音ざつおん 잡음
雑貨ざっか 잡화	錯覚さっかく 착각	早急さっきゅう 조급, 몹시 급함	
殺人さつじん 살인	雑談ざつだん 잡담	砂糖さとう 설탕	砂漠さばく 사막

座標ざひょう 좌표	作法さほう 예의범절	寒気さむけ 한기	作用さよう 작용
参加さんか 참가	酸化さんか 산화	山岳さんがく 산악	産休さんきゅう 출산휴가
残金ざんきん 잔금	産後さんご 산후	残酷ざんこく 잔혹함	産出さんしゅつ 산출
参照さんしょう 참조	参上さんじょう 찾아뵘	賛成さんせい 찬성	酸性さんせい 산성
残高ざんだか 잔액	山頂さんちょう 산꼭대기	桟橋さんばし 선창	賛美さんび 찬미
山腹さんぷく 산 중턱	産物さんぶつ 산물	山脈さんみゃく 산맥	飼育しいく 사육
寺院じいん 사원	歯科しか 치과	自我じが 자아	司会しかい 사회
市街しがい 시가	視覚しかく 시각	資格しかく 자격	自覚じかく 자각
四季しき 사계절	指揮しき 지휘	磁気じき 자기	磁器じき 도자기
色彩しきさい 색채	式場しきじょう 식장	事業じぎょう 사업	施行しぎょう 시행
至急しきゅう 지급	資金しきん 자금	死刑しけい 사형	事件じけん 사건
自己じこ 자기	志向しこう 지향	試行しこう 시행	思考しこう 사고
施行しこう 시행	事項じこう 사항	地獄じごく 지옥	時差じさ 시차
自在じざい 자유자재, 마음대로 함		視察しさつ 시찰	資産しさん 자산
支持しじ 지지	自主じしゅ 자주	自首じしゅ 자수	自習じしゅう 자습
刺繍ししゅう 자수	市場しじょう 시장	事情じじょう 사정	辞職じしょく 사직
自信じしん 자신	姿勢しせい 자세	施設しせつ 시설	事前じぜん 사전
子息しそく 자식	時速じそく 시속	持続じぞく 지속	事態じたい 사태
字体じたい 글자체	辞退じたい 사퇴	下心したごころ 저의, 음모	下地したじ 밑바탕, 기초
下火したび 밑불, 불길이 약해짐		実家じっか 생가, 친정	失格しっかく 실격
失脚しっきゃく 실각	実験じっけん 실험	実行じっこう 실행	実質じっしつ 실질
実習じっしゅう 실습	実情じつじょう 실정	実践じっせん 실천	質素しっそ 검소함
実態じったい 실태	失調しっちょう 실조(조화를 잃는 것)		嫉妬しっと 질투, 시샘
実費じっぴ 실비(실제비용)	執筆しっぴつ 집필	失望しつぼう 실망	実用じつよう 실용
指定してい 지정	指摘してき 지적	支店してん 지점	視点してん 시점
自転じてん 자전	辞典じてん 사전	自動じどう 자동	児童じどう 아동
屎尿しにょう 대소변, 배설물		地主じぬし 지주	芝居しばい 연극
始発しはつ 시발	地盤じばん 지반	私物しぶつ 사유물	紙幣しへい 지폐
司法しほう 사법	死亡しぼう 사망	志望しぼう 지망	脂肪しぼう 지방

始末 しまつ 전말, 형편	使命 しめい 사명	視野 しや 시야	自慢 じまん 자만
地元 じもと 본거지	視野 しや 시야	弱点 じゃくてん 약점	車庫 しゃこ 차고
社交 しゃこう 사교	謝罪 しゃざい 사죄	車掌 しゃしょう 차장	写生 しゃせい 사생
社説 しゃせつ 사설	社宅 しゃたく 사택	若干 じゃっかん 약간	借金 しゃっきん 빚
吃逆 しゃっくり 딸꾹질	車道 しゃどう 차도	三味線 しゃみせん 삼현(三弦)으로 된 일본 고유의 현악기	
斜面 しゃめん 사면	車輪 しゃりん 차륜, 수레바퀴		私有 しゆう 사유
砂利 じゃり 자갈	周囲 しゅうい 주위	収益 しゅうえき 수익	修学 しゅうがく 수학
収穫 しゅうかく 수확	週間 しゅうかん 주간	習慣 しゅうかん 습관	周期 しゅうき 주기
宗教 しゅうきょう 종교	就業 しゅうぎょう 취업	集金 しゅうきん 수금	集計 しゅうけい 집계
襲撃 しゅうげき 습격	収支 しゅうし 주지(수입과 지출)		修士 しゅうし 석사
終始 しゅうし 처음부터 끝까지		重視 じゅうし 중시	従事 じゅうじ 종사
終日 しゅうじつ 종일	充実 じゅうじつ 충실	収集 しゅうしゅう 수집	修飾 しゅうしょく 수식
就職 しゅうしょく 취직	修正 しゅうせい 수정	修繕 しゅうぜん 수선	渋滞 じゅうたい 정체
絨毯 じゅうたん 융단, 양탄자		集団 しゅうだん 집단	執着 しゅうちゃく 집착
終点 しゅうてん 종점	重点 じゅうてん 중점	柔軟 じゅうなん 유연함	収入 しゅうにゅう 수입
就任 しゅうにん 취임	重複 じゅうふく 중복	重要 じゅうよう 중요	従来 じゅうらい 종래
修理 しゅうり 수리	終了 しゅうりょう 종료	重量 じゅうりょう 중량	守衛 しゅえい 수위
主演 しゅえん 주연	主観 しゅかん 주관	修行 しゅぎょう 수행	祝賀 しゅくが 축하
縮小 しゅくしょう 축소	祝福 しゅくふく 축복	宿命 しゅくめい 숙명	手芸 しゅげい 수예
主権 しゅけん 주권	受験 じゅけん 수험	主催 しゅさい 주최	取材 しゅざい 취재
趣旨 しゅし 취지	種子 しゅし 종자	種々 しゅじゅ 여러 가지	首相 しゅしょう 수상
主食 しゅしょく 주식	受信 じゅしん 수신	主体 しゅたい 주체	主題 しゅだい 주제
手段 しゅだん 수단	出演 しゅつえん 출연	出血 しゅっけつ 출혈	出現 しゅつげん 출현
出産 しゅっさん 출산	出生 しゅっせい 출생	出社 しゅっしゃ 출근	出身 しゅっしん 출신
出世 しゅっせ 출세	出題 しゅつだい 출제	出動 しゅつどう 출동	
出費 しゅっぴ 출비(비용을 냄)		出品 しゅっぴん 출품	主導 しゅどう 주도
主任 しゅにん 주임	首脳 しゅのう 수뇌, 정상	守備 しゅび 수비	手法 しゅほう 수법
樹木 じゅもく 수목	主要 しゅよう 주요	需要 じゅよう 수요	樹立 じゅりつ 수립
循環 じゅんかん 순환	準急 じゅんきゅう 준급(급행열차보다 정차역이 많은 기차)		

順序 じゅんじょ 순서	順調 じゅんちょう 순조로움		順番 じゅんばん 순서
準備 じゅんび 준비	仕様 しよう 방법, 도리	私用 しよう 사적인 일	上位 じょうい 상위
上演 じょうえん 상연	消化 しょうか 소화	城下 じょうか 성 아래, 성벽의 밖	
生涯 しょうがい 생애	障害 しょうがい 장해	正月 しょうがつ 정월	消去 しょうきょ 소거
商業 しょうぎょう 상업	上空 じょうくう 상공	衝撃 しょうげき 충격	証言 しょうげん 증언
証拠 しょうこ 증거	正午 しょうご 정오	照合 しょうごう 조합, 대조	詳細 しょうさい 상세
上司 じょうし 상사	障子 しょうじ 장지문 (일본의 방에서 칸막이로 쓰인 문)		
正直 しょうじき 정직함	商社 しょうしゃ 상사	少女 しょうじょ 소녀	症状 しょうじょう 증상
上昇 じょうしょう 상승	上旬 じょうじゅん 상순	昇進 しょうしん 승진	小説 しょうせつ 소설
情勢 じょうせい 정세	消息 しょうそく 소식	招待 しょうたい 초대	状態 じょうたい 상태
承諾 しょうだく 승낙	冗談 じょうだん 농담	承知 しょうち 알아들음	情緒 じょうちょ 정서
象徴 しょうちょう 상징	商店 しょうてん 상점	焦点 しょうてん 초점	上等 じょうとう 훌륭함
消毒 しょうどく 소독	衝突 しょうとつ 충돌	商人 しょうにん 상인	証人 しょうにん 증인
情熱 じょうねつ 정열	勝敗 しょうはい 승패	商売 しょうばい 장사	消費 しょうひ 소비
商品 しょうひん 상품	賞品 しょうひん 상품	小便 しょうべん 소변	譲歩 じょうほ 양보
正味 しょうみ 알맹이	照明 しょうめい 조명	証明 しょうめい 증명	消耗 しょうもう 소모
条約 じょうやく 조약	将来 しょうらい 장래	勝利 しょうり 승리	上陸 じょうりく 상륙
蒸留 じょうりゅう 증류	奨励 しょうれい 장려	除外 じょがい 제외	職員 しょくいん 직원
職務 しょくむ 직무	諸君 しょくん 제군	助言 じょげん 조언	徐行 じょこう 서행
所在 しょざい 소재	所持 しょじ 소지	女史 じょし 여사	助詞 じょし 조사
初旬 しょじゅん 초순	所属 しょぞく 소속	処置 しょち 처치	食器 しょっき 식기
所定 しょてい 소정	書店 しょてん 서점	所得 しょとく 소득	処罰 しょばつ 처벌
初版 しょはん 초판	書評 しょひょう 서평	処分 しょぶん 처분	初歩 しょほ 초보
庶民 しょみん 서민	庶務 しょむ 서무	女優 じょゆう 여배우	所有 しょゆう 소유
署名 しょめい 서명	自立 じりつ 자립	資料 しりょう 자료	指令 しれい 지령
素人 しろうと 비전문가, 아마추어		進化 しんか 진화	進学 しんがく 진학
人格 じんかく 인격	審議 しんぎ 심의	神経 しんけい 신경	真剣 しんけん 진지함
進行 しんこう 진행	新興 しんこう 신흥	信仰 しんこう 신앙	信号 しんごう 신호
申告 しんこく 신고	深刻 しんこく 심각	新婚 しんこん 신혼	審査 しんさ 심사

人材 じんざい 인재	診察 しんさつ 진찰	紳士 しんし 신사	寝室 しんしつ 침실
真実 しんじつ 진실	信者 しんじゃ 신자	真珠 しんじゅ 진주	
心中 しんじゅう 동반자살(두 사람 이상이 함께 죽음)	進出 しんしゅつ 진출	心情 しんじょう 심정	
心身 しんしん 심신	新人 しんじん 신인	申請 しんせい 신청	神聖 しんせい 신성함
新鮮 しんせん 신선함	親善 しんぜん 친선	真相 しんそう 진상	心臓 しんぞう 심장
迅速 じんそく 신속	身体 しんたい 신체	寝台 しんだい 침대	人体 じんたい 인체
診断 しんだん 진단	新築 しんちく 신축	慎重 しんちょう 신중	進呈 しんてい 드림
進展 しんてん 진전	神殿 しんでん 신전	進度 しんど 진도	

2번 문제/필수명사

強力 きょうりょく 강력	記録 きろく 기록	緊急 きんきゅう 긴급	均衡 きんこう 균형
禁止 きんし 금지	空想 くうそう 공상	契機 けいき 계기	軽減 けいげん 경감
欠席 けっせき 결석	原因 げんいん 원인	元気 げんき 기운	権限 けんげん 권한
見識 けんしき 견식, 기품, 품위, 자존심.		堅実 けんじつ 견실	厳密 げんみつ 엄밀함
減量 げんりょう 감량	考案 こうあん 고안	公言 こうげん 공언	交差 こうさ 교차
交錯 こうさく 교착	抗争 こうそう 항쟁	後退 こうたい 후퇴	高低 こうてい 고저
合同 ごうどう 합동	公表 こうひょう 공표	交流 こうりゅう 교류	心得 こころえ 소양, 이해
混合 こんごう 혼합	混雑 こんざつ 혼잡	根性 こんじょう 근성	最中 さいちゅう 한창임
削除 さくじょ 삭제	作動 さどう 작동	参考 さんこう 참고	仕掛 しかけ 장치, 속임수
時間 じかん 시간	時期 じき 시기	仕組 しくみ 구조	資源 しげん 자원
持続 じぞく 지속	実際 じっさい 실제	実績 じっせき 실적	失礼 しつれい 실례
地味 じみ 수수함	謝絶 しゃぜつ 사절	謝礼 しゃれい 사례	重圧 じゅうあつ 중압
集合 しゅうごう 집합	収拾 しゅうしゅう 수습	集中 しゅうちゅう 집중	収容 しゅうよう 수용
主張 しゅちょう 주장	出火 しゅっか 불이 남	出張 しゅっちょう 출장	瞬間 しゅんかん 순간
純粋 じゅんすい 순수함	状況 じょうきょう 상황	賞金 しょうきん 상금	常識 じょうしき 상식
正体 しょうたい 정체	上達 じょうたつ 숙달	承認 しょうにん 승인	

PRACTICE TEST

問題1　＿＿＿の言葉の読み方として最もよいものを、1・2・3・4から一つ選びなさい。

1　八月半ば、高原には早くも秋の気配が漂い始めた。
　　1　きはい　　　2　きばい　　　3　けはい　　　4　けばい

2　高原には色とりどりの草花が夏の名残を惜しんでいた。
　　1　くさか　　　2　ぞうか　　　3　そうはな　　4　くさばな

3　自分に妥協せず辛抱強く修行を続けた。
　　1　しゅうきょう　2　しゅぎょう　3　しゅうこう　4　しゅこう

4　この会社では、現在優秀な人材を募っている。
　　1　じんざい　　2　じんさい　　3　にんさい　　4　にんざい

5　全力を尽くして自己の記録に挑むことに意義がある。
　　1　じき　　　　2　じぎ　　　　3　じこ　　　　4　じご

6　エンジンの回転数が下がらなくなる欠陥が見つかった。
　　1　けってん　　2　けっそん　　3　けっきん　　4　けっかん

7　学校は、老人介護施設での奉仕活動を奨励している。
　　1　げきれい　　2　しょうれい　3　すいしょう　4　たいしょう

8　契約の内容については、こちらの書類をご覧ください。
　　1　せいやく　　2　けいやく　　3　こうやく　　4　ようやく

9　事件の経緯をはっきり覚えている。
　　1　けいい　　　2　けいえい　　3　けいか　　　4　けいかん

10　芝居に真剣に取り組む気概のある方。
　　1　しばきょ　　2　しばい　　　3　しきょ　　　4　しい

11　今は専ら論文執筆に打ち込んでいるだけだ。
　　1　しゅうひつ　　2　しゅっぴつ　　3　しつひつ　　4　しっぴつ

12　スキーで斜面をすべり降りる。
　　1　しゃおもて　　2　しゃめん　　3　ななめおもて　　4　ななめめん

13　彼は、会議では終始無言で硬い表情を崩さなかった。
　　1　しゅうし　　2　じゅうし　　3　しじゅう　　4　じしゅう

問題2　（　　）に入れるのに最もよいものを、1・2・3・4から一つ選びなさい。

1　この時計には（　　）があって、12時になると人形が出てきて踊る。
　　1　しかけ　　2　しあげ　　3　しつけ　　4　しわけ

2　教師の努力により生徒の学力が（　　）した。
　　1　偏向　　2　向上　　3　進化　　4　推進

3　面接による（　　）の結果、合格者を決めた。
　　1　当選　　2　採用　　3　選考　　4　採択

4　（　　）の範囲を越えた行動はしてはいけない。
　　1　常識　　2　知識　　3　認識　　4　見識

5　なお、詳細は説明書をご（　　）ください。
　　1　解釈　　2　参加　　3　解説　　4　参照

6　日本の流通の（　　）は複雑で、外からはわかりにくく見える。
　　1　しあげ　　2　しくみ　　3　したて　　4　しつけ

PRACTICE TEST

7 外国を旅行して（　　　）を広げる。
   1　見地　　　　2　視点　　　　3　視野　　　　4　観点

8 田中さんはくじが当たって海外旅行に行けることになったのに、「飛行機がこわい」と（　　　）した。
   1　辞退　　　　2　謝絶　　　　3　否定　　　　4　避難

9 この会場は400人（　　　）できる。
   1　許容　　　　2　占領　　　　3　収集　　　　4　収容

10 あの人もあんなにわがままばかり言っていたら、周囲から（　　　）してしまうだろう。
   1　孤独　　　　2　孤立　　　　3　独立　　　　4　自立

11 欠点というものは、まず本人がそれを（　　　）しないと直せない。
   1　向上　　　　2　自覚　　　　3　始末　　　　4　処理

12 事故の（　　　）を防ぐために様々な努力がなされている。
   1　再現　　　　2　復活　　　　3　再発　　　　4　復旧

13 昨日のゲームは後半に（　　　）が一気に逆転した。
   1　均衡　　　　2　平均　　　　3　原形　　　　4　形勢

chapter 02 문법/독해

N1 2교시

01 〜かたがた 〜할 겸

접속: [명사]+かたがた

「AかたがたB」는 동일 주어와 동일 시간대에서「A하는 기회를 이용해 겸사겸사 B를 하다」는 표현이다. 정중한 말투로 편지나 격식을 갖춘 회화에서 자주 사용된다. 유사표현으로는 일상회화에서 자주 사용되는「〜がてら(〜하는 김에)」가 있다.

> 散歩かたがた銀行に寄る。
> 산책할 겸 은행에 들르다.
> お礼かたがた食事に誘いました。
> 사례도 할 겸 식사하러 가자고 청했습니다.
> 挨拶かたがた、田中先生のお宅に伺った。
> 인사도 드릴 겸 타나카 선생님 댁을 찾아뵈었다.

02 〜かたわら 〜하는 한편

접속: [동사의 기본형(원형)/명사の]+かたわら

「AかたわらB」는「A하는 한편으로 B를 하다」라는 표현이다. 일반적으로 동작 A와 B는 다른 시간대에 발생하며 동일시간대에 동시에 일어나는「〜ながら(〜하면서)」와는 차이가 있다.

> 彼は日本で創作活動のかたわら、ロシア文学の教師としても活躍した。
> 그는 일본에서 창작활동을 하는 한편, 러시아문학 교사로도 활약했다.
> 木村さんは家業で両親を手伝うかたわら専門学校に通っている。
> 키무라씨는 가업으로 부모님을 돕는 한편, 전문학교에 다니고 있다.

03 〜がてら 〜하는 김에, 〜을 겸하여

접속: [동사의 ます형/명사]+がてら

「〜がてら」는「A를 하고 있는 시간을 이용해 B를 하다」는 표현으로, 동일시간대에서 중심이 되는 동작 A를 하면서 병행하여 B를 한다는 뜻이다.

> 運動がてら、自転車で買い物に行きました。
> 운동하는 김에 자전거로 쇼핑하러 갔습니다.
> 東京にお越しの際、遊びがてら寄ってみてください。
> 도쿄에 오실 때, 놀러올 겸 들려주세요.

문법 필수 문형 – N1 문법패턴 2

04   ~が早(はや)いか ~하자마자

접속: [동사의 기본형(원형)]+が早(はや)いか
두 가지 동작이 거의 동시에 혹은 한 동작이 이루어진 직후에 동작이 연속적으로 이루어질 때 사용하는 표현이다.

> 弟は学校から帰るが早いか、かばんを放り出して遊びに行った。
> 남동생은 학교에서 돌아오자마자 가방을 내던지고 놀러 갔다.
> 給料をもらうが早いか全部使ってしまいました。
> 급여를 받자마자 다 써버렸습니다.
> 彼はとても忙しいらしい。食事をとるが早いか、すぐに飛び出して行った。
> 그는 매우 바쁜 것 같다. 식사를 하자마자 곧장 뛰쳐나갔다.

05   ~からある/~からの/~からする ~이나 되는

접속: [수량을 나타내는 명사]+からある(からの/からする)
수량을 나타내는 명사에 주로 접속해 「~이상 된다」는 뉘앙스를 가진다. 일반적으로 거리, 무게, 높이 등에는 「~からある」, 금액에는 「~からする」, 인원수에는 「~からの」가 자주 사용된다.

> 山口さんは40キロからある荷物を肩に担いだ。
> 야마구치씨는 40킬로그램이나 되는 짐을 어깨에 짊어졌다.
> 新聞によると、今度の火事で100人からの死傷者が出たそうだ。
> 신문에 따르면 이번 화재로 100명이나 되는 사상자가 나왔다고 한다.
> これは500万円からする車です。
> 이것은 500만 엔이나 하는 차입니다.

06   ~きらいがある ~하는 경향이 있다

접속: [동사의 기본형(원형)/명사の]+きらいがある
「~하는 경향이 있다」라는 뜻으로, 주로 좋지 않은 경향이 있다는 부정적인 의미를 내포한 표현이다.

> 妹は、なんでも物事を悪いほうに考えるきらいがある。
> 여동생은 무엇이든지 매사를 나쁜 쪽으로 생각하는 경향이 있다.
> 最近の子どもは、外で遊ぶより家でゲームをするきらいがある。
> 요즘 아이들은 바깥에서 노는 것 보다 집에서 게임을 하는 경향이 있다.
> 昔、健康診断で生活習慣病のきらいがあると言われた。
> 예전에 건강진단에서 '생활습관병'에 걸릴 위험이 있다는 이야기를 들었다.

07 ～極(きわ)まりない, ～極(きわ)まる ～하기 짝이 없다, 극히 ～하다

접속: [な형용사어간]＋極(きわ)まりない(極(きわ)まる)

「～極(きわ)まりない」와 「～極(きわ)まる」둘 다 정도가 극도에 다다랐음을 나타내는 표현으로 「～하기 짝이 없다, 극히～하다」라는 뜻이다. 「丁寧(ていねい)極(きわ)まる(아주 정중하다)」같이 플러스 측면과 「非常識(ひじょうしき)極(きわ)まる(비상식적이기 짝이 없다)」같이 마이너스 측면, 양쪽 모두에 사용할 수 있다.

子どもたちが学校へ通う道なのに、信号がないのは危険極まりない。
아이들이 학교에 다니는 길인데 신호등이 없는 것은 위험하기 짝이 없다.

選手が真剣に勝負しているグラウンドにものを投げるなんて失礼極まる行為だ。
선수들이 진지하게 승부를 벌이고 있는 그라운드에 물건을 던지다니 정말 실례가 되는 행위이다.

08 ～ごとき/ ～ごとく ～와 같은/～와 같이(처럼)

접속: [동사의 기본형(원형)/동사의 た형/명사＋の]＋(が)＋ごとき(ごとく)[명사]＋ごとき

「～ごとき」는 「～ような(～와 같은)」「～ごとく」는 「～ように(～와 같이)」에 해당하는 옛스런 표현이다.
「～ごとき」의 뒤에는 명사가「～ごとく」의 뒤에는 동사나 형용사 등이 온다.
그리고 [명사]＋ごとき의 형태로 본인의 경우에는「나 같은 것이 감히～」와 같이 겸손함을, 타인의 경우에는「당신 같은 것 따위가～」와 같이 멸시나 깔봄을 나타내는 표현으로 쓰이기도 한다.

今回のごとき事件は二度と起こしてはならない。
이번 같은 사건은 두 번 다시 저지르면 안 된다.

雲霞のごとく集まる。
구름떼처럼 모이다.

環境の専門家が予想したごとく、環境破壊が深刻な問題になってきた。
환경전문가들이 예상한 것처럼 환경파괴가 심각한 문제가 되었다.

俺がお前ごときに捕まると思うのか。
내가 너 따위에게 붙잡힐 것 같으냐!

私ごときの素人にこんな難しい仕事ができるのかと心配です。
나 따위의 아마추어가 이런 어려운 일을 할 수 있을지 걱정입니다.

09 ～こととて ～이라서, ～이므로

접속: [명사+の/い형용사ーい/な형용사ーな/동사의 た형/동사의 ぬ형(부정형)]+こととて

원인이나 이유를 나타내는 표현으로 편지나 문장체에서 자주 사용되는 옛스런 표현이다.

明日から夏休みのこととて、学生の心はもう故郷に飛んでいる。
내일부터 여름방학이므로, 학생들의 마음은 벌써 고향으로 달려가고 있다.

はじめてのこととて緊張してしまった。
처음이라서 긴장하고 말았다.

慣れぬこととて、失敗をいたしました。
익숙하지 않아서 실패를 했습니다.

多くの苦労を重ねてきたこととて、年よりもっとふけて見える。
숱한 고생을 거듭해 왔기 때문에 나이보다 훨씬 늙어 보인다.

10 ～ことなしに(は) ～하지 않고(는)

접속: [동사의 기본형(원형)]+ことなしに(は)

「Aことなしに(は)～B(부정표현)」의 형태가 많으며「A하는 일 없이(는) B를 할 수 없다」는 표현으로 자주 사용된다.

努力することなしに、英語が上手になれるわけがない。
노력하지 않고서 영어가 능숙해질 리가 없다.

実際に住んでみて肌で感じることなしには、その国の文化は理解できないだろう。
실제로 살아보고 피부로 느껴보지 않고서는 그 나라의 문화는 이해하지 못할 것이다.

問題1　次の文の（　　）に入れるのに最もよいものを、1・2・3・4から一つ選びなさい。

1　彼は情勢を楽観しすぎる（　　）。あれでは、今後、いろいろと問題が起きると思う。
　　1　べきではない　　2　ものがある　　3　までもない　　4　きらいがある

2　彼は会社勤めの（　　）、専門学校に通って通訳の資格を取った。
　　1　しながら　　2　ついでに　　3　かたわら　　4　ともに

3　彼は訓練のために100段（　　）階段を毎日何回も上り下りしているそうだ。
　　1　からある　　2　からには　　3　からして　　4　からこそ

4　銀行にお金を借りに行ったときの行員の態度は、失礼（　　）ものだった。
　　1　極まる　　2　比べられない　　3　最高の　　4　非常な

5　先日は大変お世話になりました。お礼（　　）、田舎から届きましたりんごをお持ちしました。
　　1　の一方　　2　かたがた　　3　の半面　　4　ながらに

6　裏切られたことを知った彼は、烈火の（　　）怒り狂った。
　　1　ごとし　　2　ごとき　　3　ごとく　　4　ごとに

7　彼は毎日、6時になる（　　）、会社を飛び出していく。
　　1　とたんに　　　　　　　　2　が早いか
　　3　かないかのうちに　　　　4　そばから

8　私の父はよく散歩し（　　）、スーパーに寄り、家族の好きなものを買ってきてくれる。
　　1　がてら　　2　かたがた　　3　そばから　　4　ともに

9　こんな夜中に電話してくるなんて、非常識（　　）。
　　1　極まっている　　2　極めている　　3　極まらない　　4　極まりない

PRACTICE TEST

10 親友は細かい事情を聞くこと（　　　）、私にお金を貸してくれた。
　　1　ないで　　　　2　なくて　　　　3　なしに　　　　4　ないか

11 大学で日本語を勉強する（　　　）、子供たちに英語を教えている。
　　1　がてら　　　　2　かたわら　　　3　ながら　　　　4　かたがた

12 彼の（　　　）新入社員にそんな重大な任務を任せるわけにはいかない。
　　1　ごとき　　　　2　ゆえの　　　　3　といった　　　4　らしい

13 先日の写真ができましたので、年末のご挨拶（　　　）お届けにうかがいます。
　　1　ながら　　　　2　かたわら　　　3　かたがた　　　4　とともに

14 人間は他の生き物の命をうばう（　　　）、生きてはいけない。
　　1　ことなしに　　2　ないでは　　　3　ところで　　　4　ものの

15 何分不慣れな新入社員の（　　　）、失礼があれば、どうかお許しください。
　　1　ことか　　　　2　ことに　　　　3　ことから　　　4　こととて

問題2 次の文の__★__に入る最もよいものを、1・2・3・4から一つ選びなさい。

1　緊急の電話を受けた警察官は、＿＿＿　＿＿＿　_★_、＿＿＿現場へ向かった。
　　1　飛び乗るが　　　2　パトカーに　　　3　早いか　　　　4　猛スピードで

2　＿＿＿　_★_　＿＿＿　＿＿＿いる方向へ倒れてきた。
　　1　大木が　　　　　2　私たちの　　　　3　2メートル　　4　からある

3　会社を辞めて、＿＿＿　_★_　＿＿＿、＿＿＿している。
　　1　林さんは　　　　　　　　　　2　失敗ばかり
　　3　慣れぬこととて　　　　　　　4　うどん屋を開業した

4　人はとかく＿＿＿　＿＿＿　_★_　＿＿＿ある。
　　1　きらいが　　　　　　　　　　2　耳を傾ける
　　3　いい意見にのみ　　　　　　　4　自身に都合が

5　今日は天気がいいから、＿＿＿　_★_　＿＿＿　＿＿＿の様子を見てこよう。
　　1　祖母　　　　　2　がてら　　　　3　一人暮らしの　　4　散歩

PRACTICE TEST

問題3　次の文章を読んで、1から5の中に入る最もよいものを、1・2・3・4から一つ選びなさい。

　車の運転をしている人なら理解できるように、自分の前方や後方でププッとクラクションが鳴ると [1]。たとえば、交差点の信号が青になったのに気がつかずに、後ろから「プププープー」と長いクラクションを鳴らされたら、人 [2] は驚いたり、「うるさいなあ」と不快に感じるでしょう。

　社会心理学者の木下冨雄先生の書かれた「クラクションランゲージ」という論文の中に、クラクションのエピソードがあります。ある教授が道を歩いていたとき、後ろからきた車からクラクションを鳴らされた。教授は車を通すために道を譲った。[3] すれ違ったときに車はもう一度クラクションを鳴らした。人がどいてやったのにまたクラクションを鳴らすとは失礼な奴だ、と教授は怒っている。木下先生はそこで、最初のクラクションは「[4a]」という意味だが、後のクラクションは、「[4b]」という感謝の意味のクラクションですよ、と説明をされたという話です。（中略）

　筆者は実験で交通状況を設定してクラクション反応を求め、状況の違いによりどのようなクラクションが存在するかを分析しました。刺激場面を実験室でスライドプロジェクターによって提示させ、実験教示を聞いた後に被験者はスイッチを押してクラクションを鳴らします。

　細部は省きますが、分析の結果、クラクションには社会的エチケット、安全確保、感情表現の三つのパターンがあると推定できました。非常に短い社会的エチケットのクラクション、中程度の長さの安全確保のクラクション、最も長い(0.5秒を超える長さ)感情表現のクラクションです。初心者は長さの違いがはっきりせず、安全確保や社会的エチケットと感情表現のクラクションが [5]。また、いかなる交通状況でも、平均して0.5秒を超えるクラクションを鳴らすドライバーが一定の比率で存在しています。

（蓮花一己「カーコミュニケーションその2」「人と車」による）

1. 1 気になるまでのことです
   2 気になるだけましです
   3 気になるものです
   4 気になってしかるべきです

2. 1 に反して
   2 について
   3 にかけて
   4 によって

3. 1 ところが
   2 とはいえ
   3 しかも
   4 なお

4. 1 a ありがとう　　b ご苦労さま
   2 a こんにちは　　b すみません
   3 a あぶないぞ　　b お先にどうぞ
   4 a どいてくれ　　b どいてくれてありがとう

5. 1 鳴っています
   2 重なっています
   3 並んでいます
   4 繰り返されています

PRACTICE TEST

問題4　次は、ある講座の案内である。下の問いに対する答えとして、最もよいものを1・2・3・4・から一つ選びなさい。

ベテラン講師陣が初心者を応援！
「着付けとマナーの12回レッスン」
4月5日（月）　①午後2時②同7時スタート

　歌舞伎鑑賞や食事会…時には着物で出かけたいですね。講座では、浴衣から訪問着の着付け、和のマナーまでを学びます。着物学院の教授をはじめ、ベテラン講師が4〜5人に1人付き、全くの初心者でも自分ひとりで着物を着ることが出来るようになります。着物、帯、袋帯（各1点ずつ）のレンタルセットも用意（12回で3000円、各回先着5人）。

日時：12回（毎回月曜日）
①　午後2時〜4時　　②　午後7時〜9時

①	4/5	浴衣の着付けと半幅帯
②	4/12	普段着の着付け①
③	4/19	和室での作法
④	4/26	普段の着付け②
⑤	5/10	普段の着付け③
⑥	5/17	帯締め、帯あげの結び方
⑦	5/24	日本語と手紙のマナー
⑧	5/31	はし遣いのマナー
⑨	6/7	訪問着の着付け①
⑩	6/14	訪問着の着付け②
⑪	6/21	小物選び
⑫	6/28	日本茶の作法

会場：黒葉文化会館
参加費：一般・会員共通／1万5千円（お茶・菓子代500円込）
　　　　※振込制、入金後の返金不可

定員：各20人（申し込み順）
持参品：着物、帯、タオル(2枚)、長じゅばん、よけ、肌じゅばん、足袋、襟芯、腰ひも(2〜3本)、伊達締め、きものベルト

申込み・お問合せは　0120-234-***
黒葉文化センター
振込先：黒葉銀行本店　1234567

※申込み後1週間以内に入金が確認できない場合、キャンセルとさせていただきますのでご注意ください。

1 　着物の着かたを教わる講座は何回あるか。

1　5回
2　6回
3　7回
4　8回

2 　参加費を振込した後に講座のキャンセルした場合、いくら戻ってくるか。

1　15,500円
2　15,000円
3　14,500円
4　0円

PRACTICE TEST

問題5　次のAとBの意見文を読んで、後の問いに対する答えとして最もよいものを1・2・3・4から一つ選びなさい。

A
　お勘定の時、「今日は僕が支払うつもりで来ました」と言って、会計をしようとし、相手のお母さんが「学生さんに払ってもらうわけにはいかないわ」と言われたら、「ありがとうございます。それではご馳走になります」と言い、お母さんが「それじゃあご馳走になるわ」と言えば、支払えばいいです。私が考えるに、普通はお母さんが食事中にちょっと携帯電話とか、お手洗いにでも行く感じで、会計は済ますと思います（スマートな方ならレジでゴタゴタしたくないから）。お母さんの方から会いたがって食事に行くので、払う気は当然あると思いますが、何も言い出さず、ただご馳走様でしたでは印象が悪いと思うので、言い出すことは言いだし、引くべく時は引くでいいと思います。

B
　私は彼女のお母さんと同じぐらいの歳でしょうか。娘にいつ彼氏を紹介されるかドキドキしています。私も同じように言うでしょうね。ということで、まず大学生に払わせようとは思いません。こちらから言い出したことですし。でも、僕が払いますと言われたら嬉しいですね。そしてその時は払ってもらいます。気持ちを大事にしたいので。店を出てからお金を渡すか、娘にお小遣いと一緒に渡すかしますね。頑張ってくださいね。無理しないで自然体でどうぞ。

[1]　AとBの文は、誰に対して意見を述べたものか。
1　娘の彼氏との食事会に行くかどうか迷っている母親
2　彼女の母親と食事会に行こうとしている学生
3　友だちとの食事会でご馳走しようとしている学生
4　母親に彼氏を紹介しようとしている女性

[2]　AとBの意見について、正しいのはどれか。
1　AもBも母親が支払うことが当然だと思っている。
2　Aは、イメージを良くするために、食事代は出したほうがいいと述べている。
3　Bは、食事代を支払ってくれようとする相手の気持ちを尊重すると述べている。
4　食事会に行くことに対して、Aは消極的で、Bは積極的である。

chapter 03 청해

N1 3교시

과제 이해 문제 2

N1 청해 문제 1은 과제 이해 문제이다. 구체적인 과제 해결에 필요한 중요한 정보를 듣고 다음에 어떤 행동을 취할 것인지를 예측하는 문제이다. 다양한 상황이 제시됨으로 먼저 어떤 주제에 대해 이야기를 하는지 주제 파악을 확실히 해야 한다. 중반 이후 갑작스러운 변수로 혼란을 주는 경우도 있으니 반전에 유의해 끝까지 집중하여 들어야 한다. 또한 대화 속에서 누구의 행동을 예측해야하는 지도 신경을 써야한다.

대화를 잘 듣고 맞는 답을 하나 고르시오.

1 ばん

2 ばん

① A → B → C
② A → C → B
③ B → A → C
④ B → C → A

PRACTICE TEST

3ばん
① 息子の会社に文句を言う
② 息子を叱る
③ 息子を励ます
④ 何もしない

4ばん
① 長い傘を持っていく
② 傘を持っていかない
③ 駅の売店で買う
④ 折畳みの傘を持っていく

스크립트

문제 1

質問 女(おんな)の人(ひと)はどんなヘアスタイルにしますか。

男：いらっしゃいませ。今日(きょう)はどんなふうにしますか。
女：10センチぐらい切(き)ってほしいです。
男：肩(かた)にかかるくらいですね。
女：ええ。
男：前(まえ)はどうしましょう。
女：パーマをかけて、眉毛(まゆげ)が隠(かく)れるぐらいにしてください。
男：はい。承知(しょうち)しました。

女(おんな)の人(ひと)はどんなヘアスタイルにしますか。

질문 여자는 어떤 헤어스타일로 합니까?

남 : 어서 오십시오. 오늘은 어떤 식으로 하실 겁니까?
여 : 10센티 정도 잘랐으면 합니다.
남 : 어깨에 닿을 정도로군요.
여 : 예.
남 : 앞은 어떻게 할까요?
여 : 파마를 하고, 눈썹이 보이지 않을 정도로 해 주세요.
남 : 네. 알았습니다.

여자는 어떤 헤어스타일로 합니까?

> **중요표현**
> 1. 「〜てほしい(〜해주길 바란다, 〜해 주었으면 좋겠다)」는 바라고자 하는 것을 상대방에게 부탁하는 표현이다. 切(き)ってほしい(잘라 주길 바란다), 理解(りかい)してほしい(이해해주었으면 좋겠다)
> 2. 「肩(かた)にかかる」는 「(머리카락이) 어깨에 닿다」는 의미이다.

문제 2

質問 ご主人(しゅじん)と奥(おく)さんがデパートに来(き)ました。二人(ふたり)はどの順番(じゅんばん)で回(まわ)ることにしましたか。

男：さてと、古本市(ふるほんいち)は7階(かい)だね。
女：でも、もう1時に近(ちか)いわ。先(さき)にお昼(ひる)にしない？
男：もう、そんな時間(じかん)か、じゃ、飯(めし)にするか。
女：食(た)べたら、まず絵(え)の展覧会(てんらんかい)に行(い)きましょうよ。
男：いや、古本市(ふるほんいち)に先(さき)に行(い)こうよ。
女：だって、今日(きょう)は絵(え)を見(み)に来(き)たんでしょう。
男：だけどさ、絵(え)は売(う)れたりはしないけど、本(ほん)はほしいのがなくなっちゃうかもしれない。
女：そうね。じゃ、あなたの言(い)うとおりにしましょう。

二人(ふたり)はどの順番(じゅんばん)で回(まわ)ることにしましたか。

질문 남편과 부인이 백화점에 왔습니다. 두 사람은 어떤 순서로 돌기로 했습니까?

남 : 자, 중고서적 파는 곳은 7층이지?
여 : 그런데, 벌써 1시가 다 되었어요. 먼저 점심을 먹지 않을래요?
남 : 벌써, 시간이 그렇게 됐나? 그러면 밥 먹을까?
여 : 먹고 나서, 우선 그림 전람회에 갑시다.
남 : 아니, 중고서적 파는 곳에 먼저 가자.
여 : 그렇지만 오늘은 그림을 보러 왔잖아요.
남 : 그렇지만 그림은 팔리거나 하지 않지만, 책은 갖고 싶은 것이 없어져버릴지도 몰라.
여 : 그러네요. 그러면 당신이 말하는 대로 합시다.

두 사람은 어떤 순서로 돌기로 했습니까?

& 해 설

> **중요표현**
> 1. 「飯(めし)」는 「ご飯(はん)」의 남성어이다.
> 2. 「~とおりに」는 「~대로」라는 뜻이다. 言(い)うとおりにする(말하는 대로 하다), 聞(き)いたとおりに話(はな)してください(들은 대로 이야기 해주세요)

문제 3

質問　夫(おっと)と妻(つま)が息子(むすこ)について話(はな)しています。夫(おっと)はこれからどうしますか。

妻：お父(とう)さん、健一(けんいち)ね、会社(かいしゃ)で営業(えいぎょう)の売上(うりあげ)が悪(わる)いってみんなの前(まえ)でいじめられているらしいのよ。

夫：なんだ、会社(かいしゃ)でもそんなことがあるのか。信(しん)じられないなあ。

妻：それですっかりあの子(こ)、元気(げんき)がなくなっちゃって。

夫：そうか。じゃあ、おれが会社(かいしゃ)に一言(ひとこと)、言(い)ってやるよ。

妻：まあまあ、お父(とう)さん、そんなことしたら、健一(けんいち)がますます居(い)づらくなりますよ。

夫：それもそうだな。じゃあ、ぱーっとあいつと飲(の)みに行(い)くか。

妻：それも逆効果(ぎゃくこうか)よ。今(いま)はそっとしておくほうがいいんじゃない。

夫：ま、そうか。あれももう大人(おとな)だからな。

夫(おっと)はこれからどうしますか。

1. 息子(むすこ)の会社(かいしゃ)に文句(もんく)を言(い)う。
2. 息子(むすこ)を叱(しか)る。
3. 息子(むすこ)を励(はげ)ます。
4. 何もしない。

질문　남편과 아내가 아들에 대해 이야기하고 있습니다. 남편은 지금부터 어떻게 합니까?

아내 : 여보, 켄이치가 회사에서 영업 매출이 나쁘다고 사람들 앞에서 괴롭힘을 당하고 있는 것 같아요.
남편 : 뭐라고, 회사에서도 그런 일이 있단 말이야? 믿을 수 없군.
아내 : 그래서 완전히 그 아이, 기운이 빠져서.
남편 : 그래? 그럼, 내가 회사에 한마디 할게.
아내 : 자~자, 여보, 그렇게 하면, 켄이치가 더욱 더 있기가 힘들어져요.
남편 : 그것도 그러네. 자, 녀석이랑 한바탕 마시러 갈까?
아내 : 그것도 역효과예요. 지금은 가만히 놔두는 편이 좋지 않겠어요?
남편 : 뭐, 그런가. 그녀석도 이제 어른이니까.

남편은 지금부터 어떻게 합니까?

1. 아들의 회사에 불평을 한다.
2. 아들을 꾸짖는다.
3. 아들을 격려한다.
4. 아무것도 하지 않는다.

> **중요표현**
> 1. 「そっとしておく」는 「(상대편의 기분을 거슬리지 않게) 가만히 그대로 두다」라는 표현이다. 今日(きょう)はそっとしておいてくれ(오늘은 가만히 놓아 주게)
> 2. 「동사의 ます형+づらい」는 「~하기 곤란하다, ~하기 거북하다」는 의미이다. 居(い)づらい(있기 곤란하다), 聞(き)きづらい(듣기 거북하다), 読(よ)みづらい(읽기 어렵다)

스크립트

문제 4

質問 ご主人(しゅじん)が奥(おく)さんに今日(きょう)の天気(てんき)を聞(き)いています。ご主人(しゅじん)は傘(かさ)をどうしますか。

男：母(かあ)さん、今日(きょう)の天気(てんき)はどう？
女：曇(くも)ってるわよ。
男：傘(かさ)持(も)っていったほうがいいかなあ。
女：この前(まえ)傘(かさ)持(も)っていって、会社(かいしゃ)において来(き)ちゃったのがあるんじゃない。
男：あ、そうだね。もし帰(かえ)りに雨(あめ)が降(ふ)ってきたら、それをさして帰(かえ)ればいいや。
女：ああ、でも、待(ま)ってー。もし行(い)きに雨(あめ)が降(ふ)ってきたらどうするの？
男：そのときは駅(えき)の売店(ばいてん)で買(か)うか…
女：売店(ばいてん)じゃ、傘(かさ)なんか売(う)ってないわよ。
男：じゃ、やっぱり傘(かさ)持(も)っていくか。でも、長(なが)いのは面倒(めんどう)くさいから、折畳(おりたた)みのを持(も)っていくか。
女：ああっ、天気予報(てんきよほう)やってるわ。
男：ここじゃ、聞(き)こえないよ。何(なん)だって？
女：えーっとね、平野部(へいやぶ)、海沿(うみぞ)いは曇(くも)り、午後(ごご)は一時(いちじ)雨(あめ)、ところによっては強(つよ)く降(ふ)るんだって。
男：やっぱり雨(あめ)か。でも、会社(かいしゃ)ので十分(じゅうぶん)だな。じゃ、行(い)ってきます！

ご主人(しゅじん)は傘(かさ)をどうしますか。

1. 長(なが)い傘(かさ)を持(も)っていく。
2. 傘(かさ)を持(も)っていかない。
3. 駅(えき)の売店(ばいてん)で買(か)う。
4. 折畳(おりたた)みの傘(かさ)を持(も)っていく。

질문 남편이 부인에게 오늘의 날씨를 묻고 있습니다. 남편은 우산을 어떻게 합니까?

남 : 여보, 오늘의 날씨는 어때?
여 : 흐려요.
남 : 우산 가지고 가는 편이 좋을까...
여 : 일전에 우산 가지고 가서, 회사에 놓고 온 것이 있지 않아요?
남 : 앗, 맞다. 만약 오는 길에 비가 내리면, 그걸 쓰고 돌아오면 되.
여 : 아~, 그렇지만 잠깐만요. 만약 가는 길에 비가 내리면 어떻게 할 거예요?
남 : 그 때는 역의 매점에서 살까...
여 : 매점에서는 우산 같은 것은 팔지 않아요.
남 : 자, 역시 우산 가지고 갈까. 그렇지만 긴 것은 성가시니까, 접는 우산을 가지고 갈까.
여 : 아, 일기예보 해요.
남 : 여기서는 들리지 않아. 뭐라고 하는 거야?
여 : 음.. 평야지역, 해안은 흐리고, 오후에는 한때 비, 곳에 따라서는 강하게 내린대요.
남 : 역시 비구나. 그렇지만 회사에 있는 것으로 충분해. 그러면 다녀올게!

남편은 우산을 어떻게 합니까?

1. 긴 우산을 가지고 간다.
2. 우산을 가지고 가지 않는다.
3. 역의 매점에서 산다.
4. 접는 우산을 가지고 간다.

> **중요표현**
>
> 「～たほうがいい」는 조언하는 표현으로 「～하는 편이 좋다(낫다)」라는 뜻이다. 持(も)っていったほうがいい(가지고 가는 편이 좋다), 傘(かさ)をさしたほうがいい(우산을 쓰는 편이 낫다)

N1

뉴 일본어 능력시험

Part 03

문자/어휘 chapter 01
1번 문제/명사
2번 문제/명사

문법 chapter 02
N1 문법패턴 3 (~始末(しまつ)だ에서 ただ~のみ/ただ~のみならず까지)

독해
정보검색/통합이해 문제

청해 chapter 03
과제 이해 문제 3

chapter 01 문자/어휘

N1 1교시

1번 문제/명사(2자 한자)

振動しんどう 진동	侵入しんにゅう 침입	信任しんにん 신임	信念しんねん 신념
審判しんぱん 심판	神秘しんぴ 신비	進歩しんぽ 진보	辛抱しんぼう 참고 견딤, 인내
人民じんみん 인민	深夜しんや 심야	親友しんゆう 친구	信用しんよう 신용
信頼しんらい 신뢰	真理しんり 진리	侵略しんりゃく 침략	診療しんりょう 진료
親類しんるい 친척	進路しんろ 진로	神話しんわ 신화	水源すいげん 수원
水準すいじゅん 수준	推進すいしん 추진	水洗すいせん 물로 씻음	
吹奏すいそう 입으로 불어서 연주함		推測すいそく 추측	衰退すいたい 쇠퇴
推定すいてい 추정	水田すいでん 논	睡眠すいみん 수면	推理すいり 추리
数詞すうし 수사	崇拝すうはい 숭배	図鑑ずかん 도감	図表ずひょう 도표
誠意せいい 성의	生育せいいく 생육	成育せいいく 성장	成果せいか 성과
正解せいかい 정답	性格せいかく 성격	生活せいかつ 생활	税関ぜいかん 세관
正規せいき 정규	世紀せいき 세기	正義せいぎ 정의	請求せいきゅう 청구
生計せいけい 생계	清潔せいけつ 청결	政権せいけん 정권	成功せいこう 성공
精巧せいこう 정교함	正座せいざ 별자리	制裁せいさい 제재	政策せいさく 정책
清算せいさん 정산	生死せいし 생사	静止せいし 정지	性質せいしつ 성질
誠実せいじつ 성실함	成熟せいじゅく 성숙	青春せいしゅん 청춘	清純せいじゅん 청순함
聖書せいしょ 성서	清書せいしょ 정서, 청서	正常せいじょう 정상	精神せいしん 정신
成人せいじん 성인	整然せいぜん 정연함	清掃せいそう 청소	盛装せいそう 잘 차려 입음
盛大せいだい 성대함	清濁せいだく 청탁, 맑음과 흐림		成長せいちょう 성장
生長せいちょう 생장	制定せいてい 제정	静的せいてき 정적임	製鉄せいてつ 제철
晴天せいてん 맑은 하늘, 맑음		正当せいとう 정당함	政党せいとう 정당
青年せいねん 청년	成年せいねん 성년	性能せいのう 성능	整備せいび 정비
製品せいひん 제품	征服せいふく 정복	制服せいふく 제복	生物せいぶつ 생물
性別せいべつ 성별	製法せいほう 제조법	精密せいみつ 정밀	生命せいめい 생명
声明せいめい 성명	姓名せいめい 성명	正門せいもん 정문	制約せいやく 제약
西洋せいよう 서양	生理せいり 생리	整理せいり 정리	成立せいりつ 성립
勢力せいりょく 세력	責務せきむ 책무	是正ぜせい 시정	世帯せたい 세대

世代せだい 세대	切開せっかい 절개	接近せっきん 접근	切実せつじつ 절실
接触せっしょく 접촉	設置せっち 설치	折衷せっちゅう 절충	設定せってい 설정
説得せっとく 설득	絶版ぜっぱん 절판	絶望ぜつぼう 절망	設立せつりつ 설립
是非ぜひ 옳고 그름	繊維せんい 섬유	全員ぜんいん 전원	全快ぜんかい 완쾌, 완치
宣教せんきょう 선교	戦況せんきょう 전황	宣言せんげん 선언	専攻せんこう 전공
選考せんこう 선고	戦災せんさい 전쟁으로 입은 재해		先週せんしゅう 지난주
専修せんしゅう 전수	戦術せんじゅつ 전술	全勝ぜんしょう 전승	全身ぜんしん 전신
潜水せんすい 잠수	専制せんせい 전제	全盛ぜんせい 전성	先代せんだい 선대
先端せんたん 첨단	先着せんちゃく 선착	前提ぜんてい 전제	前途ぜんと 전도, 장래
先頭せんとう 선두	戦闘せんとう 전투	潜入せんにゅう 잠입	船舶せんぱく 선박
前半ぜんはん 전반	全滅ぜんめつ 전멸	専用せんよう 전용	占領せんりょう 점령
善良ぜんりょう 선량함	戦力せんりょく 전력	前例ぜんれい 전례	相応そうおう 상응함
総会そうかい 총회	騒音そうおん 소음	創刊そうかん 창간	増強ぞうきょう 증강
雑木ぞうき 잡목	送金そうきん 송금	相互そうご 상호	走行そうこう 주행
総合そうごう 종합	捜査そうさ 수사	捜索そうさく 수색	創作そうさく 창작
喪失そうしつ 상실	操縦そうじゅう 조종	蔵相ぞうしょう 재정경제부 장관	
装飾そうしょく 장식	増進ぞうしん 증진	創造そうぞう 창조	相対そうたい 상대
壮大そうだい 장대함	相談そうだん 상담	想定そうてい 상정	騒動そうどう 소동
遭難そうなん 조난	相場そうば 시세	装備そうび 장비	草履ぞうり 일본 짚신
創立そうりつ 창립	送料そうりょう 송료	即座そくざ 즉석	促進そくしん 촉진
速達そくたつ 속달	測定そくてい 측정	束縛そくばく 속박	側面そくめん 측면
測量そくりょう 측량	素材そざい 소재	阻止そし 저지	訴訟そしょう 소송
措置そち 장치	素朴そぼく 소박함	率先そっせん 솔선	
外方そっぽ 다른 쪽, 딴 데, 딴전		損失そんしつ 손실	存続そんぞく 존속
尊重そんちょう 존중	退院たいいん 퇴원	対応たいおう 대응	体温たいおん 체온
退化たいか 퇴화	大概たいがい 대개	体格たいかく 체격	退学たいがく 퇴학
大金たいきん 대금	待遇たいぐう 대우	退屈たいくつ 지루함	対決たいけつ 대결
体験たいけん 체험	対抗たいこう 대항	滞在たいざい 체류	大使たいし 대사

退治 たいじ 퇴치	大衆 たいしゅう 대중	対処 たいしょ 대처	対象 たいしょう 대상
大小 だいしょう 대소	退職 たいしょく 퇴직	態勢 たいせい 태세	対談 たいだん 대담
大抵 たいてい 대개	対等 たいとう 대등함	滞納 たいのう 체납	対比 たいひ 대비
代表 だいひょう 대표	大便 だいべん 대변	代弁 だいべん 대변, 대신 처리함	
待望 たいぼう 대망	台本 だいほん 대본	怠慢 たいまん 태만함	対面 たいめん 대면
太陽 たいよう 태양	代用 だいよう 대용	代理 だいり 대리	大陸 たいりく 대륙
体力 たいりょく 체력	対話 たいわ 대화	打開 だかい 타개	焚火 たきび 모닥불
妥協 だきょう 타협	打撃 だげき 타격	妥結 だけつ 타결	駄作 ださく 졸작
多少 たしょう 다소	達者 たっしゃ 달인	脱出 だっしゅつ 탈출	達成 たっせい 달성
建前 たてまえ 방침, 표면상의 원칙		他方 たほう 다른 한쪽	多忙 たぼう 다망함
多様 たよう 다양함	単位 たんい 단위, 학점	単一 たんいつ 단일	担架 たんか 들것
短歌 たんか 단가 일본「和歌わか」의 한 형식		団結 だんけつ 단결	探検 たんけん 탐험
断言 だんげん 단언	単語 たんご 단어	炭鉱 たんこう 탄광	男子 だんし 남자
短縮 たんしゅく 단축	単純 たんじゅん 단순함	短所 たんしょ 단점	箪笥 たんす 장롱, 옷장
淡水 たんすい 민물	断水 だんすい 단수	単数 たんすう 단수	男性 だんせい 남성
炭素 たんそ 탄소	短大 たんだい 단기대학	断定 だんてい 단정	単独 たんどく 단독
旦那 だんな 남편, 나리, 주인님		短波 たんぱ 단파	暖房 だんぼう 난방
断面 だんめん 단면	弾力 だんりょく 탄력	治安 ちあん 치안	畜産 ちくさん 축산
畜生 ちくしょう 짐승, 비열한 사람, 제기랄		蓄積 ちくせき 축적	地形 ちけい 지형
知性 ちせい 지성	秩序 ちつじょ 질서	窒息 ちっそく 질식	知的 ちてき 지적임
着手 ちゃくしゅ 착수	着色 ちゃくしょく 착색	着席 ちゃくせき 착석	着目 ちゃくもく 착안
着陸 ちゃくりく 착륙	着工 ちゃっこう 착공	中間 ちゅうかん 중간	中継 ちゅうけい 중계
忠告 ちゅうこく 충고	忠実 ちゅうじつ 충실	注射 ちゅうしゃ 주사	中旬 ちゅうじゅん 중순
中傷 ちゅうしょう 중상	抽象 ちゅうしょう 추상	中枢 ちゅうすう 중추	中世 ちゅうせい 중세
中性 ちゅうせい 중성	抽選 ちゅうせん 추첨	中断 ちゅうだん 중단	中毒 ちゅうどく 중독
中腹 ちゅうふく 산 중턱	中立 ちゅうりつ 중립	中和 ちゅうわ 원만함	聴覚 ちょうかく 청각
長官 ちょうかん 장관	朝刊 ちょうかん 조간	長期 ちょうき 장기	聴講 ちょうこう 청강
彫刻 ちょうこく 조각	徴収 ちょうしゅう 징수	聴衆 ちょうしゅう 청중	長所 ちょうしょ 장점

頂上ちょうじょう 정상	調整ちょうせい 조정	調節ちょうせつ 조절	挑戦ちょうせん 도전
調停ちょうてい 조정	頂点ちょうてん 정점	長編ちょうへん 장편	
重宝ちょうほう 보배, 소중히 여김		調理ちょうり 조리	調和ちょうわ 조화
貯金ちょきん 저금	直面ちょくめん 직면	著書ちょしょ 저서	貯蓄ちょちく 저축
直感ちょっかん 직감	著名ちょめい 저명	地理ちり 지리	治療ちりょう 치료
賃金ちんぎん 임금	沈殿ちんでん 침전	沈没ちんぼつ 침몰	沈黙ちんもく 침묵
陳列ちんれつ 진열	追求ついきゅう 추구	追及ついきゅう 뒤쫓음, 추궁	
追跡ついせき 추적	追放ついほう 추방	墜落ついらく 추락	痛感つうかん 통감
通常つうじょう 통상	通説つうせつ 통설, 아주 절실함		通帳つうちょう 통장
通用つうよう 통용	都合つごう 형편, 사정	津波つなみ 해일	手当てあて 수당
提案ていあん 제안	定員ていいん 정원	低下ていか 저하	定義ていぎ 정의
提供ていきょう 제공	提携ていけい 제휴	抵抗ていこう 저항	体裁ていさい 체재
提示ていじ 제시	停車ていしゃ 정차	提出ていしゅつ 제출	定食ていしょく 정식
訂正ていせい 정정	停滞ていたい 정체	邸宅ていたく 저택	停電ていでん 정전
程度ていど 정도	丁寧ていねい 정중함	定年ていねん 정년	堤防ていぼう 제방
定理ていり 정리	手軽てがる 간편함	適応てきおう 적응	適宜てきぎ 적당함
適性てきせい 적성	適用てきよう 적용	手順てじゅん 순서, 절차	手数てすう 품, 수고
手際てぎわ 솜씨	手錠てじょう 수갑	手近てぢか 가까움	手帳てちょう 수첩
鉄鋼てっこう 철강	鉄棒てつぼう 철봉	徹底てってい 철저, 철두철미	
徹夜てつや 철야	手配てはい 준비, 배치, 수배		手筈てはず 순서, 절차
手引てびき 안내	手本てほん 본보기, 모범, 본(글씨)		手元てもと 곁, 수중
田園でんえん 전원	転嫁てんか 전가	点火てんか 점화	転回てんかい 회전
転換てんかん 전환	転居てんきょ 이사	転勤てんきん 전근	典型てんけい 전형
点検てんけん 점검	電源でんげん 전원	転校てんこう 전학	転任てんにん 전임
問屋といや 도매상	同居どうきょ 동거, 한 집에서 같이 삶		統合とうごう 통합
動向どうこう 동향	東西とうざい 동서	倒産とうさん 도산	投資とうし 투자
当時とうじ 당시	同士どうし 끼리, 한편	同志どうし 동지	当日とうじつ 당일
投書とうしょ 투서	登場とうじょう 등장	同情どうじょう 동정	道場どうじょう 도장

統制とうせい 통제	当選とうせん 당선	逃走とうそう 도주	統率とうそつ 통솔
灯台とうだい 등대	到達とうたつ 도달	統治とうち 통치	同調どうちょう 동조
動的どうてき 동적임	同等どうとう 동등함	堂々どうどう 당당함	盗難とうなん 도난
投入とうにゅう 투입	導入どうにゅう 도입	当人とうにん 본인, 당사자	当番とうばん 당번
投票とうひょう 투표	同封どうふう 동봉	当分とうぶん 얼마동안	等分とうぶん 등분
逃亡とうぼう 도망	冬眠とうみん 동면	同盟どうめい 동맹	灯油とうゆ 등유
東洋とうよう 동양	同様どうよう 같음	動揺どうよう 동요	登録とうろく 등록
討論とうろん 토론	特技とくぎ 특기	独裁どくさい 독재	特産とくさん 특산
独自どくじ 독자적임	読者どくしゃ 독자	特殊とくしゅ 특수함	特集とくしゅう 특집
独占どくせん 독점	独創どくそう 독창	特徴とくちょう 특징	特定とくてい 특정
得点とくてん 득점	特派とくは 특파	特有とくゆう 특유	独立どくりつ 독립
途上とじょう 도상, 중도	土台どだい 토대	途中とちゅう 도중	特許とっきょ 특허
特権とっけん 특권	突破とっぱ 돌파	土手どて 둑, 제방	殿様とのさま 원님, 나리
土俵どひょう 씨름판	徒歩とほ 도보	土木どぼく 토목	灯火ともしび 등불, 횃불
鳥居とりい 신사입구에 세워져 있는 문		取引とりひき 거래	泥沼どろぬま 수렁
泥棒どろぼう 도둑	鈍感どんかん 둔감	問屋とんや 도매상	内閣ないかく 내각
内緒ないしょ 비밀	内蔵ないぞう 내장	内部ないぶ 내부	内乱ないらん 내란
内陸ないりく 내륙	長々ながなが 장황하게	中程なかほど 중간 정도	仲人なこうど 중매인
名残なごり 여운, 흔적	雪崩なだれ 눈사태	名札なふだ 명찰	生身なまみ 살아 있는 몸
何頭なんとう 몇 마리(큰 동물)		肉親にくしん 육친	肉体にくたい 육체
西日にしび 석양	日常にちじょう 일상	日夜にちや 밤낮	日課にっか 일과
日程にってい 일정	入手にゅうしゅ 입수	入賞にゅうしょう 입상	入浴にゅうよく 입욕
女房にょうぼう 아내, 마누라	人気にんき 인기	認識にんしき 인식	人情にんじょう 인정
妊娠にんしん 임신	任務にんむ 임무	任命にんめい 임명	音色ねいろ 음색
値段ねだん 가격	熱意ねつい 열의	熱湯ねっとう 열탕	熱量ねつりょう 열량
寝坊ねぼう 늦잠	年賀ねんが 연하	年間ねんかん 연간	年鑑ねんかん 연감
念願ねんがん 염원	年号ねんごう 연호	年少ねんしょう 연소	燃焼ねんしょう 연소
年長ねんちょう 연장	燃料ねんりょう 연료	年輪ねんりん 연륜	農業のうぎょう 농업

農耕のうこう 농경	農場のうじょう 농장	農地のうち 농지	納入のうにゅう 납입
濃度のうど 농도	把握はあく 파악	廃棄はいき 폐기	配給はいきゅう 배급
黴菌ばいきん 미균(인체에 해가 되는 세균)		俳句はいく 일본 고유의 단시	
拝啓はいけい 배계(삼가 아룀의 뜻으로 편지의 첫머리에 쓰는 말)			背景はいけい 배경
拝見はいけん 삼가 봄	背後はいご 배후	廃止はいし 폐지	拝借はいしゃく 삼가 빌려 씀
排除はいじょ 배제	賠償ばいしょう 배상	排水はいすい 배수	敗戦はいせん 패전
配達はいたつ 배달	配置はいち 배치	売店ばいてん 매점	配布はいふ 배포
配分はいぶん 배분	敗北はいぼく 패배	俳優はいゆう 배우	倍率ばいりつ 배율
配慮はいりょ 배려	配列はいれつ 배열	破壊はかい 파괴	破棄はき 파기
迫害はくがい 박해	薄弱はくじゃく 박약(체력이나 의지가 약함)	拍手はくしゅ 박수	
白状はくじょう 자백	漠然ばくぜん 막연함	爆弾ばくだん 폭탄	爆破ばくは 폭파
暴露ばくろ 폭로	派遣はけん 파견	破損はそん 파손	発育はついく 발육
発芽はつが 발아	発刊はっかん 발간	発揮はっき 발휘	発掘はっくつ 발굴
発見はっけん 발견	発言はつげん 발언	発行はっこう 발행	発射はっしゃ 발사
発生はっせい 발생	発展はってん 발전	発病はつびょう 발병	初耳はつみみ 처음 들음
派手はで 화려함	発条ばね 용수철, 탄력성	浜辺はまべ 바닷가	破裂はれつ 파열
反映はんえい 반영	繁栄はんえい 번영	版画はんが 판화	反感はんかん 반감
反響はんきょう 반향	番組ばんぐみ 프로그램	反撃はんげき 반격	判決はんけつ 판결
犯罪はんざい 범죄	万歳ばんざい 만세	反射はんしゃ 반사	繁盛はんじょう 번성
繁殖はんしょく 번식	判定はんてい 판정	半島はんとう 반도	万人ばんにん 만인
晩年ばんねん 만년	反応はんのう 반응	万能ばんのう 만능	半端はんぱ 불완전함
反発はんぱつ 반발	反乱はんらん 반란	控室ひかえしつ 대기실	比較ひかく 비교
日陰ひかげ 그늘	悲観ひかん 비관	悲劇ひげき 비극	秘訣ひけつ 비결
非行ひこう 비행	悲惨ひさん 비참함	比重ひじゅう 비중	秘書ひしょ 비서
微笑びしょう 미소	筆記ひっき 필기	必修ひっしゅう 필수	必然ひつぜん 필연
匹敵ひってき 필적	必要ひつよう 필요함	否定ひてい 부정	
一息ひといき 단숨, 한숨 돌림		一重ひとえ 한 겹, 홑꽃잎	人影ひとかげ 사람 그림자
人柄ひとがら 인품	一頃ひところ 한때	人質ひとじち 인질	

79

一筋 ひとすじ 외곬임, 한줄기		一目 ひとめ 한 번 봄	非難 ひなん 비난
避難 ひなん 피난	皮肉 ひにく 비꼼	火花 ひばな 불꽃	批判 ひはん 비판
批評 ひひょう 비평	皮膚 ひふ 피부	秘密 ひみつ 비밀	微妙 びみょう 미묘
悲鳴 ひめい 비명	費用 ひよう 비용		

2번 문제/필수명사

心情 しんじょう 심정	心中 しんじゅう 동반자살	申請 しんせい 신청	真相 しんそう 진상
迅速 じんそく 신속	進呈 しんてい 진정, 드림	親密 しんみつ 친밀	推薦 すいせん 추천
正確 せいかく 정확	制限 せいげん 제한	正式 せいしき 정식	誠心 せいしん 성심
成績 せいせき 성적	責任 せきにん 책임	設計 せっけい 설계	摂取 せっしゅ 섭취
接続 せつぞく 접속	選挙 せんきょ 선거	前進 ぜんしん 전진	戦争 せんそう 전쟁
洗濯 せんたく 세탁	前歴 ぜんれき 전력	壮健 そうけん 장건	操作 そうさ 조작
想像 そうぞう 상상	相続 そうぞく 상속	相当 そうとう 상당	素朴 そぼく 소박함
損害 そんがい 손해	対策 たいさく 대책	退出 たいしゅつ 퇴출	大胆 だいたん 대담함
脱退 だったい 탈퇴	妥当 だとう 타당	堕落 だらく 타락	知恵 ちえ 지혜
知覚 ちかく 지각	知識 ちしき 지식	知能 ちのう 지능	着実 ちゃくじつ 착실
中止 ちゅうし 중지	調査 ちょうさ 조사	調子 ちょうし 컨디션	直感 ちょっかん 직감
通行 つうこう 통행	強気 つよき 강경함	定期 ていき 정기	停止 ていし 정지
低調 ていちょう 저조	的確 てきかく 정확함	適切 てきせつ 적절	適度 てきど 알맞은 정도
適任 てきにん 적임	手口 てぐち 수법	凸凹 でこぼこ 울퉁불퉁	
手順 てじゅん 차례, 순서, 절차		手数 てすう 수고	手違 てちがい 차질
手直 てなおし 수정	展開 てんかい 전개	天気 てんき 날씨	天候 てんこう 날씨
転落 てんらく 전락	答案 とうあん 답안	同意 どうい 동의	統一 とういつ 통일
同一 どういつ 동일	同感 どうかん 동감	動機 どうき 동기	統合 とうごう 통합
到着 とうちゃく 도착	都会 とかい 도시	特色 とくしょく 특색	独特 どくとく 독특
都市 とし 도시	都心 としん 도심	途端 とたん 찰나	突出 とっしゅつ 돌출
突進 とっしん 돌진	突入 とつにゅう 돌입	取り締まり とりしまり 단속	内心 ないしん 내심
内面 ないめん 내면			

PRACTICE TEST

問題1 ＿＿＿＿＿の言葉の読み方として最もよいものを、1・2・3・4から一つ選びなさい。

1 優勝チームの監督を囲んで盛大な祝賀会が催された。
 1 さいだい 2 じょうだい 3 せいだい 4 そうだい

2 市議会では、身近なリサイクル運動を推進しようという提案を採択した。
 1 しんしん 2 せんしん 3 しょうしん 4 すいしん

3 どんな問題が起きても、迅速にことをおさめるので、彼を崇拝している部下も多い。
 1 すうはい 2 しゅうはい 3 しょうはい 4 そうはい

4 最近は徹底した菜食主義者がだんだん増えている。
 1 とうてい 2 とってい 3 てってい 4 てつてい

5 彼は組織全体をよく把握している。
 1 はあく 2 はおく 3 わあく 4 わおく

6 両国の長い争いは泥沼に陥った。
 1 でいしょう 2 どうしょう 3 でいぬま 4 どろぬま

7 ギリシア彫刻の起源は明確ではない。
 1 ちょうこく 2 ちゅうこく 3 しゅうこく 4 しょうこく

8 アメリカ大統領は、「国際貿易の不均衡を是正すべきだ」と指摘した。
 1 ぜっせい 2 ぜせい 3 ぜっしょう 4 ぜしょう

9 親の束縛を逃れ「自由」を求めてきた若者も結構いるらしい。
 1 そくせん 2 そくばく 3 そくてん 4 そくぼく

10 彼は前途有望な才気溢れる好青年だぜ。
 1 せんと 2 せんど 3 ぜんと 4 ぜんど

11 新制度の施行後にも数年間旧制度が存続した。
　　1　そんぞく　　　2　ぞんそぐ　　　3　さいそく　　　4　ざいそく

12 二つの案を折衷して単一の案にまとめたい。
　　1　せっすい　　　2　せっそく　　　3　せっちょう　　4　せっちゅう

13 近年の発掘調査によって得られた新たな知見を紹介する。
　　1　はっくつ　　　2　はっしゅつ　　3　ほっくつ　　　4　ほっしゅつ

問題2　（　　　）に入れるのに最もよいものを、1・2・3・4から一つ選びなさい。

1 母は病気のせいで食べるものにいろいろ（　　　）がある。
　　1　拘束　　　　　2　制限　　　　　3　束縛　　　　　4　統制

2 祖父は自分は「安全運転だ」と（　　　）するが、私は心配だ。
　　1　信任　　　　　2　信頼　　　　　3　断言　　　　　4　予言

3 説明書の（　　　）のとおりにやれば、だれでも簡単にできる。
　　1　手数　　　　　2　手順　　　　　3　手芸　　　　　4　手配

4 この困難な状況を（　　　）し、倒産の危機を乗り越えるために、必要なことは何だろうか。
　　1　打開　　　　　2　展開　　　　　3　破棄　　　　　4　破裂

5 山田さんは、自分の子どもがときどき理解できないと言う。私も（　　　）だ。
　　1　同感　　　　　2　同情　　　　　3　共感　　　　　4　共鳴

6 仕事上の（　　　）はお互いが理解し合うまでとことん話し合わなければならない。
　　1　会見　　　　　2　実話　　　　　3　対話　　　　　4　譲歩

PRACTICE TEST

7 彼は用心深い性格だが、それでいて（　　　）だ。
　　1　盛大　　　　2　膨大　　　　3　大体　　　　4　大胆

8 友達が（　　　）良く問題を処置してくれて助かった。
　　1　手際　　　　2　調べ　　　　3　心得　　　　4　内訳

9 政府が、この問題にどう（　　　）するか注目される。
　　1　対面　　　　2　対比　　　　3　対処　　　　4　対等

10 音楽にせよ人間関係にせよ大切なものは（　　　）だ。
　　1　主張　　　　2　調和　　　　3　同調　　　　4　説得

11 カロリーの過剰な（　　　）は体に悪影響を及ぼします。
　　1　産出　　　　2　略奪　　　　3　所持　　　　4　摂取

12 この会社は、去年（　　　）された新しい会社です。
　　1　確立　　　　2　自立　　　　3　樹立　　　　4　設立

13 飛行機から見た山々の姿は実に（　　　）であった。
　　1　多大　　　　2　膨大　　　　3　壮大　　　　4　盛大

chapter 02 문법/독해

N1 2교시

01 ~始末(しまつ)だ ~형편(꼴)이다, ~하게 되었다

접속: [동사의 기본형(원형)]＋始末(しまつ)だ

동사나 「この/その/あの」에 접속해 「~라고 하는 좋지 않은 사태나 결과가 되었다」는 의미를 나타낸다. 후반부에 좋은 결과를 나타내는 표현은 오지 않으므로 주의하자.

学費を値上げしたせいで、逆に入学者の数まで減ってしまう始末だ。
학비를 올린 탓에 오히려 입학생 수까지 줄어들게 되었다.

彼女はお母さんと喧嘩したあげく、ついには家出までする始末だ。
그녀는 어머니와 싸움을 한 끝에 결국은 가출까지 하는 지경이 되었다.

信頼して彼に仕事を任せていたのに、この始末だ。
믿고 그에게 일을 맡겼는데 이 꼴이다.

02 ~ずにすむ ~하지 않고 끝나다

접속: [동사의 ない형]＋ずにすむ

「~ずにすむ」는 「~ないですむ」와 같은 표현으로 「~하지 않고 끝나다/~하지 않아도 된다」는 뜻으로 「굳이 하지 않아도 해결되다, 예측되어진 상황을 피할 수 있게 되다」라는 의미를 가진 표현이다.

収納棚が多かったため、食器棚を買わずにすんだ。
수납선반이 많았기 때문에, 식기장을 사지 않아도 되었다.

今日はありがとう、林さんのおかげで首にならずにすんだよ。
오늘은 고마워요, 하야시씨 덕분에 해고되지 않았어요.

03 ~すら, ~ですら ~조차, ~도

접속: [명사]＋(で)すら

극단적인 것을 예를 들어 「~조차, ~도」라는 의미의 표현이다.

私たちが想像すらできないような驚くべきことが、この世の中にたくさん存在していることを教えてくれる作品である。
우리가 상상조차 할 수 없을 것 같은 놀라운 일이 이 세상에 많이 존재하고 있음을 가르쳐주는 작품이다.

重病のため、一人では食事すらできない。
중병으로 혼자서는 식사조차 못한다.

そんな易しい漢字は、小学生ですら読める。
그런 쉬운 한자는 초등학생조차 읽을 수 있다.

문법 필수 문형 – N1 문법패턴 3

04 ～ずくめ ～일색, ～투성이

접속: [명사]+ずくめ

「～ずくめ」는 「전부 ～뿐이다, 온통 ～일색이다」라는 의미로 플러스측면과 마이너스측면 모두에 사용할 수 있다. 유사표현인 「～だらけ」는 항상 마이너스측면에만 사용되어지고 전체에 아주 많은 양이 있어서 좋지 않은 상태를 나타낼 때 쓰인다. 하지만 「～ずくめ」는 플러스측면 「楽しいことずくめ(온통 즐거운 일뿐)/幸せずくめ(온통 행복한 일뿐)」에도 사용할 수 있으며 처음부터 끝까지 그것 일색이라는 뜻이다.

> 今月はいいことずくめの1か月でした。
> 이번 달은 좋은 일만 가득한 한 달이었습니다.
>
> 上司に褒められたし、宝くじも当たったし、今日は朝から結構なことずくめだ。
> 상사에게 칭찬을 받았고, 복권도 당첨되었고, 오늘은 아침부터 좋은 일뿐이다.
>
> 黒ずくめの服装をしている男が、さっきから門の前に立っている。
> 검정 일색의 복장을 한 남자가 아까부터 문 앞에 서 있다.

05 ～ずじまい ～하지 않고 끝남, ～하지 못하고 말았음

접속: [동사의 ない형]+ずじまい

「～ずじまい」는 「～해야 할 일을 결국 하지 않고 끝남」이라는 뜻으로 아쉬움, 후회, 실망의 느낌을 나타내는 표현이다.

> 私も何かしたかったのですが、結局何もできずじまいで申し訳ありません。
> 저도 무엇인가 하고 싶었습니다만, 결국 아무것도 하지 못해서 죄송합니다.
>
> なかなか自分が考えていることを言えずじまいだった。
> 좀처럼 자신이 생각하고 있는 것을 말하지 못하고 말았다.
>
> せっかく買ったブーツも今年の冬は暖かくて履かずじまいだった。
> 모처럼 산 부츠도 올 겨울은 따뜻해서 신지도 못하고 말았다.

06 ～ずにはおかない, ～ないではおかない ～하지 않을 수 없다, 반드시 ～하다

접속: [동사의 ない형]+ずにはおかない(ないではおかない) 「する → せずにはおかない」

「～ずにはおかない, ～ないではおかない」는 동작성 동사에 접속하여 「～하지 않을 수 없다, 반드시 ～하겠다」라는 강한 결의를 나타낸다. 그리고 감정이나 심리상태를 나타내는 동사에 접속하면 「필연적으로, 나도 모르게 그렇게 되어 버린다」라는 감정의 자연발생을 나타낸다.

幼い子どもといえども、あんなひどいことをしたからには罰を与えずにはおかない。
어린 아이라고 해도, 그런 심한 일을 한 이상 벌을 주지 않을 수 없다.

危ない遊びなので、学校側も禁止せずにはおかないでしょう。
위험한 놀이이므로, 학교 측에서도 금지하지 않을 수 없을 것입니다.

その演奏は人々の心を感動させずにはおかなかった。
그 연주는 사람들의 마음을 감동시켰다.

毎日遅刻しているのだから、注意しないではおかない。
매일 지각하니까, 주의를 주지 않을 수 없다.

07 ～ずにはすまない, ～ないではすまない 반드시 해야 한다, ～하지 않으면 해결되지 않는다

접속: [동사의 ない형]+ずにはすまない(ないではすまない)「する→せずにはすまない」

자신의 의무감, 사회적 기준이나 상식, 주위의 상황을 생각하면「～하지 않으면 문제는 해결되지 않는다, 반드시 그렇게 해야 한다」는 표현이다.

税金は払わずにはすまないものだから、さっさと払ってしまったほうがいい。
세금은 반드시 지불하지 않으면 안 되는 것이니까, 빨리 지불해 버리는 편이 낫다.

人の物を壊してしまったら、弁償せずにはすみません。
남의 물건을 망가뜨렸다면, 반드시 변상하지 않으면 안 됩니다.

こうなった以上は本当のことを言わないではすまないだろう。
이렇게 된 이상에는 반드시 사실을 이야기해야 할 것이다.

08 ～そばから ～하는 족족, ～하기가 무섭게

접속: [동사의 기본형(원형)]+そばから

일반적으로 동사의 원형에 접속해「～하면 금방, ～하는 족족」이라는 의미이다. 동일한 장면에서 반복적으로 이루어지는 사항에 사용되어지는 것이 특징으로 1회 한정으로 한 번만 일어나는 일에는 사용하지 않는다.

年を取ると物忘れが激しくなり、聞くそばから忘れてしまう。
나이를 먹으면 건망증이 심해져, 듣는 족족 잊어버린다.

落ち葉って掃除するそばから落ちてくるからきりがないよ。
낙엽은 청소하기가 무섭게 떨어져 내리기 때문에 끝이 없다.

09　~だけましだ　~한 것만으로도 다행이다

접속: [동사의 기본형/ い형용사의 기본형/ な형용사-な]+だけましだ

「Aだけましだ」는 「좋지 않은 상황이지만 더 나쁘게 되지 않고 A인 것만으로도 다행이다」라는 표현이다.

給料はやっぱり安いです。でも、仕事があるだけましだと思って何とか頑張っています。
급료는 역시 적습니다. 그렇지만 일이 있는 것만으로도 다행이라고 생각해 어떻게든 열심히 하고 있습니다.

雪が降らないだけましだけど、最低気温がマイナス12度は寒すぎる。
눈이 내리지 않는 것만으로도 다행이지만, 최저 기온이 마이너스 12도는 너무 춥다.

皆が寝ている時間に出勤するのはいやだけど、夏は空が明るいだけましだ。
모두가 자고 있는 시간에 출근하는 것은 싫지만, 여름은 날이 환한 것만으로도 다행이다.

新しく引っ越したところは駅からも遠いし、会社からも遠い。不便だが、空気がよくて静かなだけましだ。
새로 이사한 곳은 역에서도 멀고, 회사에서도 멀다. 불편하지만, 공기가 좋고 조용한 것만으로도 다행이다.

10　ただ~のみ/ただ~のみならず　단지 ~할 따름(뿐임)/ 단지~뿐만 아니라

접속: ただ+[동사의 기본형(원형)/い형용사 기본형/명사]+のみ(のみならず)

「ただ」는 「다른 것은 생각하지 않고 오직 한결같이」라는 의미를 가지고 있다. 따라서 「ただ ~のみ」는 「오직 ~할 따름임」, 「ただ ~のみならず」는 「단지 ~뿐만이 아니라」라는 표현이 된다.

軍人はただ命令に従うのみだ。
군인은 단지 명령에 따를 뿐이다.

やるべきことはすべてやったのだから、あとはただ結果を待つのみである。
해야 할 일은 모두 했으니까, 남은 것은 단지 결과를 기다리는 일 뿐이다.

木村さんはただ才能があるのみならず、人一倍の努力家でもある。
키무라씨는 단지 재능이 있을 뿐만 아니라, 남보다 몇 배의 노력을 하는 노력가이기도 하다.

彼女はただ友人のみならず、先輩からも信頼されている。
그녀는 단지 친구뿐만 아니라, 선배로부터도 신뢰 받고 있다.

このレストランはただおいしいのみならず、雰囲気もいいので、いつもお客で賑わっています。 이 레스토랑은 단지 맛있을 뿐만 아니라, 분위기도 좋기 때문에, 언제나 손님들로 붐비고 있습니다.

問題1　次の文の（　　）に入れるのに最もよいものを、1・2・3・4から一つ選びなさい。

1　幼い子どもといえども、罪を犯したからには罰を（　　　）。
　1　与えるわけにはいかない　　2　与えるきらいがある
　3　与えるはずがない　　　　　4　与えずにはおかない

2　ああでもない、こうでもないと迷惑をかけたあげく、あの（　　　）。
　1　かぎりだ　　2　しまつだ　　3　しまいだ　　4　おわりだ

3　私の不注意で祖父の大切な花瓶を壊してしまったのだから、（　　　）。
　1　謝らないですむ　　　　　　2　謝らないではおかない
　3　謝らずにはおかない　　　　4　謝らないではすまない

4　書類はファックスで送れば、わざわざ届け（　　　）。
　1　ないですむ　　　　　　　　2　なければならない
　3　ないではいられない　　　　4　ないでいる

5　世界中の数学者（　　　）解けなかった問題だよ。どうして君なんかに解けるものか。
　1　こそ　　2　だからこそ　　3　にせよ　　4　ですら

6　有名な観光地の近くまで行ったのに、忙しくてどこへも（　　　）だった。
　1　寄るまい　　2　寄るしまつ　　3　寄らずじまい　　4　寄らないだけまし

7　やれることは全部やった。後は（　　　）祈るのみだ。
　1　ただ　　2　たった　　3　まだ　　4　いわば

8　泥棒にかなりの額の現金を取られはしたが、命を取られなかった（　　　）。
　1　だけましだ　　2　ことしかない　　3　ことばかりだ　　4　のみである

9　またしても現職大臣の汚職が発覚した。このままでは内閣が総辞職（　　　）すまないだろう。
　1　しては　　2　せずにも　　3　しなくても　　4　せずには

PRACTICE TEST

10　楽しいこと（　　　）だった正月休みも終わり、また仕事に戻らなければならない。
　　1　だらけ　　　　2　ずくめ　　　　3　ほど　　　　4　くらい

11　友達が、余っていたコンサートの券を1枚くれた。それで、私は券を（　　　）。
　　1　買わずにはいられなかった　　　2　買わざるをえなかった
　　3　買わずにすんだ　　　　　　　　4　買わずにはすまなかった

12　難民はただ飢え（　　　）ならず、伝染病にも苦しんでいる。
　　1　だけ　　　　2　しか　　　　3　のみ　　　　4　ばかり

13　娘は勉強もせずに遊んでばかりいたが、ついに高校をやめて歌手になりたいと言い出す（　　　）で、私も妻も困りはてている。
　　1　あげく　　　　2　始末　　　　3　結果　　　　4　最後

14　その子はたいへん賢く、（　　　）覚えてしまう。
　　1　教えるかたわら　　　　　　　2　教えている最中に
　　3　教えるそばから　　　　　　　4　教わりつつも

15　上から下まで黒（　　　）の格好をした男性が家の前をうろうろしていたのでびっくりした。
　　1　ずくめ　　　　2　ぐらい　　　　3　めいて　　　　4　だらけ

問題2　次の文の＿★＿に入る最もよいものを、1・2・3・4から一つ選びなさい。

1　稼ぐ＿★＿　＿＿＿　＿＿＿、＿＿＿どころではない。
　　1　つかってしまう　　2　貯金する　　　3　そばから　　　4　ので

2　いなくなったペットを懸命に探したが、＿＿＿、＿＿＿　＿★＿　＿＿＿だった。
　　1　じまい　　　　2　わからず　　　3　その行方は　　4　結局

3　あなたが＿＿＿　＿★＿、＿＿＿　＿＿＿していないだろう。
　　1　悩んでいる　　2　想像すら　　　3　周囲の人は　　4　なんて

4　今年は景気が非常に悪く、＿＿＿。＿★＿、＿＿＿　＿＿＿ました。
　　1　給料がもらえる　　　　　　　2　ボーナスが出なかった
　　3　だけ　　　　　　　　　　　　4　しかし

5　あれほど注意したにもかかわらず規則に＿＿＿、＿＿＿　＿＿＿　＿★＿おかない。
　　1　処罰せずには　　　　　　　　2　学校側は
　　3　違反したのだから　　　　　　4　彼らを

PRACTICE TEST

問題3　次の文章を読んで、1から5の中に入る最もよいものを、1・2・3・4から一つ選びなさい。

　「ドン」という鈍い音がしました。手近な窓から外を確かめてみましたが、別に異常はないようでした。台所へ飛んでいきました。ちょっとこげ臭いような匂いがしました。あわてて火の元を確かめましたが、火の気(注1)もありませんでした。窓が全部開いていて風が流れるので、匂いの元が分かりません。危険は⃞1⃞、ひとまず安心して、脱水が終わっているはずの洗濯物を干そうと思いました。ところが脱水が途中で止まってしまっているのです。洗濯機の回りにこげ臭い匂いがしました。原因は洗濯機でした。
　修理を頼んで分かったのですが、その洗濯機は問題になっている機種でした。ある年に作られた製品の一部の部品に欠陥があるとのことでした。メーカー側の対応は場合が場合だけに実に丁寧でした。
　⃞2⃞次の日、修理の人が来てくれました。二十代と五十代らしき二人の男の人で、言葉に素朴なお国なまり(注2)がありました。特に残暑の厳しい日の昼下がり(注3)、慣れぬ東京のしかも分かりにくい世田谷を、地図を片手に迷い迷い来てくれたらしく、二人ともシャツに汗がしみ出していました。
「本当にご迷惑を⃞3⃞申し訳ありませんでした」と、二人はまるで自分たちが悪いことでもしたかのように、深々と頭を下げてから仕事にとりかかりました。途中、若いほうの人が、故障の原因だった部品を手にとって細かく説明してくれました。そして、他の箇所も調べて、部品を交換してくれました。
「私たち今度のことで急に東京に呼ばれましたが、普段は工場で洗濯機作ってるんです。こんなにきれいに永いこと使ってもらってうれしいです。これでまた新品⃞4⃞になりましたから、使ってやって下さい。」
二人は洗濯機の外側を撫でるように布で拭きながらそう言って、帰っていきました。
　以来、洗濯機は前⃞5⃞実に快調です。大事に使おうと思っています。

(山内美郷「昼下がりのひとりごと」による)

(注1)火の気：火のある気配
(注2)お国なまり：出身地の言葉の特徴
(注3)昼下がり：午後1時、午後2時のような午後の早い時間

1　1　ないことはないので
　　2　なさそうなので
　　3　ないそうなので
　　4　なくてはならないので

2　1　一方
　　2　さらに
　　3　つまり
　　4　さっそく

3　1　かけてしまって
　　2　おかけになって
　　3　おかけてして
　　4　かけになって

4　1　同種
　　2　同感
　　3　同様
　　4　同時

5　1　にかこつけて
　　2　に至って
　　3　にもまして
　　4　にそくして

PRACTICE TEST

問題4　次は、催し物の案内である。下の問いに対する答えとして、最もよいものを1・2・3・4から一つ選びなさい。

夏休みお出かけマップ！

館名	展覧会	期間・休館日	展示内容	料金
山川美術館	絵本原画展	通年	オリジナル原画と絵本を展示	1000円
世界美術館	のりもの大図鑑	〜7/12	世界のいろいろな乗り物をテーマにした作品を展示	200円
長門博物館	世界遺産　アンコールワット展	〜7/20	アンコール王朝最盛期の貴重な彫像作品を展示	1200円
現代美術館		〜7/30	近・現代美術品の展示	1000円
歴史博物館	歴史を感じよう	〜8/20	大河ドラマの再現や資料などで歴史上の人物を紹介	500円
アートの森		8/20まで休館		
熊川美術館	絵の世界	〜9/10	世界的画家の近年の大作を中心とした展示	900円

（注）料金は大人当日

① 西欧の絵画を見たい場合、どこへ行けばいいか。

　　1　世界美術館
　　2　現代美術館
　　3　歴史博物館
　　4　熊川美術館

② 900円以内で見ることができないところはどこか。

　　1　世界美術館と歴史博物館
　　2　現代美術館と熊川美術館
　　3　現代美術館と山川美術館
　　4　熊川美術館と山川美術館

PRACTICE TEST

問題5　次のAとBの意見文を読んで、読んで、後の問いに対する答えとして最もよいものを1・2・3・4から一つ選びなさい。

A
　下手な小細工は再喫煙するだけです。自分は1日に60本以上吸っていました。周りの人からの声、止めようと思う気持ちには打ち勝つことが出来ず、26年間1日も止めたことがありませんでした。そこで禁煙外来へ行き、先生の指示通りに薬を飲み始めました。今日で禁煙6日目です。26年間1日も禁煙出来なかった自分が6日も吸わずに平気でいられます。凄いですよ、薬って。禁煙外来へ行くべきです。

B
　まずは飴に切り替えます。1日3個くらいです。次にガムにします。一番辛いのが食後です。我慢するのにかなりストレスを感じます。そんな時は、ガム噛みまくります。恋人に「タバコ吸ったら給料3ヶ月分のプレゼント」と約束する事によって自分にあえてリスクを負わせます。それから一時期、友人や知人と飲む機会を自ら無くしました。友だちはみな愛煙家なので、自分1人で吸わないのは耐えがたい苦痛です。1ヶ月耐えられたらもう問題ないでしょう。あとは自分の意志の強さです。私は今、タバコを止めて3年目です。ご飯が美味しくて6キロ近く太りました。

[1]　Aの下手な小細工とは、どのようなことか。
　1　タバコを吸わせるために、アドバイスすること
　2　タバコを止めさせるために、通院すること
　3　タバコを吸うために、薬を服用すること
　4　タバコを止めるために、無意味な努力をすること

[2]　AとBの意見について、正しくないものはどれか。
　1　AもBも、自分の経験を基にアドバイスをしている。
　2　Aは、病院へ行けば禁煙への道が早いと述べている。
　3　Bは、禁煙に成功すると体重が増えると述べている。
　4　禁煙するために、Aは薬が効果的で、Bは友人の協力が必要だと述べている。

chapter 03 청해

N1 3교시

과제 이해 문제 3

N1 청해 문제 1은 과제 이해 문제이다. 구체적인 과제 해결에 필요한 중요한 정보를 듣고 다음에 어떤 행동을 취할 것인지를 예측하는 문제이다. 다양한 상황이 제시됨으로 먼저 어떤 주제에 대해 이야기를 하는지 주제 파악을 확실히 해야 한다. 중반 이후 갑작스러운 변수로 혼란을 주는 경우도 있으니 반전에 유의해 끝까지 집중하여 들어야 한다. 또한 대화 속에서 누구의 행동을 예측해야하는 지도 신경을 써야한다.

대화를 잘 듣고 맞는 답을 하나 고르시오.

1 ばん

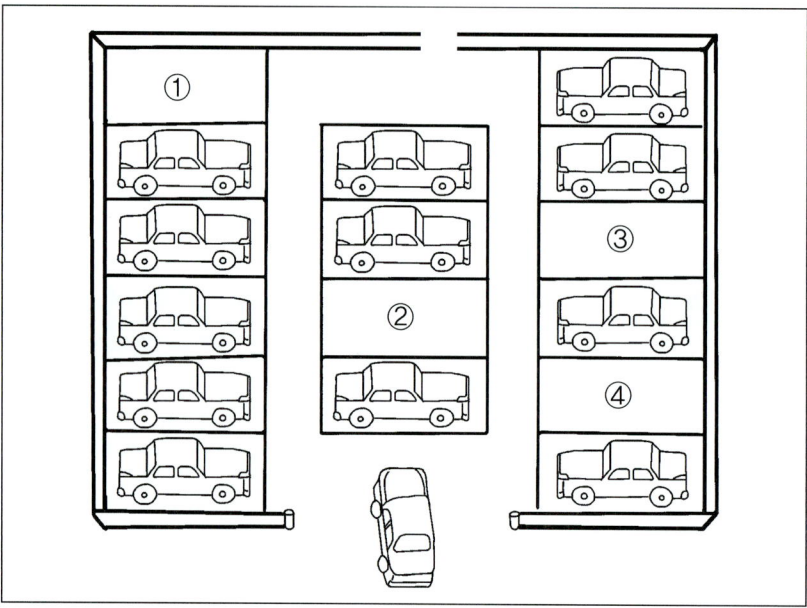

2 ばん

PRACTICE TEST

3ばん

① 佐藤さんに電話を掛けさせる。
② 佐藤さんに会議の時間を知らせる。
③ 佐藤さんに資料の間違いを訂正するように伝える。
④ 佐藤さんに会議室の予約をするように伝える。

4ばん

① 来週の金曜日に並んで買う。
② 来週の金曜日に電話で予約して買う。
③ 来週の土曜日に並んで買う。
④ 当日、会場で買う。

스크립트

문제 1

質問　男(おとこ)の人(ひと)が車(くるま)を停(と)める場所(ばしょ)を店(みせ)の人(ひと)に聞(き)いています。車(くるま)はどこに停(と)めなければなりませんか。

男：あのう、車(くるま)はどこに停(と)めればいいですか。
女：はい、入(はい)って、右(みぎ)の奥(おく)の二(ふた)つが当店(とうてん)の専用(せんよう)駐車場(ちゅうしゃじょう)になっております。
男：右(みぎ)の奥(おく)の二(ふた)つですね。
女：はい、で、もしそちらがいっぱいでしたら、真(ま)ん中(なか)の列(れつ)が共用(きょうよう)の駐車場(ちゅうしゃじょう)になっておりますので、そちらにお願(ねが)いします。
男：分(わ)かりました。どうも。

車(くるま)はどこに停(と)めなければなりませんか。

질문　남자가 차를 세울 곳을 가게의 직원에게 묻고 있습니다. 차는 어디에 세워야합니까?

남：저기, 차는 어디에 세우면 됩니까?
여：네, 들어가서, 오른쪽의 안쪽 두곳이 저희 가게의 전용 주차장입니다.
남：오른쪽 안쪽 두곳이군요.
여：네, 그런데, 만약 그 쪽이 꽉 찼으면 한가운데 열이 공용 주차장이니까, 그 쪽으로 부탁드립니다.
남：알았습니다. 감사합니다.

차는 어디에 세워야합니까?

> **중요표현**
> 위치를 물을 때 자주 나오는 표현. 右(みぎ)(오른쪽), 左(ひだり)(왼쪽), 奥(おく)(깊숙한 안쪽), 真(ま)ん中(なか)(한복판, 한 가운데)

문제 2

質問　新(あたら)しいスーパーの店長(てんちょう)と店員(てんいん)が話(はな)しています。明日(あした)どの順番(じゅんばん)で準備(じゅんび)をしますか。

店長：あすは朝(あさ)7時(じ)に商品(しょうひん)が届(とど)くことになっているから、とりあえず箱(はこ)を開(あ)けて、商品(しょうひん)をチェックして、棚(たな)に並(なら)べてくれ。

店員：棚(たな)に並(なら)べる前(まえ)に一度(いちど)掃除(そうじ)をすませておいた方(ほう)がいいんじゃないですか。棚板(たないた)が汚(よご)れていると商品(しょうひん)も汚(よご)れますから。

店長：うーん、それもそうだな。それから、釣銭(つりせん)の準備(じゅんび)も忘(わす)れるな。

店員：そうですね。掃除(そうじ)をしている間(あいだ)に銀行(ぎんこう)が開(あ)く時間(じかん)になるでしょうから、掃除(そうじ)作業(さぎょう)をすませたら、とりあえずレジのチェックをして、商品(しょうひん)の運(はこ)び込(こ)みはそのあとにしましょうか。

店長：うーん、開店(かいてん)間際(まぎわ)にバタバタするのもなんだし、金(かね)のことはおれが立(た)ち会(あ)った方(ほう)がいいだろうから、先(さき)に陳列(ちんれつ)の方(ほう)を頼(たの)むよ。

店員：分(わ)かりました。それで、10時(じ)開店(かいてん)ですね。

店長：うん。あすは忙(いそが)しいぞ。

明日(あした)どの順番(じゅんばん)で準備(じゅんび)をしますか。

질문　새로운 슈퍼의 점장과 점원이 이야기하고 있습니다. 내일 어떤 차례로 준비를 합니까?

점장 : 내일은 아침 7시에 상품이 도착하기로 되었으니까, 우선 상자를 열고, 상품을 체크하고, 선반에 진열해줘.

점원 : 선반에 진열하기 전에 한 번 청소를 끝내 두는 편이 좋지 않겠습니까? 선반이 더러워져 있으면 상품도 더러워질 테니까.

점장 : 음~, 그것도 그러네. 그리고 거스름돈의 준비도 잊지 말아라.

점원 : 그러네요. 청소를 하고 있는 동안에 은행이 문여는 시간이 되기 때문에, 청소 작업을 끝마치면 우선 레지를 체크하고, 상품 옮겨놓는 것은 그 이후로 할까요?

점장 : 음~, 개점 직전에 허둥지둥하는 것도 뭣하고, 돈은 내가 맡는 편이 좋을 것 같으니까, 먼저 진열 쪽을 부탁해.

점원 : 알았습니다. 그건 그렇고 10시 개점이지요?

점장 : 응. 내일은 바쁠 거야!

내일 어떤 차례로 준비를 합니까?

> **중요표현**
> 1. 「間際(まぎわ)に」는 「어떤 일이 행해지려는 직전에」라는 뜻이다. **開店(かいてん)間際(まぎわ)に**(개점직전에), **試験(しけん)間際(まぎわ)に**(시험 직전에)
> 2. 「ばたばた」는 「급해서 쩔쩔매는 모양, 허둥지둥」이라는 뜻이다.

스크립트

문제 3

質問 女(おんな)の人(ひと)が課長(かちょう)から電話(でんわ)をもらいました。女(おんな)の人(ひと)はこの後(あと)何をしなければなりませんか。

女：はい、庶務課(しょむか)です。
男：ああ、吉田(よしだ)君(くん)か、私だ。
女：ああ、課長(かちょう)。
男：悪(わる)いけど、急(いそ)いでいるんで、用件(ようけん)だけ言(い)うよ。佐藤(さとう)君(くん)に伝(つた)えてもらいたいんだ。明日(あした)の会議(かいぎ)で使(つか)う資料(しりょう)だけどね、5ページと7ページの表(ひょう)が反対(はんたい)になってるんだ。今日中(きょうじゅう)に訂正(ていせい)しておくように言(い)ってくれないか。
女：10時(じ)からの会議(かいぎ)の資料(しりょう)ですね。
男：そう。佐藤(さとう)君(くん)に言(い)えば分(わ)かるから。それから、会議室(かいぎしつ)の方(ほう)、予約(よやく)しといてくれた？
女：はい、してあります。

女(おんな)の人(ひと)はこの後(あと)何をしなければなりませんか。

1. 佐藤(さとう)さんに電話(でんわ)を掛(か)けさせる。
2. 佐藤(さとう)さんに会議(かいぎ)の時間(じかん)を知(し)らせる。
3. 佐藤(さとう)さんに資料(しりょう)の間違(まちが)いを訂正(ていせい)するように伝(つた)える。
4. 佐藤(さとう)さんに会議室(かいぎしつ)の予約(よやく)をするように伝(つた)える。

질문 여자가 과장으로부터 전화를 받았습니다. 여자는 이 후에 무엇을 해야 합니까?

여：예, 서무과입니다.
남：아, 요시다군인가? 나다.
여：아, 과장님.
남：미안하지만, 바빠서 그런데, 용건만 말할게. 사토군에게 전해 주었으면 한다. 내일 회의에서 사용할 자료 말인데, 5페이지와 7페이지의 표가 반대로 되어 있어. 오늘 중으로 정정해 놓도록 말해 주지 않겠나？
여：10시부터 하는 회의 자료군요.
남：그래. 사토군에 말하면 알거야. 그리고 회의실 쪽은 예약 해 두었나？
여：네, 되어 있습니다.

여자는 이 후에 무엇을 해야 합니까?
1. 사토씨에게 전화를 걸게 한다.
2. 사토씨에게 회의 시간을 알린다.
3. 사토씨에게 자료의 틀린 부분을 정정하도록 전한다.
4. 사토씨에게 회의실 예약을 하도록 전한다.

중요표현

1. 「悪(わる)い」는 「나쁘다」라는 뜻 이외에 「미안하다」라는 뉘앙스도 있다.
2. 「～てもらいたい」는 직역하면 「～해 받고싶다」이지만 「(상대방이)～해 주었으면 좋겠다, ～해주길 바란다」라는 뜻이다. 伝(つた)えてもらいたい(전해 주었으면 좋겠다), 教(おし)えてもらいたい(가르쳐주길 바란다)

문제 4

質問　男(おとこ)の人(ひと)と女(おんな)の人(ひと)がコンサートのポスターを見(み)ながら話(はな)しています。二人(ふたり)はコンサートの券(けん)をいつ、どうやって買(か)うつもりですか。

女：あっ、見(み)て、見(み)て。この人(ひと)、来日(らいにち)するんだって。
男：へえ、なに？コンサート？
女：絶対(ぜったい)、行(い)きたいなあ。ねえ、行(い)かない？
男：うん。チケットは？
女：えっと、来週(らいしゅう)の金曜日(きんようび)に前売(まえうり)開始(かいし)、朝(あさ)10時(じ)から。同時(どうじ)に、電話予約(でんわよやく)も開始(かいし)だって。
男：うん。でもさ、こういう時(とき)って、電話(でんわ)つながらないんだよなあ。何回(なんかい)かけても。
女：でも、金曜日(きんようび)は二人(ふたり)とも休(やす)みじゃないでしょう。並(なら)んで買(か)うわけにはいかないじゃない？
男：じゃあ、土曜日(どようび)に買(か)う？
女：でも、土曜日(どようび)じゃ、絶対(ぜったい)売(う)り切(き)れよ。この人(ひと)、人気(にんき)あるから。
男：当日券(とうじつけん)って手(て)もあるよ。コンサート会場(かいじょう)で。
女：へえ、前(まえ)もって買(か)っておかないと、心配(しんぱい)じゃない？
男：じゃあ、やっぱり、かかるまで電話(でんわ)で挑戦(ちょうせん)してみるか。

二人(ふたり)はコンサートの券(けん)をいつ、どうやって買(か)うつもりですか。

1. 来週(らいしゅう)の金曜日(きんようび)に並(なら)んで買(か)う。
2. 来週(らいしゅう)の金曜日(きんようび)に電話(でんわ)で予約(よやく)して買(か)う。
3. 来週(らいしゅう)の土曜日(どようび)に並(なら)んで買(か)う。
4. 当日(とうじつ)、会場(かいじょう)で買(か)う。

질문　남자와 여자가 콘서트의 포스터를 보면서 이야기하고 있습니다. 두 사람은 콘서트의 티켓을 언제, 어떻게 살 생각입니까?

여：어머, 봐봐. 이 사람, 일본 방문한대.
남：와아~ 뭐야? 콘서트?
여：정말 가고 싶다. 저기, 가지 않을래?
남：그래. 티켓은?
여：음.. 다음 주 금요일에 예매 개시, 아침 10시부터. 동시에 전화 예약도 개시래.
남：응. 그렇지만 이럴 때는 전화가 연결되지 않는 것 같아. 몇 번씩 걸어도.
여：그렇지만 금요일은 우리 둘 다 쉬는 날이 아니잖아. 줄서서 살 수는 없잖아.
남：그럼, 토요일에 살래?
여：그렇지만 토요일은 분명 매진이야. 이 사람 인기 있으니까.
남：당일권이라는 방법도 있어. (콘서트)회장에서.
여：에이~, 미리 사 두지 않으면 걱정되지 않아?
남：그럼, 역시 연결될 때까지 전화로 도전해 볼까.

두 사람은 콘서트의 티켓을 언제, 어떻게 살 생각입니까?

1. 다음 주 금요일에 줄을 서서 산다.
2. 다음 주 금요일에 전화로 예약해 산다.
3. 다음 주 토요일에 줄을 서서 산다.
4. 당일, (콘서트)회장에서 산다.

> **중요표현**
> 「~わけにはいかない」 어떤 사정상 「~할 수는 없다」라는 표현이다. 並(なら)んで買(か)うわけにはいかない(줄서서 살 수는 없다), 大事(だいじ)な会議(かいぎ)があるので、会社(かいしゃ)を休(やす)むわけにはいかない (중요한 회의가 있으므로 회사를 쉴 수는 없다)

N1

뉴 일본어 능력시험

Part 04

문자/어휘 **chapter 01**
1번 문제/명사
2번 문제/명사

문법/ **chapter 02**
N1 문법패턴 4 (~たてまえで ~てしかるべきだ까지)
독해
정보검색/통합이해 문제

청해 **chapter 03**
포인트 이해 문제1

chapter 01 문자/어휘

N1 1교시

1번 문제/명사(2자 한자)

美容 びよう 미용	表現 ひょうげん 표현	標語 ひょうご 표어	表紙 ひょうし 표지
標識 ひょうしき 표시	描写 びょうしゃ 묘사	標準 ひょうじゅん 표준	表情 ひょうじょう 표정
評判 ひょうばん 평판	標本 ひょうほん 표본	表面 ひょうめん 표면	比率 ひりつ 비율
肥料 ひりょう 비료	微量 びりょう 미량	昼飯 ひるめし 점심식사	比例 ひれい 비례
披露 ひろう 피로	疲労 ひろう 피로	敏感 びんかん 민감함	貧血 ひんけつ 빈혈
貧困 ひんこん 빈곤	品質 ひんしつ 품질	貧弱 ひんじゃく 빈약	品種 ひんしゅ 품종
頻繁 ひんぱん 빈번함	貧富 ひんぷ 빈부	貧乏 びんぼう 가난함	不意 ふい 돌연, 불시
封鎖 ふうさ 봉쇄	風車 ふうしゃ 풍차	風習 ふうしゅう 풍습	風俗 ふうぞく 풍속
風土 ふうど 풍토	部下 ぶか 부하	不吉 ふきつ 불길	普及 ふきゅう 보급
不況 ふきょう 불황	布教 ふきょう 포교	布巾 ふきん 행주	付近 ふきん 부근
複合 ふくごう 복합	複雑 ふくざつ 복잡함	福祉 ふくし 복지	副詞 ふくし 부사
複写 ふくしゃ 복사	復習 ふくしゅう 복습	複数 ふくすう 복수	服装 ふくそう 복장
覆面 ふくめん 복면	不幸 ふこう 불행	符号 ふごう 부호	富豪 ふごう 부호
布告 ふこく 포고	夫妻 ふさい 부부	負債 ふさい 부채	不在 ふざい 부재
不純 ふじゅん 불순함	負傷 ふしょう 부상	侮辱 ぶじょく 모욕	不振 ふしん 부진함
不審 ふしん 수상함, 의심스러움		不正 ふせい 부정	武装 ぶそう 무장
不足 ふそく 부족	舞台 ぶたい 무대	不調 ふちょう 상태가 나쁨, 고르지 못함	
復活 ふっかつ 부활	物議 ぶつぎ 물의	復旧 ふっきゅう 복구	復興 ふっこう 부흥
物資 ぶっし 물자	仏像 ぶつぞう 불상	物体 ぶったい 물체	沸騰 ふっとう 비등
不当 ふとう 부당함	無難 ぶなん 무난함	赴任 ふにん 부임	腐敗 ふはい 부패
不評 ふひょう 평판이 나쁨, 평이 나쁨		不服 ふふく 불복함	普遍 ふへん 보편
不明 ふめい 불명함	部門 ぶもん 부문	扶養 ふよう 부양	不利 ふり 불리함
不良 ふりょう 불량함	浮力 ふりょく 부력	武力 ぶりょく 무력	無礼 ぶれい 무례
付録 ふろく 부록	憤慨 ふんがい 분개	分業 ぶんぎょう 분업	文献 ぶんけん 문헌
文語 ぶんご 문어	分散 ぶんさん 분산	分子 ぶんし 분자	紛失 ふんしつ 분실
噴出 ふんしゅつ 분출	文書 ぶんしょ 문서	分析 ぶんせき 분석	紛争 ふんそう 분쟁
分担 ぶんたん 분담	奮闘 ふんとう 분투	分配 ぶんぱい 분배	分母 ぶんぼ 분모

粉末ふんまつ 분말	分離ぶんり 분리	分量ぶんりょう 분량	分裂ぶんれつ 분열
兵器へいき 무기	並行へいこう 병행	閉口へいこう 질림	閉鎖へいさ 폐쇄
兵士へいし 병사	平常へいじょう 평소	平方へいほう 평방, 제곱	並列へいれつ 병렬
辟易へきえき 벽역(상대의 기세에 압도되어 뒤로 물러섬)			別居べっきょ 별거
別荘べっそう 별장	弁解べんかい 변명	変革へんかく 변혁	変換へんかん 변환
返還へんかん 반환	便宜べんぎ 편의	返却へんきゃく 반환	偏見へんけん 편견
弁護べんご 변호	変更へんこう 변경	返済へんさい 변제(빌려 쓴 금품을 갚음)	
弁償べんしょう 변상	変遷へんせん 변천	返答へんとう 대답	変動へんどう 변동
弁当べんとう 도시락	弁論べんろん 변론	保育ほいく 보육	法案ほうあん 법안
防衛ぼうえい 방위	崩壊ほうかい 붕괴	妨害ぼうがい 방해	法学ほうがく 법학
放棄ほうき 포기	封建ほうけん 봉건	方言ほうげん 방언	冒険ぼうけん 모험
方向ほうこう 방향	報告ほうこく 보고	方策ほうさく 방책, 기록	豊作ほうさく 풍작
奉仕ほうし 봉사	防止ぼうし 방지	方式ほうしき 방식	放射ほうしゃ 방사
報酬ほうしゅう 보수	報償ほうしょう 보상	放出ほうしゅつ 방출	方針ほうしん 방침
宝石ほうせき 보석	紡績ぼうせき 방적	包装ほうそう 포장	放送ほうそう 방송
暴走ぼうそう 폭주	法則ほうそく 법칙	包帯ほうたい 붕대	膨大ぼうだい 방대
放置ほうち 방치	膨張ぼうちょう 팽창	法廷ほうてい 법정	報道ほうどう 보도
冒頭ぼうとう 첫머리	暴動ぼうどう 폭동	防犯ぼうはん 방범	褒美ほうび 포상
豊富ほうふ 풍부함	抱負ほうふ 포부	暴風ぼうふう 폭풍	方法ほうほう 방법
方面ほうめん 방면	法律ほうりつ 법률	暴力ぼうりょく 폭력	飽和ほうわ 포화
保温ほおん 보온	捕獲ほかく 포획	保管ほかん 보관	補給ほきゅう 보급
募金ぼきん 모금	牧師ぼくし 목사	捕鯨ほげい 포경	保険ほけん 보험
保護ほご 보호	母校ぼこう 모교	母国ぼこく 모국	保守ほしゅ 보수
補習ほしゅう 보습	補充ほじゅう 보충	募集ぼしゅう 모집	補助ほじょ 보조
保証ほしょう 보증	保障ほしょう 보장	補償ほしょう 보상	舗装ほそう 포장
補足ほそく 보충	墓地ぼち 묘지	発作ほっさ 발작	没収ぼっしゅう 몰수
発足ほっそく 발족	没落ぼつらく 몰락	歩道ほどう 보도	保養ほよう 보양
捕虜ほりょ 포로	襤褸ぼろ 누더기, 결점	本格ほんかく 본격	本館ほんかん 본관

本気ほんき 진심임	本国ほんごく 본국	本質ほんしつ 본질	本体ほんたい 본체
本音ほんね 본심	本能ほんのう 본능	本場ほんば 본고장	本文ほんぶん 본문
本名ほんみょう 본명	埋蔵まいぞう 매장	真上まうえ 바로 위	真心まごころ 진심
摩擦まさつ 마찰	真下ました 바로 밑	麻酔ますい 마취	街角まちかど 길모퉁이
末期まっき 말기	麻痺まひ 마비	目蓋まぶた 눈꺼풀	満月まんげつ 만월
満場まんじょう 만장	慢性まんせい 만성	未開みかい 미개	味覚みかく 미각
未婚みこん 미혼	未熟みじゅく 미숙	微塵みじん 미진, 티끌	水気みずけ 물기
未知みち 미지	身近みぢか 신변	道端みちばた 길가	密集みっしゅう 밀집
密接みっせつ 밀접함	密度みつど 밀도	未定みてい 미정	魅力みりょく 매력
未練みれん 미련	民間みんかん 민간	民宿みんしゅく 민숙	民族みんぞく 민족
民俗みんぞく 민속	民謡みんよう 민요	無口むくち 과묵함	無効むこう 무효
無言むごん 무언	矛盾むじゅん 모순	無線むせん 무선	無断むだん 무단
無知むち 무지함	無念むねん 무념, 원통함	無能むのう 무능	無用むよう 쓸모없음
無理むり 무리, 억지	無料むりょう 무료	無論むろん 물론	名産めいさん 명산물
名称めいしょう 명칭	迷信めいしん 미신	命中めいちゅう 명중	明白めいはく 명백함
名簿めいぼ 명부	名誉めいよ 명예	明瞭めいりょう 명료함	明朗めいろう 명랑
目方めかた 무게	滅亡めつぼう 멸망	面会めんかい 면회	免許めんきょ 면허
免除めんじょ 면제	面目めんもく 면목, 체면	盲点もうてん 맹점	猛烈もうれつ 맹렬함
目録もくろく 목록	模型もけい 모형	模索もさく 모색	目下もっか 당장, 눈앞, 현재
物事ものごと 사물, 매사	模範もはん 모범	喪服もふく 상복	模倣もほう 모방
模様もよう 모양, 상황, 형편		野外やがい 야외	夜間やかん 야간
夜具やぐ 침구	役職やくしょく 직무, 관리직		役場やくば 관공서
屋敷やしき 대지	野心やしん 야심	野生やせい 야생	野党やとう 야당
優位ゆうい 우위	有益ゆうえき 유익함	優越ゆうえつ 우월	勇敢ゆうかん 용감함
夕刊ゆうかん 석간	有機ゆうき 유기(생활 기능 및 생활력을 가진 것)		友好ゆうこう 우호
有効ゆうこう 유효함	融資ゆうし 융자	優秀ゆうしゅう 우수함	優勝ゆうしょう 우승
友情ゆうじょう 우정	友人ゆうじん 친구	融通ゆうずう 융통	優勢ゆうせい 우세
優先ゆうせん 우선	郵送ゆうそう 우송	誘導ゆうどう 유도	有能ゆうのう 유능함

優美ゆうび 우아하게 아름다움	有望ゆうぼう 유망함	遊牧ゆうぼく 유목
夕闇ゆうやみ 땅거미	有料ゆうりょう 유료	有力ゆうりょく 유력함	幽霊ゆうれい 유령
誘惑ゆうわく 유혹	容易youい 용이함	要因よういん 요인	溶液ようえき 용액
溶岩ようがん 용암	容器ようき 용기	陽気ようき 명랑함	用件ようけん 용건
養護ようご 양호	要旨ようし 요지	幼児ようじ 유아	様式ようしき 양식
幼少ようしょう 나이 어림	要請ようせい 요청	養成ようせい 양성	容積ようせき 용적
要素ようそ 요소	様相ようそう 양상	抑制よくせい 억제	
横綱よこづな 스모에서 제일 높은 계급	要点ようてん 요점	用品ようひん 용품
洋風ようふう 서양식	養分ようぶん 양분	用法ようほう 용법	要望ようぼう 요망
要領ようりょう 요령	余暇よか 여가	予感よかん 예감	余興よきょう 여흥
預金よきん 예금	抑圧よくあつ 억압	浴室よくしつ 욕실	翌日よくじつ 다음날
欲望よくぼう 욕망	予言よげん 예언	余生よせい 여생	予想よそう 예상
余地よち 여지	予定よてい 예정	与党よとう 여당	予防よぼう 예방
余裕よゆう 여유	来場らいじょう 장소에 옴	酪農らくのう 낙농	落下らっか 낙하
楽観らっかん 낙관	乱暴らんぼう 난폭	濫用らんよう 남용	理屈りくつ 이치
離婚りこん 이혼	利子りし 이자	利潤りじゅん 이윤	理性りせい 이성
理想りそう 이상	利息りそく 이자	立体りったい 입체	立法りっぽう 입법
立方りっぽう 입방, 세제곱	利点りてん 이점	略語りゃくご 약어
略奪りゃくだつ 약탈	理由りゆう 이유	流通りゅうつう 유통	領域りょういき 영역
了解りょうかい 양해	領海りょうかい 영해	両替りょうがえ 환전	両側りょうがわ 양측
両極りょうきょく 양극	料金りょうきん 요금	良好りょうこう 양호함	両国りょうこく 양국
領事りょうじ 영사	良識りょうしき 양식	良質りょうしつ 양질	了承りょうしょう 납득, 승낙
良心りょうしん 양심	領地りょうち 영지	領土りょうど 영토	両立りょうりつ 양립
旅客りょきゃく 여객	旅券りょけん 여권	理論りろん 이론	林業りんぎょう 임업
類似るいじ 유사	類推るいすい 유추	冷酷れいこく 냉혹함	冷蔵れいぞう 냉장
冷淡れいたん 냉담함	冷房れいぼう 냉방	列車れっしゃ 열차	列島れっとう 열도
恋愛れんあい 연애	連休れんきゅう 연휴	連日れんじつ 연일	連帯れんたい 연대
連中れんちゅう 한패, 동아리, 동료들	連邦れんぽう 연방	連盟れんめい 연맹

廊下 ろうか 복도	老衰 ろうすい 노쇠	朗読 ろうどく 낭독	浪費 ろうひ 낭비
労力 ろうりょく 수고, 일손		露骨 ろこつ 노골적임	論議 ろんぎ 논의
論理 ろんり 논리	和英 わえい 일영	若者 わかもの 젊은이	惑星 わくせい 혹성
枠内 わくない 테두리 안	和風 わふう 일본식	和文 わぶん 일본어 문장	悪者 わるもの 나쁜 사람

1번 문제/명사(3자 한자)

悪影響 あくえいきょう 악영향	悪循環 あくじゅんかん 악순환	一断面 いちだんめん 한 단면
一部分 いちぶぶん 일부분	英語圏 えいごけん 영어권	栄養分 えいようぶん 영양분
閲覧室 えつらんしつ 열람실	温暖化 おんだんか 온난화	回数券 かいすうけん 회수권
核燃料 かくねんりょう 핵연료	箇条書 かじょうがき 조목별로 씀	過疎化 かそか 과소화
可能性 かのうせい 가능성	関係者 かんけいしゃ 관계자	看護婦 かんごふ 간호사
乾電池 かんでんち 건전지	感無量 かんむりょう 감개무량	機械化 きかいか 기계화
機関車 きかんしゃ 기관차	危険性 きけんせい 위험성	既婚者 きこんしゃ 기혼자
議事堂 ぎじどう 의사당	貴重品 きちょうひん 귀중품	寄付金 きふきん 기부금
蛍光灯 けいこうとう 형광등	形容詞 けいようし 형용사	結婚式 けっこんしき 결혼식
建築家 けんちくか 건축가	顕微鏡 けんびきょう 현미경	権力者 けんりょくしゃ 권력자
考古学 こうこがく 고고학	交差点 こうさてん 교차로	講習会 こうしゅうかい 강습회
香辛料 こうしんりょう 향신료	交通費 こうつうひ 교통비	講読者 こうどくしゃ 구독자
光熱費 こうねつひ 광열비	候補者 こうほしゃ 후보자	行楽地 こうらくち 행락지
高齢化 こうれいか 고령화	小切手 こぎって 수표	再利用 さいりよう 재이용
座談会 ざだんかい 좌담회	再来週 さらいしゅう 다다음주	参議院 さんぎいん 참의원
時刻表 じこくひょう 시간표	死傷者 ししょうしゃ 사상자	自尊心 じそんしん 자존심
実業家 じつぎょうか 실업가	自動詞 じどうし 자동사	耳鼻科 じびか 이비인후과
使命感 しめいかん 사명감	三味線 しゃみせん 샤미센(일본고유악기)	自由化 じゆうか 자유화
衆議院 しゅうぎいん 중의원	従業員 じゅうぎょういん 종업원	十字路 じゅうじろ 십자로
祝賀会 しゅくがかい 축하 모임	主人公 しゅじんこう 주인공	奨学金 しょうがくきん 장학금
消極的 しょうきょくてき 소극적	乗車券 じょうしゃけん 승차권	小児科 しょうにか 소아과

使用人 しようにん 사용인, 고용인	消費者 しょうひしゃ 소비자	消防署 しょうぼうしょ 소방서
情報網 じょうほうもう 정보망	助教授 じょきょうじゅ 조교수	植民地 しょくみんち 식민지
助動詞 じょどうし 조동사	新幹線 しんかんせん 신칸센	新入生 しんにゅうせい 신입생
人類学 じんるいがく 인류학	水蒸気 すいじょうき 수증기	請求書 せいきゅうしょ 청구서
青少年 せいしょうねん 청소년	清掃車 せいそうしゃ 청소차	生態系 せいたいけい 생태계
政府筋 せいふすじ 정부 소식통	正方形 せいほうけい 정사각형	税務署 ぜいむしょ 세무서
接続詞 せつぞくし 접속사	先天的 せんてんてき 선천적	扇風機 せんぷうき 선풍기
大規模 だいきぼ 대규모	大惨事 だいさんじ 대참사	対照的 たいしょうてき 대조적임
大統領 だいとうりょう 대통령	多数決 たすうけつ 다수결	他動詞 たどうし 타동사
段階的 だんかいてき 단계적	短期間 たんきかん 단기간	蛋白質 たんぱくしつ 단백질
調印式 ちょういんしき 조인식	調査団 ちょうさだん 조사단	聴診器 ちょうしんき 청진기
調味料 ちょうみりょう 조미료	調理師 ちょうりし 조리사	定期券 ていきけん 정기권
定休日 ていきゅうび 정기휴일	停留所 ていりゅうじょ 정류소	出来物 できもの 종기, 뽀루지
出鱈目 でたらめ 엉터리, 무책임함	典型的 てんけいてき 전형적	伝統的 でんとうてき 전통적
展覧会 てんらんかい 전람회	特派員 とくはいん 특파원	図書館 としょかん 도서관
日用品 にちようひん 일용품	配偶者 はいぐうしゃ 배우자	廃棄物 はいきぶつ 폐기물
博物館 はくぶつかん 박물관	被害者 ひがいしゃ 피해자	非公開 ひこうかい 비공개
被災地 ひさいち 재해지	必需品 ひつじゅひん 필수품	評論家 ひょうろんか 평론가
不可欠 ふかけつ 불가결	不規則 ふきそく 불규칙	不景気 ふけいき 불경기
不自由 ふじゆう 부자유	不登校 ふとうこう 등교하지 않음	不動産 ふどうさん 부동산
不平等 ふびょうどう 불평등	雰囲気 ふんいき 분위기	文化財 ぶんかざい 문화재
文房具 ぶんぼうぐ 문방구	望遠鏡 ぼうえんきょう 망원경	封建的 ほうけんてき 봉건적
放射能 ほうしゃのう 방사능	方程式 ほうていしき 방정식	保守派 ほしゅは 보수파
未開発 みかいはつ 미개발	身分証 みぶんしょう 신분증	無意味 むいみ 무의미함
無計画 むけいかく 무계획	無邪気 むじゃき 천진난만함	無条件 むじょうけん 무조건
遊園地 ゆうえんち 유원지	郵便局 ゆうびんきょく 우체국	輸入量 ゆにゅうりょう 수입량
幼稚園 ようちえん 유치원	留学生 りゅうがくせい 유학생	領収書 りょうしゅうしょ 영수증
履歴書 りれきしょ 이력서	倫理的 りんりてき 윤리적	留守番 るすばん 집을 지킴

2번 문제/필수명사

内容ないよう 내용	入手にゅうしゅ 입수	認識にんしき 인식	人情にんじょう 인정
値打ねうち 값어치	熱意ねつい 열의	熱情ねつじょう 열정	熱心ねっしん 열심임
ねばり 찰기, 끈기	納入のうにゅう 납입	能力のうりょく 능력	場合ばあい 경우
廃棄はいき 폐기	配給はいきゅう 배급	背景はいけい 배경	廃止はいし 폐지
配慮はいりょ 배려	破棄はき 파기	迫害はくがい 박해	迫力はくりょく 박력
発火はっか 발화	破裂はれつ 파열	反感はんかん 반감	反抗はんこう 반항
反応はんのう 반응	反発はんぱつ 반발	反乱はんらん 반란	必死ひっし 필사
必修ひっしゅう 필수	必然ひつぜん 필연	一息ひといき 한숨 돌림	一言ひとこと 한마디
人目ひとめ 남의 눈	避難ひなん 피난	微妙びみょう 미묘	評価ひょうか 평가
微力びりょく 미력(힘이 모자람)		品位ひんい 품위	品格ひんかく 품격
負担ふたん 부담	普段ふだん 일상	普通ふつう 보통	部品ぶひん 부품
分解ぶんかい 분해	分割ぶんかつ 분할	分類ぶんるい 분류	平均へいきん 평균
弁解べんかい 변명	偏向へんこう 편향	変調へんちょう 변조	返品へんぴん 반품
便利べんり 편리함	本部ほんぶ 본부	見込みこみ 전망, 예정	
身みの回まわり 일상사, 신변		未満みまん 미만	明暗めいあん 명암
名言めいげん 명언	めど 목표, 전망	目盛めもり 눈금	目安めやす 기준
面接めんせつ 면접	面談めんだん 면담	面倒めんどう 돌봄, 보살핌	目前もくぜん 눈앞
目的もくてき 목적	目標もくひょう 목표	役員やくいん 임원	役割やくわり 역할
奴やっこ 하인, 종	病やまい 병, 나쁜 버릇	唯一ゆいいつ 유일	勇敢ゆうかん 용감
勇気ゆうき 용기	有利ゆうり 유리함	ゆとり 여유	用意ようい 준비
要求ようきゅう 요구	用心ようじん 주의	様子ようす 모습	要請ようせい 요청
要望ようぼう 요망	抑圧よくあつ 억압	利益りえき 이익	利害りがい 이익과 손해
流行りゅうこう 유행	領収りょうしゅう 영수	良性りょうせい 양성	履歴りれき 이력
累進るいしん 누진	冷静れいせい 냉정함	連帯感れんたいかん 연대감	

PRACTICE TEST

問題1　＿＿＿＿の言葉の読み方として最もよいものを、1・2・3・4から一つ選びなさい。

1　交通事故被害者の生活を追跡調査する。
　　1　かがいしゃ　　2　きがいしゃ　　3　はがいしゃ　　4　ひがいしゃ

2　話し言葉の変遷についての資料を集めるのは容易なことではない。
　　1　へんさい　　　2　へんさん　　　3　へんせい　　　4　へんせん

3　ホームシアターの普及とともに，カーシアターを楽しむ人も増加しつつある。
　　1　ふっきゅう　　2　ふっきょう　　3　ふきゅう　　　4　ふきょう

4　その事件を起こした会社は、内部ではかなり混乱している模様である。
　　1　もんよう　　　2　もよう　　　　3　ぼよう　　　　4　ぼうよう

5　最近は機械が故障するとすぐ廃棄物扱いをする。
　　1　はいきぶつ　　2　はきぶつ　　　3　はっきぶつ　　4　はつきぶつ

6　大昔ならとにかく，この時代にそんな迷信を信じる人はいない。
　　1　まいしん　　　2　べいしん　　　3　めいしん　　　4　はいしん

7　夕闇の迫る街角はもっときれいだった。
　　1　ゆうぐれ　　　2　ゆぐれ　　　　3　ゆうやみ　　　4　ゆやみ

8　街角である人が知り合いぶってあいさつをしてきた。
　　1　がいかく　　　2　がいかど　　　3　まちかく　　　4　まちかど

9　依然として事故が増加しており、新たな対策が模索されている。
　　1　ぽさく　　　　2　ぽうさく　　　3　もさく　　　　4　もうさく

10　物事には、効率よく進めるために適した順序がある。
　　1　ものごと　　　2　もつごと　　　3　もつじ　　　　4　ぷつじ

11 彼は話の冒頭でシェークスピアを引用した。
　　1　ぽっとう　　　2　ぼうとう　　　3　ぼくず　　　4　ぼうず

12 生活に必要なものはすべて揃っている貸別荘も気軽でオススメ。
　　1　べつしょう　　2　べっしょう　　3　べっそう　　4　べつそう

13 政府筋からも手を打って出たからじきに解決されるだろう。
　　1　せいふうきん　2　せいふきん　　3　せいふうすじ　4　せいふすじ

問題2　（　　　）に入れるのに最もよいものを、1・2・3・4から一つ選びなさい。

1 聞き手の（　　）がないと、スピーチをしていて話しづらい。
　　1　応答　　　　　2　返答　　　　　3　対応　　　　　4　反応

2 この選手は（　　）が足りないので、いつも最後に負けてしまう。
　　1　はげみ　　　　2　はずみ　　　　3　ねばり　　　　4　むすび

3 この決議は（　　）一致で採択された。
　　1　満足　　　　　2　満員　　　　　3　満身　　　　　4　満場

4 今回の事件の（　　）には、複雑な事情があるようだ。
　　1　背景　　　　　2　景色　　　　　3　景気　　　　　4　光景

5 そんなことをすると、（　　）を疑われますよ。
　　1　良性　　　　　2　良好　　　　　3　良質　　　　　4　良識

6 この専門（　　）は比較的新しく、まだあまり研究が進んでいない。
　　1　領土　　　　　2　領事　　　　　3　領域　　　　　4　領地

PRACTICE TEST

7 大切な時間を内容のない会議で（　　　）するのは、ばからしい。
　1　浪費　　　2　経費　　　3　出費　　　4　実費

8 この博物館には、船の（　　　）が展示してある。
　1　模型　　　2　模索　　　3　模範　　　4　模倣

9 急にひらきなおって事実を（　　　）する。
　1　辞退　　　2　謝絶　　　3　否定　　　4　避難

10 都会の（　　　）に負けずにしっかり勉強しようと決心して、田舎を出た。
　1　勧誘　　　2　作用　　　3　保養　　　4　誘惑

11 この薬には、病気の進行を（　　　）する効果がある。
　1　圧迫　　　2　迫害　　　3　抑制　　　4　抑圧

12 みんなで協力して仕事をしたら、（　　　）感が生まれた。
　1　依存　　　2　連帯　　　3　共存　　　4　連続

13 ゆり子さんは、後輩の（　　　）をよく見てくれるやさしい人です。
　1　面倒　　　2　世話　　　3　助け　　　4　手伝い

chapter 02 문법/독해

N1 2교시

01　〜たてまえ　〜한 체면상, 〜해 놓았으니

접속: [동사의 た형/명사の]+てまえ

「〜たてまえ」는 「실제로는 그렇게 하고 싶지 않으나 체면상(본의 아니게) 그렇게 밖에 할 수 없다」는 뜻을 지닌 표현이다. 문장 뒷부분에 「〜しかない(〜하는 수밖에 없다)/〜よりほかない(〜하는 수밖에 없다)/〜しないわけにはいかない(〜하지 않을 수 없다)/〜ざるを得(え)ない(〜하지 않을 수 없다)/〜なければならない(〜하지 않으면 안 된다)」와 같은 표현들과 호응하는 경우가 많다. 또한 명사에 접속하는 경우에는 「명사の+手前(てまえ)」의 형태로 「남에 대한 자신의 입장, 체면, 면목」등을 나타낸다.

自分でやると宣言したてまえ、やらざるを得ないよ。
스스로 한다고 선언해 놓았으니, 체면상 하지 않을 수 없어.

必ず旅行に連れていくと約束したてまえ、何があっても行かなければならない。
반드시 여행에 데려 간다고 약속해 놓았으니, 무슨 일이 있어도 가지 않으면 안 된다.

子どもの手前泣くわけにもいかない。 아이 앞이라 체면상 울 수도 없다.

02　〜たところで　〜해 봤자, 〜한들, 〜한다 해도

접속: [동사의 た형]+ところで

「〜たところで」는 「〜해 봤자, 〜한들, 〜한다 해도」라는 표현으로 뒷문장에는 동사의 부정형이나 「無駄(むだ)だ(소용없다)/無意味(むいみ)だ(무의미하다)/無理(むり)だ(무리이다)」와 같은 부정적인 표현들이 주로 온다.

後悔したところで、今さらどうにもならない。 후회한들, 이제 와서 어쩔 도리가 없다.
このような状況では外国人がいくら言ってみたところで無駄だ。
이러한 상황에서는 외국인이 아무리 말해봤자 소용없다.

03　〜だに　〜조차(〜도), 〜(하는 것)만으로도

접속: [동사의 기본형(원형)/명사]+だに

「〜だに」는 극단적인 것을 예를 들어 강조하는 옛스런 표현으로 문서 등에 주로 쓰인다. 일반적으로「〜だに〜ない」와 같이 문장 뒷부분에 부정형과 호응하여 자주 쓰이며, 「想像(そうぞう)する(상상하다)/思(おも)い出(だ)す(생각해 내다)/考(かんが)える(생각하다)/思(おも)う(생각하다)/聞(き)く(듣다)/口(くち)に出(だ)す(입 밖에 내다, 말하다)」와 같은 동사에 접속하는 경우가 많다.

まさかこんなことになろうとは想像だにしなかった。 설마 이렇게 되리라고는 상상조차 하지 않았다.
あの当時のことは、思い出すだに腹が立つ。 그 당시의 일은 생각하는 것만으로도 화가 난다.

04 〜たりとも 비록 〜이라도

접속: [명사] + たりとも

「〜たりとも」는 문장 뒷부분에 부정표현들과 호응하여 「비록 〜일지라도 결코〜않다」라는 뜻을 나타낸다. 보통 「一刻(いっこく)たりとも(일각일지라도)/一円(いちえん)たりとも(1엔일지라도)/一分(いっぷん)たりとも(1분일지라도)/一日(いちにち)たりとも(하루일지라도)」와 같이 1과 호응하는 단어에 접속하는 경우가 많다.

救助活動では一刻たりとも無駄にはできない。
구조 활동에서는 비록 일각이라도 헛되이 할 수 없다.

あんな奴らに1円たりとも融資なんかするな!
저런 놈들에게 비록 1엔이라도 융자 같은 것 하지 마라!

05 〜たるもの 〜인 이상, 〜이면 당연히

접속: [직위나 조직을 나타내는 명사] + たるもの

「어떤 직위에 있는 사람이나, 기관, 사회 등은 상식적으로 당연히 〜해야한다」라는 뜻을 나타내는 표현이다. 따라서 뒷문장에 「〜なければならない(하지 않으면 안된다)/べきだ(마땅히 〜해야한다)」와 같은 표현들과 호응하는 경우가 많다.

教師たる者、生徒を理解するための努力を続けなければならない。
교사라면 당연히 학생을 이해하기 위한 노력을 계속하지 않으면 안 된다.

政治家たるものは国民の利益を第一に考えるべきだ。
정치가인 이상 국민의 이익을 제일로 생각해야만 한다.

06 〜つ〜つ 〜하기도 〜하기도 하면서

접속: [동사의 ます형] + つ + [동사의 ます형] + つ

대조적인 동사에 접속에 「〜하기도 〜하기도 하면서」라는 표현이다. 주로 관용적인 표현들이 많으므로 통째로 외워두도록 하자. 「抜(ぬ)きつ抜(ぬ)かれつ(앞서거니 뒤서거니)/持(も)ちつ持(も)たれつ(돕고 도움을 받으며, 상부상조하며)/見(み)えつ隠(かく)れつ(보였다가 숨었다가)/追(お)いつ追(お)われつ(쫓고 쫓기면서)/差(さ)しつ差(さ)されつ(술을 권커니 잣거니)」

抜きつ抜かれつの大接戦で、最後までどちらが勝つか分からない。
막상막하의 대접전으로 끝까지 어느 쪽이 이길지 모르겠다.

人間と自然は、持ちつ持たれつの関係である。
인간과 자연은, 서로 돕고 도움을 받는 관계이다.

07 〜っぱなし 계속〜하다, 〜한 채로 버려두다

접속: [동사의 ます형]+っぱなし

방치, 방임의 표현으로「〜해 둔 채로 버려두다」라는 표현이다. 보통 플러스 의미로 사용되는 경우는 없고 좋지 않은 평가를 할 때 사용된다. 유사표현인「〜まま(〜한 채, 〜대로)」는「〜ないまま/명사의＋まま」의 형태로도 쓰이지만「〜っぱなし」는 명사나 부정형에 접속하지 않으므로 주의하도록 하자

窓を開けっぱなしにして寝ていたら、朝、結構寒かった。
창을 계속 열어놓은 채 잤더니, 아침에 상당히 추웠다.

水道の水は出しっぱなしにしないで、必ず蛇口を閉めなさい。
수돗물은 계속 틀어놓지 말고, 반드시 수도꼭지를 잠그세요.

08 〜であれ/〜であれ 〜であれ 〜라 해도/〜든 〜든 간에

접속: [명사]+であれ

「〜であれ」는「설령 〜라 해도」라는 뜻이고,「Aであれ Bであれ」는「A든 B든 어느 쪽의 경우라도 상황은 바뀌지 않는다」는 의미를 지닌다.「何であれ(무엇이든 간에)/どこであれ(어디든 간에)/どうであれ(어떻든 간에)」처럼 의문사에 접속해 쓰이는 경우도 많다.

そんなにひどいいたずらは、たとえ小さな子どもであれ、許されることではない。
그렇게 심한 장난은 비록 어린아이라 해도 용서되지 않는다.

結果はどうであれ、悔いはない。
결과는 어떻든 간에 후회는 없다.

男であれ女であれ、この不景気では再就職は難しい。
남자든 여자든 이런 불경기에는 재취업은 어렵다.

09 〜てからというもの 〜하고 나서부터는

접속: [동사의 て형]+からというもの

「AてからというものB」는「A하고 나서부터는 그것이 원인이 되어 계속해서 B의 상태가 되다」라는 표현이다.「A하고 나서부터는 이전과 전혀 달라졌다는 느낌」을 나타낸다.

マラソンを始めてからというもの、冬でも風邪を引かなくなった。
마라톤을 시작하고 나서부터는, 겨울에도 감기에 걸리지 않게 되었다.

子どもが生まれてからというもの、義母の干渉がひどくなりました。
아이가 태어나고 나서부터는, 시어머니의 간섭이 심해졌습니다.

10 〜てしかるべきだ ～해야 마땅하다

접속: [동사의 て형/형용사의 て형] + しかるべきだ

「〜てしかるべきだ」는 일반적으로 회화에서 사용하는 「当然(とうぜん)だ(당연하다)／当(あ)たり前(まえ)だ(당연하다, 마땅하다)」와 거의 같은 표현으로 「〜하는 것이 당연하다, 〜하는 것이 마땅하다」라는 의미를 지닌 옛스런 표현이다.

ずっと同一チームでプレーし続ける選手には敬意を払ってしかるべきだ。
쭉 같은 팀에서 계속 플레이하는 선수에게는 경의를 표해 마땅하다.

この映画は再評価されてしかるべきだと思う。
이 영화는 재평가되어야 마땅하다고 생각한다.

軽率な行動は謝罪してしかるべきだ。
경솔한 행동은 사죄해야 마땅하다.

責任の重い職業ですから、給料は高くてしかるべきだと思う。
책임이 무거운 직업이기 때문에, 급여는 많아야 마땅하다고 생각한다.

問題1　次の文の（　）に入れるのに最もよいものを、1・2・3・4から一つ選びなさい。

1　カーレースはいろいろな国のスポーツカーが、抜きつ（　　　）の大接戦となった。
　　1　抜きつ　　　2　後れつ　　　3　抜かれつ　　　4　進みつ

2　今さらどんなにくやしがったところで、取られたお金が（　　　）。
　　1　戻ってくるかもしれない　　　2　戻らずにはすまない
　　3　戻るわけではない　　　　　　4　戻らざるをえない

3　日本にいる間、アパート探しから仕事のことまで、山本さんにはお世話になり（　　　）でした。
　　1　きり　　　2　っぱなし　　　3　つづき　　　4　ばかり

4　一見すると古くて汚いが、これらの道具の中には一つ（　　　）余分なものはない。
　　1　たりとも　　　2　に限って　　　3　なりに　　　4　にひきかえ

5　彼は楽器なら何（　　　）、上手に弾くことができる。
　　1　であり　　　2　であれ　　　3　としても　　　4　をしても

6　皆の前でこれが正しいと言ってしまった（　　　）、今さら自分が間違っていたとは言いにくい。
　　1　てまえ　　　2　ものの　　　3　ところで　　　4　ままに

7　研究者（　　　）者、真実を追究する心を失ってはならぬ。
　　1　ごとき　　　2　まじき　　　3　ある　　　4　たる

8　状況が変わったのだから、会社の経営計画も見直されて（　　　）。
　　1　やまない　　　2　たまらない　　　3　のことだ　　　4　しかるべきだ

9　作物をだめにする害虫は、一匹（　　　）残さないように退治しよう。
　　1　かぎりは　　　2　たりとも　　　3　ばかりか　　　4　ならでは

PRACTICE TEST

10 事実を言おうか言うまいかと、廊下を(　　　)考えた。
　　1　行くも戻るも　　　　　　　　2　行きつ戻りつ
　　3　行くやら戻るやら　　　　　　4　行くなり戻るなり

11 子どものころ、死については(　　　)だに恐ろしかった。
　　1　考え　　　　2　考えた　　　　3　考えて　　　　4　考える

12 彼女は長い間、考え抜いて離婚を決意したのだ。今さら、夫が何を(　　　)、彼女の気持ちが変わることはないだろう。
　　1　言ったところで　　　　　　　2　言ってからというもの
　　3　言うによっては　　　　　　　4　言ったてまえ

13 所得が低い人には、税金の負担を軽くするなどの措置がとられて(　　　)。
　　1　もともとだ　　2　極まりない　　3　しかるべきだ　　4　やまない

14 明るい性格のおいが東京の大学に行くので、我が家で暮らすことになった。(　　　)家が明るくなった。
　　1　彼が来たのもさることながら　　2　彼が来てからというもの
　　3　彼の性格をよそに　　　　　　　4　彼の明るさを限りに

15 産まれる子どもが男(　　　)女(　　　)、「ひかる」という名を付けると決めている。
　　1　なり、なり　　2　といい、といい　　3　やら、やら　　4　であれ、であれ

問題2　次の文の＿★＿に入る最もよいものを、1・2・3・4から一つ選びなさい。

① だれ、＿＿＿　＿★＿　＿＿＿。＿＿＿もったいないでしょ。
　1　つけっぱなしで　　2　テレビを　　　　3　出かけたのは　　4　電気代が

② あの程度の雨量で＿＿＿　＿★＿、＿＿＿　＿＿＿しなかった。
　1　大洪水が起こる　2　予想だに　　　3　だれも　　　　4　とは

③ ＿＿＿　＿★＿、＿＿＿　＿＿＿べきだ。
　1　たるものは　　　2　すべての学生に　3　教師　　　　　4　平等に接する

④ ＿★＿　＿＿＿　＿＿＿　＿＿＿。
　1　言えない　　　　2　友人の　　　　3　知らないとは　　4　手前

⑤ 不景気＿＿＿　＿★＿、＿＿＿、＿＿＿貢献してきた人でさえ、会社をやめさせられている。
　1　長年　　　　　　2　になってから　　3　というもの　　　4　会社に

PRACTICE TEST

問題3 次の文章を読んで、1から5の中に入る最もよいものを、1・2・3・4から一つ選びなさい。

　年齢 1 、相手を理解する上での重要なキーワードだと、私は思っている。同じく、自分を理解してもらう上での重要なキーワードでもある。
「同じ世代だったんですね。じゃあ、あれ、ご存じでしょ？」
　ということもあれば、
「へえ、十歳違うと、やっぱり考え方が異なってくるものですねえ」
　ということもあるだろう。
　それに私は、自分の年齢を恥じたりしていない。若くして亡くなる人もいるというのに、私はいま現在で半世紀もの年月を生きることができた。いやなこともいいこともいっぱいあったが、そのどれもが、 2 私の人生、一年 3 否定したりごまかしたりしたくはない。
　しかし、かなりの文化人ではあっても、女性の中には年齢を公（おおやけ）にしたがらない方がけっこういらっしゃるようだ。あるシンポジウムに参加した時、パンフレットのパネラー(注1)紹介で、私のところだけ年齢がなかった。他のパネラーは男性で、全員、ちゃんと年齢が記されている。どうしてでしょうと問い合わせると、女性の方は年齢を 4 とおっしゃる方が多いので、と言われた。 5 、勝手に気遣って、私だけ年齢を伏せてくださったというわけだ。よけいなお世話である。ひとこと、どうしますかと尋ねてほしかったのにと、かえって腹がたった。

（山崎洋子「隼齢は堂々と1コにしよう」による）

(注1) パネラー：パネリスト

| 1 | | 1 とはいえ | 2 とて | 3 というのは | 4 としたって |

| 2 | | 1 かいのない
2 かわりのない
3 きりのない
4 かけがえのない |

| 3 | | 1 ばかりか | 2 たりとも | 3 までも | 4 ならでは |

| 4 | | 1 入れないでほしい
2 入れてはかなわない
3 入れてしかるべきだ
4 入れざるを得ない |

| 5 | | 1 ただし | 2 ところで | 3 つまり | 4 あるいは |

PRACTICE TEST

問題4 次は、町内の回覧板である。下の問いに対する答えとして、最もよいものを1・2・3・4から一つ選びなさい。

1 パトロールは何のために行われるのか。
1 子どもたちの授業態度を見るため
2 小学校に暴走族を来させないようにするため
3 夜間の車の危険から子どもたちを守るため
4 校区の子どもたちの安全を守るため

2 本文の内容に合ったものを選びなさい。
1 町内の住民は、必ずパトロールに参加しなければならない。
2 参加する際は、黒い服は着ない方がいい。
3 パトロールの際、非行少年を発見したら、すぐ警察に通報する。
4 小学校に着いたら、青育連活動委員に連絡する。

回覧

平成22年6月15日

黒葉校区の皆様へ

黒葉校区青少年育成連合会
会長　山田太郎

南区夜間一斉パトロール実施のお知らせ

昨今、全国各地で子どもたちを脅かす事件、子どもたちが関わる事件等いろいろ起きております。
校区青育連といたしましても、子どもたちの安全を守るために、益々の安全確認に心がけていきたいと思っております。
　当校区でも青育連活動委員を中心に各諸団体の委員の皆様のご協力の下、夜間パトロールを行います。

つきましては、町内の有志の皆様にもパトロールに参加していただきたいと思います。ご協力いただけます方は、下記の集合時間においでください。

記

1. 実施日時　／　平成22年7月10日(土)20：00
　　　　　　　　　黒葉小学校正門集合

2. 実施要領　／　小学校正門に集合後、各町内に戻りながらパトロールを行う。

3. 持参物　　／　懐中電灯、携帯電話(お持ちの方)
　　　　　　　　　服装は明るい色のものを着てください。黒などは夜間なので、車等に気づかれにくく危険です。

4. その他　　／　何かご不明な点がありましたら、その場で各町内の青育連活動委員にお知らせください。
　　　　　　　　　尚、パトロール以外の日でも非行少年や暴走族、シンナーなど使用の疑いのある者を発見された場合はその場で声かけず、速やかに110番通報をするようお願いします。

※　多くの住民の皆様のご協力をお待ちしております。

以上

PRACTICE TEST

問題5 次のAとBの意見文を読んで、後の問いに対する答えとして最もよいものを1・2・3・4から一選びなさい。

A
　今の若者にとっては単なるファッションの一部、或いは恋人との誓いだとか、昔と違い大分近くにあるように感じます。刺青という言い方よりタトゥーという砕けた言い方になった今、安易に入れられますからね…。もし刺青をしている人が外国の人なら「普通」だと思うでしょう。強面の人なら「間違いなくそっちの筋の人」だと思うでしょう。見た目が普通の人だったら「絡まれても平気な、相当な強気な人」だと思うでしょう。ほとんどの人が、同じような感覚を持って見ていると私は思います。私は、自分には関係ないので普通に何とも思いません。ただ私は、他の方のように刺青否定派ではありませんから見る目は多少違うとは思いますが…。

B
　私の彼は、背中の右上の方に刺青があります。本当に穏やかな性格の人でして、私が何気に初めて彼の刺青を目にした時、あっ、刺青入ってる！と思いました。もちろん私も偏見はありませんが、この穏やかな人が痛い思いをして刺青を入れたなんて…というギャップに驚いたのです。彼は海の近くに住んでいる人で、海が大好きで毎日海でスポーツをしています。その刺青の模様は、海の中にいる生物を描いたものでした。彼的には、ファッションというよりはお守りのような感覚でいるようです。

1 　刺青について、AとBはどのような意見を述べているか。
　1　AもBも、ともに刺青に偏見を持っている。
　2　AもBも、ともに刺青に否定的である。
　3　Aは、刺青に特に関心がない。
　4　Bは、恋人の刺青に失望している。

2 　Bは彼氏の何に驚いたか。
　1　お守りをいつも持ち歩いていること
　2　刺青の痛みに耐えたこと
　3　刺青が不思議な生物だったこと
　4　イメージと違って、刺青があったこと

chapter 03 청해

N1 3교시

포인트 이해 문제 1

N1 청해 문제2는 포인트 이해 문제이다. 문장을 들려주고 내용을 잘 이해했는가를 묻는 문제로서 특히 여러 가지 사실에 근거해 문장 속에서 핵심 포인트를 집어낼 수 있는 가를 묻는 문제가 출제된다. 정확하게 전체내용을 파악하고 핵심을 찾아내는 것이 문제 해결의 관건이다. 그러려면 다양한 주제를 가진 문장을 많이 듣고 연습하는 것이 필요하다.

대화를 잘 듣고 맞는 답을 하나 고르시오.

1 ばん

① 入場料が安いから
② 試合が面白いから
③ 気分転換になるから
④ 流行っているから

2 ばん

① ブラジルから強い選手が入ったから
② 選手が自分の仕事をしっかりやったから
③ 相手のチームに怪我人が多かったから
④ 日本で試合があったから

PRACTICE TEST

3ばん

① 都会の人が自分たちのことばかり考えているから
② 道路を建設しても便利にならないから
③ 都会の人が環境破壊をするから
④ 道路の建設で自然が破壊されるから

4ばん

① 女の人が仕事を効率的にしないから
② 女の人が無理な要求をしたから
③ 仕事の期間に遅れるから
④ 契約期間が切れるから

스크립트

문제 1

質問　男(おとこ)の人(ひと)と女(おんな)の人(ひと)がサッカーについて話(はな)しています。女(おんな)の人(ひと)がサッカーを見(み)に行(い)く一番(いちばん)の理由(りゆう)は何ですか。

男：最近(さいきん)、サッカーがすごいブームですねえ。
女：ええ。私もよく行(い)くんですよ。
男：ええ？そうなんですか。
女：いいですよ。入場料(にゅうじょうりょう)は結構(けっこう)高(たか)いんですけどね。
男：はあ、で、どんなところが面白(おもしろ)いんですか。
女：そうですね。ブームそのものももちろん面白(おもしろ)いんですけど。
男：はあ。
女：何と言(い)っても、あの雰囲気(ふんいき)ですね。一番(いちばん)魅力的(みりょくてき)なのは。
男：はあ。
女：熱狂的(ねっきょうてき)なんですよ、周(まわ)りの人(ひと)が。
男：うーん。
女：へたくそ、ひっこめとかね。普段(ふだん)言(い)えないようなことをですね。
男：大声(おおごえ)で叫(さけ)ぶ。
女：ええ。熱(あつ)くなって、私もつられて叫(さけ)んでしまうんです。いやなことが忘(わす)れられるし、仕事(しごと)のストレスなんかすっ飛(と)んじゃいますよ。
男：なるほどねえ。

女(おんな)の人(ひと)がサッカーを見(み)に行(い)く一番(いちばん)の理由(りゆう)は何ですか。

1. 入場料(にゅうじょうりょう)が安(やす)いから
2. 試合(しあい)が面白(おもしろ)いから
3. 気分転換(きぶんてんかん)になるから
4. 流行(はや)っているから

질문　남자와 여자가 축구에 대해 이야기하고 있습니다. 여자가 축구를 보러 가는 제일 큰 이유는 무엇입니까?

남 : 최근, 축구가 대단한 붐이군요.
여 : 예, 저도 자주 갑니다.
남 : 예? 그래요?
여 : 좋아요. 입장료는 꽤 비싸지만.
남 : 네, 그런데 어떤 점이 재미있습니까?
여 : 글쎄요. 붐 그 자체도 물론 재미있는데.
남 : 네.
여 : 뭐니 뭐니 해도, 그 분위기에요. 제일 매력적인 것은.
남 : 네.
여 : 열광적이랍니다. 주위의 사람들이.
남 : 으음...
여 : 더럽게 못하네! 꺼져! 라던가 평상시에는 말할 수 없을 것 같은 말들을 말이죠.
남 : 큰소리로 외친다?
여 : 예. 흥분해서 나도 같이 외쳐 버린답니다. 싫은 일들을 잊을 수 있고, 일의 스트레스 따위는 날아가 버려요.
남 : 과연. 그러네요!

여자가 축구를 보러 가는 제일 큰 이유는 무엇입니까?

1. 입장료가 싸기 때문에
2. 시합이 재미있기 때문에
3. 기분 전환이 되기 때문에
4. 유행하고 있기 때문에

> **중요표현**
> 접두사 「すっ~」은 단어 앞에 붙어 뒤에 오는 말을 강조한다. 따라서 「すっ飛(と)ぶ」는 「위세 좋게 날다. 힘차게 가 버리다」라는 뜻이다.

문제 2

質問　サッカーの試合(しあい)のあとの優勝(ゆうしょう)インタビューです。チームの監督(かんとく)は、どうして優勝(ゆうしょう)できたと言(い)っていますか。

女：監督(かんとく)、優勝(ゆうしょう)おめでとうございます。
男：ありがとうございます。
女：一番(いちばん)の勝因(しょういん)は何だったとお考(かんが)えでしょうか。
男：ええ、うちが勝(か)てたのは・・・
女：やはり、ブラジルから強力(きょうりょく)な選手(せんしゅ)が入(はい)ったからでしょうか。
男：いや、それよりも、一人(ひとり)一人(ひとり)がですね、自分(じぶん)の仕事(しごと)をしっかりやってくれたからだと思(おも)います。
女：相手(あいて)のチームに怪我人(けがにん)が多(おお)かったということはないでしょうか。
男：いやあ、それはないと思(おも)いますよ。うちも怪我人(けがにん)はいましたし、戦(たたか)う条件(じょうけん)は同(おな)じだったと思(おも)います。
女：日本(にほん)での決勝戦(けっしょうせん)ということが有利(ゆうり)に働(はたら)いたということは？
男：いや、日本(にほん)だろうと外国(がいこく)だろうと同(おな)じです。
女：そうですか。どうもありがとうございました。

チームの監督(かんとく)は、どうして優勝(ゆうしょう)できたと言(い)っていますか。

1. ブラジルから強(つよ)い選手(せんしゅ)が入(はい)ったから
2. 選手(せんしゅ)が自分(じぶん)の仕事(しごと)をしっかりやったから
3. 相手(あいて)のチームに怪我人(けがにん)が多(おお)かったから
4. 日本(にほん)で試合(しあい)があったから

질문　축구시합 후 우승 인터뷰입니다. 팀의 감독은 어째서 우승할 수 있었다고 합니까?

여 : 감독님 우승 축하드립니다.
남 : 감사합니다.
여 : 제일 큰 승리의 원인은 무엇이었다고 생각하십니까?
남 : 예, 우리가 이길 수 있던 것은…
여 : 역시, 브라질로부터 강력한 선수가 들어왔기 때문입니까?
남 : 아니, 그것보다 한 사람 한 사람이 자신의 일을 확실히 해 주었기 때문이라고 생각합니다.
여 : 상대 팀에 부상자가 많았다고 할 수는 없을까요?
남 : 아니, 그것은 아니라고 생각해요. 우리도 부상자는 있었고, 싸우는 조건은 같았다고 생각합니다.
여 : 일본에서의 결승전이라고 하는 것이 유리하게 작용했다고는?
남 : 아니, 일본이든 외국이든 같습니다.
여 : 그렇습니까? 정말 감사했습니다.

팀의 감독은 어째서 우승할 수 있었다고 합니까?

1. 브라질로부터 강한 선수가 들어왔기 때문에
2. 선수가 각자의 일을 확실히 했기 때문에
3. 상대팀에 부상자가 많았기 때문에
4. 일본에서 시합이 있었기 때문에

중요표현
1. 「お+동사의 ます형+です」는 「하시다, 하고 계시다」라는 경어 표현이다. 考(かんが)える(생각하다) → お考(かんが)えですか(생각하십니까?), 読(よ)む(읽다) → 何をお読(よ)みですか(무엇을 읽고 계십니까?)
2. 「명사+だろうと」는 「~든」이라는 뜻이다. 恋愛(れんあい)だろうと、仕事(しごと)だろうと(연애든 일이든), 日本(にほん)だろうと外国(がいこく)だろうと(일본이든 외국이든)

스크립트

문제 3

質問　テレビの討論(とうろん)番組(ばんぐみ)で、環境(かんきょう)問題(もんだい)について話(はな)しています。男(おとこ)の人(ひと)はどうして怒(おこ)っているのですか。

女：では、道路(どうろ)の建設(けんせつ)に賛成(さんせい)の立場(たちば)から、意見(いけん)を言(い)っていただきます。

男：大体(だいたい)ですね。私(わたし)らの山(やま)に道路(どうろ)を作(つく)るななど、反対(はんたい)している人間(にんげん)の顔(かお)ぶれ見(み)てごらんなさい。みんな、よそ者(もの)、都会人(とかいじん)ですよ。そういう連中(れんちゅう)は週末(しゅうまつ)だけやってきて、ああ、自然(しぜん)がいいなあ、いつまでもこれを残(のこ)してほしい、なんて言(い)って帰(かえ)っていく。そこに住(す)んでいる人間(にんげん)の暮(く)らしが便利(べんり)になるようなことは、環境(かんきょう)破壊(はかい)だとか何とか言(い)って頭(あたま)から反対(はんたい)するんです。自分(じぶん)は都会(とかい)生活(せいかつ)を楽(たの)しんでおいて、たまに田舎(いなか)に遊(あそ)びに来(く)る時(とき)のために、昔(むかし)のままにしておいてほしいと言(い)うのは、これはどういうことですか。

男(おとこ)の人(ひと)はどうして怒(おこ)っているのですか。

1. 都会(とかい)の人(ひと)が自分(じぶん)たちのことばかり考(かんが)えているから
2. 道路(どうろ)を建設(けんせつ)しても便利(べんり)にならないから
3. 都会(とかい)の人(ひと)が環境(かんきょう)破壊(はかい)をするから
4. 道路(どうろ)の建設(けんせつ)で自然(しぜん)が破壊(はかい)されるから

질문　TV 토론 프로그램에서, 환경 문제에 대해 이야기하고 있습니다. 남자는 어째서 화를 내고 있습니까?

여：그럼, 도로건설에 찬성하는 입장부터 의견을 듣겠습니다.

남：대체로 말입니다. 우리 산에 도로를 만들지 말라는 등 반대하고 있는 사람들을 보세요. 모두 외지 사람, 도시사람들이에요. 그런 사람들은 주말에만 와서, 아, 자연이 좋다, 언제까지나 이것을 남겨뒀으면 좋겠다. 라고 말하고 돌아가요. 거기에 살고 있는 사람들의 생활이 편리하게 되는 일은, 환경 파괴라니 어쩌니 라고 말하며 덮어놓고 반대합니다. 자기들은 도시 생활을 즐기면서, 이따금 시골에 놀러 올 때를 위해서, 옛날 그대로 인 채로 놔두면 좋겠다고 하는 것은, 도대체 무슨 경우입니까?

남자는 어째서 화를 내고 있습니까?

1. 도시 사람들이 자기들 생각만 하고 있기 때문에
2. 도로를 건설해도 편리하게 되지 않기 때문에
3. 도시 사람들이 환경 파괴를 하기 때문에
4. 도로의 건설로 자연이 파괴되기 때문에

중요표현
1. 「頭(あたま)から」는 「덮어놓고/처음부터/ 대뜸/ 아예/전혀」라는 뜻이다.
2. 「명사 + のまま」는 「~대로, ~상태로(그대로)」 昔(むかし)のままに(옛날 그대로), そのままにしておきなさい (그대로 해 두어라)

문제 4

質問　男(おとこ)の人(ひと)と女(おんな)の人(ひと)が話(はな)しています。男(おとこ)の人(ひと)はどうして女(おんな)の人(ひと)が仕事(しごと)をやめたいのだという結論(けつろん)を出(だ)しましたか。

男：要(よう)するに、この仕事(しごと)はやめたいということでしょう。

女：違(ちが)いますよ。やめるとは一言(ひとこと)も言(い)ってないんじゃないですか。

男：言(い)ってなくたって、あなたの要求(ようきゅう)の内容(ないよう)を考(かんが)えるとそうなりますよ。

女：要求(ようきゅう)じゃなくて、もっと仕事(しごと)を効率的(こうりつてき)にするための提案(ていあん)ですよ。

男：でもね、それはもう変(か)えようがないんです。最初(さいしょ)から契約(けいやく)では、こちらがすべての指示(しじ)を出(だ)すこととなっているでしょう。今(いま)からそれを変(か)えろと言(い)われても無理(むり)ですよ。

女：でも、このままじゃ仕事(しごと)が進(すす)まないんですよ。結果(けっか)として仕事(しごと)の期限(きげん)に遅(おく)れることになるわけですよ。

男：いや、そういうこともすべて納得(なっとく)して最初(さいしょ)に契約(けいやく)したはずですよ。それを変(か)えろということは、もうこの仕事(しごと)はしたくないということになるんですよ。

男(おとこ)の人(ひと)はどうして女(おんな)の人(ひと)が仕事(しごと)をやめたいのだという結論(けつろん)を出(だ)しましたか。

1. 女(おんな)の人(ひと)が仕事(しごと)を効率的(こうりつてき)にしないから
2. 女(おんな)の人(ひと)が無理(むり)な要求(ようきゅう)をしたから
3. 仕事(しごと)の期限(きげん)に遅(おく)れるから
4. 契約(けいやく)期間(きかん)が切(き)れるから

질문　남자와 여자가 이야기하고 있습니다. 남자는 어째서 여자가 일을 그만두고 싶어 하는 것이라는 결론을 내렸습니까?

남 : 요컨대, 이 일은 그만두고 싶다는 말이지요?

여 : 아니에요. 그만둔다고는 한마디도 말하지 않았잖아요?

남 : 말하지 않아도, 당신의 요구 내용을 생각해보면 그렇게 되요.

여 : 요구가 아니라, 훨씬 일을 효율적으로 하기 위한 제안이에요.

남 : 그렇지만 그것은 더 이상 바꿀 방법이 없습니다. 처음부터 계약에는 이쪽에서 모든 지시를 내리는 것으로 되어 있지요? 지금부터 그것을 바꾸라고 말해도 무리에요.

여 : 그러나, 이대로는 일이 진행되지 않아요. 결과적으로 일의 기한에 늦게 되는 것이에요.

남 : 아니, 그런 것도 모두 납득하고 처음에 계약을 했을 것입니다. 그것을 바꾸라고 하는 것은, 더 이상 이 일은 하고 싶지 않다는 것이 됩니다.

남자는 어째서 여자가 일을 그만두고 싶어 하는 것이라는 결론을 내렸습니까?

1. 여자가 일을 효율적으로 하지 않기 때문에
2. 여자가 무리한 요구를 했기 때문에
3. 일의 기한에 늦기 때문에
4. 계약기간이 끊어지기 때문에

중요표현
1. 「~たって」는 「~ても(~라도)」의 회화체 표현이다. 따라서 言(い)ってなくたって(말하지 않더라도)는 言(い)ってなくても(말하지 않더라도)와 같은 표현이다.
2. 「동사의 ます형 + ようがない」는 「할 방법이 없다, 할 수 없다」라는 뜻이다. 救(すく)いようがない(구제할 도리가 없다), 変(か)えようがない(바꿀 방법이 없다)

N1

뉴 일본어 능력시험

Part 05

문자/어휘 chapter 01
1번 문제/동사
2번 문제/동사

문법 chapter 02
N1 문법패턴 5 (〜でなくてなんだろう에서 〜とあれば까지)

독해
정보검색/통합이해 문제

청해 chapter 03
포인트 이해 문제2

chapter 01 문자/어휘 N1 1교시

1번 문제/동사

仰あおぐ 우러르다	明あかす 밝히다	赤あからむ 붉어지다	飽あきる 질리다
呆あきれる 기가 막히다, 질리다		欺あざむく 속이다	味あじわう 맛보다
焦あせる 안달하다, 초조하게 굴다		値あたいする ~할 만하다	与あたえる 주다
誂あつらえる 맞추다, 주문하다		暴あばれる 날뛰다	
炙あぶる 불에 쬐어 약간 굽다		甘あまえる 응석부리다	余あまる 남다
操あやつる 다루다, 조종하다		危あやぶむ 위태로워하다	
誤あやまる 잘못하다, 틀리다		歩あゆむ 걷다	
荒あらす 어지럽게 하다, 손상하다		争あらそう 경쟁하다, 다투다	
改あらたまる 개선되다	現あらわれる 나타나다	合あわす 맞추다, 합치다	生いかす 살리다
歪いがむ 비뚤어지다, 일그러지다		意気込いきごむ 의욕을 보이다, 분발하다	
傷いためる 다치다, 파손하다		炒いためる 기름에 볶다, 지지다	
至いたる 도달하다	労いたわる 노고를 위로하다, 돌보다		
営いとなむ 영위하다, 경영하다		挑いどむ 도전하다	威張いばる 뽐내다
飢うえる 굶주리다	受うかる 합격하다	埋うずまる 묻히다, 가득 차다	
訴うったえる 호소하다	促うながす 재촉하다	奪うばう 빼앗다	埋うまる 묻히다
産うむ 낳다	潤うるおう 촉촉해지다, 이익을 얻다		植うわる 심어지다
描えがく 그리다	老おいる 늙다	負おう 등에 지다	覆おおう 덮다
侵おかす 침범하다	遅おくらす 늦추다	怠おこたる 게을리 하다	
傲おごる 제멋대로 굴다, 거만하게 굴다		収おさまる 수습되다	治おさまる 안정되다
納おさめる 납부하다	惜おしむ 아끼다, 애석해하다		襲おそう 덮치다
脅おどす 협박하다	訪おとずれる 방문하다	劣おとる 뒤떨어지다	衰おとろえる 쇠약해지다
脅おびやかす 위태롭게 하다		帯おびる 띠다, 머금다	赴おもむく 향해 가다
及およぶ 미치다	織おる 짜다직물	卸おろす 도매하다	顧かえりみる 뒤돌아보다
掲かかげる 게양하다	輝かがやく 빛나다	欠かく 빠지다	隠かくれる 숨다
駆かける 달리다	稼かせぐ 벌다	傾かたむける 기울이다	固かためる 굳히다
偏かたよる 치우치다, 균형을 잃다		兼かねる 겸하다	
構かまえる 꾸미다, 준비하다		絡からむ 얽히다	

交かわす 주고받다	築きずく 쌓다	競きそう 경쟁하다	鍛きたえる 단련하다
腐くさる 썩다	崩くずす 무너뜨리다	崩くずれる 무너지다	砕くだく 부수다
朽くち果はてる 완전히 썩어버리다		朽くちる 썩다	覆くつがえす 뒤집다
配くばる 나누어주다	組くむ 짜다	繰くり返かえす 되풀이하다	
狂くるう 미치다	削けずる 깎다	煙けむる 연기가 나다	志こころざす 지향하다
試こころみる 시도하다	断ことわる 거절하다	込こめる 담다	凝こらす 한 곳에 집중시키다
懲こりる 질리다	壊こわす 부수다	凝こる 열중하다	遮さえぎる 막다, 차단하다
栄さかえる 번영하다	裂さく 찢다	探さぐる 탐색하다	裂さける 찢어지다
避さける 피하다	支ささえる 지탱하다	授さずける 하사하다, 수여하다	
誘さそう 권하다	定さだまる 정해지다	定さだめる 정하다	悟さとる 깨닫다
裁さばく 재판하다	妨さまたげる 방해하다	障さわる 방해가 되다	強しいる 강요하다
沈しずめる 가라앉히다	慕したう 그리워하다	親したしむ 친하게 지내다	染しみる 물들다
退しりぞく 물러서다, 물러가다		退しりぞける 물리치다, 격퇴하다	
記しるす 기록하다, 적다, 명심하다		準じゅんじる 준하다	
称しょうする 칭하다, 부르다		記しるす 적다, 기록하다	
据すえる 고정하여 설치하다		掬すくう 뜨다, 건져내다, 끌어올리다	
濯すすぐ 헹구다, 입을 가시다		勧すすめる 권하다	廃すたれる 쇠퇴하다
澄すます 맑게 하다	澄すむ 맑다	擦する 갈다, 문지르다	擦すれる 스치다
背負せおう 등에 업다, 지다		急せかす 재촉하다, 서두르게 하다	
迫せまる 다가오다		添そえる 덧붙이다, 첨부하다	
即そくする 즉응하다, 딱 들어맞다		損そこなう 파손하다, 상하게 하다	
備そなわる 갖추어지다	染そまる 물들다	背そむく 등지다, 어기다	染そめる 물들이다
反そる 뒤로 젖혀지다	耐たえる 참아내다	堪たえる 견디다, 유지하다	絶たえる 끊어지다
炊たく 밥을 짓다	携たずさわる 종사하다	尋たずねる 묻다, 방문하다	
漂ただよう 떠돌다, 표류하다, 방황하다		断たつ 끊다, 자르다	
絶たつ 없애다, 끊다, 자르다		脱だっする 벗어나다	奉たてまつる 받들다
束たばねる 묶다	騙だます 속이다	賜たまわる 받다(もらう의 겸양어)	
保たもつ 유지하다	弛たるむ 느슨해지다, 해이해지다		垂たれる 늘어뜨리다

違ちがえる 달리하다	契ちぎる 굳게 약속하다　縮ちぢまる 줄어들다	費ついやす 소비하다
仕つかえる 섬기다	司つかさどる 담당하다, 관리하다	尽つきる 다하다, 바닥나다
継つぐ 잇다, 계승하다	接つぐ 천·종이 등을 잇대다, 깁다	尽つくす 다하다
償つぐなう 보상하다	繕つくろう 수선하다	

2번 문제/동사

あざ笑わらう 비웃다	褪あせる 색이 바래다	改あらためる 고치다
有あり触ふれる 흔하게 있다, 쌔고 쌔다		生いかす 살리다
いじる 만지작거리다	労いたわる 위로하다, 돌보다	受うけ入いれる 받아들이다
受うける 받다	埋うずめる 묻다, 뒤덮다	打うち明あける 털어놓다
うつむく 머리를 숙이다	うぬぼれる 자부하다	上回うわまわる 웃돌다
奢おごる 한턱내다	おさまる 잠잠해지다	
恐おそれ入いる 죄송해하다, 어이없다		煽おだてる 치켜세우다, 부추기다
脅おびえる 무서워하다, 겁내다	重おもんじる 소중히 하다, 존중하다	省かえりみる 돌이켜보다, 반성하다
かさばる 부피가 크다	かさむ 부피가 커지다	囓かじる 갉아먹다, 조금 알다
擦かする 살짝 스치다	叶かなえる 충족시키다, 이루어 주다	庇かばう 감싸다
かぶれる 염증이 생기다, 영향으로 물들다		からかう 놀리다, 조롱하다
絡からむ 얽히다, 밀접한 관계를 가지다		かれる 물기가 마르다
可愛かわいがる 귀여워하다	きしむ 삐걱거리다	興きょうじる 흥겨워하다, 즐기다
食くい違ちがう 어긋나다	くぐる 빠져나가다	くだす 내리다
口くちずさむ 읊조리다	苦くるしめる 괴롭히다, 고통을 주다	包くるむ 감싸다
貶けなす 혹평하다, 헐뜯다	漕こぐ 배를 젓다, 꾸벅꾸벅 졸다	心掛こころがける 명심하다, 주의하다
拵こしらえる 만들다, 준비하다	こじれる 뒤틀리다, 도지다	拘こだわる 구애되다
零こぼす 엎지르다, 따르다	零こぼれる 넘쳐흐르다, 새어나오다	ごまかす 속이다
込こみ上あげる 치밀어 오르다, 복받치다		こもる 틀어박히다
さえずる 지저귀다	冴さえる 머리가 맑아지다	

140

障(さわ)える	감정을 상하다, 신경에 거슬리다	捧(ささ)げる	바치다
差(さ)し掛(か)かる	다다르다, 접어들다, 내리덮다	差(さ)し支(つか)える	지장이 있다
摩(さす)る	쓰다듬다	察(さっ)する	헤아리다	サボる	게으름 피우다
攫(さら)う	유괴하다, 채다	仕上(しあ)げる	완성하다	しくじる	실수하다
湿気(しけ)る	습기 차다, 눅눅해지다	仕付(しつ)ける	예의범절을 가르치다	しなびる	시들다
凌(しの)ぐ	참고 견디다, 헤치고 나아가다			仕舞(しま)う	끝나다, 끝내다
染(し)みる	배다, 스며들다	喋(しゃべ)る	수다 떨다, 재잘거리다	洒落(しゃれ)る	세련되다
そびえる	높이 솟다	逸(そ)らす	놓치다, 시선을 돌리다	辿(たど)る	더듬어 가다
使(つか)いこなす	잘 다루다, 구사하다			つつく	쿡쿡 찌르다

問題1 ＿＿＿＿の言葉の読み方として最もよいものを、1・2・3・4から一つ選びなさい。

1 本気で訴えるなら、今から証拠集めをして下さい。
　　1　うったえる　　　2　となえる　　　3　たたえる　　　4　ととのえる

2 筋肉の衰えからいろいろな障害がでてきた為、トレーニングを開始した。
　　1　つかえ　　　　2　うろたえ　　　3　おとろえ　　　4　おびえ

3 もちろん、肝臓に悪いこと、飲酒、薬物、肥満等々を避けることは必要です。
　　1　よける　　　　2　ぬける　　　　3　のける　　　　4　さける

4 化学物質を継続的に摂取される場合には、人の健康を損なうおそれがある。
　　1　そこなう　　　2　まかなう　　　3　おぎなう　　　4　やしなう

5 経済予測の発表にはいろんな人の駆け引きや思惑が絡んでいるってことがよくわかります。
　　1　ひそんで　　　2　からんで　　　3　ふくんで　　　4　はらんで

6 女性用シャンプーリンスをめぐるシェア争いが激しくなってきた。
　　1　きそい　　　　2　たたかい　　　3　うばい　　　　4　あらそい

7 八月半ば、高原には早くも秋の気配が漂い始めた。
　　1　さまよい　　　2　ただよい　　　3　うるおい　　　4　よそおい

8 寝る間も惜しんでアルバイトに励む方々を応援したい。
　　1　おしんで　　　2　さびしんで　　3　かなしんで　　4　あやしんで

9 その仕事は趣味と実益を兼ねるような仕事なのだ。
　　1　つらねる　　　2　こねる　　　　3　かねる　　　　4　かさねる

10 彼らの速やかな救援活動は、賞賛に値する。
　　1　ねする　　　　2　ちする　　　　3　あたいする　　4　くらいする

PRACTICE TEST

11 オリンピックの選手を<u>志して</u>、小さいころからコーチについて技を磨いてきた。
 1 しして   2 めざして   3 もたちして   4 こころざして

12 何歳位から<u>老いる</u>と考えるかは人によって千差万別だ。
 1 おいる   2 ふけいる   3 ろういる   4 としよりいる

13 山の空は<u>澄み</u>、光を遮る雲ひとつない。
 1 かすみ   2 すずみ   3 すみ   4 とみ

問題2 （ ）に入れるのに最もよいものを、1・2・3・4から一つ選びなさい。

1 この企画の成功は大野さんの働きに（ ）ところが大きい。
 1 負う   2 おどす   3 借りる   4 おかす

2 もともと体には、けがや病気と闘う力が（ ）いる。
 1 すえつけて   2 すえて   3 備えつけて   4 備わって

3 この薬は使い方を（ ）と危険だから、注意が必要だ。
 1 まぎれる   2 ことなる   3 あやまる   4 くいちがう

4 彼は髪の毛を（ ）くせがある。
 1 いじる   2 つねる   3 いためる   4 かぶれる

5 彼女は自分には才能があると（ ）いる。
 1 ひやかして   2 おもむいて   3 うぬぼれて   4 あつらえて

6 昨日はぐっすり眠れたので、今日は頭が（ ）いる。
 1 たえて   2 さえて   3 すえて   4 うえて

[7] 子どもたちが仲良く川遊びに(　　)いる。
　　1　案じて　　　2　報じて　　　3　演じて　　　4　興じて

[8] 心を(　　)作った料理はおいしい。
　　1　入れて　　　2　込めて　　　3　詰めて　　　4　付けて

[9] これから、この経験を仕事に(　　)いきたいと思う。
　　1　生かして　　2　慣れて　　　3　使って　　　4　努力して

[10] もし、(　　)なければ、この本を来週まで貸していただけないでしょうか。
　　1　差し替え　　2　差し控え　　3　差し押さえ　4　差し支え

[11] サッカーの試合に優勝したとき、胸に熱いものが(　　)きた。
　　1　零れて　　　2　込み上げて　3　注いで　　　4　流れて

[12] これは重さの割に(　　)荷物だ。
　　1　かせぐ　　　2　かさばる　　3　かすむ　　　4　かぶれる

[13] 細かいことに(　　)いては、進歩はない。
　　1　拗れて　　　2　拘って　　　3　異なって　　4　零れて

chapter 02 문법/독해

N1 2교시

문법 필수 문형 – N1 문법패턴 5

01 ~でなくてなんだろう ~가 아니고 무엇이겠는가, 바로~그것이다

접속: [명사]+でなくてなんだろう

일종의 반문표현으로 「~이 아니고 무엇이겠는가?」 즉 「바로 ~그것이다」라는 강한 판정을 나타내는 표현이다. 회화에서는 거의 사용하지 않는 문장체 표현이다.

「この仕事は女性にできるわけがない」これが男女差別でなくてなんだろう。
「이 일은 여성이 할 수 있을 리가 없다」이것이 남녀 차별이 아니고 무엇이겠는가.

マザーテレサは貧しい人や苦しい人のために一生を費やした。これが愛でなくてなんだろう。
마더 테레사는 궁핍한 사람이나 고통스러운 사람들을 위해서 일생을 보냈다. 이것이 사랑이 아니고 무엇이겠는가.

02 ~ではあるまいし ~가 아닌데(어찌)

접속: [명사]+ではあるまいし

「~ではあるまいし」는 「~도 아니고, ~가 아닌데(어찌)」라는 표현으로 「~でもあるまいし」라는 변형된 형태와 회화체에서는 「~じゃあるまいし」의 형태로도 널리 사용된다.

子どもではあるまいし、夜一人でトイレに行けないなんて…。
아이도 아닌데 밤에 혼자서 화장실에 갈 수 없다니...

金持ちでもあるまいし、そんな贅沢なことはできない。
부자도 아니고 그렇게 사치스러운 것은 할 수 없다.

03 ~てまで ~하면서까지

접속: [동사의 て형]+まで

「AてまでB」는 「A라는 극단적인 수단을 사용하면서까지 B라는 목적을 달성한다」는 의미의 표현이다.

自分の体を壊してまで、なぜ仕事をするのか。
자신의 건강을 해치면서까지, 왜 일을 하는 것인가.

お金を借りてまで、車を買おうとは思わない。
돈을 빌려서까지, 차를 살 생각은 없다.

なぜ損してまで売るの。
왜 손해 보면서까지 팔아?

食べたいものを我慢してまでダイエットする必要はないと思う。
먹고 싶은 것을 참으면서까지 다이어트 할 필요는 없다고 생각한다.

145

04 　～てみせる　~해 보이겠다

접속: [동사의 て형]+みせる
「～てみせる」는「반드시~해 보이겠다」라는 강한 결의나 결심, 각오를 나타내는 표현이다.

> 俺が世界一のボクサーだということを証明してみせる。
> 내가 세계 제일의 복서라는 것을 증명해 보이겠다.
>
> この悔しさを忘れない。いつか絶対、勝ってみせる!
> 이 분함을 잊지 않겠다. 언젠가 꼭 이겨 보이겠다!
>
> 次のテスト、絶対いい点数取ってみせるよ。
> 다음 테스트, 반드시 좋은 점수를 보여줄게!

05 　～てもさしつかえない　~해도 지장이 없다

접속: [동사의 て형]+もさしつかえない
「～てもさしつかえない」는 허가를 나타내는 표현으로 자신의 주관적 판단에 의한 허용이라기보다는 주변의 여건이나 사정, 상식적으로 판단컨대「~해도 문제가 없을 것이다, ~해도 별 지장이 없을 것이다」라는 뜻을 가진 표현이다.

> 来週は暇なので休暇を取ってもさしつかえないよ。
> 다음 주는 한가해서 휴가를 가져도 지장이 없어요.
>
> 印鑑がなければサインをしてもさしつかえない。
> 도장이 없으면 사인을 해도 지장이 없다.
>
> 軽い仕事ならやってもさしつかえないと医師に言われた。
> 가벼운 일이라면 해도 지장이 없다고 의사가 말했다.

06 　～てはかなわない　~해서는 견딜 수 없다

접속: [동사의 て형/형용사의 て형]+はかなわない
「～てはかなわない」는「정도가 너무 심해 도저히 참을 수 없다, 견디기가 힘들다」라는 표현이다.

> いくら熱帯魚でもこう暑くてはかなわない。
> 아무리 열대어라도 이렇게 더워서는 견딜 수 없다.
>
> 私は暑がりなので夏より冬のほうが過ごしやすい。そうは言っても毎日寒くてはかなわない。 나는 더위를 잘 타서 여름 보다 겨울이 지내기가 편하다. 그렇게는 말해도 매일 추워서는 견딜 수 없다.
>
> いちいち文句を言われてはかなわない。 일일이 불평을 들어서는 견딜 수 없다.

07 ～てやまない ~하여 마지않다

접속: [동사의 て형]＋やまない

「～てやまない」는 「～해 마지 않다」는 뜻으로 「상대방에 대한 희망이나 바람, 후회 같은 감정의 느낌을 지속하고 있다, 계속 그렇게 생각하고 있다」라는 의미를 담고 있는 표현이다.

お二人の幸せを願ってやみません。いつまでもお幸せに。
두 분의 행복을 바라 마지않습니다. 언제까지나 행복하시기를.

私には心から尊敬してやまない恩師がいる。
나에게는 진심으로 존경해 마지않는 은사가 있다.

08 ～と相(あい)まって ~와 더불어, ~와 어울려

접속: [명사]＋と相(あい)まって

「Aと相(あい)まって(A와 더불어)」 혹은 「AとBが相(あい)まって(A와B가 어울려)」라는 형태로 사용되며 「어떤 조건들이 서로 어울린 결과」라는 의미를 내포한다. 결과적으로 조건들이 서로 좋은 영향을 끼쳐 좋은 결과를 도출한다. 나쁜 결과가 도출될 경우에는 「からむ(얽히다/휘감기다)」같은 동사가 주로 사용된다.

当日の好天と相まって、とてもきれいな花火を見ることができました。
당일의 좋은 날씨와 어우러져 매우 예쁜 불꽃놀이를 볼 수 있었습니다.

彼の企画力と私の営業力が相まって会社は順調に成長した。
그의 기획력과 나의 영업력이 어울려 회사는 순조롭게 성장했다.

09 ～とあって ~이라서

접속: [동사의 기본형／형용사의 기본형／명사]＋とあって

「Aとあって」는 「A라고 하는 상황이기 때문에」라는 의미를 내포한 표현이다. 원인과 이유를 나타내는 표현이긴 하나 이미 발생한 상황이므로 뒷문장에 「～だろう(~일 것이다)/～かもしれない(~일지도 모른다)/～つもりだ(~할 생각이다)/～たい(~하고 싶다)/～(よ)う(해야지)」같은 추측이나 의지를 나타내는 표현들은 올 수가 없다.

今日は平日とあって参詣の人影が少ない。 오늘은 평일이라서 참배하는 사람들이 적다.

料金も他のスーパーよりも安いとあって、土日は県外からの車も多く見られます。
요금도 다른 슈퍼보다 싸서 토요일, 일요일은 다른 현에서 오는 차들도 많습니다. (県:우리나라 도에 해당하는 행정권)

手頃な値段で味わえるとあって、店内はいつも満席状態です。
적당한 가격으로 맛볼 수 있기 때문에, 가게 안은 언제나 만석 상태입니다.

10 〜とあれば ~이라면

접속: [동사의 기본형/명사] + とあれば

「특별한 상황이나 조건이 되는 경우라면」이라는 의미를 내포하고 있는 표현으로 일반적으로 「명사+のためとあれば (~을 위해서라면)」의 형태로 자주 출제된다.

あなたのためとあれば、たとえ死んでも構いません。
당신을 위해서라면, 설령 죽는다고 해도 괜찮습니다.

必要とあれば、いかなる援助も致します。
필요하다면, 어떠한 원조도 하겠습니다.

自宅で映画館に近い環境を再現できるとあれば、家で過ごす時間がいっそう長くなりそうだ。 자택에서 영화관에 가까운 환경을 재현할 수 있다면, 집에서 보내는 시간이 한층 더 길어질 것 같다.

PRACTICE TEST

問題1　次の文の（　　　）に入れるのに最もよいものを、1・2・3・4から一つ選びなさい。

1. 去年のコンクールでは、私はあんなに練習したのに入賞できなかった。今年はもっと練習して、きっと優勝（　　　）。
　　1　しそうだ　　　2　してみよう　　　3　するそうだ　　　4　してみせよう

2. おもしろいと言われたからといって同じ冗談を何度も（　　　）。
　　1　聞かされちゃかなわない　　　　2　聞かせてしまおう
　　3　聞かされたらいいじゃないか　　4　聞かせてもらいたい

3. 手術後の経過が順調だったら、来週は散歩に出ても（　　　）。
　　1　むりである　　2　むりもない　　3　さしつかえる　　4　さしつかえない

4. 彼女は私と婚約していたのに、突然ほかの男と結婚してしまった。これが裏切り（　　　）。
　　1　でなくてなんだろう　　　　2　ではないだろう
　　3　とはいえないだろう　　　　4　にはあたらないだろう

5. 今日はボーナス後の日曜日（　　　）、デパートは大変な人出だ。
　　1　としては　　2　とあって　　3　といって　　4　だからといって

6. あの歌手は甘いマスクとさわやかな声が、そのスマートな容姿（　　　）、またたくまに若い女の子の間で人気の的になった。
　　1　とともに　　2　につれて　　3　と相まって　　4　にしたがって

7. 彼は、お金のため（　　　）、どんな仕事でも引き受ける。
　　1　は問わず　　2　をもとに　　3　とあれば　　4　にとっては

8. 借金（　　　）遊びに行ったと聞いて、あきれてしまった。
　　1　してまで　　2　せずとも　　3　にからんで　　4　とあいまって

[9] 日本経済の一日も早い回復を祈って(　　　)。
　　1　かたくない　　2　やまない　　3　たえない　　4　おかない

[10] 市価より2, 3割安い(　　　)、商品はあっという間に売り切れてしまった。
　　1　といえども　　2　からして　　3　とあって　　4　からといって

[11] 社長の命令(　　　)、長期の出張も引き受けざるをえない。
　　1　としても　　2　にせよ　　3　にしては　　4　とあれば

[12] 専門家(　　　)、そんなことわかるわけないじゃありませんか。
　　1　のこととて　　2　だけあって　　3　じゃあるまいし　　4　とあって

[13] 好きなことを我慢(　　　)長生きしたいとは思わない。
　　1　してまで　　2　せずとも　　3　させないで　　4　されるくらい

[14] 私の店はまだ有名ではないが、いずれは皆に「この店の料理は最高だ」と(　　　)。
　　1　言ったとおりだ　　　　　　2　言うはずもない
　　3　言いようもない　　　　　　4　言わせてみせる

[15] 彼女は、若い時はなかなか才能が認められなかったが、その美ぼうが人一倍の努力(　　　)今や日本を代表する大女優となった。
　　1　といっしょに　　2　と相まって　　3　とひきかえに　　4　とあって

PRACTICE TEST

問題2　次の文の＿★＿に入る最もよいものを、1・2・3・4から一つ選びなさい。

1　これは＿＿＿　＿＿＿　＿★＿　＿＿＿最高傑作だ。
　　1　私が　　　　2　やまない　　　3　作家の　　　　4　愛して

2　「ミスをなくせ」と＿＿＿、＿★＿　＿＿＿、＿＿＿仕事はそう簡単にできるものではない。
　　1　言われても　　2　あるまいし　　3　完璧な　　　　4　機械では

3　夏は体の調子を崩しやすく、私にとっては冬の方が＿＿＿。＿＿＿、＿★＿　＿＿＿かなわない。
　　1　毎日　　　　2　こう寒くては　　3　過ごしやすい　　4　そうは言っても

4　長年にわたって築いてきた幸せが一瞬にして崩れ去ってしまった。＿＿＿　＿★＿　＿＿＿　＿＿＿だろう。
　　1　なくて　　　2　これが　　　　3　悲劇で　　　　4　なん

5　熱も＿＿＿　＿＿＿　＿＿＿　＿★＿。
　　1　さしつかえない　2　下がった　　3　退院しても　　4　から

151

問題3　次の文章を読んで、1から5の中に入る最もよいものを、1・2・3・4から一つ選びなさい。

　スピーチをするとき「ぜったいにあがるまい」と思うとよけいあがる。好きな人の前で、ふつうに振る舞おうとすればするほど、動作や言葉がぎごちなくなる。そういうことがよくある。懸命に努力しているのに、かえって結果がわるくなるのはなぜだろうか。
　それは自然に反するからである。たとえば人前でしゃべり慣れていない人は、あがって当然である、[1]「あがるまい」とする。自然の法則に逆らうから、かえって結果はわるくなる。これを「努力逆転の法則」という。
　努力はただすれば報いられるものではなく、効果があるように工夫をしなければならない。ではどのように工夫するか。まず意志を捨てることである。「あがるまい」というのは意志だ。そのような意志をもってもあがるのは、意志とは別に「あがる自分」を想像しているからなのである。
　意志をもつことと、想像することは実は[2]。だからいくら強固な意志をもっても、心の奥底ではそれとは反対の自分を想像してしまう。そして想像のほうが勝ってしまうのである。
　意志をもつことは簡単だ。「今日からタバコをやめよう」と思うのは意志である。意志をもつ[3]理由もきわめて理にかなっている。「タバコは健康によくない」「金銭的にもバカにならない」「他人を不愉快にする」「アメリカのエリートは吸わない」「やめれば女房も子供も喜ぶ」これだけ立派な理由があって、確固たる意志を固めれば、やめられそうなものだ。
　だが一服する自分のリラックスした姿を想像したとき、もうタバコに手が出ているのである。いくら意志を強固にしても想像には[4]。他のことについても同じことがいえる。いくら努力しても結果の出ない人は、努力する意志があることは間違いないが、想像でそれを台無しにしているのだ。
　人前であがらない最良の方法は「あがるまい」という意志を捨てることだ。あがって当然なのだから「きっとあがるだろう」でいいのである。[5]、そのあとでこう付け加える。「あがるけれども、きっとうまくいく」これなら精神の緊張がほぐれるから、あがってしどろもどろながらも、人から好感をもたれる自分が想像できる。人生すべからくこの方式でいけばよい。

（川北義則「逆転の人生法則、目からウロコが落ちる87の視点」による）

PRACTICE TEST

1.
   1. といっても
   2. といえば
   3. にもかかわらず
   4. ついでに

2.
   1. 同じことである
   2. 同じであるはずがない
   3. 同じこととはかぎらない
   4. 同じことに限る

3. 1 にしては　　2 に至った　　3 にせよ　　4 にひきかえ

4. 1 かなわない　2 かたくない　3 かねる　　4 きれない

5. 1 ようするに　2 それとも　　3 ただし　　4 または

問題4　次は、求人情報である。下の問いに対する答えとして、最もよいものを1・2・3・4から一つ選びなさい。

コールセンタースタッフ募集

① コールスタッフ
　　時給900円～＋インセンティブ(歩合)
② 事務
　　時給850円～

勤務：駅から徒歩3分
　　　9月上旬スタート
　　　※ご都合の悪い方は9月中旬スタートも可
内容：お客様への商品のご説明、ご案内、アフターフォロー、受注業務
　　　までトータル的な顧客サポートをお願いします。
　　　未経験でも先輩が丁寧な研修を行いますので安心です。
資格：今春新卒・未経験者歓迎！既婚者の方歓迎！
　　　経験者優遇、PCの基本的な入力操作の出来る方
時間：(1)9:30～18:00　(2)12:00～20:30
休日：シフト制
待遇：交通費支給(上限2万円迄/月)、昇給有、社会保険完備
応募：まずはお気軽にお電話ください。
　　　電話連絡後、履歴書(写真貼付)ご持参ください。

　　　　　　　　　　　　　　　　　　　株式会社　黒葉メディア
　　　　　　　　　　　　　　　　　　　TEL：0120-999-***

1　ここで働くことの出来ない人は。

　1　未経験者
　2　車で通勤する人
　3　結婚していない人
　4　9月21日から働ける人

PRACTICE TEST

2　募集内容に合ったものを選びなさい。

1　努力により、給料が上がることもある。
2　バス代が1か月2万円を超えても、全額受け取れる。
3　経験者と未経験者の給料は同じである。
4　応募の際は、履歴書を郵送する。

問題5　次のAとBは悩み相談に答えたものである。AとBの両方を読んで、後の問いに対する答えとして、最もよいものを1・2・3・4から一つ選びなさい。

A
　私も練習を殆どせず、中学に入って辞めてしまいました。後悔しています。　実家でピアノを弾いている時はとても心地よいです。もっと真面目に練習して、せめて高校まで続けていたら…好きな曲を沢山弾けただろう…皆に披露できただろうと。お子さんも好きな曲とかなら意欲が湧くかも。私はクラシックばかりのマンネリで意欲が高まらなかったというのも辞めた原因の一つです。または一度ピアノから距離を置かせるのもいいかもしれませんね。ある日突然何かに目覚めるかも！ピアノ弾けたらすっごくカッコイイですよね！

B
　こんにちは。ピアノ教師です。ある生徒が全くやる気が無く、お子様と同じで発表会の曲も弾けなくなってしまい、練習もせずもう何年か経った時、学校で伴奏を頼まれたのがきっかけで「先生教えて！」と、とても意欲的になりました。ほんの一例ですが…練習を促す事は大事です。と同時に褒める事も大事になってきます。やる気はほんの些細な事で一転します。ピアノだけではなく、私自身低学年の頃練習が大嫌いでした。自ら進んでする事なんて有り得ない事でした。なので母はとても厳しくよく「練習しなさい！」と怒っていました。…がとても褒めるのです。「とても良い音ね」等　大人になってからその事を聞くと褒め方が分からないから、音なんか分からないけど、とにかくそう言った…と言っていました。ちょっとやるだけも凄いです。褒めて、褒めて、褒め続けてお子様の意欲を高めてあげてはいかがですか？

1 AとBの文は、誰に対して意見を述べたものか。

1　ピアノの教え方に困っているピアノ教師
2　ピアノの練習をしたがらない子ども
3　ピアノの練習を嫌がる子どもの親
4　ピアノの発表会を控えた学生

2 AとBの内容について、正しいものはどれか。

1　AもBも、自分の経験を基に注意している。
2　Aは、クラシックはいい練習になると述べている。
3　Bは、褒めることだけが全てじゃないと述べている。
4　Aはピアノを辞めさせることもいい、Bは褒めることは重要だとアドバイスしている。

chapter 03 청해

N1 3교시

포인트 이해 문제 2

N1 청해 문제2는 포인트 이해 문제이다. 문장을 들려주고 내용을 잘 이해했는가를 묻는 문제로서 특히 여러 가지 사실에 근거해 문장 속에서 핵심 포인트를 집어낼 수 있는 가를 묻는 문제가 출제된다. 정확하게 전체내용을 파악하고 핵심을 찾아내는 것이 문제 해결의 관건이다. 그러려면 다양한 주제를 가진 문장을 많이 듣고 연습하는 것이 필요하다.

대화를 잘 듣고 맞는 답을 하나 고르시오.

1ばん

① 観光のために
② 講演のために
③ 研究のために
④ 留学のために

2ばん

① 書類を送ることを知らせるため
② 書類を届けることを知らせるため
③ 書類を送ってほしいと頼むため
④ 書類を届けてほしいと頼むため

PRACTICE TEST

3ばん

① 大切な日に、夫の帰りが遅いから
② 何度も電話したのに、夫が会社にいなかったから
③ 子供が試験に失敗したから
④ 夫があまり喜ばないから

4ばん

① 高いところが怖いから
② 気圧が低いから
③ エレベーターを使うから
④ 窓が開かないから

스크립트

문제 1

質問 男(おとこ)の人(ひと)が外国(がいこく)へ行(い)くことになりました。この男(おとこ)の人(ひと)が外国(がいこく)へ行(い)く目的(もくてき)は何ですか。

女: 先生(せんせい)、いよいよご出発(しゅっぱつ)ですね。
男: ええ、今回(こんかい)は長(なが)いから、向(む)こうにいる間(あいだ)にあちこち見(み)て歩(ある)きたいと思(おも)ってたんだけどね。
女: また講義(こうぎ)や講演(こうえん)を頼(たの)まれてしまったんですか。
男: やあ、それはなさそうなんだけどね、今度(こんど)のは一人(ひとり)じゃなくて、共同(きょうどう)研究(けんきゅう)だろう、そのスケジュールを見(み)たら、ずいぶん忙(いそが)しそうなんだ。それに帰(かえ)ったら、レポートを出(だ)さなきゃならないし、なんだか、留学(りゅうがく)するような気分(きぶん)だよ。

この男(おとこ)の人(ひと)が外国(がいこく)へ行(い)く目的(もくてき)は何ですか。

1. 観光(かんこう)のために
2. 講演(こうえん)のために
3. 研究(けんきゅう)のために
4. 留学(りゅうがく)のために

질문 남자가 외국에 가게 되었습니다. 이 남자가 외국에 가는 목적은 무엇입니까?

여: 선생님, 드디어 출발이시군요.
남: 응, 이번에는 일정이 길기 때문에, 그쪽에 있는 동안에 여기저기 돌아보고 싶다고 생각했었는데.
여: 또 강의나 강연을 부탁받으셨습니까?
남: 아니, 그런 것은 없을 것 같지만, 이번에는 한 명이 아니라, 공동 연구잖아. 그 스케줄을 보면, 대단히 바쁠 것 같아. 게다가 돌아오면, 리포트를 내지 않으면 안 되고. 왠지, 유학 가는 기분이야.

이 남자가 외국에 가는 목적은 무엇입니까?

1. 관광을 위해
2. 강연을 위해
3. 연구를 위해
4. 유학을 위해

중요표현

「형용사어간+そうだ」는 추측용법으로 '~일 것 같다'는 뜻이다. 흔히 「양태의 そうだ」라고 한다. 일반적으로는 「忙(いそが)しい(바쁘다) → 忙(いそが)しそうだ(바쁠 것 같다), 真面目(まじめ)だ(성실하다) → 真面目(まじめ)そうだ(성실할 것 같다)」처럼 형용사의 어간에 접속하지만 「いい(좋다) → よさそう(좋을 것 같다)/ない(없다) → なさそう(없을 것 같다)」라는 예외적인 형태로도 바뀌니 함께 외워두자.

# 문제 2

質問　男(おとこ)の人(ひと)から電話(でんわ)がかかってきました。男(おとこ)の人(ひと)は何のために電話(でんわ)をかけてきたのですか。

男：もしもし、東京(とうきょう)保険(ほけん)の加藤(かとう)ですが。
女：あっ、どうも。
男：あのう、先日(せんじつ)の書類(しょるい)のことですが、ご記入(きにゅう)いただく書類(しょるい)がそろいましたので、さっそく、お届(とど)けに伺(うかが)いたいのですが。
女：あっ、わざわざ、おいでいただかなくても、お送(おく)りいただければ、結構(けっこう)ですが。
男：はい。ただ、できるだけ早(はや)く書類(しょるい)をそろえたいと思(おも)いますので、ご都合(つごう)がよろしければ、お届(とど)けに伺(うかが)わせていただきたいと思(おも)いますが。

男(おとこ)の人(ひと)は何のために電話(でんわ)をかけてきたのですか。

1. 書類(しょるい)を送(おく)ることを知(し)らせるため
2. 書類(しょるい)を届(とど)けることを知(し)らせるため
3. 書類(しょるい)を送(おく)ってほしいと頼(たの)むため
4. 書類(しょるい)を届(とど)けてほしいと頼(たの)むため

질문　남자로부터 전화가 걸려왔습니다. 남자는 무엇 때문에 전화를 걸었습니까?

남 : 여보세요, 도쿄 보험의 카토입니다만.
여 : 아, 안녕하세요.
남 : 저기, 일전의 서류 말인데요, 기입해 주셨으면 하는 서류가 다 되었으므로, 바로 전해 드리러 찾아뵙고 싶습니다만.
여 : 아, 일부러 오시지 않아도, 보내주시면 됩니다만.
남 : 네. 단지 가능한 한 빨리 서류를 갖추고 싶기 때문에, 괜찮으시다면, 전해드리러 찾아뵙고 싶은데요.

남자는 무엇 때문에 전화를 걸었습니까?

1. 서류를 보내는 것을 알리기 위해
2. 서류를 전하러 가는 것을 알리기 위해
3. 서류를 보내줬으면 좋겠다고 부탁하기 위해
4. 서류를 전해줬으면 좋겠다고 부탁하기 위해

중요표현

「동사의 사역형 + ていただく」는 겸양표현이다. いただく의 가능형인 いただける를 사용하여 「동사의 사역형 + いただけませんか？(~할 수 있을까요?)」 또는 「동사의 사역형+ いただきたいです(~하고 싶습니다)」라는 형태로도 자주 쓰인다. すみませんが、ちょっと休(やす)ませていただけませんか(죄송합니다만 좀 쉴 수 있을까요?), すみませんが、ちょっと休(やす)ませていただきたいですが(죄송합니다만 좀 쉬고 싶은데요)

스크립트

문제 3

質問 ある夫婦(ふうふ)が子供(こども)の入学(にゅうがく)試験(しけん)の結果(けっか)について話(はな)しています。奥(おく)さんはどうして怒(おこ)っているのですか。

男：ただいま。
女：お帰(かえ)りなさい。早(はや)かったのね。
男：うん。
女：昼間(ひるま)、会社(かいしゃ)に何回(なんかい)も電話(でんわ)したのよ。
男：何かあったの？
女：えーっ、今日(きょう)、勝夫(かつお)の…
男：ああ、合格(ごうかく)発表(はっぴょう)か。で、どうだった？
女：合(ごう)一格(かく)！
男：おう、そうか。
女：なあに？それだけ？あなた、それでも、父親(ちちおや)なの？
男：まあ、めでたいなあ。
女：あなた、私がどれだけ苦労(くろう)したか、分(わ)かってるの？もうつきっきりで、大変(たいへん)だったんだから。

奥(おく)さんはどうして怒(おこ)っているのですか。

1. 大切(たいせつ)な日(ひ)に、夫(おっと)の帰(かえ)りが遅(おそ)いから
2. 何度(なんど)も電話(でんわ)したのに、夫(おっと)が会社(かいしゃ)にいなかったから
3. 子供(こども)が試験(しけん)に失敗(しっぱい)したから
4. 夫(おっと)があまり喜(よろこ)ばないから

질문 어떤 부부가 아이의 입학시험 결과에 대해 이야기하고 있습니다. 부인은 어째서 화를 내고 있습니까?

남 : 다녀왔어.
여 : 어서 와요. 빨리 왔네요.
남 : 응.
여 : 낮에 회사에 몇 번이나 전화했어요.
남 : 무슨 일 있었어?
여 : 에? 오늘 카츠오의…
남 : 아~, 합격 발표인가. 그런데, 어떻게 됐어?
여 : 합–격!
남 : 오우, 그래.
여 : 뭐야? 그게 다에요? 당신, 그러고도 아빠야?
남 : 뭐, 잘된 일이네.
여 : 당신, 내가 얼마나 고생했는지 알아요? 정말 줄곧 옆에 붙어서, 힘들었단 말이에요.

부인은 어째서 화를 내고 있습니까?

1. 중요한 날에 남편의 귀가가 늦으니까
2. 몇 번이나 전화했는데, 남편이 회사에 없었으니까
3. 아이가 시험에 실패했기 때문에
4. 남편이 별로 기뻐하지 않으니까

> **중요표현**
> 「つきっきり」는 「付(つ)き切(き)り」의 힘줌말로 「꼬박 붙어 있음」이라는 뜻이다. つきっきりで看病(かんびょう)する(꼭 붙어서 간호하다)

문제 4

質問 最近(さいきん)、あるビルで体(からだ)の不調(ふちょう)を訴(うった)える人(ひと)が増(ふ)えています。男(おとこ)の人(ひと)は体(からだ)の不調(ふちょう)を訴(うった)える人(ひと)が増(ふ)えているのはどうしてだと考(かんが)えていますか。

男:うちの会社(かいしゃ)、新(あたら)しい30階建(かいだ)てのビルに移(うつ)ってから、体(からだ)の調子(ちょうし)が悪(わる)い人(ひと)が増(ふ)えてるんだよね。
女:へえー、そうなの?
男:ぼくはね、ビルの構造(こうぞう)がいけないんじゃないかと思(おも)うんだ。
女:ええ、あんな立派(りっぱ)な最新式(さいしんしき)のビルなのに?
男:うーん、あのビルはね、1階(かい)から最上階(さいじょうかい)の30階(かい)まで、全部(ぜんぶ)窓(まど)が開(あ)かないようになっているから、圧迫感(あっぱくかん)で病気(びょうき)になっちゃうんだよ、きっと。
女:えー。窓(まど)が原因(げんいん)?そんなことあるの?高層(こうそう)ビルになって、いつも高(たか)いところにいることが精神的(せいしんてき)に影響(えいきょう)しているからじゃない?
男:うーん、そういうこともあるだろうね。やっぱり高(たか)いところは誰(だれ)だって怖(こわ)いからね。
女:うーん、そうよ。それに上(うえ)の階(かい)に行(い)けば行(い)くほど気圧(きあつ)が下(さ)がるから、その影響(えいきょう)も考(かんが)えられるでしょう?
男:うーん。
女:ああっ、エレベーターが原因(げんいん)かもね、みんなしょっちゅう使(つか)うでしょう?
男:うん。でもね。高(たか)い階(かい)で働(はたら)く人(ひと)だけじゃなくて、低(ひく)い階(かい)の人(ひと)たちもおんなじような病状(びょうじょう)が出(で)てるんだよ。だから、本当(ほんとう)の原因(げんいん)はやっぱりあれだよ。

男(おとこ)の人(ひと)は体(からだ)の不調(ふちょう)を訴(うった)える人(ひと)が増(ふ)えているのはどうしてだと考(かんが)えていますか。

1. 高(たか)いところが怖(こわ)いから
2. 気圧(きあつ)が低(ひく)いから
3. エレベーターを使(つか)うから
4. 窓(まど)が開(あ)かないから

질문 최근, 어떤 빌딩에서 몸의 상태가 좋지 않음을 호소하는 사람들이 증가하고 있습니다. 남자는 몸의 부진을 호소하는 사람들이 증가하고 있는 것은 어째서라고 생각하고 있습니까?

남 : 우리 회사, 새로운 30층짜리 건물로 옮기고 나서, 몸의 상태가 나쁜 사람들이 증가하고 있어.
여 : 엇, 그래?
남 : 나는, 빌딩의 구조가 잘못됐다고 생각해.
여 : 어? 그렇게 훌륭한 최신식 빌딩인데?
남 : 응. 그 빌딩은 1층에서 최상층인 30층까지 전부 창이 열리지 않게 되어 있기 때문에, 압박감으로 병이 드는 거야. 분명히.
여 : 뭐? 창문이 원인? 그럴 수도 있는 거야? 고층빌딩이 되어서, 언제나 높은 곳에 있는 것이 정신적으로 영향을 주고 있기 때문 아니야?
남 : 응, 그런 것도 있을 거야. 역시 높은 곳은 누구라도 무서우니까.
여 : 응, 맞아. 게다가 위층으로 가면 갈수록 기압이 내려가기 때문에, 그 영향도 있다고 생각할 수 있지 않을까?
남 : 으음...
여 : 앗, 엘리베이터가 원인일지도. 다들 항상 사용하잖아?
남 : 응. 그런데 높은 층에서 일하는 사람들만이 아니고, 낮은 층의 사람들에게도 같은 증상이 나오고 있어. 그러니까 진짜 원인은 역시 그거야.

남자는 몸의 부진을 호소하는 사람들이 증가하고 있는 것은 어째서라고 생각하고 있습니까?

1. 높은 곳이 무서우니까
2. 기압이 낮으니까
3. 엘리베이터를 이용하기 때문에
4. 창이 열리지 않으니까

> **중요표현**
> 「~てしまう(~해 버리다)」의 회화체 축약형은 「~ちゃう」이다. 따라서 「病気(びょうき)になっちゃう(병이 나버리다)」는 「病気(びょうき)になってしまう」의 회화체 축약표현이다.

N1

뉴 일본어 능력시험

Part 06

문자/어휘　chapter 01
1번 문제/동사
2번 문제/동사

문법　chapter 02
N1 문법패턴 6 (~といい ~といいで ~ところを까지)
독해
단문/중문 문제

청해　chapter 03
포인트 이해 문제3

chapter 01 문자/어휘

1번 문제/동사

告つげる 알리다	謹つつしむ 황공해하다	慎つつしむ 삼가다
勤つとまる 감당해 내다, 잘 수행하다		努つとめる 노력하다, 힘쓰다
募つのる 모집하다, 심해지다	呟つぶやく 중얼거리다, 투덜거리다	瞑つぶる 눈을 감다
躓つまずく 넘어질 뻔하다, 차질이 생기다		摘つむ 따다, 뜯다
強つよまる 세지다	強つよめる 세게 하다	連つらなる 줄지어 있다
貫つらぬく 관통하다	連つらねる 줄지어 세우다	釣つる 낚다
出会であう 우연히 만나다, 목격하다		出切できる 다 나가 남은 것이 없다
出でくわす 맞닥뜨리다, 우연히 만나다		尊とうとぶ 존경하다
貴とうとぶ 존경하다	遠とおざかる 멀어지다, 사라지다	咎とがめる 나무라다, 검문하다
説とく 설명하다	研とぐ 갈다, 연마하다	遂とげる 이루다, 성취하다
綴とじる 철하다, 같이 해서 꿰매다	滞とどこおる 밀리다	整ととのえる 정돈하다, 조정하다
唱となえる 외다, 외치다	富とむ 부유해지다	取とり扱あつかう 다루다, 취급하다
取とり締しまる 단속하다	取とり除のぞく 제거하다	眺ながめる 바라보다
嘆なげく 슬퍼하다	懐なつく 따르다	悩なやます 괴롭히다
倣ならう 모방하다	慣ならす 길들이다	担になう 짊어지다
鈍にぶる 둔해지다	縫ぬう 꿰매다, 수를 놓다	抜ぬかす 빠뜨리다
寝ねかせる 재우다	妬ねたむ 질투하다, 샘하다	強請ねだる 조르다, 보채다
粘ねばる 잘 달라붙다	狙ねらう 노리다	練ねる 반죽하다
逃のがす 놓치다	逃のがれる 달아나다	臨のぞむ 임하다
罵ののしる 욕설을 퍼붓다, 떠들어 대다		伸のばす 늘리다
述のべる 진술하다	映はえる 빛나다	剥はがす 벗기다, 떼다
捗はかどる 진척되다, 일이 잘 되어가다		諮はかる 자문하다
図はかる 도모하다	測はかる 재다, 측정하다	剥はぐ 벗기다, 빼앗다
励はげます 격려하다	励はげむ 열심히 하다, 힘쓰다	恥はじらう 수줍어하다
弾はずむ 튀다, 활기를 띠다	果はたす 완수하다	果はてる 끝나다
離はなれる 떨어지다	阻はばむ 저지하다, 주눅 들다	生はやす 기르다
填はめる 끼다, 채우다, 박다	早はやめる 앞당기다	速はやめる 속력을 내다

ばら蒔まく 뿌리다, 마구 나누어 주다		控ひかえる 대기하다, 앞두다
率ひきいる 거느리다, 인솔하다	浸ひたす 담그다	冷ひやかす 놀리다
広ひろまる 넓어지다	深ふかめる 깊게 하다	膨ふくれる 부풀다, 불룩해지다
老ふける 늙다	ふざける 장난치다, 놀리다	踏ふまえる 단단히 밟아 누르다
踏ふむ 밟다	震ふるわせる 떨게 하다	
隔へだてる 거리를 두다, 세월을 보내다		謙へりくだる 자기를 낮추다
経へる 지나다	葬ほうむる 매장하다	誇ほこる 자랑하다
綻ほころびる 풀리다(솔기 등), 방긋이 피다		施ほどこす 베풀다, 시행하다
ぼやく 투덜거리다	ぼやける 희미해지다	滅ほろびる 멸망하다
滅ほろぶ 멸망하다	滅ほろぼす 멸망시키다	舞まう 춤추다
負まかす 이기다	任まかす 맡기다	賄まかなう 대주다
捲まくる 걷어 올리다	紛まぎれる 헷갈리다	勝まさる 낫다, 우수하다
交まじえる 섞다	交まじわる 교차하다, 사귀다	跨またがる 올라타다, 걸치다
跨またぐ 가랑이를 벌리고 넘다	免まぬかれる 면하다	招まねく 초대하다
丸まるめる 둥글게 하다	磨みがく 닦다	満みたす 채우다
乱みだす 어지럽히다	乱みだれる 어지러워지다	導みちびく 이끌다
認みとめる 인정하다	結むすぶ 묶다, 매다	群むらがる 군집하다
恵めぐむ 베풀다	巡めぐる 둘러싸다	
召めす 마시다/먹다/입다/신다/(물건을) 사다/(탈것을) 타다 등의 높임말		
儲もうける 마련하다	潜もぐる 잠수하다	戻もどす 되돌리다
催もよおす 개최하다	漏もらす 새게 하다, 누설하다	漏もる 새다
漏もれる 새다, 누설되다	養やしなう 양육하다	休やすめる 쉬게 하다
病やむ 앓다	辞やめる 사임하다	和やわらぐ 누그러지다
和やわらげる 완화하다	揺ゆさぶる 흔들다	揺ゆらぐ 흔들리다
緩ゆるむ 느슨해지다	緩ゆるめる 느슨하게 하다	揺ゆれる 흔들리다
装よそおう 치장하다	弱よわまる 약해지다	弱よわめる 약하게 하다
弱よわる 약해지다		

2번 문제/동사

抓つねる 꼬집다	摘つまむ 집다, 잡다	問合といあわせる 문의하다
途切とぎれる 중단되다, 도중에 끊기다	途絶とだえる 두절되다	留とどめる 멈추다, 남기다
とぼける 시치미를 떼다	取とり次つぐ 연결하다(전화를)	取とり付つける 설치하다
取とり寄よせる 배달시키다	とろける 녹다	詰なじる 힐책하다
なめる 핥다	賑にぎわう 흥청거리다	滲にじむ 배다, 번지다
捻ねじれる 꼬이다, 비뚤어지다	乗のっ取とる 탈취하다	禿はげる 벗겨지다
化ばける 둔갑하다	弾はじく 튀겨내다	叩はたく 털다, 때리다
ばてる 지치다	はまる 꼭 맞다	歪ひずむ 일그러지다
深ふかまる 깊어지다	ふける 열중하다, 빠지다	減へらす 줄이다
呆ぼける 둔해지다, 멍청해지다	ぼやける 흐리다	撒まく 뿌리다
見合みあわせる 보류하다	見積みつもる 어림잡다	見みなす 간주하다
むしる 쥐어뜯다, 잡아 뽑다	無駄遣むだづかいする 낭비하다	捲めくる 달력을 넘기다
目覚めざめる 잠에서 깨다	もがく 발버둥 치다	もたらす 가져오다, 초래하다
持もて成なす 환대하다, 대접하다	もてる 이성에게 인기 있다	揉もめる 옥신각신하다
やっつける 단숨에 해치우다, 과감하게 하다		有ゆうする 가지다, 지니다
指差ゆびさす 손가락으로 가리키다		避よける 피하다, 면하다
蘇よみがえる 되살아나다, 떠오르다(기억)		割わり込こむ 끼어들다

PRACTICE TEST

問題1 _____の言葉の読み方として最もよいものを、1・2・3・4から一つ選びなさい。

1 以前は優美な彫刻と鮮やかな色彩を誇る寺だった。
   1 はる   2 かざる   3 こもる   4 ほこる

2 元プロ野球選手が、今年10月に23年の現役生活に別れを告げた。
   1 ささげた   2 つなげた   3 つげた   4 とげた

3 利用した資料は、元の場所に戻してください。
   1 さがして   2 はなして   3 かえして   4 もどして

4 キャスターの人件費を低く抑えたいのが、放送局の狙いであろう。
   1 はからい   2 ねぎらい   3 ねらい   4 いらい

5 みんな白い目で彼女を眺めていた。
   1 みつめて   2 ながめて   3 ひそめて   4 とがめて

6 安全登山のための技術・知識・体力を磨いてきた伝統の成果である。
   1 くだいて   2 みがいて   3 はいて   4 ふいて

7 結論が出せないということに気付くと嘆くほかはなかった。
   1 なげく   2 なく   3 わく   4 わめく

8 その僧は、さまざまな寺を巡りながら、修行を続けた。
   1 さわり   2 たどり   3 まわり   4 めぐり

9 この会社では、現在優秀な人材を募っている。
   1 いのって   2 したって   3 つのって   4 やとって

10 池の上に立てられた楼閣で、さまざまな宴が催されたそうです。
   1 もらされた   2 もたらされた 3 もてなされた 4 もよおされた

11 誕生日なんで海外の風習に倣って食べ物にローソクを立ててみた。
　　1　ならって　　　2　たよって　　　3　したがって　　　4　ともなって

12 リボンのほかにも包装紙を折ったり、巾着袋を縫ったりの仕事もあった。
　　1　おったり　　　2　ぬったり　　　3　はったり　　　4　つったり

13 十年間ずっと研究にのみ努めてきた。
　　1　つとめて　　　2　きわめて　　　3　せめて　　　4　あらためて

問題2　（　　　）に入れるのに最もよいものを、1・2・3・4から一つ選びなさい。

1 ひげを（　　　）のが、今年の若い男性の流行だ。
　　1　生やす　　　2　ほどこす　　　3　丸める　　　4　もうける

2 この曲を聞くと、子どものころの思い出が（　　　）。
　　1　こぼれる　　　2　さかのぼる　　　3　よみがえる　　　4　かえりみる

3 この薬は痛みを（　　　）効能がある。
　　1　なだめる　　　2　とどめる　　　3　せばめる　　　4　やわらげる

4 彼は真相を知っているくせに、私が聞いても「僕は何も知らない」と（　　　）、教えてくれない。
　　1　もらして　　　2　こぼして　　　3　ぼやいて　　　4　とぼけて

5 彼の話は焦点が（　　　）いて、理解しにくい。
　　1　ほどけて　　　2　ぼやけて　　　3　とぼけて　　　4　ぼやいて

PRACTICE TEST

6 平行な二つの直線は決して(　　　)。
1　まじえない　　2　まじらない　　3　まざらない　　4　まじわらない

7 道で子供たちが遊んでいたので、車のスピードを(　　　)通り過ぎた。
1　へらして　　2　ゆるめて　　3　よわめて　　4　なくして

8 計画がうまく行くように、みんなで作戦を(　　　)。
1　こめた　　2　ねった　　3　ほどこした　　4　あつらえた

9 田中さんは一生信念を(　　　)。
1　はたした　　2　うちこんだ　　3　やりとげた　　4　つらぬいた

10 私は経験を通して人間性についての理解が(　　　)と思う。
1　早まった　　2　広まった　　3　深まった　　4　強まった

11 お世話になった恩人に心を込めて(　　　)。
1　もらした　　2　もてなした　　3　もたらした　　4　もがいた

12 今の国語はみだれていると思うか、(　　　)いないと思うか。
1　触れて　　2　隠れて　　3　よたれて　　4　乱れて

13 無知な国民を文明開化へ(　　　)。
1　みちびく　　2　こまらせる　　3　はげます　　4　とがめる

chapter 02 문법/독해

N1 2교시

01 ～といい ～といい ～로 보나 ～로 보나, ～도 그렇고 ～도 그렇고

접속: [명사]＋といい＋[명사]＋といい

「AといいBといい」는 「A로 보나 B로 보나 전부 ~어떠어떠하다」라는 표현이다. 뒷문장에는 판단이나 평가를 나타내는 문장이 오는 경우가 많다.

この服は値段といい、デザインといい私にぴったりです。
이 옷은 가격으로 보나, 디자인으로 보나 나에게 딱 맞습니다.

一人暮しは、洗濯といい、掃除といいすべて自分でやらなければならない。
독신생활은, 세탁도 그렇고, 청소도 그렇고 모든 것을 스스로 하지 않으면 안 된다.

02 ～というところだ, ～といったところだ 기껏해야~정도이다

접속: [동사의 기본형(원형)/명사]＋というところだ(といったところだ)

「～というところだ, ～といったところだ」는 「기껏해야 이 정도이다, 대체로 이 정도이다」라는 상황 판단이나 평가를 나타내는 표현이다.

このパソコンは高くても15万円というところだろう。
이 PC는 비싸도 기껏해야 15만 엔 정도일 것이다.

1日の睡眠時間はせいぜい5時間といったところです。
하루 수면 시간은 겨우 5시간정도입니다.

彼女はたしかに健康的ではあるが、美しさの点ではまあまあといったところだ。
그녀는 확실히 건강하긴 하지만 미의 측면에서는 보통수준이다.

夏休みといっても、我が家ではせいぜい日帰りで郊外に出かけるというところだ。
여름휴가라고 해도, 우리 집에서는 겨우 당일치기로 교외에 나가는 정도이다.

03 ～といえども ～라고 해도, ～라 할지라도

접속: [명사]＋といえども

「～といえども」는 「たとえ(설령)/いくら(아무리)/いかに(아무리)/いかなる(어떠한)」과 같은 부사와 자주 호응하며 문장체에서 역접을 나타내는 표현으로 쓰인다.

法学部といえども、すべての学生が司法試験を受けるわけではありません。
법학부라고 해도 모든 학생이 사법시험을 치르는 것은 아닙니다.

利用料金は、いかなる理由といえども返還されないものとします。
이용 요금은 어떠한 이유라 할지라도 반환되지 않습니다.

04 〜というもの 최근 ~동안

접속: [명사] + というもの

「〜というもの」는 시간이나 기간을 나타내는 명사에 접속해 「최근 ~동안」이라는 뜻을 나타낸다.

子どもが熱を出して、この三日間というもの、ろくに寝られなかった。
아이가 열이 나서, 최근 3일간, 제대로 잠잘 수 없었다.

この一週間というもの、毎日遅くまで残業しています。
최근 일주일동안, 매일 늦게까지 잔업하고 있습니다.

05 〜といったらありはしない(〜といったらありゃしない), 〜といったらない 정말이지 ~하다, ~하기 짝이 없다

접속: [명사/형용사ーい/동사의 ます형+よう] + といったらありはしない(といったらありゃしない/といったらない)

「〜といったらありはしない/〜といったらありゃしない/〜といったらない」는 일반적으로 감정을 나타내는 명사나 형용사에 접속해 「말로는 표현할 수 없을 정도로 매우 ~하다」라는 뜻으로 놀람, 감탄, 절망 같은 감정을 강조할 때 쓰는 표현이다.

また嫌な仕事をやらせられた。腹立たしいといったらありはしない。
또 하기 싫은 일을 시켜서 하게 되었다. 정말이지 화가 난다.

書き込む事項がたくさんあって、面倒くさいといったらありゃしない。
쓰는 사항이 많아서 귀찮기 짝이 없다.

変な奴といったらない。
괴상하기 짝이 없는 놈이다.

この作品はウイットに富んだ台詞もいっぱいで、面白いといったらない。
이 작품은 위트가 넘치는 대사도 많고, 정말이지 재미있다.

試験の日に寝坊をした弟の慌てようといったらなかった。
시험일에 늦잠을 잔 남동생은 매우 허둥댔다.

06 どうりで 〜はずだ 그럼 그렇지 ~수밖에

접속: どうりで + [동사의 기본형/い형용사 기본형/な형용사ーな/명사の] + はずだ

말하는 사람이 의아하게 생각하고 있던 것이나 납득이 되지 않았던 것이 충분히 납득되었을 때 쓰는 표현이다.

(窓(まど)を開(あ)けて)どうりで寒(さむ)いはずだ。雪(ゆき)が降(ふ)っている。
(창문을 열며) 그럼 그렇지 추울 수밖에. 눈이 내리고 있어.

アメリカで育(そだ)ったのか。どうりで英語(えいご)がうまいはずだ。
미국에서 자랐다고? 그럼 그렇지 그러니까 영어를 잘 할 수밖에.

07 ～と思(おも)いきや ～라고 생각했더니(사실은 ～아니었다)

접속: [동사의 기본형/형용사의 기본형/명사+だ/～だろう]+と思(おも)いきや

「～と思(おも)いきや」는 「～라고 생각했는데(뜻밖에도) 사실은 아니었다」처럼 예상과 다른 의외의 결과가 나타났을 때에 쓰는 표현이다.

昼過(ひるす)ぎには帰(かえ)ってくると思(おも)いきや、3時(じ)になっても4時(じ)になっても一向(いっこう)に帰(かえ)ってこない。
정오가 지나서는 돌아온다고 생각했는데, 3시가 되어도 4시가 되어도 전혀 돌아오지 않는다.

領収書(りょうしゅうしょ)をちゃんと受(う)け取(と)ったと思(おも)いきや、またしても紛失(ふんしつ)してしまった。
영수증을 제대로 받았다고 생각했는데, 또다시 분실해 버렸다.

元旦(がんたん)の公園(こうえん)なんて誰(だれ)もいないだろうと思(おも)いきや、いつも通(どお)り散歩(さんぽ)をしている人(ひと)でいっぱいだった。
설날의 공원은 아무도 없을 것이라고 생각했는데, 언제나처럼 산책을 하고 있는 사람으로 가득했다.

金持(かねも)ちの国(くに)だから物価(ぶっか)が高(たか)いと思(おも)いきや、案外安(あんがいやす)い。
잘사는 나라니까 물가가 비싸다고 생각했는데, 의외로 싸다.

怖(こわ)い人(ひと)だと思(おも)いきや、とても気(き)さくで面白(おもしろ)い人(ひと)だった。
무서운 사람이라고 생각했는데, 매우 상냥하고 재미있는 사람이었다.

08 ～ときたら ～로 말할 것 같으면

접속: [명사]+ときたら

상대방에 대한 비난, 비평, 불만, 노여움을 나타낼 때 혹은 자신에 대한 자조적인 심정을 나타낼 때 쓰는 표현이다.

「近頃(ちかごろ)の若者(わかもの)ときたら、礼儀(れいぎ)を知(し)らない!」という嘆(なげ)きをしばしば耳(みみ)にする。
「요즘 젊은이들은 예의를 모른다!」라고 하는 한탄을 종종 듣는다.

あいつときたら、全(まった)く何(なに)であんな事(こと)ばかりしているんだか。
저 녀석은 정말이지 왜 저런 일만 하고 있는 건지.

結婚(けっこん)が決(き)まったのに、私(わたし)ときたら料理(りょうり)も掃除(そうじ)も苦手(にがて)だ。
결혼이 정해졌는데, 나란 사람은 요리도 청소도 서투르다.

09 ～ところだった ～할 뻔 했다

접속: [동사의 기본형(원형)]+ところだった

「～ところだった」는 「최악의 상태가 되기 직전에, 그렇게 될 뻔했다」라는 의미를 지닌 표현이다. 「もう少(すこ)しで(자칫하면)/危(あや)うく(하마터면)」과 같은 부사와 호응하는 경우가 많다.

> 危うく車にひかれるところだった。
> 하마터면 차에 치일 뻔했다.
>
> 間に合った。もう少しで遅れるところだった。
> 제 시간에 왔다. 자칫하면 늦을 뻔했다.

10 ～ところを ～때에, ～인 중에

접속: [동사의 기본형(원형)/동사의 た형/い형용사－い/명사+の]+ところを

「AところをB」는 A가 한창 진행 중인 상황에서 그것을 중단시키는 예상외의 사태가 발생했음을 나타내는 표현이다. 「～하려던 때에 ～운 좋게도(재수 없게도/우연히)」라는 의미를 내포하고 있다. 「～ところをすみません(～인 중에 미안합니다)/～ところをありがとうございます(～인 중에 고맙습니다)/～ところを申(もう)し訳(わけ)ありません(～인 중에 송구스럽습니다)」와 같은 표현은 관용표현으로 외워두자.

> もう少しで書き終わるところを、操作を間違えて記事が全部消えてしまいました。
> 거의 다 써가고 있을 때에, 조작을 잘못해서 기사가 전부 날아가 버렸습니다.
>
> カンニングしようとしたところを、運悪く先生に見つかってしまった。
> 컨닝하려고 했을 때, 운 나쁘게 선생님에게 발각되어 버렸다.
>
> お忙しいところを申し訳ありませんが、質問させてください。
> 바쁘신 중에 죄송합니다만, 질문하게 해 주세요.

問題1　次の文の（　　）に入れるのに最もよいものを、1・2・3・4から一つ選びなさい。

1　中村さんは、この1週間と（　　　）、仕事どころではないようだ。
　　1　いうもの　　　2　いっては　　　3　いえず　　　4　いうのに

2　結婚が決まったときの彼の喜びようと（　　　）。
　　1　いうならこまった　　　　2　いってもよかった
　　3　いったらなかった　　　　4　いうところだった

3　ゲームにかけては、たとえ子ども（　　　）、バカにはできない。
　　1　というなら　　2　と相まって　　3　とあれば　　4　といえども

4　晴れたか（　　　）、また雨が降り出す。梅雨の天気は変わりやすい。
　　1　うちに　　　2　と思いきや　　3　晴れないかと　　4　早いか

5　この映画はストーリー（　　　）音楽（　　　）まれにみる作品だね！
　　1　であれ、であれ　2　なり、なり　3　といい、といい　4　ですら、ですら

6　一時停止をせずに交差点に入り、あやうく衝突する（　　　）。
　　1　はかりだった　2　ところだった　3　そうになった　4　ことになった

7　私はタバコは吸わないが、新幹線では子どもの少ない喫煙車に乗ることにしている。タバコの煙が有害（　　　）、ギャーギャー騒ぐ子どもと、それに注意さえしない親を見ているよりは心の健康によいからだ。
　　1　といえども　　2　のみならず　　3　のこととて　　4　だからこそ

8　うちの女房（　　　）、みそ汁も満足に作れないんだから。
　　1　にしたら　　2　としては　　3　ときたら　　4　にしては

176

PRACTICE TEST

9 他の人にとって厳しいトレーニングでも、あの運動は山田さんにとってはちょうどいい散歩(　　　)。

　　1　といったところだ　　　　　　2　といったかもしれない
　　3　といえばそれまでだ　　　　　4　というにはあたらない

10　「どうしたんだ？今日の試合。いつものお前らしくなかったよ。」
　　「ああ、じつは昨日から風邪を引いてしまって…。」
　　「本当か、どうりでいつもと違って動きが鈍い(　　　)。」

　　1　こともある　　2　に決まってる　　3　に違いない　　4　はずだ

11　手術後回復したかと思いきや、病状は(　　　)。

　　1　やはり少しずつ良くなった　　　2　はたして健康をとりもどした
　　3　案の定悪化した　　　　　　　　4　またしても悪化していった

12　もう毎晩、毎晩、隣の夫婦は大げんか、本当にうるさい(　　　)ありゃしない！

　　1　といったら　　2　といえば　　3　というなら　　4　といっても

13　犯人は買い物をしていた(　　　)警官に逮捕された。

　　1　ところに　　2　ところを　　3　あいだ　　4　そばから

14　今の職場や仕事に満足している人は3割前後(　　　)ところだろう。

　　1　といい　　2　といった　　3　といえども　　4　といったらない

15　本日はお忙しい(　　　)おじゃまいたしまして…。

　　1　ところを　　2　ことを　　3　ほうを　　4　わけを

問題2　次の文の＿★＿に入る最もよいものを、1・2・3・4から一つ選びなさい。

1. あのレストランの料理＿＿＿、＿＿＿　★　＿＿＿ものではない
   1　ばかりで　　　　2　ときたら　　　　3　すすめられた　　4　値段が高い

2. 彼女は＿★＿　＿＿＿　＿＿＿　＿＿＿授業を休んでいる。
   1　という　　　　　2　ここ　　　　　　3　もの　　　　　　4　1か月

3. 運転手が教えてくれたからよかったものの、もう少しで＿＿＿　＿＿＿　★　＿＿＿だった。
   1　大切な卒業論文を　　　　　　2　タクシーの中に
   3　忘れる　　　　　　　　　　　4　ところ

4. どうですか、この住宅は。広さ＿＿＿　★　、＿＿＿　＿＿＿ものはありませんよ。
   1　の　　　　　　　2　といい　　　　　3　これ以上　　　　4　環境といい

5. そうか、大学のサッカー部＿＿＿　＿＿＿。＿★＿　＿＿＿はずだ。
   1　だった　　　　　2　強い　　　　　　3　どうりで　　　　4　のか

PRACTICE TEST

問題3　次の文章を読んで、1から5の中に入る最もよいものを、1・2・3・4から一つ選びなさい。

　調べることと書くことは、もっぱら私のようなジャーナリストにだけ必要とされる能力ではなく、現代社会においては、ほとんどあらゆる知的職業 1 、一生の間必要とされる能力である。ジャーナリストで 2 と、官僚で 2 と、ビジネスマンで 2 と、研究職、法律職、教育職などの知的労働者で 2 と、大学を出てからつくたいていの職業生活のかなりの部分が、調べることと書くことに 3 。近代社会は、あらゆる側面において、基本的に文書化されることで組織されているからである。

　人を動かし、組織を動かし、社会を動かそうと思うなら、いい文章が書けなければならない。いい文章とは、名文ということではない。うまい文章でなくてもよいが、達意(注1)の文章でなければならない。文章を書くということは、何かを伝えたいということである。自分が伝えたいことが、その文章を読む人に伝わなければ何もならない。

　何かを伝える文章は、まずロジカル(注2)でなければならない。 4 、ロジック(注3)には内容(コンテンツ)がともなわなければならない。論より証拠なのである。論を立てるほうは、頭の中の 5 、コンテンツのほうは、どこからか材料を調べて持ってこなければならない。いいコンテンツに必要なのは、材料となるファクト(注4)であり、情報である。そこでどうしても調べるという作業が必要になってくる。

（立花隆ほか「二十歳のころ」による）

(注1)達意(たつい)：伝えようとすることがよく通じること
(注2)ロジカル：論理的
(注3)ロジック：論理
(注4)ファクト：事実

1	1 に向けて	2 につれて	3 によって	4 において
2	1 ある	2 あるまい	3 あった	4 あろう

3	1 費やされるはずである	2 費やされるわけがない
	3 費やされるべくもない	4 費やされるべきだ

4	1 なぜなら	2 しかし	3 それとも	4 もしくは

5	1 作業といえども	2 作業ですむが
	3 作業とあって	4 作業と相まって

問題4　次の文章を読んで、後の問に対する答えとして最もよいものを、1・2・3・4から一つ選びなさい。

　もし、宇宙人がわたしたちの住む太陽系の探検にやってきて、地球を見つけたらなんというでしょうか？　おそらくこの地球を「青く光る美しい水球」と名づけることでしょう。海は地球の表面の70.8％をおおっています。また、陸地にもたくさんの川が流れていますし、大きな湖もあります。宇宙人はまた、地球のところどころが、いつも雲におおわれているのにおどろくことでしょう。雲のかかっている空からは、水が雨となってふり、陸地もつねに、水であらわれています。こうしてみると、わたしたちは水の世界でくらしているとさえいえます。

(半谷高久『水と人間』小峰書店による)

1　この文で筆者が言いたいことは何か。

1　宇宙人が地球を「青く光る美しい水球」と名づけたこと
2　宇宙の中で地球は水の豊富な星であること
3　宇宙人がはじめて私たちの住む地球にやってくること
4　宇宙の中では地球がどの星よりも美しいこと

PRACTICE TEST

問題5　次の文章を読んで、後の問に対する答えとして、最もよいものを1・2・3・4から一つ選びなさい。

　日本では、政治家に限らず、選挙が行われる前に、しばしば話し合いによって当選者が決まっていることが多い。たとえ選挙が行われても、それは形式的なもので、実際には、前もって選ばれている人が勝利を収める結果が、既に作られていることがよくある。問題点に関して、徹底的に論争を行い、相手を打ち負かした方が人気を得て選挙に勝つという、民主主義の原点とも言うべき選挙のやり方が、なぜ①日本では行われないのであろうか。「②黙って俺について来い」という指導者は、日本では長続きしない、と言われている。日本の指導者は、先頭に立って集団を引っ張っていくのではなく、いくつもある意見の調整役なのだ。つまり、強い個性と明確な方針を持っているような人物は、自分の意見にこだわりすぎるため、他の意見を受け入れない。すると、彼によって受け入れられなかった人々が、もともとはそれぞれ違う意見を持っていたにもかかわらず、団結して反乱を起こし、彼は指導者の地位を追われてしまうことになる。それよりは、一つ一つの意見に耳を傾け、何とか妥協点を見付けて、だれもが賛成できるような一つの結論へとみんなを導いていく、そのような人物がありがたがられるのである。日本の首脳が国際会議の場で、はっきりした見解や意見を言わず、ひたすら各国首脳の聞き役に回っているのも、③そのような調整役を果たそうとしているのである。

1　「①日本では行われない」選挙とは、どんな選挙のことか。
　1　十分に論争をし、それに勝った人が当選する選挙
　2　決められた方法によって形式的に行われる選挙
　3　話し合いによって当選する人を決めてしまう選挙
　4　前もって選ばれていた人が結局勝つような選挙

2　日本では「②黙って俺について来い」という指導者が長続きしないのはなぜか。
　1　はっきりした見解や意見を述べようとしないので、人に信頼されないから。
　2　自分の考えを強く持ち、他人の意見を聞かないので、敵ができてしまうから。
　3　民主主義的な選挙を行わず、指導者として失格だと見なされるから。
　4　他の人と論争になったとき、相手を打ち負かすことができないから。

3 「③そのような調整役」とはどのようなことをする人か。

1　論争をして相手を打ち負かす人
2　だれを選ぶか前もって決める人
3　先頭に立って集団を引っ張っていく人
4　周りの人の意見を聞き妥協点を導きだす人

chapter 03 청해

N1 3교시

포인트 이해 문제 3

N1 청해 문제 2는 포인트 이해 문제이다. 문장을 들려주고 내용을 잘 이해했는가를 묻는 문제로서 특히 여러 가지 사실에 근거해 문장 속에서 핵심 포인트를 집어낼 수 있는 가를 묻는 문제가 출제된다. 정확하게 전체내용을 파악하고 핵심을 찾아내는 것이 문제 해결의 관건이다. 그러려면 다양한 주제를 가진 문장을 많이 듣고 연습하는 것이 필요하다.

대화를 잘 듣고 맞는 답을 하나 고르시오.

1ばん

① みんなに音楽がうるさいと言われたから
② 毎晩うるさくて勉強ができないから
③ 苦情を言わなければならないから
④ 男の人が文句を言っているから

2ばん

① 友達に頼むより安いから
② 友達に見られたくないものがあるから
③ 手伝ってくれる友達がいないから
④ 友達にお礼をしなければならないから

PRACTICE TEST

3 ばん
① 結婚の準備のため
② 資格を取るため
③ 技術を身につけるため
④ 視野を広げるため

4 ばん
① コーチとの関係がよくないこと
② 練習不足
③ 怪我をしたこと
④ フォームの改良に失敗したこと

스크립트

문제 1

質問 学生寮(がくせいりょう)に住(す)んでいる男子(だんし)学生(がくせい)と女子(じょし)学生(がくせい)が話(はな)しています。女(おんな)の人(ひと)はなぜ気(き)が重(おも)いのですか。

女：ねえ、ちょっとうるさいでしょう、やっぱり。
男：今(いま)のうちにはっきり言(い)っておいたほうがいいと思(おも)いますよ。
女：それはそうだけど。
男：毎晩(まいばん)これじゃ、ほかの皆(みんな)だって困(こま)りますよ。
女：だけどね。私、そういうのって苦手(にがて)だから、山下(やました)君(くん)から言(い)ってくれない？
男：それはやっぱり先輩(せんぱい)のほうがいいですよ。
女：そう、ああ、やっぱり私が行(い)くのか。気(き)が重(おも)いなあ。

女(おんな)の人(ひと)はなぜ気(き)が重(おも)いのですか。

1. みんなに音楽(おんがく)がうるさいと言(い)われたから
2. 毎晩(まいばん)うるさくて勉強(べんきょう)ができないから
3. 苦情(くじょう)を言(い)わなければならないから
4. 男(おとこ)の人(ひと)が文句(もんく)を言(い)っているから

질문 기숙사에 살고 있는 남학생과 여학생이 이야기하고 있습니다. 여자는 왜 마음이 무겁습니까?

여 : 있잖아, 조금 시끄럽지? 역시.
남 : 지금 분명히 말해 두는 편이 좋다고 생각해요.
여 : 그건 그렇지만.
남 : 매일 저녁 이래서야, 다른 사람들도 모두 곤란해요.
여 : 그렇지만. 나, 그런 게 서툴러서, 야마시타군이 말해 주지 않을래?
남 : 그건 역시 선배가 하는 편이 나아요.
여 : 그래, 아~, 역시 내가 가야하는 건가. 마음이 무겁다.

여자는 왜 마음이 무겁습니까?

1. 모두에게 음악이 시끄럽다는 이야기를 들었기 때문에
2. 매일 저녁 시끄러워서 공부를 할 수 없으니까
3. 불만(고충)을 말하지 않으면 안 되니까
4. 남자가 불평하고 있기 때문에

> **중요표현**
> 「気(き)が重(おも)い」는 「마음이 무겁다, 우울하다」라는 관용어.

문제 2

質問　男(おとこ)の人(ひと)が引(ひ)っ越(こ)しについて話(はな)しています。男(おとこ)の人(ひと)はどうして引(ひ)っ越(こ)しを業者(ぎょうしゃ)に頼(たの)むのですか。

男：今度(こんど)引(ひ)っ越(こ)すんだ。
女：あ、そう、大変(たいへん)ね。で、いつ？
男：うん、来月(らいげつ)のはじめの日曜日(にちようび)にしようと思(おも)ってるんだ。
女：もう友達(ともだち)とかに頼(たの)んだの？
男：いや。業者(ぎょうしゃ)にやってもらおうと思(おも)ってるんだ。
女：ええ？業者(ぎょうしゃ)に頼(たの)むと高(たか)いでしょう？
男：うん、でも、思(おも)ったほどじゃないんだよ。最近(さいきん)は。
女：ふうーん。
男：友達(ともだち)に頼(たの)むとアルバム見(み)られたり、手紙(てがみ)読(よ)まれたりするじゃない。

男(おとこ)の人(ひと)はどうして引(ひ)っ越(こ)しを業者(ぎょうしゃ)に頼(たの)むのですか。

1. 友達(ともだち)に頼(たの)むより安(やす)いから
2. 友達(ともだち)に見(み)られたくないものがあるから
3. 手伝(てつだ)ってくれる友達(ともだち)がいないから
4. 友達(ともだち)にお礼(れい)をしなければならないから

질문　남자가 이사에 대해 이야기하고 있습니다. 남자는 어째서 이사를 업자에게 부탁합니까?

남：이번에 이사해.
여：아, 그래, 힘들겠다. 그런데 언제?
남：응. 다음 달 첫째 주 일요일에 하려고 하고 있어.
여：벌써 친구에게 부탁했니?
남：아니. 업자에게 맡기려고 하고 있어.
여：뭐? 업자에게 부탁하면 비싸잖아?
남：응. 그렇지만, 생각만큼은 아니야. 요즘엔.
여：으~응.
남：친구에게 부탁하면 앨범을 멋대로 보거나 편지를 읽거나 하잖아.

남자는 어째서 이사를 업자에게 부탁합니까?

1. 친구에게 부탁하는 것보다 싸기 때문에
2. 친구에게 보이고 싶지 않은 것이 있기 때문에
3. 도와줄 친구가 없기 때문에
4. 친구에게 답례를 해야 하기 때문에

> **중요표현**
>
> 「동사의 의지형+と思(おも)っている(~하려고 한다, 할 생각이다)」「~もらおうと思(おも)ってる(~받을 생각이다, 받으려고 한다)」 그리고 「~てる」는 「~ている」의 회화체 축약형이다.

스크립트

문제 3

質問　男(おとこ)の人(ひと)と女(おんな)の人(ひと)が話(はな)しています。女(おんな)の人(ひと)はなぜ稽古(けいこ)ごとをしたいのですか。

女：私、お稽古(けいこ)ごとでも始(はじ)めようかなあと思(おも)って。
男：どうしたの、急(きゅう)に。
女：美智子(みちこ)もね、料理(りょうり)とお花(はな)習(なら)ってるんでしょう。
男：ああ、彼女(かのじょ)結婚(けっこん)するからね、花嫁(はなよめ)修業(しゅうぎょう)でしょ。あれ？ひょっとして、結婚(けっこん)するの？
女：そうじゃないけど。
男：じゃあ、どうして？
女：今(いま)の生活(せいかつ)、変化(へんか)がないでしょう。いろいろな人(ひと)に会(あ)うと、世界(せかい)が広(ひろ)がって、いろんな見方(みかた)ができるようになるじゃない？
男：ええ？技術(ぎじゅつ)を身(み)につけて転職(てんしょく)する気(き)じゃないの？
女：別(べつ)に転職(てんしょく)とか資格(しかく)のためとかじゃないのよ。
男：結構(けっこう)、お金(かね)もかかるんじゃない？
女：ふうーん。でも、自己(じこ)投資(とうし)だから。
男：うーん、いろいろ考(かんが)えてるんだ。

女(おんな)の人(ひと)はなぜ稽古(けいこ)ごとをしたいのですか。

1. 結婚(けっこん)の準備(じゅんび)のため
2. 資格(しかく)を取(と)るため
3. 技術(ぎじゅつ)を身(み)につけるため
4. 視野(しや)を広(ひろ)げるため

질문　남자와 여자가 이야기하고 있습니다. 여자는 왜 요리(꽃꽂이/다도/서예 같은 것)를 배우고 싶어 합니까?

여 : 나, 요리(꽃꽂이/다도/서예)같은 그런 거 좀 배워볼까라고 생각해.
남 : 무슨 일이야? 갑자기.
여 : 미치코도, 요리랑 꽃 배우고 있잖아!
남 : 아~, 미치코 결혼하니까, 신부 수업이잖아. 어? 혹시, 결혼하는 거야?
여 : 그건 아닌데.
남 : 그럼, 왜?
여 : 지금 생활은 변화가 없잖아. 여러 사람들을 만나면, 시야가 넓어지고, 여러 가지 관점이 생기게 되잖아?
남 : 엇? 기술을 몸에 익혀 이직할 생각 아니야?
여 : 별로 이직이라든지 자격 때문에 라든지는 아니야.
남 : 꽤, 돈도 들지 않아?
여 : 으음...그렇지만 자기 투자니까.
남 : 으음... 여러 가지 생각을 하고 있구나.

여자는 왜 요리(꽃꽂이/다도/서예 같은 것)를 배우고 싶어 합니까?

1. 결혼의 준비를 위해서
2. 자격을 취득하기 위해서
3. 기술을 몸에 익히기 위해서
4. 시야를 넓히기 위해서

> **중요표현**
> 稽古(けいこ)ごと는 요리, 꽃꽂이, 다도, 서예, 춤, 三味線(しゃみせん)등을 익히는 일을 말한다.

문제 4

質問 ラジオのスポーツ番組(ばんぐみ)です。この男(おとこ)の人(ひと)は選手(せんしゅ)の不振(ふしん)の原因(げんいん)を何だと言(い)っていますか。

女：今日(きょう)の解説(かいせつ)は田中(たなか)さんです。さて、田中(たなか)さん、木村(きむら)選手(せんしゅ)ですが、最近(さいきん)不振(ふしん)ですね。

男：ええ。昨年(さくねん)の活躍(かつやく)がうそのようです。

女：不振(ふしん)の理由(りゆう)はやはり昨年(さくねん)年末(ねんまつ)の怪我(けが)でしょうか。

男：ええ。本人(ほんにん)はそのための練習(れんしゅう)不足(ぶそく)だと言(い)っていますがね。

女：ということは、それは本当(ほんとう)の理由(りゆう)ではないということですか。

男：ええ、私は人間関係(にんげんかんけい)だと思(おも)いますね。

女：すると、チームのほかのメンバーとうまくいっていないんですか。そのように見(み)えませんが。

男：いや、メンバーとはうまくやっていますよ。でも、コーチとねえ。

女：ああ、それで本人(ほんにん)は怪我(けが)を理由(りゆう)にしているわけですね。

男：そう、そして、監督(かんとく)はフォームの改良(かいりょう)がうまくいかなかったとか何とか言葉(ことば)を濁(にご)しているわけです。

この男(おとこ)の人(ひと)は選手(せんしゅ)の不振(ふしん)の原因(げんいん)を何だと言(い)っていますか。

1. コーチとの関係(かんけい)がよくないこと
2. 練習(れんしゅう)不足(ぶそく)
3. 怪我(けが)をしたこと
4. フォームの改良(かいりょう)に失敗(しっぱい)したこと

질문 라디오 스포츠 프로그램입니다. 이 남자는 선수의 부진 원인을 무엇이라고 말하고 있습니까?

여 : 오늘의 해설은 타나카씨입니다. 그런데, 타나카씨, 키무라선수말입니다만, 최근 부진이네요.
남 : 예. 작년의 활약이 거짓말 같습니다.
여 : 부진의 이유는 역시 작년 연말의 부상 때문일까요?
남 : 예. 본인은 그때문의 연습 부족이라고 말합니다만.
여 : 그렇다면, 그것은 진짜 이유는 아니라는 것입니까?
남 : 예, 저는 인간관계라고 생각합니다.
여 : 그렇다면 팀의 다른 멤버와 잘 안 맞는 것입니까? 그렇게는 보이지 않습니다만.
남 : 아니, 멤버들과는 잘 하고 있어요. 그렇지만 코치와...
여 : 아~, 그래서 본인은 부상을 이유로 대고 있는 셈이군요.
남 : 그래요. 그리고 감독은 자세를 고친 것이 잘 되지 않았대나 어쨌대나 말끝을 흐리고 있는 것입니다.

이 남자는 선수의 부진 원인을 무엇이라고 말하고 있습니까?

1. 코치와의 관계가 좋지 않은 것
2. 연습 부족
3. 다친 것
4. 자세를 고친 것이 실패한 것

중요표현

「~わけだ」는 「~할만도 하다, ~한 셈이다」라는 뜻으로 그 단정에 그럴만한 이유, 사정이 있다는 뉘앙스가 있다. 즉 결과로서 그것이 당연하다는 뜻을 나타낸다. **怪我(けが)を理由(りゆう)にしているわけです**(부상을 이유로 대고 있는 셈입니다)

N1

뉴 일본어 능력시험

Part 07

문자/어휘 chapter 01
1번 문제/복합동사
2번 문제/복합동사

문법 chapter 02
N1 문법패턴 7 (~としたところで에서 ~ないまでも까지)
독해
단문/중문 문제

청해 chapter 03
개요 이해 문제1

chapter 01 문자/어휘

N1 1교시

1번 문제/복합동사

相次あいつぐ 잇따르다	受うけ入いれる 받아들이다	受うけ継つぐ 계승하다
受うけ付つける 접수하다	受うけ止とめる 받아내다	受うけ持もつ 맡다, 담당하다
打うち明あける 털어놓다	打うち切きる 중지하다	打うち消けす 부정하다
打うち込こむ 박아 넣다	埋うめ込こむ 채워 넣다	売うり出だす 팔기 시작하다, 팔다
上回うわまわる 웃돌다	追おい込こむ 몰아넣다	追おい出だす 쫓아내다
押おし切きる 강행하다	押おし込こむ 밀어 넣다	押おし寄よせる 밀어닥치다
恐おそれ入いる 황송해하다	落おち込こむ 빠지다	落おち着つく 안정되다
折おり返かえす 되돌아오다	書かき取とる 받아쓰다	着飾きかざる 옷을 차려 입다
聞きき取とる 알아듣다	傷付きずつく 상처 입다	傷付きずつける 상처 입히다
切きり替かえる 전환하다	食くい違ちがう 어긋나다	
崩くずれ始はじめる 무너지기 시작하다		
朽くち果はてる 완전히 썩어버리다, 세상에 알려지지 못하고 허무하게 죽다		
組くみ合あわせる 짜 맞추다	組くみ込こむ 짜 넣다	繰くり返かえす 반복하다
差さし出だす 내밀다	差さし支つかえる 지장 있다	差さし引ひく 빼다
仕上しあがる 완성되다	仕上しあげる 완성하다	仕入しいれる 사들이다
仕掛しかける 장치하다	仕切しきる 구분하다	仕立したてる 만들다, 준비하다
据すえ付つける 고정시켜 설치하다	透すき通とおる 투명하다	備そなえ付つける 설치하다, 비치하다
立たち上あがる 일어서다, 솟아오르다		立たち去さる 떠나다
立たち寄よる 다가서다, 들르다	立たて替かえる 대신 지불하다	立たて直なおす 다시 세우다
付つけ加くわえる 덧붙이다	手掛てがける 직접 다루다, 돌보다	照てり返かえす 반사하다
問とい合あわせる 문의하다	途切とぎれる 끊어지다	途絶とだえる 두절되다
取とり扱あつかう 취급하다	取とり組くむ 맞붙다	取とり締しまる 감독하다
取とり調しらべる 상세히 조사하다	取とり立たてる 거두다, 징수하다	取とり次つぐ 중계하다, 전하다
取とり除のぞく 제거하다	取とり巻まく 둘러싸다	取とり混まぜる 한데 섞다
取とり戻もどす 되찾다	取とり寄よせる 주문해서 가져오게 하다	
蕩とろける 녹다, 도취하다	投なげ出だす 내던지다	名付なづける 이름 짓다
成なり立たつ 성립되다	似通にかよう 서로 닮다	逃にげ出だす 도망치다

抜ぬけ出だす 빠져 나가다	練ねり直なおす 다시 검토하다, 다시 반죽하다	
乗のっ取とる 쳐들어가서 빼앗다	飲のみ込こむ 삼키다	乗のり込こむ 탈것에 올라타다
引ひき上あげる 인상하다	引ひき起おこす 일으키다	引ひき下さげる 인하하다
引ひきずる 질질 끌다, 억지로 끌고 가다		引ひき取とる 인수하다
踏ふみ込こむ 발을 내딛다	ぶら下さげる 늘어뜨리다, 손에 들다	
振ふり返かえる 되돌아 보다, 회고하다		放ほうり込こむ 던져 놓다
放ほうり出だす 내던지다	待まち望のぞむ 몹시 기다리며 바라다	
見合みあわせる 보류하다	見落みおとす 간과하다	見掛みかける 눈에 띄다, 가끔 보다
見通みとおす 조망하다, 간파하다	見習みならう 견습하다	見逃みのがす 못 보고 지나치다
見計みはからう 적당한 때를 가늠하다		見渡みわたす 멀리 바라보다
結むすび付つく 결부되다	結むすび付つける 결부시키다	目覚めざめる 눈 뜨다
申もうし入いれる 신청하다	申もうし出でる 신청하다	盛もり上あがる 고조되다
指差ゆびさす 손가락으로 가리키다	呼よび止とめる 불러 세우다	読よみ上あげる 낭독하다, 다 읽다
寄より掛かかる 기대다	割わり込こむ 끼어들다	

2번 문제/복합동사

遊あそび疲つかれる 놀다 지치다	歩あるき疲つかれる 걷다 지치다	歩あるき回まわる 걸어 다니다
言いい当あてる 알아맞히다	言いいそびれる 말할 기회를 놓치다	行いきそびれる 가지 못하다
受うけ損そこねる 받을 기회를 놓치다		動うごき掛かける 작용하다
討うち果はたす 죽여 버리다	売うり尽つくす 다 팔아버리다	追おい詰つめる 몰아넣다
押おし詰つめる 밀어 넣다	思おもい込こむ 믿어 버리다	書かき換かえる 바꿔 쓰다
掻かき回まわす 휘젓다, 혼란을 야기하다		
語かたり明あかす 이야기하며 지새우다		聞きき損そこねる 잘못 알아듣다
着きこなす 맵시 있게 입다	軋きしみ始はじめる 삐걱거리기 시작하다	
切きり捨すてる 잘라서 버리다	苦くるしみ抜ぬく 몹시 고생하다	
心掛こころがける 유의하다, 마음을 쓰다	困こまり果はてる 몹시 난처해지다	

探さがし当ぁてる 찾아내다	知しり尽つくす 다 알아버리다	食たべそびれる 먹지 못하다
使つかいこなす 잘 다루다	使つかい果はたす 다 써버리다	疲つかれ果はてる 몹시 지치다
突つき詰つめる 밝혀내다	作つくり上ぁげる 만들어 내다	貫つらぬき通とおす 꿰뚫다
問とい合ぁわせる 문의하다	通とおり掛かかる 마침 지나가다	通とおり抜ぬける 빠져나가다
飛とび越こえる 뛰어넘다	飛とび込こむ 뛰어들다	飛とび抜ぬける 뛰어나다
飛とび回まわる 뛰어다니다	取とり掛かかる 착수하다	
取とり次つぐ 한쪽 뜻을 다른 쪽에 전하다, 호출 등을 본인에게 전하다		
取とり付つける 설치하다	泣なき明ぁかす 울며 지새우다	
泣なき疲つかれる 울다 지치다	嘆なげき明ぁかす 비탄으로 지새우다	
投なげ捨すてる 내던지다	走はしり抜ぬける 달려서 빠져나가다	
乗のり換かえる 환승하다	乗のり越こえる 극복하다	乗のり捨すてる 차를 버리다
乗のり損そこねる 탈것을 놓치다	走はしり回まわる 뛰어 돌아다니다	
話はなし掛かける 말을 걸다	張はり替かえる 다시 붙이다	張はり付つける 붙이다
引ひきこなす 잘 연주하다	引ひき寄よせる 끌어당기다	踏ふみ越こえる 위기를 넘다
待まち合ぁわせる 만나기로 하다	見積みつもる 견적하다, 눈어림하다	
見掛みかける 가끔 보다	焼やき上ぁげる 구워 내다	焼やき尽つくす 모두 구워버리다
やり通とおす 끝까지 해내다	やり抜ぬく 끝가지 해내다	やり果はたす 다 해버리다
寄より掛かかる 기대다	割わり当ぁてる 할당하다, 배정하다	割わり込こむ 끼어들다
弱よわり抜ぬく 몹시 난처해지다	弱よわり果はてる 몹시 약해지다	

PRACTICE TEST

問題1 ＿＿＿＿の言葉の読み方として最もよいものを、1・2・3・4から一つ選びなさい。

1 相互の不信感を<u>取り除く</u>努力をする必要があろう。
　　1　とりさく　　　2　とりほどく　　　3　とりのぞく　　　4　とりまく

2 社会基盤が音を立てて<u>崩れ始めた</u>のはなぜだろう。
　　1　つぶれはじめた　　　　　　　　2　こわれはじめた
　　3　たおれはじめた　　　　　　　　4　くずれはじめた

3 屋根の上の部分が<u>朽ち果てて</u>おり、今回修復することになった。
　　1　こちはてて　　2　くちはてて　　3　こちかてて　　4　くちかてて

4 彼女はメリーゴーランドで八頭の木馬を<u>乗り換えて</u>ぐるぐると回っている。
　　1　のりかえて　　2　ふりかえて　　3　すりかえて　　4　きりかえて

5 ただ、単に同じことを<u>繰り返す</u>のが嫌なのだ。
　　1　つくりかえす　2　つくりかわす　3　くりかわす　　4　くりかえす

6 出発点に帰って計画を<u>練り直して</u>ください。
　　1　こおりなおして　　　　　　　　2　ねりなおして
　　3　とりなおして　　　　　　　　　4　やりなおして

7 客が立て込んできたのをしおに、彼女は<u>立ち上がった</u>。
　　1　だちあがった　2　だちさがった　3　たちあがった　4　たちさがった

8 目の不自由な方のための音声を<u>読み上げる</u>市販ソフト等に対応する構成になっている。
　　1　よみあげる　　2　よみさげる　　3　よみつげる　　4　たのみつげる

9 自然科学、技術、芸術美術の分野を主体に14,000冊を<u>備え付けて</u>おります。
　　1　そなえつけて　　　　　　　　　2　ととのえかけて
　　3　そなえかけて　　　　　　　　　4　ととのえつけて

195

10 このままでもオーケーですが、自己紹介、自分なりの思いを付け加えると良いでしょう。
　1　かけかえる　　2　かけくわえる　　3　つけかえる　　4　つけくわえる

11 友達は、人と話をするとき、相手を人差し指で指差しながら話をする癖がある。
　1　しさしながら　　　　　　2　ゆびさしながら
　3　しちゃくしながら　　　　4　ゆびきしながら

12 彼は「何とか盛り上がってほしい」と不安そうな表情を浮かべた。
　1　ふりあがって　　2　すりあがって　　3　もりあがって　　4　なりあがって

13 「私は健康だ」と述べ、健康不安説を打ち消した。
　1　のちけした　　2　ぶちけした　　3　たちけした　　4　うちけした

問題2　（　　　）に入れるのに最もよいものを、1・2・3・4から一つ選びなさい。

1 並んで順番を待っている人の列に（　　　）、文句を言われた。
　1　おしこんだら　　2　のりこんだら　　3　ふみこんだら　　4　わりこんだら

2 引っ越しの費用を業者に（　　　）もらった。
　1　見計らって　　2　見積もって　　3　見込んで　　4　見通して

3 電話をほかの人に（　　　）ときには、かけてきた方の名前を必ず確認してください。
　1　取り扱う　　2　取り組む　　3　取り次ぐ　　4　取り巻く

4 この機械を（　　　）にはかなりの技術が必要だ。
　1　使いこなす　　2　使いおわる　　3　使いはたす　　4　使いすてる

PRACTICE TEST

5 大型の台風が近づいているので、今日は出発を（　　　）ことにした。
　1　見計らう　　　2　見倣う　　　3　見逃す　　　4　見合わせる

6 商店街での駐車違反を厳しく（　　　）ようになった。
　1　取り消す　　　2　取り組む　　　3　取り締まる　　　4　取り上げる

7 首相の軽率な発言で、良好であった両国の関係が（　　　）。
　1　築き始めた　　　2　鍛え始めた　　　3　軋み始めた　　　4　刻み始めた

8 人の悪口を言わないように（　　　）いる。
　1　いどんで　　　2　とりくんで　　　3　こころがけて　　　4　はかどって

9 米を洗う時は、まず水を入れ、2・3回手早く（　　　）、10秒ぐらいで捨てます。
　1　かたりあかして　　　2　かきかえて　　　3　きこなして　　　4　かきまわして

10 肉体的疲労の中でも、監督も選手も落ち着いてゲーム戦術を（　　　）。
　1　貫き通した　　　2　疲れ果てた　　　3　突き詰めた　　　4　問い合わせた

11 ルールに従い、他と重複しない番号を（　　　）ください。
　1　割り込んで　　　2　割り当てて　　　3　寄り掛かって　　　4　寄り掛けて

12 自殺した彼を（　　　）のは借金だったらしい。
　1　追い詰めた　　　2　思い込んだ　　　3　押し寄せた　　　4　切り捨てた

13 寝坊してごはんを（　　　）ので、お昼を早く食べたら仕事中うとうとしてしまった。
　1　食べ終わった　　　2　食べ切った　　　3　食べそびれた　　　4　食べあった

chapter 02 문법/독해

N1 2교시

01 ~としたところで、~にしたところで、~としたって、~にしたって
~라고 한들, ~의 경우라도

접속: [명사/동사의 기본형/형용사의 기본형]+としたところで(~にしたところで/~としたって/~にしたって)

「~としたところで/~にしたところで/~としたって/~にしたって」는 「~라고 한들, ~의 경우라도」 라는 뜻이다.

私としたところで、いい方法があるわけではない。
나라고 한들 좋은 방법이 있는 것은 아니다.

全員が参加するとしたところで、せいぜい30人ぐらいだ。
전원이 참가한다고 한들 기껏해야 30명 정도이다.

木村さんにしたところで、そういう展開を望んではいないはずだ。
키무라씨라고 한들 그러한 전개를 바라지는 않을 것이다.

医者にしたって、必ずしも自分の健康に気をつけているとはかぎらない。
의사라고 해서 반드시 자신의 건강에 신경을 쓰고 있다고는 할 수 없다.

あの問題は複雑でもないのに未だに解決されていない。この問題にしたって同じことだ。
그 문제는 복잡하지도 않은데 아직까지 해결되고 있지 않다. 이 문제의 경우에도 마찬가지이다.

02 ~とて ~도 역시, ~라고 하여

접속: [명사]+とて

「~とて」는 명사에 접속해 「~도 역시/~라도」라는 뜻으로 어떤 사물이 다른 일반의 경우와 사정이 다르지 않다는 의미를 내포하고 있다.

もし彼女と同じ状況に置かれていたとしたら、君とて同じことをしただろう。
만약 그녀와 같은 상황에 놓여 있었다고 하면, 자네도 역시 같은 일을 했을 것이다.

社長とて人間である以上、常に正しく考えることはできません。
사장도 역시 인간인 이상, 항상 올바르게 생각할 수는 없습니다.

未成年者とて許すわけにはいかない。
미성년자라고 하여 용서할 수는 없다.

誰もが布団から出たくない季節だ。それは彼とて例外ではない。
누구라도 이불에서 나가고 싶지 않은 계절이다. 그것은 그라고 해서 예외는 아니다.

문법 필수 문형 – N1 문법패턴 7

03 ～とは ～다니, ～라고는

접속: [동사의 기본형/형용사의 기본형/명사]＋とは [な형용사와 명사 현재형에서 だ를 빼고 접속하기도 함]
「～とは」는 「～다니, ～라고는」이라는 뜻으로 「～とは信(しん)じられない(～라니 믿을 수 없다)／～とは驚(おどろ)いた(～라니 놀랐다)／～とは思(おも)ってもみなかった(～라고는 생각해보지도 않았다)／～とは思(おも)いもよらなかった(～라고는 생각도 하지 못했다)／～とは想像(そうぞう)だにしなかった(～라고는 상상조차 않았다)」와 같은 표현들과 호응해 예상하지 못했던 결과에 대한 감동, 놀람, 노여움 등의 기분을 나타낸다.

> まさかこんな所で君に会えるとは思ってもみなかった。
> 설마 이런 곳에서 너를 만날 수 있다고는 생각해보지도 않았다.
> 元気な人なのでまさか手術していたとは思いもよらなかった。
> 건강한 사람이라서 설마 수술했다고는 생각할 수도 없었다.
> 難しいとは聞いていたが、こんなに難しいとは想像だにしなかった。
> 어렵다고는 들었지만, 이렇게 어려울거라고는 상상조차 하지 않았다.
> 結婚の準備がこんなに大変とは思っていなかった。
> 결혼 준비가 이렇게 힘들다고는 생각지 않았다.
> 迷惑メールに罰金3,000万円とは驚いた。
> 스팸 메일에 벌금 3,000만 엔이라니 놀랐다.

04 ～とはいえ ～이라고는 해도

접속: [동사의 기본형/형용사의 기본형/명사]＋とはいえ [な형용사와 명사 현재형에서 だ를 빼고 접속하기도 함]
「AとはいえB」는 「A라고는 해도 (역시, 아직, 사실은)B이다」라는 문형으로 A라는 사실을 인정하지만 아직 B라는 문제점이나 경향이 있다는 것을 나타내는 표현이다.

> 離婚率が低下したとはいえ、日本では1年間に約25万組が離婚している。
> 이혼율이 저하됐다고는 해도, 일본에서는 1년간 약 25만 쌍이 이혼하고 있다.
> 春とはいえ、夜はまだ肌寒い。
> 봄이라고는 해도, 밤에는 아직 쌀쌀하다.
> 駅から近いとはいえ、広さの割りには値段が高いと思います。
> 역에서 가깝다고는 해도, 넓이에 비해서는 가격이 비싸다고 생각합니다.
> ネットが便利とはいえ、あまりにも情報過多で、何がよくて何が悪いのかよく分からなくなる。
> 인터넷이 편리하다고는 해도, 과도한 정보 과다로, 무엇이 좋고 무엇이 나쁜 것인지 잘 모르게 된다.

05　～とばかりに　～라는 듯이

접속: [동사의 기본형/ 동사의 명령형/ 형용사의 기본형/ 명사]＋とばかりに [な형용사와 명사 현재형에서 だ를 빼고 접속하기도 함]

「Aとばかりに」는 「마치 A라는 듯이/마치 A라는 표정이나 태도로」라는 표현이다.

東京に行った時は、この時とばかりに、色んな友達に連絡して会ってきた。
도쿄에 갔을 때는, 이 때라는 듯이, 여러 친구에게 연락해 만나고 왔다.

あれもこれもほしいとばかりに、ついついたくさんのデザートを買ってしまう。
이것도 저것도 다 가지고 싶다는 듯이, 계속해서 많은 디저트를 사고 만다.

長男が当然とばかりに助手席に座る。
장남이 당연하다는 듯이 조수석에 앉는다.

弟はいい事を思いついたとばかりにニッコリと笑った。
남동생은 좋은 일이 생각났다는 듯이 빙긋 웃었다.

黙れとばかりに、部長は強い目つきで私を睨んだ。
입을 다물라는 듯이 부장은 매서운 눈초리로 나를 쏘아봤다.

06　～ともなく, ～ともなしに　특별히~할 생각도 없이, 무심코

접속: [동사의 기본형(원형)/의문사]＋ともなく(ともなしに)

「Aともなく, Aともなしに」는 見(み)る나 聞(き)く 같은 지각을 나타내는 동사에 주로 접속해「특별히 A할 생각 없이 무의식적으로, 무심코 A하고 있다」는 표현이다. 의문사에 접속할 경우에는「의문사＋격조사＋ともなく(ともなしに)」의 형태로 자주 쓰이며「~라고도 할 것 없이」라는 뜻이 된다.

彼は窓の外に見える景色を見るともなくただぼんやりと見つめていた。
그는 창밖으로 보이는 경치를 특별히 볼 생각도 없이 단지 멍하니 응시하고 있었다.

電車の中で聞くともなしに二人の話を聞いてしまった。
전철 안에서 특별히 들을 생각도 없이 두 사람의 이야기를 듣고 말았다.

毛が真っ白なので、誰からともなく「シロ」と呼ぶようになった。
털이 새하얗기 때문에 누구부터라 할 것 없이 '시로(하양)'라고 부르게 되었다.

07 ～ともなると, ～ともなれば ~이 되면(당연히), ~라면(당연히)

접속: [명사]+ともなると(ともなれば)

「Aともなると, Aともなれば」는 두 표현 다 시간이나 나이, 역할, 사건과 같은 단어에 접속해 「A라는 경우나 상황이 되면」이라는 뜻이다. 「～ともなると」는 당연한 결과라는 느낌을 나타내며 「～ともなれば」는 추측의 느낌이 포함되어 문장 뒷부분에 「～だろう(~일 것이다)/はずだ(~일 것이다)」같은 추측성 표현이 오는 경우가 많다.

> この町は普段は静かだが週末ともなると観光客で溢れる。
> 이 마을은 평상시는 조용하지만 주말이 되면 관광객으로 넘친다.
>
> 3月ともなると、いろいろなところから春を感じられるようになる。
> 3월이 되면, 여러 곳에서 봄을 느낄 수 있게 된다.
>
> 社会人ともなれば、親の手を離れて自立しなければならないはずだ。
> 사회인이 되면, 부모의 손을 떠나 자립해야 할 것이다.

08 ～ないでもない ~하지 않는 것도 아니다

접속: [동사의 ない형]+でもない

「～ないでもない」는 이중 부정을 통한 긍정표현으로 「~하지 않는 것도 아니다, 즉, ~못할 것도 없다」는 뜻이다.

> どうしても必要というのなら、お金を貸してあげないでもない。
> 꼭 필요하다고 한다면, 돈을 빌려 주지 못할 것도 없다.
>
> 認めたくない気持ちは分からないでもないが。
> 인정하고 싶지 않은 기분은 모르는 것은 아니지만.

09 ～ないとも限(かぎ)らない ~할지도 모른다

접속: [동사의 ない형/명사でない]+とも限(かぎ)らない

「～ないとも限(かぎ)らない」는 가능성이 그렇게 높다고는 할 수 없으나 「어쩌면 ~일지도 모른다」라는 의미를 담고 있는 표현이다.

> 不況の現在、最悪の事態にならないとも限らない。
> 불황인 현재, 최악의 사태가 될지도 모른다.
>
> 自分にとっての常識は、他人にとっての非常識でないとも限らない。
> 자신에게 있어서의 상식은, 타인에게 있어서의 비상식일지도 모른다.

10 〜ないまでも ～까지는 하지 않더라도

접속: [동사의 ない형]＋までも

「Aないまでも」는 「A정도까지는 아니더라도 꽤~하다」라는 뜻과 「A까지는 아니더라도 적어도~」라는 뜻으로 쓰인다. 후자의 경우, 문장 뒷부분에 「~たい(~하고 싶다)/~てください(~해 주세요)/~てほしい(~하길 바란다)/~たらどうですか(~하면 어떻겠습니까?)/~なさい(~하세요)」같은 요구나 희망 표현이 자주 온다.

美人とは言わないまでも可愛い子でした。
미인이라고까지는 말하지 않더라도 귀여운 아이였습니다.

海外に行くことはできないまでも、せめて温泉にでも行きたい。
해외에 갈 수 없더라도, 적어도 온천에라도 가고 싶다.

毎日とは言わないまでも、週に2・3回は運動した方がいいよ。
매일이라고는 말하지 않더라도, 주에 2・3회는 운동하는 편이 좋아요.

PRACTICE TEST

問題1　次の文の(　　)に入れるのに最もよいものを、1・2・3・4から一つ選びなさい。

1　私の後ろの男は、早く行け(　　)私の背中を押した。私は危うく倒れるところだった。
　　1　とばかりに　　　2　といっても　　　3　といわず　　　4　としても

2　部下からそんなことを言われる(　　)、さぞ不愉快だっただろう。
　　1　では　　　　　　2　には　　　　　　3　とは　　　　　4　かは

3　今朝、新聞を読む(　　)見ていたら、私の友人の写真が出ていて驚いた。
　　1　ともなれば　　　2　ともなく　　　　3　とはいえ　　　4　ときたら

4　どの問題も我々の力の及ぶところではなかった。今度の問題にしたって(　　)。
　　1　解決できないことはない　　　　　2　解決しないわけにはいかない
　　3　解決などできはしないだろう　　　4　解決できないものでもない

5　機械化が進み、便利な世の中に(　　)、働かないで遊んで暮らせるわけではない。

　　1　なるように　　　　　　　　　　2　なったからこそ
　　3　なってからというもの　　　　　4　なったとはいえ

6　野党はその法案に反対しているが、野党にした(　　)、ほかによい代案があるわけではない。
　　1　とは　　　　　　2　とはいえ　　　　3　ともなく　　　4　ところで

7　会社をやめたいというあなたの気持ちは、わからない(　　)が、無断で仕事を休むのはよくないと思う。
　　1　でもない　　　　2　にかたくない　　3　にいたる　　　4　とばかりだ

8　最近の電化製品は機能が多すぎる。開発者たち(　　)すべての機能が必要とは思わないのではないか。
　　1　やら　　　　　　2　とて　　　　　　3　とは　　　　　4　ならでは

203

9　島の住民の生活は、豊かとは言えないまでも（　　　）。
　　1　苦しい状態にある　　　　　　　　2　食べるには困らない状態だ
　　3　物が不足しがちだ　　　　　　　　4　がんばらざるを得ない

10　「さあ、今日が決戦だ！」（　　　）、選手たちは勢いよくグランドに出て行った。
　　1　ともない　　2　と思いきや　　3　ともなれば　　4　とばかりに

11　冬は人通りが少なく寂しい限りだが、春（　　　）、花見客で賑わうようになる。
　　1　ともなると　　2　ときたら　　3　にしたら　　4　ならでは

12　常に冷静な彼（　　　）やはり人間だから、感情的にどなってしまうこともあるのだろう。
　　1　のみ　　2　ほど　　3　とて　　4　ゆえ

13　徹夜は（　　　）、せめて夜12時くらいまでは勉強した方がいいんじゃないですか。
　　1　するほどで　　2　するまでも　　3　しないほどで　　4　しないまでも

14　しっかりかぎをかけないと、泥棒に（　　　）から注意してください。
　　1　入れることはない　　　　　　　　2　入るとはかぎらない
　　3　入られないともかぎらない　　　　4　入らせない

15　のんびり屋の兄だが、家族の一大事（　　　）、けっこう頼りになる。
　　1　とすると　　2　としたら　　3　ともなれば　　4　といえども

PRACTICE TEST

問題2　次の文の＿＿★＿＿に入る最もよいものを、1・2・3・4から一つ選びなさい。

1　経営者＿★＿、＿＿＿　＿＿＿　＿＿＿とは思ってもみなかっただろう。
　1　長引く　　　　　　　　　　2　これほど
　3　としたところで　　　　　　4　不況が

2　いくら＿＿＿　＿★＿、＿＿＿　＿＿＿など、愚かとしか言いようがない。
　1　息子のため　　　　　　　　2　大金をつかって
　3　入学させる　　　　　　　　4　とはいえ

3　どこに行く＿＿＿　＿★＿、＿＿＿　＿＿＿寺の前に来ていた。
　1　大きな　　　2　歩いていると　　3　いつの間にか　　4　ともなしに

4　車を買うなら＿＿＿　＿＿＿。＿＿＿　＿★＿から。
　1　事故を起こさない　　　　　2　方がいいよ
　3　ともかぎらない　　　　　　4　保険に入った

5　彼女の今までの苦労を知っているので、＿＿＿　＿＿＿　＿＿＿　＿★＿ない。
　1　分からないでも　　　　　　2　喜んだ気持ちが
　3　留学が決まったとき　　　　4　あれほど

問題3　次の文章を読んで、1から5の中に入る最もよいものを、1・2・3・4から一つ選びなさい。

　手紙というのが、どうも苦手である。手紙を書く必要に迫られたりすると、とつぜんクシャミがとまらなくなったり、おなかをこわしたりする。
　もともと、文章を書くのがいやだ、ということもある。が、それ以上に手紙を書くのがいやなのは、あの形式の 1 ある。
　 2 、「拝啓」というのが気に入らない。拝啓というのは「つつしんで申し上げる」というイミらしいが、いまどきそんなことを知っている人は、あまりいない。イミもわからずに、なぜ「拝啓」なんて書かなければいけないのか、ぼくにはまったく理解できないのだ。

　　（中略）

　ま、いちがいに「形式」がいけないとは言わない。もともと形式というのは、みんなの便利さのためにあるものだ。形式があるからこそ、ぼくたちは余分なことに余計に神経を 3 。もし、手紙の形式というものがなかったら、ぼくたちは手紙を書く 4 、「どう書き出せばいいだろうか」とか、「こう書いたら失礼にならないだろうか」とか。あれこれこまかいことに気を使って、書かないうちからクタクタになってしまうかも知れない。
　が、そういう形式の効用は十分認めたうえで、なおいまの手紙の形式は死んでいる、とぼくは思う。で、それがぼくたちの首やからだに巻きつき、ぼくたちの手紙を窒息状態に追いこんでいると思う。形式をちゃんとこなせばこなすほど、手紙からどんどん 5 が失われていくのだ。

（天野祐吉「バカだなアｱ」による）

PRACTICE TEST

[1]　1　気味で　　　　　　　　2　おかげで
　　3　せいで　　　　　　　　4　甲斐で

[2]　1　したがって　　　　　　2　ただ
　　3　なお　　　　　　　　　4　まず

[3]　1　使わずにすむ　　　　　2　使わずにはいられない
　　3　使わずにはすまない　　4　使わずにはおかない

[4]　1　のみならず　　　　　　2　たびに
　　3　かたわら　　　　　　　4　ごとき

[5]　1　生気　　　　　　　　　2　雰囲気
　　3　生意気　　　　　　　　4　熱気

問題4 次の文章を読んで、後の問に対する答えとして最もよいものを、1・2・3・4から一つ選びなさい。

　日本は、その初期と近代にふたつの計画都市をつくった。京都と札幌である。ふるい都市の代表である京都も、あたらしい都市の代表選手である札幌も、ともに自然発生的な都市ではなく、日本ではひじょうにまれな人工の都市である。京都は中国を、札幌はアメリカをモデルにした都市であり、東洋文明の原点と、西洋文明の到達点をともに共存させているところに、日本文明の特徴があらわれているといえないだろうか。文明とは自己のもつ原理原則の不変性を根本とする。日本の文明は、可変性という原則を不変的にもちつづけた文明であり、札幌の発展は、古代以来の日本文明が、いまだに健在であることのよき例証であろう。

（園田英弘『日本文明77の鍵』「札幌」創元社による）

1　札幌と京都の共通点は何か。
　1　同じ都市をモデルにして作られたこと
　2　自然にできた都市であること
　3　人工的に作られた都市であること
　4　東洋の都市をモデルにしていること

2　筆者によると日本文明が不変的に持ち続けている特徴は何か。
　1　計画性
　2　発展性
　3　可変性
　4　人工性

PRACTICE TEST

問題5　次の文章を読んで、後の問に対する答えとして、最もよいものを1・2・3・4から一つ選びなさい。

　世界の諸民族のあいさつを調べてみると、（中略）握手に代表されるような<u>相互的なあいさつはきわめてめずらしい</u>ことがよく分かる。それはたいていの社会で、身分や地位や役割がはっきり定っているからにほかならない。また、毎日の軽いあいさつがおこなわれる社会が少ないというのは、それらの社会では人びとはもっぱら家族や親族や部族など所属する社会集団の成員として生きていて、個人としての役割があまりみとめられていないことと関係している。そうした集団内では、物のやり取りなどの際にも、ふつうあいさつはいらないのである。たとえばインドでは家族や友人のあいだではふつう感謝の表現はおこなわれない。かえってタブー視されるのだが、家族の食卓で塩を手渡してもらっても「ありがとう」という欧米流は、家族が一体になって暮らす社会では、むしろ"他人行儀"なことなのだろう。　日本人もいつのまにか家族のなかで「ありがとう」をくりかえすようになった。しかも、それは文句なしによい習慣とかんがえられているようだ。それは家族が身を寄せ合うようにして生きていた暮らしがすっかり過去のものになり、人間関係が様変わりしたことを如実に物語っている。

1　「相互的なあいさつはきわめてめずらしい」とあるが、なぜか。
1. 多くの社会では、人々の身分や役割がきまっているから
2. 身分や地位に関係なく、握手が代表的なあいさつだから
3. 毎日の軽いあいさつがおこなわれるのが、あたりまえだから
4. 世界の諸民族では、身分や役割がまだはっきり定まっていないから

2　インドについての説明として正しいものはどれか。
1. 個人としての役割がみとめられているので、ふつう家族に「ありがとう」と言わない。
2. 家族の食卓で塩を手渡してもらって感謝の表現を使わないことは、タブー視される。
3. 家族や親族などの社会集団の成員同士の間では、感謝の表現がよく使われる。
4. 家族が一体となって暮らす社会なので、あまり「ありがとう」と言わない。

3 　日本についての説明として正しいものはどれか。

1　「ありがとう」がよい習慣と考えられるのは、人間関係がかわって個人としての役割があまりみとめられていないからである。

2　かつては家庭の中で感謝の表現はあまり使われなかったが、最近はよい習慣と考えられて頻繁に使われる。

3　昔から家庭の中では感謝の言葉がよく使われていたが、最近は文句なしのよい習慣として定着している。

4　家庭の中で感謝の言葉がよく使われるのは、家族が身を寄せ合うようにして暮らしているからである。

chapter 03 청해

N1 3교시

개요 이해 문제 1

N1 청해 문제3은 개요 이해 문제이다. 문장을 들려주고 내용을 잘 이해했는가를 묻는 문제로서 전체 내용 안에서 화자의 주장이나 의지를 정확하게 파악해 이해했는지를 묻는 문제가 출제된다.

대화를 잘 듣고 맞는 답을 하나 고르시오.

1ばん

①
②
③
④

えなどは　ありません。

2ばん

①
②
③
④

えなどは　ありません。

PRACTICE TEST

3 ばん

①

②

③

④

えなどは　ありません。

4 ばん

①

②

③

④

えなどは　ありません。

스크립트

문제 1

ニュースです。

男：横浜市(よこはまし)の飲(の)み水(みず)を供給(きょうきゅう)している多摩川(たまがわ)上流(じょうりゅう)の大山(おおやま)村(むら)にゴルフ場(じょう)の建設(けんせつ)が計画(けいかく)されている問題(もんだい)で横浜市(よこはまし)は今日(きょう)大山村(おおやまむら)にゴルフ場(じょう)の建設(けんせつ)中止(ちゅうし)を求(もと)める要望(ようぼう)を出(だ)しました。これは一般(いっぱん)にゴルフ場(じょう)では雑草(ざっそう)を取(と)るために人体(じんたい)に有害(ゆうがい)な薬(くすり)を使(つか)うことが多(おお)く、飲(の)み水(みず)への影響(えいきょう)が心配(しんぱい)されるからです。これに対(たい)して、大山村(おおやまむら)では、村(むら)の人口(じんこう)が少(すく)なくなっているので予定(よてい)どおりゴルフ場(じょう)を建設(けんせつ)したいとの答(こた)えを出(だ)しました。しかし、大山村(おおやまむら)では横浜市(よこはまし)との話(はな)し合(あ)いがつかない限(かぎ)り、ゴルフ場(じょう)の建設(けんせつ)は行(おこな)わない方針(ほうしん)です。

質問　ゴルフ場(じょう)の建設(けんせつ)に関(かん)する話題(わだい)ですが、横浜市(よこはまし)と大山村(おおやまむら)はゴルフ場(じょう)の建設(けんせつ)に関(かん)してどういう意見(いけん)ですか。

1. 横浜市(よこはまし)は賛成(さんせい)で、大山村(おおやまむら)は反対(はんたい)です。
2. 横浜市(よこはまし)は反対(はんたい)で、大山村(おおやまむら)は賛成(さんせい)です。
3. 大山村(おおやまむら)も横浜市(よこはまし)も賛成(さんせい)です。
4. 大山村(おおやまむら)も横浜市(よこはまし)も反対(はんたい)です。

뉴스입니다.

남：요코하마시에 식수를 공급하고 있는 타마가와 상류의 오오야마 마을에 골프장 건설이 계획되어지고 있는 문제로 요코하마시는 오늘 오오야마 마을에 골프장의 건설 중지를 요구하는 요청을 했습니다. 이것은 일반적으로 골프장에서는 잡초를 뽑기 위해서 인체에 유해한 약을 사용하는 일이 많아, 식수에 영향을 끼칠 것이 걱정되기 때문입니다. 이것에 대해서 오오야마 마을에서는, 마을의 인구가 적어지고 있으므로 예정대로 골프장을 건설하고 싶다는 답변을 냈습니다. 그러나 오오야마 마을에서는 요코하마시와의 합의가 이루어지지 않는 한 골프장 건설은 실시하지 않을 방침입니다.

질문　골프장 건설에 관한 내용입니다만, 요코하마시와 오오야마 마을은 골프장 건설에 관해서 어떤 의견입니까?

1. 요코하마시는 찬성이고, 오오야마 마을은 반대입니다.
2. 요코하마시는 반대이고, 오오야마 마을은 찬성입니다.
3. 오오야마 마을과 요코하마시 모두 찬성입니다.
4. 오오야마 마을과 요코하마시 모두 반대입니다.

중요표현

1. 「명사+どおり」는 「~대로」라는 뜻. **予定(よてい)どおり**(예정대로), **約束(やくそく)どおり**(약속대로)
2. 「~ない限(かぎ)り」는 「~하지 않는 한」이라는 뜻이다. **話(はな)し合(あ)いがつかない限(かぎ)り**(합의가 되지 않는 한), **練習(れんしゅう)しない限(かぎ)り**(연습하지 않는 한)

해설

문제 2

デパートの社長(しゃちょう)が新入(しんにゅう)社員(しゃいん)に話(はな)しています。

女：皆(みな)さん、デパートの店員(てんいん)として、お客様(きゃくさま)に適切(てきせつ)な情報(じょうほう)やご満足(まんぞく)のいただけるサービスを提供(ていきょう)すること。これは誰(だれ)もがしようとすることです。でも、何が大切(たいせつ)か。正(ただ)しい言葉遣(ことばづか)いでしょうか。いいえ。ちょっと私たちの日常(にちじょう)を思(おも)い浮(う)かべてみましょう。お客様(きゃくさま)の中(なか)には品物(しなもの)を見(み)るだけの方(かた)がいたり。買(か)う気(き)もないのに取っ換え引っ換え(とっかえひっかえ)試着(しちゃく)する方(かた)がいたりします。そんなときには知(し)らず知(し)らず対応(たいおう)が邪険(じゃけん)になりがちです。お客様(きゃくさま)が、それに気(き)づかないはずがありません。そんなときにこそ、感謝(かんしゃ)の気持(きも)ちを持(も)ってお客様(きゃくさま)に接(せっ)してください。買(か)うつもりのないときでも、暖(あたた)かく迎(むか)えられたなら、お客様(きゃくさま)はその店(みせ)の雰囲気(ふんいき)に引(ひ)かれ、店員(てんいん)を信頼(しんらい)し、多少(たしょう)高(たか)くとも、お買(か)い上(あ)げくださるものです。

質問　社長(しゃちょう)が強調(きょうちょう)していることは何ですか。

1. お客様(きゃくさま)に適切(てきせつ)な情報(じょうほう)を与(あた)えるということです。
2. 言葉遣(ことばづか)いを正(ただ)しくするということです。
3. 買(か)い物(もの)したお客様(きゃくさま)にいいサービスをするということです。
4. 買(か)う気(き)もないお客様(きゃくさま)にも親切(しんせつ)にするということです。

백화점의 사장이 신입사원에게 이야기하고 있습니다.

여 : 여러분, 백화점의 점원으로서 고객에게 적절한 정보나 만족을 얻을 수 있는 서비스를 제공하는 것. 이것은 누구라도 하려고 하는 것입니다. 그렇지만 무엇이 중요한가. 올바른 말투일까요? 아니오. 잠깐 우리의 일상을 떠올려 봅시다. 고객 중에는 물건을 보기만 하는 분도 계시고, 살 마음도 없는데 번갈아 입어보는 분도 계십니다. 그럴 때에는 부지불식간에 대응이 매몰차게 되기 십상입니다. 고객이 그것을 눈치 채지 못할 리가 없습니다. 그럴 때일수록, 감사하는 마음을 가지고 고객을 대해 주세요. 살 생각이 없을 때에도, 따뜻하게 맞이해줬다면, 고객은 그 가게의 분위기에 끌리고, 점원을 신뢰해서, 다소 비싸도 사 주시는 것입니다.

질문　사장이 강조하고 있는 것은 무엇입니까?

1. 고객에게 적절한 정보를 주는 것입니다.
2. 말투를 올바르게 하는 것입니다.
3. 쇼핑한 고객에게 좋은 서비스를 하는 것입니다.
4. 살 마음도 없는 고객에게도 친절하게 하는 것입니다.

중요표현

1. 「取っ換え引っ換え(とっかえひっかえ)」는 「이것저것 차례로 바꾸어, 번갈아」라는 의미이다.
2. 「〜はずがない」는 객관적인 이유와 근거를 제시하여 그렇게 「〜할 리가 없다」라는 뜻이며, 「〜ないはずがない」는 「절대로 〜할 것이다」라는 뜻이다. 気(き)づかないはずがない(눈치 채지 못할 리가 없다. 즉 분명히 눈치 챌 것이다)

스크립트

문제 3

ラジオのお知(し)らせを聞(き)いてください。

男：東京都(とうきょうと)では、在日(ざいにち)外国人(がいこくじん)による弁論(べんろん)大会(たいかい)の参加者(さんかしゃ)を募集(ぼしゅう)しています。募集(ぼしゅう)資格(しかく)は大会(たいかい)当日(とうじつ)3月21日の時点(じてん)で来日(らいにち)後(ご)3年(ねん)以内(いない)であること。国籍(こくせき)が日本(にほん)ではないことです。テーマは自由(じゆう)ですが、ユニークな視点(してん)のものを歓迎(かんげい)します。まず、テープで予備(よび)審査(しんさ)を行(おこな)いますので、5分から7分のスピーチのテープをお送(おく)りください。募集(ぼしゅう)の締(し)め切(き)りは12月15日です。優勝者(ゆうしょうしゃ)は京都(きょうと)2泊3日の旅(たび)にご招待(しょうたい)いたします。

質問　コンテストに出(で)たい人(ひと)はいつまでに申(もう)し込(こ)めばいいですか。

1. 2月3日です。
2. 3月21日です。
3. 5月7日です。
4. 12月15日です。

라디오의 알림을 들어 주세요.

도쿄도에서는, 재일외국인에 의한 변론대회 참가자를 모집하고 있습니다. 모집 자격은 대회당일인 3월 21일 시점에서 일본에 온지 3년 이내일 것. 국적이 일본이 아닐 것입니다. 테마는 자유입니다만, 독특한 관점을 가진 테마를 환영합니다. 우선, 테이프로 예비 심사를 실시하기 때문에, 5분에서 7분정도의 스피치 테이프를 보내 주세요. 모집의 마감은 12월 15일입니다. 우승자는 교토2박3일 여행에 초대하겠습니다.

질문　콘테스트에 나가고 싶은 사람은 언제까지 신청하면 됩니까?

1. 2월3일입니다.
2. 3월 21일입니다.
3. 5월7일입니다.
4. 12월 15일입니다.

중요표현

「お+ます형+ください」는「~てください(~해 주세요)」의 공손한 표현이다. 送(おく)ってください → お送(おく)りください(보내주세요), 待(ま)ってください → お待(ま)ちください(기다려 주세요)

문제 4

大学(だいがく)の先生(せんせい)がコースを説明(せつめい)しています。

女：えー。このコースの名前(なまえ)は環境(かんきょう)問題(もんだい)です。一口(ひとくち)に環境(かんきょう)問題(もんだい)といってもいろいろありますね。酸性雨(さんせいう)ですとか、海洋(かいよう)汚染(おせん)の問題(もんだい)もあれば、熱帯林(ねったいりん)の問題(もんだい)もありますし、地球(ちきゅう)の温暖化(おんだんか)問題(もんだい)もありますよね。ま、こういったことは人間(にんげん)の経済(けいざい)活動(かつどう)と密接(みっせつ)に結(むす)びついているんです。そこで、コースの前半(ぜんはん)はそのうち主(おも)に、自然(しぜん)破壊(はかい)は今(いま)どうなっているのか、ということについて見(み)ていきたいと思(おも)います。で、後半(こうはん)は。人間(にんげん)の経済(けいざい)活動(かつどう)がどのようにそのような問題(もんだい)に影響(えいきょう)を及(およ)ぼしているのか、考(かんが)えていこうと思(おも)っています。そして、私たちがこれから何をしていけばいいのかということにまで話(はなし)を発展(はってん)させていければと思(おも)っています。

質問　このコースでは前半(ぜんはん)にどんなことを中心(ちゅうしん)に勉強(べんきょう)しますか。

1. 環境(かんきょう)問題(もんだい)の原因(げんいん)です。
2. 経済(けいざい)活動(かつどう)の影響(えいきょう)です。
3. 自然(しぜん)破壊(はかい)の現状(げんじょう)です。
4. 私たちがこれからすべきことです。

대학교 선생님이 코스를 설명하고 있습니다.

여 : 음... 이 코스의 이름은 환경 문제입니다. 한마디로 환경 문제라고 해도 여러 가지 있지요. 산성비라던가, 해양 오염 문제도 있고, 열대림의 문제도 있고, 지구 온난화 문제도 있군요. 뭐, 이러한 것은 인간의 경제활동과 밀접히 결합되어 있습니다. 그래서 코스의 전반부는 그 중에서 주로 자연 파괴는 지금 어떻게 되어 있는가에 대하여 살펴보고자 합니다. 그리고 후반부에는 인간의 경제활동이 어떻게 그러한 문제에 영향을 미치고 있는지 생각해보려고 합니다. 그리고 우리가 지금부터 무엇을 해 나가면 좋을지라는 것까지 이야기를 발전시켜 나가보고자 합니다.

질문　이 코스에서는 전반부에 어떤 것을 중심으로 공부합니까?

1. 환경 문제의 원인입니다.
2. 경제활동의 영향입니다.
3. 자연 파괴의 현상입니다.
4. 우리가 지금부터 해야 할 일입니다.

중요표현

「～べき」는 「～해야만 한다」는 의무 표현이다. 접속 형태는 동사의 원형에 접속한다. 行(い)くべき(가야만 한다), 단 する(하다)의 경우에는 すべき/するべき(해야만 한다) 두 가지 형태 모두 가능하다.

N1

뉴 일본어 능력시험

Part 08

문자/어휘 **chapter 01**
1번 문제/い형용사
2번 문제/い형용사

문법/ **chapter 02**
N1 문법패턴 8 (〜ないものでもない에서 〜にかこつけて까지)

독해
단문/중문 문제

청해 **chapter 03**
개요 이해 문제2

chapter 01 문자/어휘

N1 1교시

1번 문제/い형용사

浅あさましい 한심스럽다, 비열하다	怪あやしい 수상하다
粗あらい 거칠다	荒あらっぽい 난폭하다
淡あわい 연하다	慌あわただしい 분주하다, 어수선하다
潔いさぎよい 깨끗하다, 떳떳하다	著いちじるしい 현저하다
卑いやしい 미천하다	疎うとましい 싫다, 역겹다
夥おびただしい 엄청나다, 수량이 굉장히 많다	固かたい 단단하다
痒かゆい 가렵다	可愛かわいい 귀엽다, 사랑스럽다
可愛かわいらしい 귀엽다, 사랑스럽다	厳きびしい 엄격하다
決きまり悪わるい 어쩐지 부끄럽다, 겸연쩍다	気味悪きみわるい 어쩐지 불안하고 무섭다
くどい 집요하다, 느끼하다	詳くわしい 자세하다
汚けがらわしい 불쾌하다, 더럽다	煙けむたい 냅다(연기로)
心強こころづよい 믿음직스럽다	心細こころぼそい 불안하다
快こころよい 기분이 좋다	好このましい 호감이 가다, 바람직하다
寂さびしい 쓸쓸하다	渋しぶい 떫다
清々すがすがしい 상쾌하다, 시원하고 개운하다	素早すばやい 재빠르다
切せつない 괴롭다, 애절하다	素そっ気けない 무미건조하다, 멋대가리가 없다
貴たっとい 고귀하다	尊たっとい 귀중하다, 소중하다
怠だるい 나른하다, 노곤하다	手厚てあつい 극진하다
貴とうとい 귀중하다	尊とうとい 존귀하다
乏とぼしい 부족하다	情なさけない 한심하다
情なさけ深ぶかい 인정이 많다	名高なだかい 고명하다, 유명하다
何気なにげない 아무렇지도 않다	生臭なまぐさい 비린내가 나다
生なまぬるい 미적지근하다, 맹근하다	悩なやましい 괴롭다
眠ねむたい 졸리다	望のぞましい 바람직하다
はかない 덧없다, 부질없다	馬鹿馬鹿ばかばかしい 어처구니없다, 터무니없다
馬鹿ばからしい 시시하다, 바보스럽다	華々はなばなしい 눈부시다, 매우 화려하다
腹立はらだたしい 화가 나다	久ひさしい 오래다

酷ひどい 잔인하다, 심하다	冷ひやかす 놀리다, 물건을 구경하거나 값을 물어보다
平ひらたい 평평하다, 넓적하다	相応ふさわしい 어울리다
紛まぎらわしい 헷갈리기 쉽다	不味まずい 맛없다
待まち遠どおしい 몹시 기다려지다	眩まぶしい 눈부시다
まん丸まるい 아주 둥글다	見苦みぐるしい 보기 흉하다
見窄みすぼらしい 초라하다, 볼품없다	醜みにくい 추하다
目覚めざましい 눈부시다	物足ものたりない 어딘가 부족하다
欲深よくぶかい 욕심 많다	煩わずらわしい 번거롭다, 성가시다

2번 문제 / い형용사

あくどい 악랄하다, 악착같다	厚あつかましい 뻔뻔스럽다
呆気あっけない 어이없다	いやらしい 불쾌하다, 야하다
鬱陶うっとうしい 우울하다	おっかない 무섭다
かしましい 시끄럽다, 떠들썩하다	くすぐったい 간지럽다
しぶとい 끈질기다	すばしこい 민첩하다
素そっ気けない 매정하다, 무뚝뚝하다	逞たくましい 늠름하다
容易たやすい 손쉽다	だらしない 단정하지 않다
慎つつましい 조심스럽다	つれない 야속하다, 모르는 체하다
でかい 크다	馴なれ馴なれしい 매우 친하다, 허물없다
甚はなはだしい 심하다, 지나치다	みっともない 보기 싫다, 꼴불견이다
空むなしい 공허하다, 덧없다	めでたい 경사스럽다, 축하할 만하다
目めまぐるしい 어지럽다	勿体もったいない 과분하다, 아깝다
もろい 약하다, 여리다	喧やかましい 시끄럽다, 떠들썩하다
ややこしい 까다롭다, 복잡하다	緩ゆるい 느슨하다, 엄하지 않다
若々わかわかしい 매우 젊어 보이다	

問題1 ＿＿＿＿の言葉の読み方として最もよいものを、1・2・3・4から一つ選びなさい。

1 彼の両親はしつけが厳しい。
　　1　いちじるしい　　2　はなはだしい　　3　きびしい　　4　はげしい

2 いつぞやの話をもう一度詳しく聞かせてください。
　　1　くやしく　　2　くわしく　　3　むなしく　　4　よろしく

3 夜はいつも寂しくて、気が狂いそうです。
　　1　おそろしくて　　2　あやしくて　　3　さびしくて　　4　わびしくて

4 形が似ていて紛らわしい漢字を一網打尽に覚えることができます。
　　1　わからわしい　　2　まぎらわしい　　3　わずらわしい　　4　こならわしい

5 「欲深い」というのが、いい意味なのか、悪い意味なのか、ちょっと不明です。
　　1　ほしふかい　　2　ほしぶかい　　3　よくふかい　　4　よくぶかい

6 馬鹿らしくなったので、話す価値も言い合う価値もないと思った。
　　1　ばからしく　　2　まからしく　　3　はからしく　　4　ばしからしく

7 京都に相応しいかどうかという点についての議論で盛り上がりました。
　　1　そうおうしい　　2　そうわしい　　3　ふさわしい　　4　あいおうしい

8 桜の便りが待ち遠しい季節になりましたね。
　　1　もちどおしい　　2　まちどおしい　　3　たちどおしい　　4　ぶちどおしい

9 彼らは世界平和のために尊い人柱になった。
　　1　とぼしい　　2　つまらない　　3　くだらない　　4　とうとい

10 オリンピックが華々しく開幕した。
　　1　はなばなしく　　2　ものものしく　　3　そうぞうしく　　4　おもおもしく

PRACTICE TEST

11　<u>腹立たしい</u>ことであっても堪えなければならない。
　　1　はなだたしい　　2　ふくだたしい　　3　なかだたしい　　4　はらだたしい

12　<u>潔く</u>別れることが良いことだとは限らない。
　　1　いとしく　　2　あつかましく　　3　いさぎよく　　4　のぞましく

13　一杯じゃ<u>物足りない</u>からもう一杯飲もうか。
　　1　ものふりない　　2　ものたりない　　3　ものかりない　　4　ものすりない

問題2　（　　　）に入れるのに最もよいものを、1・2・3・4から一つ選びなさい。

1　朝の（　　　）空気を胸一杯に吸った。
　　1　すがすがしい　　2　わかわかしい　　3　はなばなしい　　4　なれなれしい

2　（　　　）一言が人を勇気づけたり、傷つけたりするものだ。
　　1　だらしない　　2　なにげない　　3　みっともない　　4　なさけない

3　最近の青少年はしっかりしているようだが、精神的に（　　　）面がある。
　　1　しぶい　　2　だるい　　3　ゆるい　　4　もろい

4　（　　　）身なりをした男二人が、都会のすみの歩道で話していた。
　　1　まぎらわしい　　2　なやましい　　3　みすぼらしい　　4　わずらわしい

5　能力はあるのだが、まだ経験が（　　　）ため、うまくいかないことが多い。
　　1　いやしい　　2　とぼしい　　3　あさましい　　4　たくましい

6　この詩は子供をなくした親の（　　　）気持ちをつづったものである。
　　1　そっけない　　2　つれない　　3　あっけない　　4　せつない

223

7 彼はいつも(　　　)商売をする。
1　あくどい　　　2　まぶしい　　　3　はかない　　　4　けむたい

8 公式の席では、その場に(　　　)服装が要求される。
1　みぐるしい　　2　めざましい　　3　たくましい　　4　ふさわしい

9 いくら努力しても成果があがらないので、(　　　)なってきた。
1　とうとく　　　2　むなしく　　　3　ひさしく　　　4　たやすく

10 建物に入るのに、いちいち証明書を見せなければならないので、本当に(　　　)。
1　わずらわしい　2　まちどおしい　3　みすぼらしい　4　はなはだしい

11 (　　　)数の貝がらが、遺跡から発掘された。
1　はなばなしい　2　おびただしい　3　やかましい　　4　なやましい

12 小さな子が一人で留守番をするなんて、さぞ(　　　)ことだろう。
1　うっとうしい　2　こころぼそい　3　なさけない　　4　ものたりない

13 彼は(　　　)から、多少困難な状況にあってもやっていける。
1　いやらしい　　2　このましい　　3　たくましい　　4　なれなれしい

chapter 02 문법/독해

N1 2교시

문법 필수 문형 – N1 문법패턴 8

01 ~ないものでもない ~하지 않는 것도 아니다, ~할 수도 있다

접속: [동사의 ない형] + ものでもない

「~ないものでもない」는 「~하지 않는 것도 아니다. 즉 상황에 따라서는 그렇게 할 수도 있다」는 것을 완곡하게 표현한 문형이다.

二人(ふたり)でこれだけ集中(しゅうちゅう)してやれば、今月(こんげつ)までに完成(かんせい)しないものでもない。
둘이서 이만큼 집중해서 하면, 이번 달까지 완성할 수도 있다.

難(むずか)しいけれど、努力(どりょく)すれば合格(ごうかく)できないものでもないだろう。
어렵겠지만, 노력하면 합격할 수 없는 것도 아닐 것이다.

02 ~ながらも ~이면서도, ~이지만

접속: [동사의 ます형/동사의 ない형/い형용사-い/な형용사 어간/명사] + ながらも

「AながらもB」는 「A이지만 동시에 B이다」라는 뜻으로 A와 B에 주로 상반된 내용이 오는 역접표현이다.

障害(しょうがい)を持(も)ちながらも働(はたら)いている人(ひと)が近年増加傾向(きんねんぞうかけいこう)にあります。
장해를 가지고 있으면서도 일을 하고 있는 사람이 최근 증가 경향에 있습니다.

大量生産(だいりょうせいさん)できないながらも大(だい)ヒット商品(しょうひん)になった。
대량생산 할 수 없음에도 대히트 상품이 되었다.

狭(せま)いながらもきちんと片付(かたづ)けられていて使(つか)いやすそうな部屋(へや)です。
좁지만 제대로 정리되어져 있어서 사용하기 편할 것 같은 방입니다.

小(ちい)さい頃(ころ)、いやいやながらも、毎日塾(まいにちじゅく)に通(かよ)って勉強(べんきょう)をした。
어렸을 때, 싫다고 하면서도 매일 학원에 다니며 공부를 했다.

彼女(かのじょ)は152cmという小(ちい)さな体(からだ)ながらも大型(おおがた)バイクを難(なん)なく乗(の)りこなす女(おんな)の子(こ)だ。
그녀는 152cm라는 작은 체구이지만 대형 오토바이를 어려움 없이 타는 여자 아이다.

03 ~ながらに ~면서

접속: [동사의 ます형/명사] + ながらに

「AながらにB」는 [A인 상태 그대로(인 채로) B이다」라는 표현이다. 「生(う)まれながらに(태어나면서, 선천적으로)/涙(なみだ)ながらに(눈물을 흘리면서)/生(い)きながらに(살아있으면서)」와 같이 자주 사용하는 관용적 표현은 그대로 외워두는 것이 좋다. 「昔(むかし)ながらの(옛날 그대로의)」처럼 「~ながらの+명사」의 형태로도 자주 쓰인다.

225

chapter 02 문법/독해

人権とは、誰もが生まれながらに持っている自分らしく幸せに生きる権利のことです。
인권이란 누구나가 태어나면서 가지고 있는 자신답게 행복하게 살 권리입니다.

彼は自身の行動を涙ながらに謝罪した。
그는 자신의 행동을 눈물을 흘리면서 사죄했다.

昔ながらの風習が今なお守られている。
옛 그대로의 풍습이 지금까지도 지켜지고 있다.

04 ~なくして/~なくしては ~없이/~가 없으면

접속: [명사]+なくして(なくしては)

「~なくして/~なくしては」는「~없이/~가 없으면」이라는 뜻이다. 동사의 경우「~することなくして(は)」와 같이「こと」를 접속시켜 사용한다.

きちんとした準備なくして新しい事を始めると、必ず失敗する。
제대로 된 준비 없이 새로운 일을 시작하면 반드시 실패한다.

人間は、愛なくしては生きていけない。
인간은 사랑이 없으면 살아 갈 수 없다.

仏教文化を理解することなくしては、日本人の精神文化、生活文化について理解することはできない。
불교문화를 이해함이 없이는, 일본인의 정신문화, 생활 문화에 대해 이해할 수 없다.

05 ~なしに/~なしには ~없이/~없이는

접속: [명사]+なしに(なしには)

「~なしに」는「~없이」「~なしには」는「~없이는」이라는 뜻이다.「~なしには」는 문장 뒷부분에 부정표현, 거의 가능형의 부정형이 오는 경우가 많다.

親がノックなしに部屋に入ってきた。
부모님이 노크 없이 방에 들어 왔다.

私たちの生活はインターネットなしには考えられない時代となった。
우리들의 생활은 인터넷 없이는 생각할 수 없는 시대가 되었다.

06 ～ならいざしらず ～라면 모를까

접속: [명사]+ならいざしらず

「Aならいざしらず」는 「A의 경우라면 모를까」라는 뜻으로 문장 뒷부분에 전반부랑 대립되는 사항을 기술한다.

小さな子どもならいざしらず、大学生にもなって洗濯もできないとは驚いた。
어린 아이라면 모를까, 대학생이나 되어서 빨래도 할 수 없다니 놀랐다.

大企業ならいざしらず、中小企業には大きすぎる投資なのだ。
대기업이라면 모를까, 중소기업에게는 너무 큰 투자다.

07 ～ならでは ～가 아니면 없는, ～고유의

접속: [명사]+ならでは

일반적으로 「Aならではの명사」의 형태로 「A만 가지고 있는 특유의, A가 아니면 없는」이라는 표현이다. 문장 뒷부분에 높은 평가나 찬탄의 표현 등이 주로 온다.

豆腐の創作料理の数も豊富で、豆乳ケーキなどこの店ならではの味が楽しめる。
두부 창작요리 수도 풍부하고, 두유 케이크 등 이 가게가 아니면 맛볼 수 없는 맛을 즐길 수 있다.

女性デザイナーならではの感性が光るデザインです。
여성 디자이너 고유의 감성이 빛나는 디자인입니다.

同世代ならではの話題を大いに語り合いました。
동세대만이 가지고 있는 화제를 많이 주고받습니다.

08 ～なり /～なり～なり ～하자마자/ ～하든 ～하든

접속: [동사의 기본형(원형)]+なり/[동사의 기본형(원형)/명사+なり～ 동사의 기본형(원형)/명사+なり]

「～なり」는 「～や否(いな)や(하기가 무섭게, 하자마자)」의 유사표현으로 「～하자마자」라는 뜻이다. 주의해야 할 것은 「～や否(いな)や(하기가 무섭게, 하자마자)」는 앞뒷문장의 주어가 달라도 상관없지만 「～なり」는 반드시 앞뒷문장의 주어가 동일해야 한다.

私がドアを開けるや否や(開けるなり-X)猫が飛び込んできた。〈주어가 다름-や否や(O), なり(X)〉

彼女は、私の顔を見るや否や(見るなり)、泣き出してしまった。〈주어가 같음-や否や(O), なり(O)〉

그리고 「Aなり Bなり」는 「A 하든 B 하든」이라는 뜻으로 유사한 내용을 예를 들어 선택하는 문장에서 쓰인다.

> 美香はこの手紙を読むなり、大声を上げて泣き出したという。
> 미카는 이 편지를 읽자마자, 큰 소리를 내며 울기 시작했다고 한다.
> 彼女は「好きにして」と言うなり、部屋を出ていった。
> 그녀는「마음대로 해」라고 말하자마자 방을 나갔다.
> 分からない単語があったら、辞書を引くなり誰かに聞くなりして、調べておきなさい。
> 모르는 단어가 있으면, 사전을 찾든지 누군가에게 묻든지 해서 알아놓으세요.

09 ～なりに/～なりの   ～나름대로/ ～나름대로의

접속: [명사] + なりに(なりの)

「～なりに/～なりの」는 일반적으로 명사와 대명사 그것에 접속해 「～나름대로/ ～나름대로의」라는 뜻으로 사용되는 표현이다.

> 色々と私なりに調べてみましたが、解決できず困っています。
> 여러모로 제 나름대로 조사해 보았습니다만, 해결하지 못하고 곤란을 겪고 있습니다.
> 趣味はないが、それなりに楽しく暮している。
> 취미는 없지만, 그 나름대로 즐겁게 살고 있다.
> 子どもには子どもなりの価値観があります。
> 아이에게는 아이 나름의 가치관이 있습니다.
> 成功する人にはそれなりの理由がある。
> 성공하는 사람에게는 그 나름의 이유가 있다.

10 ～にかこつけて   ～를 구실로

접속: [명사] + にかこつけて

「AにかこつけてB」는 「A를 구실로 B를 하다」라는 뜻으로 거짓말이나 핑계를 억지로 갖다 댄다는 뉘앙스를 가진다.

> 病気にかこつけて仕事がしたくないんじゃないの。
> 병을 구실로 일을 하고 싶지 않은 거 아니니?
> 出張にかこつけて、京都旅行をしてきた。
> 출장을 구실로, 교토 여행을 하고 왔다.

PRACTICE TEST

問題1　次の文の（　　）に入れるのに最もよいものを、1・2・3・4から一つ選びなさい。

1　どうしても、というのであれば、（　　　）。
　1　やらなくなるべきだ　　　　　　2　やらないことにすぎない
　3　やらないはずだ　　　　　　　　4　やらないものでもない

2　留学経験の長い彼（　　　）国際感覚にあふれた意見だ。
　1　にあたって　　2　ならではの　　3　たる　　4　と相まって

3　現代人の生活はテレビなどのマスメディアなしには（　　　）。
　1　語れない　　　　　　　　　　　2　語れるだろう
　3　語れるわけである　　　　　　　4　語れずにすむ

4　夫は横になる（　　　）いびきをかき始めた。
　1　いなや　　2　かたがた　　3　なり　　4　そばに

5　彼女には生まれ（　　　）身についた気品があった。
　1　ながらも　　2　ながらに　　3　てから　　4　たから

6　私の家は、貧しい（　　　）いつも笑い声が絶えなかった。
　1　ながらも　　2　ゆえに　　3　からこそ　　4　までも

7　子どもは（　　　）、人間関係でストレスを感じている。
　1　子どもならでは　　　　　　　　2　大人もさることながら
　3　子どもなりに　　　　　　　　　4　大人なりに

8　新入社員（　　　）、入社8年にもなる君がこんなミスをするとは信じられない。
　1　とすれば　　2　ともなれば　　3　なるがゆえに　　4　ならいざしらず

9　「はい、がんばります！」と口では（　　　）、なかなか実行できないのが現実だ。
　1　言わずに　　2　言いながらに　　3　言うまでもなく　　4　言いながらも

229

10 あなたには気に入らなくても、私には私（　　　）やり方があるのです。好きにさせてください。
　　1 どおりの　　　2 なりの　　　3 だけ　　　4 ごとき

11 父の病気に（　　　）、会への出席を断った。
　　1 かけて　　　2 かんして　　　3 かぎって　　　4 かこつけて

12 子どもは海に（　　　）なり水遊びを始めた。
　　1 着く　　　2 着いた　　　3 着いて　　　4 着かない

13 難しいことは難しいが、努力次第では（　　　）。
　　1 実現できるだろうか　　　2 実現させたいものだ
　　3 実現できないものでもない　　　4 実現できそうもない

14 外国から果物を輸入するのではなく、この土地で取れるものだけを使って、ここ（　　　）のおいしいお酒を作ってみたいと思っている。
　　1 だから　　　2 限りでは　　　3 ならでは　　　4 のみならず

15 彼の存在（　　　）、今度の企画は失敗に終わっていただろう。
　　1 どおりに　　　2 なくしては　　　3 ならでは　　　4 に限らず

PRACTICE TEST

問題2 次の文の ___★___ に入る最もよいものを、1・2・3・4から一つ選びなさい。

1. 私たち人間の生活は、_____ _____ ★ _____成立しない。
   1 交わり合う　　　2 他の人々と　　　3 ことなしには　　　4 互いに

2. いくら裕福でも、親の_____ ★ 、_____ _____のだろうか。
   1 幸せと言える　　2 子どもは　　　　3 なくして　　　　　4 愛情

3. _____ ★ 、_____ _____計算ができないなんて信じられない。
   1 小学生　　　　　2 こんな簡単な　　3 ならいざしらず　　4 大学生が

4. 彼は子ども時代の_____、_____ ★ _____。
   1 ながらに　　　　2 涙　　　　　　　3 つらい経験を　　　4 語った

5. 仕事の ★ _____ _____ _____田舎に帰らない。
   1 しか　　　　　　2 忙しさに　　　　3 時々　　　　　　　4 かこつけて

問題3　次の文章を読んで、1から5の中に入る最もよいものを、1・2・3・4から一つ選びなさい。

　私は、大学時代、テニスの選手だった。下手なプレーヤーであったが、テニスで学んだものは数限りない。そのなかで、私にとって最も大きなものは、[1]ということだった。どんなに悔しくて、頭のなかが真っ白になりつつ逆上(注1)していても、勝った相手を讃えて(注2)、握手をしなければならない。これは簡単なことではない。

　あるとき、私は大接戦の[2]負けた。マッチポイントを三つも握りながら、逆転負けした。私は、ネットを挟んで、対戦相手と握手をし、ラケットを小脇にテニスコートから出た。

　そして、コーチのところへ行き、
「相手が一枚うわて(注3)でした」
と言った。[3]、コーチは、私の頭をラケットの柄で殴り、
「負けたのは、相手が強かったからか？違う。お前が弱かったから負けたんや。相手が強いなんて言うのは、負けたのを、相手の[4]してるんや」
と叱り、さらに、こう怒鳴った。
「ゲームが終わって、相手と握手をしたときの、お前の顔は、いったい何や。相手の顔から目をそむけて、ただ手だけ出しやがって。お前、いったい、何のために、テニスをやってきたんや。もういっぺん、相手のところへ行って、心からの笑顔で、「おめでとう」って言ってこい。それができんのなら、もう明日から部室に来るな。テニスなんか、やめてしまえ」
　泣きそうに[5]、私はコーチの言うとおりにした。

(宮本輝「生きものたちの部屋」による)

(注1)逆上(ぎゃくじょう)する：激しい悔しさや怒りなどのために興奮して心の落ち着きを失う
(注2)讃(たた)える：すぐれているとほめる
(注3)一枚(いちまい)うわて：技能・学問・知識などが他の人より少しすぐれていること

PRACTICE TEST

1
1 接戦を演ずる　　　　2 まけを認める
3 コーチの指示を受ける　4 本心を隠す

2
1 とおりに　　2 際に
3 末に　　　　4 ついでに

3
1 すると　　　2 だが
3 そのうえ　　4 つまり

4
1 もとに　　　2 かわりに
3 くせに　　　4 せいに

5
1 ならないまでも　　2 なりながらも
3 なったが最後　　　4 なろうがなるまいが

問題4 次の文章を読んで、後の問に対する答えとして最もよいものを、1・2・3・4から一つ選びなさい。

　人はいつ死ぬかという研究をしている外国の社会学者が調査をした結果、誕生日の1カ月くらい前からの死亡率が急に下がるが、誕生日がすぎてしばらくすると、また上昇するようだということに気づいた。どうして、誕生日が人の死に関係するのか、この社会学者は、お祝いをしてもらえる日を心まちにしているのが延命効果をもつのではないかという解釈を下した。医学者はなんというか知らないが、人間にはそういう科学ではわり切れないところがあるに違いないと、その話をきいて勝手に想像したことがある。

(外山滋比古『同窓会の名簿』PHP研究所による)

1 筆者はこの社会学者の意見についてどう思っているか。
1　科学的ではないが、受け入れられる。
2　科学的だが、受け入れられない。
3　科学的ではないので、受け入れられない。
4　科学的なので、受け入れられる。

PRACTICE TEST

問題5　次の文章を読んで、後の問に対する答えとして、最もよいものを1・2・3・4から一つ選びなさい。

　大人のことばと子どものことばの場合も、大人のことばが「中心」で、子どものことばは「中心」ではありません。だから、普通は、私たちは、「中心」であるところの大人のことばを維持しなければならないと思っており、子どもが何か変わった言い方をしますと、（　①　）。
　しかし、その(注)反面、子どものことばというのは、必ずしも全部大人のことばに合わせて直されてしまうわけではありません。それは、ことばというのが、時代とともに変わるということをみればすぐわかることです。「ことばが変わる」という場合、それは世代から世代への移り変わりで、②ずれが起こっているということですし、そのずれというのは、子どものことばに始まったものが、それを直そうとする試みにも関わらず、しきれなくて、それが大人のことばの中に入り込み、言語を変えるのだと考えることができます。こんなふうに考えてきますと、③「中心でないものも」、最近のことばを使いますと、文化というものを「活性化」する、つまり、それに活力を与える、そういう意味を持っているものとしてとらえなおすことができるわけです。

（池上嘉彦「ふしぎなことば　ことばのふしぎ」による）

(注)反面：ほかの面からみると

1　（　①　）に入るものとして最も適当なものはどれか。
1　それはおかしいと言って直すことをします。
2　それはいいと言って大人の言葉に取り入れます。
3　無理に直そうとしないでしばらく様子を見ます。
4　全く直そうとしないでそのまま放っておきます。

2　②「ずれが起こっている」とは、例えばどういうことか。
1　大人のことばが子どものことばを活性化すること
2　子どものことばが大人のことばの中に入り込むこと
3　子どものことばと大人のことばがお互いに活性化しあうこと
4　大人のことばが子どものことばの中にいつのまにか入り込むこと

| 3 | ③「中心でないものも」とは何を指すか。

1　昔のことば
2　大人のことば
3　子どものことば
4　世代間のことばのずれ

chapter 03 청해

N1 3교시

개요 이해 문제 2

N1 청해 문제3은 개요 이해 문제이다. 문장을 들려주고 내용을 잘 이해했는가를 묻는 문제로서 전체 내용 안에서 화자의 주장이나 의지를 정확하게 파악해 이해했는지를 묻는 문제가 출제된다.

대화를 잘 듣고 맞는 답을 하나 고르시오.

1 ばん

①
②
③
④

えなどは　ありません。

2 ばん

①
②
③
④

えなどは　ありません。

PRACTICE TEST

3 ばん

①

②

③

④

えなどは　ありません。

4 ばん

①

②

③

④

えなどは　ありません。

스크립트

문제 1

ある会社(かいしゃ)の社長(しゃちょう)が方針(ほうしん)の変更(へんこう)について話(はな)しています。

男:えー、諸君(しょくん)も知(し)ってる通(とお)り、この不況(ふきょう)で、え、世間(せけん)では、社員数(しゃいんすう)を減(へ)らし、会社(かいしゃ)を縮小(しゅくしょう)する方向(ほうこう)に働(はたら)いているところが多(おお)い。ただ、私の考(かんが)えでは、企業(きぎょう)というものは一度(いちど)縮小(しゅくしょう)したら、悪循環(あくじゅんかん)に陥(おちい)り、そこから二度(にど)と立(た)ち直(なお)れないと思(おも)う。で、わが社(しゃ)はこの際(さい)、経営(けいえい)の拡大(かくだい)を図(はか)ることにする。勿論(もちろん)、引(ひ)き締(し)めるべきところは引(ひ)き締(し)める。それに伴(ともな)いいくつかの変革(へんかく)を行(おこな)う。まず、経費(けいひ)の節約(せつやく)のために女子(じょし)のユニホームを無(な)くす。そして、冷房費(れいぼうひ)削減(さくげん)のため、男性(だんせい)社員(しゃいん)は気温(きおん)が23度(ど)以上(いじょう)の日(ひ)は上着(うわぎ)必要(ひつよう)なし、また、従来(じゅうらい)の定時(ていじ)勤務(きんむ)体制(たいせい)を変(か)えて、変形(へんけい)労働(ろうどう)時間制(じかんせい)を取(と)り入(い)れ、業務(ぎょうむ)の効率化(こうりつか)を図(はか)る。給料(きゅうりょう)は能力給(のうりょくきゅう)にし、昇給(しょうきゅう)は個人(こじん)査定(さてい)で行(おこな)う。

質問　変更(へんこう)の結果(けっか)はどうなりますか。

1. 不況(ふきょう)でも給料(きゅうりょう)は変(か)わりません。
2. 上着(うわぎ)を着(き)なくてもいい日(ひ)ができます。
3. 首(くび)になる人(ひと)が多(おお)く出(で)ます。
4. 出勤(しゅっきん)時間(じかん)が早(はや)くなります。

어느 회사의 사장이 방침의 변경에 대해 이야기하고 있습니다.

남 : 음...제군들도 알고 있듯이, 이 불황에서, 음... 세간에는 사원수를 줄여, 회사를 축소할 방향으로 움직이고 있는 곳이 많다. 단지, 나의 생각으로는, 기업이라는 것은 한 번 축소하면, 악순환에 빠져, 거기에서 두 번 다시 회복할 수 없다고 생각한다. 그래서 우리 회사는 이 때, 경영의 확대를 도모하기로 한다. 물론, 긴축 시켜야 할 것들은 긴축 시킨다. 거기에 따라 몇 가지 변혁을 실시한다. 우선, 경비 절약을 위해 여사원들의 유니폼을 없앤다. 그리고 냉방비 삭감을 위해, 남자 사원들은 기온이 23도 이상인 날은 윗도리(재킷)를 안 입어도 된다. 또, 종래의 정시 근무 체제를 바꿔서, 변형 노동 시간제를 도입해, 업무의 효율화를 도모한다. 급여는 능력급으로 하고, 승급은 개인 사정으로 실시한다.

질문　변경의 결과는 어떻게 됩니까?

1. 불황에서도 급여는 변하지 않습니다.
2. 윗도리를 입지 않아도 되는 날이 생깁니다.
3. 해고되는 사람이 많이 나옵니다.
4. 출근 시간이 빨라집니다.

> **중요표현**
> 「동사원형+ことにする」는 「~하기로 하다(결정)」라는 표현이다. 経営(けいえい)の拡大(かくだい)を図(はか)ることにする(경영 확대를 도모하기로 하다)

문제 2

女(おんな)の人(ひと)がこれからすることについて説明(せつめい)しています。

女：おはようございます。皆(みな)さん、健康(けんこう)管理(かんり)教室(きょうしつ)へようこそ。では、今月(こんげつ)の予定(よてい)についてお知(し)らせします。今日(きょう)ははじめに4階(かい)の会議室(かいぎしつ)で健康(けんこう)管理(かんり)のための講義(こうぎ)があります。ただ、今日(きょう)はこの教室(きょうしつ)の第(だい)一日目(いちにちめ)ですので、いくつかしていただきたいことがあります。まず、写真(しゃしん)はお持(も)ちでしょうか。お持(も)ちでない方(かた)がいらっしゃいましたら, 2階(かい)に機械(きかい)がありますので、後(あと)でお撮(と)りください。個人(こじん)カードに必要(ひつよう)です。では、これから個人(こじん)カードを配(くば)ります。昼休(ひるやす)みに記入(きにゅう)し、窓口(まどぐち)にお出(だ)しください。それからロッカーの位置(いち)を示(しめ)した図(ず)をお渡(わた)ししますので、ご自分(じぶん)のロッカーを確認(かくにん)して、今(いま)とりあえず荷物(にもつ)をその中(なか)に入(い)れ、１５分後(ご)に4階(かい)の会議室(かいぎしつ)にお集(あつ)まりください。

質問　はじめにしなければならないことは何ですか。

1. 荷物(にもつ)をロッカーに入(い)れることです。
2. 個人(こじん)カードに記入(きにゅう)することです。
3. 写真(しゃしん)を撮(と)ることです。
4. 4階(かい)の会議室(かいぎしつ)に行(い)くことです。

여자가 지금부터 할 일에 대하여 설명하고 있습니다.

여 : 안녕하세요. 여러분, 건강관리 교실에 잘 오셨습니다. 그럼, 이번 달 일정에 대해 알려 드리겠습니다. 오늘은 제일 먼저 4층 회의실에서 건강관리를 위한 강의가 있습니다. 단, 오늘은 이 교실(강의)의 첫날이므로, 몇 가지가 해 주셨으면 하는 것이 있습니다. 우선, 사진은 가지고 있으십니까? 가지고 있지 않은 분이 계시면, 2층에 기계가 있으니까, 나중에 찍어 주세요. 개인 카드에 필요합니다. 그럼, 지금부터 개인 카드를 나눠드리겠습니다. 점심시간에 기입해, 창구에 내 주세요. 그리고 로커의 위치를 나타낸 그림을 드릴 테니까, 자신의 로커를 확인하고, 지금 우선 짐을 그 안에 넣고, 15분후에 4층 회의실에 모여 주세요.

질문　처음에 하지 않으면 안 되는 것은 무엇입니까?

1. 짐을 로커에 넣는 것입니다.
2. 개인 카드에 기입하는 것입니다.
3. 사진을 찍는 것입니다.
4. 4층 회의실에 가는 것입니다.

중요표현

1. 「お+ます형+ください」는 「～てください(～해 주세요)」의 공손한 표현이다. 撮(と)ってください → お撮(と)りください(찍어주세요), 集(あつ)まってください → お集(あつ)まりください(모여주세요)
2. 「お+ます형+する」는 자신의 행동을 겸손하게 낮춰서 말하는 겸양표현이다. 渡(わた)す(내주다) → 渡(わた)します(내주겠습니다) → お渡(わた)しします(내드리겠습니다)

스크립트

문제 3

男(おとこ)の人(ひと)が自動車(じどうしゃ)の輸出(ゆしゅつ)について話(はな)しています。

男：昨年度(さくねんど)、自動車(じどうしゃ)の輸出(ゆしゅつ)は一昨年(おととし)に引(ひ)き続(つづ)き売上(うりあげ)を大(おお)きく伸(の)ばし、対(たい)前年(ぜんねん)比(ひ)で17％の伸(の)びを示(しめ)しました。ところが、輸出(ゆしゅつ)台数(だいすう)を見(み)ますと、ほぼ横這(よこば)いの状態(じょうたい)で、わずか0.5％増(ふ)えたにすぎません。この背景(はいけい)には円高(えんだか)の影響(えいきょう)もありますが、輸出(ゆしゅつ)される車(くるま)の高級(こうきゅう)志向(しこう)が進(すす)んでいることが挙(あ)げられると思(おも)います。

質問　昨年度(さくねんど)の自動車(じどうしゃ)の輸出(ゆしゅつ)はどうだったと言(い)っていますか。

1. 円高(えんだか)にもかかわらず、輸出(ゆしゅつ)台数(だいすう)が大(おお)きく伸(の)び、売上(うりあげ)も伸(の)びました。
2. 円高(えんだか)で輸出(ゆしゅつ)台数(だいすう)は伸(の)びず、売上(うりあげ)も伸(の)びませんでした。
3. 輸出(ゆしゅつ)台数(だいすう)が伸(の)びましたが、低価格化(ていかかくか)で、売上(うりあげ)はあまり伸(の)びませんでした。
4. 輸出(ゆしゅつ)台数(だいすう)は伸(の)びませんでしたが、高級(こうきゅう)志向(しこう)が進(すす)み、売上(うりあげ)はかなり伸(の)びました。

남자가 자동차의 수출에 대해 이야기하고 있습니다.

남 : 작년도 자동차 수출은 재작년에 이어 매상이 크게 늘어, 전년대비 17%의 성장을 나타냈습니다. 그런데 수출 대수를 보면, 거의 보합상태로, 불과 0.5% 증가한 것에 지나지 않습니다. 이 배경에는 엔고의 영향도 있습니다만, 수출되는 자동차의 고급화가 진행되고 있다는 것을 들 수 있습니다.

질문　작년도의 자동차의 수출은 어떠했다고 말하고 있습니까?

1. 엔고에도 불구하고, 수출 대수가 크게 늘어 매상도 늘었습니다.
2. 엔고로 수출 대수는 늘지 않고, 매상도 늘지 않았습니다.
3. 수출 대수가 늘었습니다만, 저가격화로, 매상은 별로 늘지 않았습니다.
4. 수출 대수는 늘지 않았습니다만, 고급화가 진행되어, 매상은 많이 늘었습니다.

중요표현

1. 「横這(よこば)い」는 「시세가 크게 변동하지 않는 상태, 보합」이라는 뜻이다.
2. 「～にすぎない」는 「～에 지나지 않는다/ ～에 불과하다」라는 표현이다. 0.5％増(ふ)えたにすぎません(0.5% 증가한 것에 불과합니다). 彼女(かのじょ)は第三者(だいさんしゃ)にすぎない(그녀는 제3자에 불과하다)

문제 4

ラジオの電話(でんわ)相談(そうだん)でアナウンサーが女(おんな)の人(ひと)の手紙(てがみ)を読(よ)んでいます。

女:では、次(つぎ)のお便(たよ)りです。娘(むすめ)は中学(ちゅうがく)3年(ねん)になりますが、学校(がっこう)で試験(しけん)など、自分(じぶん)のいやだと思(おも)うことがあると、その前(まえ)の日から落(お)ち着(つ)かず、いらいらして、妹(いもうと)に当(あ)たったり、何か理由(りゆう)をつけて学校(がっこう)を休(やす)んでいます。先日(せんじつ)の試験(しけん)のときは、洋服(ようふく)にしわがあるとか何とか言(い)って、休(やす)みました。お弁当(べんとう)を作(つく)ってくれないと言(い)って休(やす)んだこともあります。私は風邪(かぜ)を引(ひ)いたので休(やす)ませますと、学校(がっこう)に電話(でんわ)をします。こういう娘(むすめ)の性格(せいかく)を直(なお)すにはどうしたらいいでしょうか。

質問 女(おんな)の人(ひと)の娘(むすめ)さんがよく学校(がっこう)を休(やす)む本当(ほんとう)の理由(りゆう)は何ですか。

1. お弁当(べんとう)を作(つく)ってもらえないからです。
2. よく病気(びょうき)になるからです。
3. 学校(がっこう)で試験(しけん)などのいやなことがあるからです。
4. 洋服(ようふく)が気(き)に入(い)らないからです。

라디오의 전화 상담에서 아나운서가 여자의 편지를 읽고 있습니다.

여 : 그럼, 다음 편지입니다. 딸은 중학교 3학년이 됩니다만, 학교에서 시험 등, 자신이 싫다고 생각하는 일이 있으면, 그 전날부터, 침착해하지 않고, 초조해 하며, 여동생에 화를 내거나 무엇인가 이유를 붙여 학교를 쉬고 있습니다. 요전 시험 때는, 옷에 주름이 있다나 뭐라나 하며 쉬었습니다. 도시락을 만들어 주지 않는다며 쉰 적도 있습니다. 저는 감기에 걸려서 쉬게 한다고, 학교에 전화를 합니다. 이런 딸의 성격을 고치려면 어떻게 하면 좋을까요?

질문 여자의 딸이 자주 학교를 쉬는 진짜 이유는 무엇입니까?

1. 도시락을 만들어 주지 않기 때문입니다.
2. 자주 병에 걸리기 때문입니다.
3. 학교에서 시험 등과 같은 싫은 일이 있기 때문입니다.
4. 옷이 마음에 들지 않기 때문입니다.

중요표현

동사의 사역형: 1그룹동사 あ단+せる 休(やす)む(쉬다) → 休(やす)ませる(쉬게 하다)/2그룹동사 る → させる 食(た)べる(먹다) → 食(た)べさせる(먹도록 시키다, 먹게 하다)/3그룹동사 する(하다) → させる(시키다) くる(오다) → こさせる(오게 하다)

N1

뉴 일본어 능력시험

Part 09

문자/어휘 chapter 01
2번 문제/파생어(접두어, 접미어)

문법 chapter 02
N1 문법패턴 9 (〜にはあたらない에서 〜に足(た)る까지)

독해
단문/중문 문제

청해 chapter 03
개요 이해 문제3

chapter 01 문자/어휘

N1 1교시

2번 문제/파생어(접두어)

異業種 いぎょうしゅ 다른 업종	異文化 いぶんか 다른 문화	異民族 いみんぞく 이민족
核家族 かくかぞく 핵가족	核実験 かくじっけん 핵실험	核戦争 かくせんそう 핵전쟁
核兵器 かくへいき 핵병기	管楽器 かんがっき 관악기	管弦楽 かんげんがく 관현악
貴金属 ききんぞく 귀금속	貴婦人 きふじん 귀부인	逆回転 ぎゃくかいてん 역회전
逆効果 ぎゃくこうか 역효과	逆探知 ぎゃくたんち 역탐지	劇映画 げきえいが 극영화
劇作家 げきさっか 극작가	抗炎症 こうえんしょう 항염증	硬着陸 こうちゃくりく 경착륙
口内炎 こうないえん 구내염	誤作動 ごさどう 오작동	最先端 さいせんたん 최첨단
最優先 さいゆうせん 최우선	準会員 じゅんかいいん 준회원	準決勝 じゅんけっしょう 준결승
純国産 じゅんこくさん 순국산	準社員 じゅんしゃいん 준사원	純日本風 じゅんにほんふう 순일본식
純文学 じゅんぶんがく 순수문학	諸外国 しょがいこく 제(여러) 외국	諸地方 しょちほう 제(여러) 지방
深呼吸 しんこきゅう 심호흡	静電気 せいでんき 정전기	総監督 そうかんとく 총감독
総資産 そうしさん 총자산	総支配人 そうしはいにん 총지배인	総所得 そうしょとく 총소득
総領事 そうりょうじ 총영사	超高層 ちょうこうそう 초고층	超高速 ちょうこうそく 초고속
超人的 ちょうじんてき 초인적	超特価 ちょうとっか 초특가	超能力 ちょうのうりょく 초능력
超満員 ちょうまんいん 초만원	等間隔 とうかんかく 등간격	等距離 とうきょり 등거리(같은거리)
難事業 なんじぎょう 난사업	難事件 なんじけん 난사건	軟着陸 なんちゃくりく 연착륙
難問題 なんもんだい 난문제	乳製品 にゅうせいひん 유제품	濃塩酸 のうえんさん 농염산
農機具 のうきぐ 농기구	農作業 のうさぎょう 농사일	農作物 のうさくぶつ 농작물
微生物 びせいぶつ 미생물	被選挙権 ひせんきょけん 피선거권	被保険者 ひほけんしゃ 피보험자
微粒子 びりゅうし 미립자	副委員長 ふくいいんちょう 부위원장	
副議長 ふくぎちょう 부의장	副作用 ふくさよう 부작용	副社長 ふくしゃちょう 부사장
副大統領 ふくだいとうりょう 부대통령		副知事 ふくちじ 부지사
副都心 ふくとしん 부도심	某歌手 ぼうかしゅ 모 가수	没常識 ぼつじょうしき 몰상식
満天下 まんてんか 만천하	満年齢 まんねんれい 만 연령(만 나이)	
密入国 みつにゅうこく 밀입국	密売買 みつばいばい 밀매매	密貿易 みつぼうえき 밀무역
猛攻撃 もうこうげき 맹공격	猛練習 もうれんしゅう 맹연습	翌朝 よくあさ 다음날 아침
翌営業日 よくえいぎょうび 다음 영업일		翌月曜 よくげつよう 다음 월요일
乱気流 らんきりゅう 난기류	乱層雲 らんそううん 난층운	

2번 문제/파생어(접미어)

暗々裏 あんあんり 암암리	安心感 あんしんかん 안심감	安全策 あんぜんさく 안전책
安全灯 あんぜんとう 안전등	安定感 あんていかん 안정감	案内状 あんないじょう 안내장
案内板 あんないばん 안내판	異常値 いじょうち 이상치	伊勢湾 いせわん 이세 만
一億 いちおく 1억	一錠 いちじょう 한 알	一兆 いっちょう 1조
一秒 いちびょう 1초	一週 いっしゅう 1주	一隻 いっせき 한 척
一等 いっとう 1등	一泊 いっぱく 1박	一般職 いっぱんしょく 일반직
一票 いっぴょう 1표	一片 いっぺん 한 조각	違和感 いわかん 위화감
印象派 いんしょうは 인상파	運転士 うんてんし 운전사	映画祭 えいがさい 영화제
営業職 えいぎょうしょく 영업직	英語圏 えいごけん 영어권	栄養剤 えいようざい 영양제
栄養士 えいようし 영양사	延長戦 えんちょうせん 연장전	横領罪 おうりょうざい 횡령죄
温泉郷 おんせんきょう 온천지	会計簿 かいけいぼ 회계부	解決策 かいけつさく 해결책
外国製 がいこくせい 외국제	改善策 かいぜんさく 개선책	改定版 かいていばん 개정판
外来種 がいらいしゅ 외래종	改良種 かいりょうしゅ 개량종	街路灯 がいろとう 가로등
会話術 かいわじゅつ 회화술	学園祭 がくえんさい 학교축제	学生証 がくせいしょう 학생증
家計簿 かけいぼ 가계부	家政婦 かせいふ 가정부	合併症 がっぺいしょう 합병증
過敏症 かびんしょう 과민증	花粉症 かふんしょう 꽃가루 알레르기	
仮面劇 かめんげき 가면극	換気孔 かんきこう 환기공	換気扇 かんきせん 환기팬
看護師 かんごし 간호사	鑑識眼 かんしきがん 감식안	管制塔 かんせいとう 관제탑
関節炎 かんせつえん 관절염	関東系 かんとうけい 관동계	慣用句 かんようく 관용구
機関銃 きかんじゅう 기관총	危機感 ききかん 위기감	基準値 きじゅんち 기준치
既得権 きとくけん 기득권	記念碑 きねんひ 기념비	疑問視 ぎもんし 의문시
疑問符 ぎもんふ 물음표	求人難 きゅうじんなん 구인난	供給源 きょうきゅうげん 공급원
共産党 きょうさんとう 공산당	競争率 きょうそうりつ 경쟁률	許可証 きょかしょう 허가증
拒否権 きょひけん 거부권	魚雷艇 ぎょらいてい 어뢰정	記録簿 きろくぼ 기록부
銀河系 ぎんがけい 은하계	金属性 きんぞくせい 금속성	駆逐艦 くちくかん 구축함
軍医監 ぐんいかん 군의감	軍楽隊 ぐんがくたい 군악대	経営権 けいえいけん 경영권
経営難 けいえいなん 경영난	蛍光灯 けいこうとう 형광등	警察署 けいさつしょ 경찰서

247

計算表	けいさんひょう	계산표
掲示板	けいじばん	게시판
警部補	けいぶほ	경부보
経理課	けいりか	경리과
下巻	げかん	하권
月刊紙	げっかんし	월간지
決勝戦	けっしょうせん	결승전
研究職	けんきゅうしょく	연구직
航空賃	こうくうちん	항공요금
攻撃陣	こうげきじん	공격진
広告欄	こうこくらん	광고란
交通難	こうつうなん	교통난
小売商	こうりしょう	소매상
極秘裏	ごくひり	극비리
小作農	こさくのう	소작농
戸籍簿	こせきぼ	호적부
罪悪感	ざいあくかん	죄악감
最高額	さいこうがく	최고액
最新版	さいしんばん	최신판
細胞膜	さいぼうまく	세포막
催眠術	さいみんじゅつ	최면술
作品展	さくひんてん	작품전
挫折感	ざせつかん	좌절감
雑誌類	ざっしるい	잡지류
殺人犯	さつじんはん	살인범
殺虫剤	さっちゅうざい	살충제
三軒	さんげん	세 채
三重唱	さんじゅうしょう	삼중창
賛成派	さんせいは	찬성파
三泊	さんぱく	3박
散文詩	さんぶんし	산문시
自衛隊	じえいたい	자위대
自家製	じかせい	자가제(집에서 직접 만듦)
		志願兵 しがんへい 지원병
資金難	しきんなん	자금난
死刑囚	しけいしゅう	사형수
試験管	しけんかん	시험관
支持率	しじりつ	지지율
自然塩	しぜんえん	자연염
時代劇	じだいげき	시대극
視聴率	しちょうりつ	시청률
支配層	しはいそう	지배층
事務職	じむしょく	사무직
使命感	しめいかん	사명감
写真帳	しゃしんちょう	사진첩
写真展	しゃしんてん	사진전
週刊誌	しゅうかんし	주간지
終止符	しゅうしふ	마침표, 종지부
就職難	しゅうしょくなん	취업난
終身刑	しゅうしんけい	종신형
住宅街	じゅうたくがい	주택가
収入源	しゅうにゅうげん	수입원
収納庫	しゅうのうこ	수납고
重要視	じゅうようし	중요시
受験票	じゅけんひょう	수험표
出席簿	しゅっせきぼ	출석부
首都圏	しゅとけん	수도권
主導権	しゅどうけん	주도권
守備陣	しゅびじん	수비진
純粋詩	じゅんすいし	순수시
焼却炉	しょうきゃくろ	소각로
消化液	しょうかえき	소화액
消化剤	しょうかざい	소화제
消火栓	しょうかせん	소화전
招待状	しょうたいじょう	초대장
上巻	じょうかん	상권
商店街	しょうてんがい	상점가
少年兵	しょうねんへい	소년병
消費税	しょうひぜい	소비세
情報源	じょうほうげん	정보원
情報網	じょうほうもう	정보망
消防署	しょうぼうしょ	소방서
助産婦	じょさんぷ	조산부
叙情詩	じょじょうし	서정시
書道展	しょどうてん	서예전
庶務課	しょむか	서무과
司令塔	しれいとう	사령탑
神経系	しんけいけい	신경계
審査評	しんさひょう	심사평
人事課	じんじか	인사과
真珠湾	しんじゅわん	진주만
新人賞	しんじんしょう	신인상

浸水害 しんすいがい 침수해	新生児 しんせいじ 신생아	水道管 すいどうかん 수도관
水溶液 すいようえき 수용액	相撲狂 すもうきょう 씨름 광	聖歌隊 せいかたい 성가대
成功裏 せいこうり 성공리	製作陣 せいさくじん 제작진	成層圏 せいそうけん 성층권
正統派 せいとうは 정통파	税務署 ぜいむしょ 세무서	責任感 せきにんかん 책임감
絶好調 ぜっこうちょう 몸 상태가 매우 좋음		接着剤 せっちゃくざい 접착제
窃盗罪 せっとうざい 절도죄	宣教師 せんきょうし 선교사	選挙権 せんきょけん 선거권
潜水艦 せんすいかん 잠수함	戦闘帽 せんとうぼう 전투모	専門職 せんもんしょく 전문직
千里眼 せんりがん 천리안	捜査網 そうさもう 조사망	挿入句 そうにゅうく 삽입구
第一報 だいいっぽう 제 1보	太陰暦 たいいんれき 태음력	大学祭 だいがくさい 대학축제
大気圏 たいきけん 대기권	太陽系 たいようけい 태양계	太陽暦 たいようれき 태양력
対流圏 たいりゅうけん 대류권	濁音符 だくおんぷ 탁음부	脱獄囚 だつごくしゅう 탈옥수
探検隊 たんけんたい 탐험대	単語帳 たんごちょう 단어장	地下街 ちかがい 지하상가
知識層 ちしきそう 지식층	注意報 ちゅういほう 주의보	中耳炎 ちゅうじえん 중이염
調理師 ちょうりし 조리사(요리사)	貯蔵庫 ちょぞうこ 저장고	鎮痛剤 ちんつうざい 진통제
鉄鋼橋 てっこうきょう 철강다리	鉄道賃 てつどうちん 철도요금	テニス狂 きょう 테니스 광
手間賃 てまちん 품삯	伝道師 でんどうし 전도사	天然塩 てんねんえん 천연염
天皇陵 てんのうりょう 천왕능	電話帳 でんわちょう 전화부	等閑視 とうかんし 등한시
東京湾 とうきょうわん 도쿄만	登録証 とうろくしょう 등록증	登録税 とうろくぜい 등록세
道路網 どうろもう 도로망	読書欄 どくしょらん 독서란	時計塔 とけいとう 시계탑
登山帽 とざんぼう 등산모	南極圏 なんきょくけん 남극권	軟骨膜 なんこつまく 연골막
二重唱 にじゅうしょう 이중창	日記帳 にっきちょう 일기장	二等辺 にとうへん 이등변
日本製 にほんせい 일본제	年齢層 ねんれいそう 연령층	脳膜炎 のうまくえん 뇌막염
配水管 はいすいかん 배수관	発言権 はつげんけん 발언권	発明展 はつめいてん 발명전
繁華街 はんかがい 번화가	番号標 ばんごうひょう 번호표	判事補 はんじほ 판사보
反対派 はんたいは 반대파	飛行士 ひこうし 비행사	備考欄 びこうらん 비고란
美術展 びじゅつてん 미술전	皮膚炎 ひふえん 피부염	表示板 ひょうじばん 표시판
病虫害 びょうちゅうがい 병충해	美容師 びようし 미용사	広島弁 ひろしまべん 히로시마 사투리
不発弾 ふはつだん 불발탄	文学賞 ぶんがくしょう 문학상	文科系 ぶんかけい 문과계

文化祭 ぶんかさい 문화제	分泌液 ぶんぴつえき 분비액	弁護士 べんごし 변호사
偏差値 へんさち 편차치	放火罪 ほうかざい 방화죄	暴行罪 ぼうこうざい 폭행죄
報道陣 ほうどうじん 보도진	保険証 ほけんしょう 보험증	保守系 ほしゅけい 보수계
保守党 ほしゅとう 보수당	補償額 ほしょうがく 보상액	保存版 ほぞんばん 보존판
北極圏 ほっきょくけん 북극권	歩道橋 ほどうきょう 육교	未熟児 みじゅくじ 미숙아
民主党 みんしゅとう 민주당	無期刑 むきけい 무기형	名刺判 めいしばん 명함판
免許証 めんきょしょう 면허증	免罪符 めんざいふ 면죄부	盲腸炎 もうちょうえん 맹장염
野球狂 やきゅうきょう 야구광	薬剤師 やくざいし 약제사	山田殿 やまだどの 야마다 님
遺言状 ゆいごんじょう 유언장	誘拐犯 ゆうかいはん 유괴범	有期刑 ゆうきけい 유기형
有機農 ゆうきのう 유기농	優秀賞 ゆうしゅうしょう 우수상	有力視 ゆうりょくし 유력시
輸入額 ゆにゅうがく 수입액	溶鉱炉 ようこうろ 용광로	予想値 よそうち 예상치
理科系 りかけい 이과계	理想郷 りそうきょう 이상향	里程標 りていひょう 이정표
冷凍庫 れいとうこ 냉동고	連発銃 れんぱつじゅう 연발총	労働党 ろうどうとう 노동당
浪漫派 ろまんは 낭만파	六畳 ろくじょう 6조(다다미 6장짜리)	露天商 ろてんしょう 노천상

問題2　（　　　）に入れるのに最もよいものを、1・2・3・4から一つ選びなさい。

① （　　　）ホテルでは全室禁煙です。
　　1 自　　　　2 主　　　　3 実　　　　4 当

② 工業化の進展とともに大家族が（　　　）家族になったようだ。
　　1 各　　　　2 核　　　　3 画　　　　4 隔

③ オーボエは高音域で優雅な音色、他の（　　　）楽器にはない表現力の繊細さを持つ。
　　1 缶　　　　2 冠　　　　3 管　　　　4 官

④ あまりこうしたらかえって（　　　）効果になりますよ。
　　1 逆　　　　2 真　　　　3 無　　　　4 有

⑤ 人工衛星は、（　　　）先端の科学技術で、地球のためにいろいろな貢献をしています。
　　1 際　　　　2 催　　　　3 最　　　　4 再

⑥ （　　　）決勝は、決勝戦へ進出するものを決める戦いである。
　　1 総　　　　2 準　　　　3 決　　　　4 初

⑦ （　　　）外国語の教育プログラムに共通している特徴は、読解力養成だ。
　　1 海　　　　2 日　　　　3 他　　　　4 諸

⑧ 意識的に（　　　）呼吸を繰り返すと血液の酸素濃度が上がり二酸化炭素濃度が下がるという。
　　1 浅　　　　2 深　　　　3 短　　　　4 長

⑨ 冬は車から降りるときに、「ビリッ」とくるもの（　　　）電気がよく起る。
　　1 静　　　　2 強　　　　3 自　　　　4 金

10 研究所では(　　　)生物の発酵作用を調べている。
1 野　　　2 微　　　3 動　　　4 植

11 この薬は私には(　　　)作用が強く吐き気などがして途中で止めた薬なのだ。
1 腹　　　2 復　　　3 福　　　4 副

12 外国人登録者が増加傾向にある中、不法就労や(　　　)入国が深刻化している。
1 収　　　2 輸　　　3 密　　　4 出

13 今季がプロ10年目だが、今年も(　　　)練習で汗を流している。
1 猛　　　2 再　　　3 明　　　4 難

14 試合中、暗々(　　　)にお互い比較することも多かった。
1 明　　　2 裏　　　3 黙　　　4 黒

15 フェリー1(　　　)を三月上旬に海外へ売却することになった。
1 軒　　　2 羽　　　3 頭　　　4 隻

16 スペインがオランダを延長(　　　)の末1•0で破り、初優勝を果たした。
1 競　　　2 戦　　　3 場　　　4 所

17 今日からは授業を休講して学園(　　　)の準備に取り掛かるつもりだ。
1 祭　　　2 際　　　3 催　　　4 菜

18 不景気で日本企業の多くの経営者は、危機(　　　)を抱いているだろう。
1 発　　　2 態　　　3 線　　　4 感

19 女性が頼りにしていた近所の病院が経営(　　　)で3月末から閉まったままだ。
1 高　　　2 難　　　3 盛　　　4 疲

PRACTICE TEST

20 調査の結果、賛成（　　　）が増えており、去年の調査に比べると15ポイント多い。
1　破　　　　2　波　　　　3　派　　　　4　杷

21 中学受験の当日、筆記具や受験（　　　）はバックに入れて受験場に入ってください。
1　票　　　　2　番　　　　3　場　　　　4　紙

22 大阪は日本でもっとも地下（　　　）が発達している街だそうだ。
1　外　　　　2　街　　　　3　術　　　　4　行

23 この調査はこれまで等閑（　　　）されてきた農村間の格差に光をあてた。
1　覗　　　　2　指　　　　3　示　　　　4　視

24 生徒総会では発言（　　　）を取った学級の代表が質問や意見を発言するのだ。
1　場　　　　2　表　　　　3　権　　　　4　台

25 有機（　　　）マークがあると一般製品より三倍ほど高い金額を支払う。
1　農　　　　2　品　　　　3　械　　　　4　能

26 露天（　　　）とは露天（屋外や青空の下）で店舗を持たず商売をするものだ。
1　呂　　　　2　商　　　　3　店　　　　4　屋

chapter 02 문법/독해

N1 2교시

01 ~にはあたらない ~할 것 까지는 없다

접속: [동사의 기본형(원형)/명사]+にはあたらない

「~にはあたらない」는 「그렇게까지 ~할 것 없다/~할 만한 가치가 없다/~할 정도는 아니다」라는 뜻이다. 보통 「驚(おどろ)く(놀라다)/怒(おこ)る(화내다)」와 같은 동사에 접속되는 경우가 많다.

百点を取ったからって、驚くにはあたらない。彼はそれなりの努力をしたから。
백점을 받았다고, 놀랄 것 까지는 없다. 그는 그만한 노력을 했기 때문에.

これは予想されていたことで、驚くにはあたらない。
이것은 예상되었던 것으로 놀랄 것 까지는 없다.

つまらないことで怒るにはあたらない。
하잘 것 없는 일로 화낼 것 까지는 없다.

一度くらい失敗したからといって、そんなに落胆するにはあたらない。
한 번 정도 실패했다고 해서, 그렇게 낙담할 것 까지는 없다.

韓国では女性に年齢を尋ねても失礼にはあたらない。
한국에서는 여성에게 나이를 물어도 실례일 것 까지는 없다.

02 ~にあって ~에서, ~의 상황에서

접속: [명사]+にあって

「Aにあって」는 「A라는 특별한 상황이나 때, 장면」 등을 나타내는 표현이다.

いかなる苦境にあっても希望を捨てないことは大切です。
어떠한 곤경에서도 희망을 버리지 않는 것은 중요합니다.

戦争という非常時にあって、資産を守るためにはどうすればいいのか。
전쟁이라고 하는 비상시 상황에서, 자산을 지키기 위해서는 어떻게 하면 좋을 것인가.

長期的な不況下にあって、コスト削減は最大の懸案だ。
장기적인 불황 하에서, 코스트 삭감은 최대의 현안이다.

03 ~に至(いた)るまで/~に至(いた)って(は) ~에 이르기 까지/~에 이르러서(는)

접속:[동사의 기본형(원형)/명사]+に至(いた)るまで(に至(いた)って(は))

「~に至(いた)るまで」는 「어떤 상황이나 사태가 ~에 이르기까지」라는 뜻이며, 「AからBに至(いた)るまで(A에서 B에 이르기까지)/AはもちろんBに至(いた)るまで(A는 물론이고 B에 이르기까지)」의 형태로도 자주 사용된다.

「~に至(いた)って(は)」는 「어떤 상황이나 사태가 ~에 이르러서는」이라는 뜻이다. 그밖에 「に至(いた)った(결국 ~에 이르렀다)/~に至(いた)っても(~에 이르러서도 여전히)」같은 형태로도 자주 사용된다.

문법 필수 문형 – N1 문법패턴 9

離婚に至るまでの心の葛藤は、当の本人たちにしか絶対に分かりません。
이혼에 이르기까지의 마음의 갈등은, 당사자인 본인들밖에는 절대로 모릅니다.

ことここに至っては選択の余地はない。
일이 이 지경에 이르러서는 선택의 여지는 없다.

その問題は、今日に至っても真相は究明されていません。
그 문제는 오늘에 이르러서도 여전히 진상은 구명되고 있지 않습니다.

ガスストーブの火が燃え移り、火災に至った。
가스스토브의 불이 옮겨 붙어 화재에 이르렀다.

04 ～にかかわる ~에 관계된, ~에 관련된

접속: [명사] + にかかわる

「Aにかかわる」는 「A와 관계가 있다, A에 영향을 끼치다」라는 표현이다.

商品開発にかかわるリサーチを行っています。
상품개발에 관련된 리서치를 실시하고 있습니다.

命にかかわるような重大な病気ではない。
생명에 영향을 끼치는 심각한 병은 아니다.

05 ～にかたくない ~하기에 어렵지 않다

접속: [동사의 기본형(원형)/명사] + にかたくない

「～にかたくない」는 「想像(そうぞう)する(상상하다)/察(さっ)する(짐작하다)/理解(りかい)する(이해하다)/同情(どうじょう)する(동정하다)」와 같은 심리상태나 사고를 나타내는 동사나 명사에 접속해서 「쉽게 짐작할 수 있다/짐작하기에 어렵지 않다」라는 뜻을 나타낸다.

外国に子どもを留学させている親の心配は、察するにかたくない。
외국에 아이를 유학 보낸 부모의 걱정은 헤아리기 어렵지 않다.

父を亡くした彼の悲しみは、想像にかたくない。
아버지를 잃은 그의 슬픔은 상상하기 어렵지 않다.

06 ～にこしたことはない ~보다 나은 것은 없다

접속: [명사/동사기본형/い형용사 기본형/な형용사 어간] + にこしたことはない

「Aにこしたことはない」는 「A하는 것이 최선이다, A보다 나은 것은 없다」는 표현이다.

本当に大事な話とか、感情を表現するには直接会って話すにこしたことはない。
정말로 중요한 이야기라든지, 감정을 표현하려면 직접 만나 이야기하는 것보다 좋은 것은 없다.

交通費は、安いにこしたことはない。
교통비는, 싼 것보다 좋은 것은 없다.

薬を飲まないで治るならそれにこしたことはない。
약을 먹지 않고 낫는다면 그것보다 좋은 것은 없다

07 ～にして ～이면서, ～로서도, ～이 되어

접속: [명사]＋にして

「AにしてB」는 「A이면서 동시에 B」라는 뜻이다. 그 밖에 「Aにして～(ら)れない A로서도(조차도)～할 수 없다」 「Aにして、はじめて～ A가 되어 처음으로～」와 같은 형태로도 자주 사용되어진다. 그밖에 な형용사 어간에 접속해 관용적으로 사용되는 「幸(さいわ)いにして(다행히도)/不幸(ふこう)にして(불행히도)/一瞬(いっしゅん)にして(순식간에)」와 같은 관용표현들도 알아두자.

彼は発明家にして、音楽家でもある。
그는 발명가이면서 음악가이기도 하다.

天才の彼にして解決できなかった問題なのだ。他の人ができないのも無理はないだろう。
천재인 그로서도 해결할 수 없었던 문제이다. 다른 사람이 할 수 없는 것도 무리는 아닐 것이다.

27歳にして初めて、好きな人ができた。
27살이 되어 처음으로 좋아하는 사람이 생겼다.

幸いにして軽い怪我ですんだようだ。
다행히도 가벼운 부상으로 그친 것 같다.

08 ～に即(そく)して/～に即(そく)した ～에 입각하여/～에 입각한

접속: [명사]＋に即(そく)して(に即(そく)した)

주로 법률, 규칙, 방침, 사항과 같은 단어에 접속에 「～따르다, ～입각하다」라는 뜻을 나타낸다.

ルールに即して実施する。
룰에 입각해 실시하다.

これは具体的な事例に即して体系的に整理した実務書である。
이것은 구체적인 사례에 입각해 체계적으로 정리한 실무서이다.

現実に即した解決策を提示する。
현실에 입각한 해결책을 제시하다.

09 　～にたえる/～にたえない　~할 만하다/차마 ~할 수 없다, ~해 마지 않다

접속: [동사의 기본형(원형)/명사] + にたえる(にたえない)

「～にたえない」는 「感謝(かんしゃ)にたえない(감사해 마지않다)/憤慨(ふんがい)にたえない(분개하지 않을 수 없다)/同情(どうじょう)にたえない(동정해 마지않다)/痛恨(つうこん)の念(ねん)にたえない(원통한 마음 이루 말할 수 없다)」같이 감정을 나타내는 명사에 접속하면 「~해 마지 않다, 굉장히 ~하다」라는 강조표현으로 쓰인다. 또한 동사의 원형에 접속하면 「聞(き)くにたえない(차마 들을 수 없다)/見(み)るにたえない(차마 볼 수 없다)」처럼 [차마 ~할 수 없다, 참을 수 없을 정도로 심하다]라는 뜻으로 쓰인다. 그리고 「동사의 원형+たえる」는 「~할 만하다, ~할 가치가 있다」라는 의미이다.

これは大人の鑑賞にたえる絵本です。
이것은 어른들이 감상할 만한 그림책입니다.

お世話になりまして感謝にたえない。
신세를 져서 감사할 따름이다.

気の毒な人を見て同情にたえないと言っているが、やはり他人事である。
불쌍한 사람을 보고 동정해 마지않는다고 하지만, 역시 남의 일이다.

掲示板に読むにたえない書き込みが多すぎる。
게시판에 차마 읽을 수 없는 게시글이 너무 많다.

10 　～に足(た)る　~할 만하다, ~하기에 충분하다

접속: [동사의 기본형(원형)] + に足(た)る

「～に足る」는 일반적으로 그것에 어울리는 자질이나 질, 양과 같은 조건이 객관적으로 갖추어져 그것을 기준으로 「~할 만하다/ ~하기에 충분하다」라는 뜻을 가진 표현이다.

満足するに足る成績だった。
만족하기에 충분한 성적이었다.

会長は信頼するに足る人物だ。
회장은 신뢰할 만한 인물이다.

変更の必要性を証明するに足る書類を提出しなければならない。
변경의 필요성을 증명할 만한 서류를 제출해야 한다.

問題1　次の文の（　　）に入れるのに最もよいものを、1・2・3・4から一つ選びなさい。

1　もっとひどい例もあるのだから、これぐらいで驚く（　　　）。
　1　どころではない　　　　　　2　に違いない
　3　にはあたらない　　　　　　4　にほかならない

2　どんなに安全な地域でも、ドアの鍵を二つつけるなど（　　　）。
　1　用心するにこしたことはない　2　用心するにたりない
　3　用心したくてならない　　　　4　用心しがいがない

3　彼は「私はやっていない」と言い張っているが、その事件を目撃した人が出てきて、しかも彼の指紋が現場で発見された。ことここ（　　　）、彼も自白せざるをえないだろう。
　1　にして　　2　に足る　　3　に至っては　　4　にたえない

4　彼は40歳に（　　　）ようやく自分の生きるべき道を見つけた。
　1　より　　2　して　　3　あり　　4　とり

5　国民の期待というプレッシャーの大きさは（　　　）が、彼女はそれを見事に克服して、金メダルを獲得した。
　1　想像にかたくない　　　　　2　想像にかかわる
　3　想像にはあたらない　　　　4　想像することはない

6　ギャラリーはたくさんあっても、鑑賞（　　　）絵はめったにない。
　1　ずくめの　　2　にかかわる　　3　極まる　　4　にたえる

7　彼女はどんな逆境（　　　）も、決して希望を失わなかった。
　1　に反して　　2　に即して　　3　にあって　　4　にかけて

8　政府は10万人の空腹を満たす（　　　）食料をただちに空輸した。
　1　に過ぎる　　2　に足る　　3　に至る　　4　に沿う

PRACTICE TEST

9 彼女は機嫌が悪いと大声でどなりちらすことがある。時には、（　　　）ようなひどいことを言うこともある。
1　聞くにたえない　2　聞きながらも　3　聞くべく　4　聞くごとき

10 結婚をひかえ、家具はもちろん、皿やスプーンに（　　　）新しいのを買いそろえた。
1　いたりで　2　いたっては　3　いたっても　4　いたるまで

11 犯人だと断定するに（　　　）証拠が不十分で、警察はその男を逮捕できなかった。
1　たえる　2　足る　3　当たる　4　代わる

12 明日の模擬試験は、時間も内容も本番の試験（　　　）行います。
1　をよそに　2　はもとより　3　に即して　4　に引きかえ

13 戦後最大の不況下（　　　）、少しでも無駄をはぶくことが要求されている。
1　ながらも　2　たりとも　3　にあって　4　であれ

14 食中毒の患者が一人でも出れば、これは店の信用に（　　　）問題となる。
1　かぎる　2　いたる　3　わたる　4　かかわる

15 観客は彼女の優美（　　　）大胆な演技に感動した。
1　にして　2　なりの　3　ゆえの　4　をおいて

問題2　次の文の＿★＿に入る最もよいものを、1・2・3・4から一つ選びなさい。

[1]　人の生命＿＿＿　＿★＿　＿＿＿　＿＿＿扱うべきではない
　　1　重大な問題を　　2　にかかわる　　3　ような　　4　軽々しく

[2]　時代の＿＿＿　＿★＿　＿＿＿、＿＿＿いる。
　　1　経済方針が　　2　求められて　　3　即した　　4　変化に

[3]　子どもが親の言うことを＿＿＿　＿＿＿、＿★＿　＿＿＿。きっといつか親の心が分る日が来る。
　　1　聞かない　　2　からといって　　3　にはあたらない　　4　嘆く

[4]　どれも＿★＿　＿＿＿　＿＿＿　＿＿＿ことはない。
　　1　同じ品質だ　　2　こした　　3　安いに　　4　というなら

[5]　彼は以前から、外国で暮らしたい＿＿＿　＿＿＿、＿＿＿　＿★＿かたくない。
　　1　から　　2　想像に　　3　と言っていた　　4　退学の理由は

PRACTICE TEST

問題3 次の文章を読んで、1から5の中に入る最もよいものを、1・2・3・4から一つ選びなさい。

　僕はかたよっている。何がかというと、1 映画が観たいと思うと何本も立て続けて見る。観るのではなく、見るというのがふさわしい。本も読む時間がなくてイライラしてくると、バカ買いして本を眺めている。読むのではなく、眺めている。友達と会いたいと思うと、何人にも電話をする。会っている時間がないのに約束しようとする。肉を食べすぎていると思ったら半年食べなかった。白菜がうまいと思ったら毎日食べてたときもある。車が運転したくなって夜中に河口湖（かわぐちこ）周辺まで行った。なぜか僕はかたよっていて、ちょうどいい感じということを 2 。つくづくバランスが悪いと思う。

　3 最近ひとつだけうれしく思ったことがある。かたよっている 4 今の自分があると痛感したのだ。確かに音楽の仕事 5 、小説を書くこと 5 、偏向した性格でなければ続かなかった。しかしそれよりも、いつまでも壊れてしまったがらくたを捨てられないでいる自分が急に好きになったのだ。捨てずに置いてあるものが残っていたことがうれしかったのではない。捨てられないでいる自分の心が好きになったのである。

　僕の胸の中に壊れてしまったハートがある。それを抱えたまま生きている。捨ててしまった方が荷物は軽くなるのに、いつまでも抱えている。

　壊れたハートでこれからも歩いていく。

（須藤晃「みんなノイズを聴きたがる」による）

| 1 | 1 たとえば | 2 ただし | 3 さて | 4 なぜなら |

| 2 | 1 知るだけましだ | | 2 知るはずがない | |
| | 3 知らないものでもない | | 4 知らない気がする | |

| 3 | 1 なお | 2 ところが | 3 だから | 4 もしくは |

| 4 | 1 どころか | 2 かたわら | 3 からこそ | 4 そばから |

| 5 | 1 にしろう | 2 にせ | 3 にする | 4 にしろ |

問題4　次の文章を読んで、後の問に対する答えとして最もよいものを、1・2・3・4から一つ選びなさい。

　つい先日のことだが、アメリカのあるスポーツ指導者が日本の競技者についていっていた言葉を新聞で見て興味をひかれた。日本人はスポーツの上に自分の人生を築いている。出発点に人間がいない。それではダメだというのである。これは、ほとんどそのままわれわれの音楽にもあてはまる。何故音楽をやるのかということを問う前に音楽から出発する。だから、学生のうちは、あるいはコンクールまでは良いが、その先にはつながらない。これだけの音楽の水準を確保しながら、本当の大家が生まれない。

(遠山一行「音楽の出発点に『人間』はいるか」)

[1]　この文章で、筆者は何を言いたいのか。
1　音楽をする人も、スポーツをする必要がある。
2　なぜ音楽をやるのかをはじめに考えるべきだ。
3　音楽をスポーツのように考えてはいけない。
4　まず演奏の技術を高めなければならない。

PRACTICE TEST

問題5　次の文章を読んで、後の問に対する答えとして、最もよいものを1・2・3・4から一つ選びなさい。

　日本には、①「湯水のごとく使う」という言い方がある。「金などを湯や水を使うように考えなしに、どんどん使ってしまう」という意味がある。

　日本では、昔から水が豊かだと考えられてきた。雨も多いし川も多い。特に東京や大阪など大きな川のそばにある都市では、あまり水に不自由しなかった。

　また、日本人は風呂が好きである。たっぷり入れた湯に(注1)つかり、その湯をどんどん使って体を会う洗う。実に気持ちのいいものだ。

　しかし、最近は、「湯水のごとく」という言い方は、②「ちょっと待ってくれ」という感じになってきた。世界の至る所で水が不足しているのである。日本のような国は例外で、大きな川の流域では、川の水をめぐって国同士が争っているほどである。雨が降らず、作物が全くとれない国も多い。

　さらに、温泉を別にすれば、湯をわかすには燃料が必要だ。石油にしてもガスにしても、決して無限ではない。また、それらを燃やした時に出る(注2)二酸化炭素は、地球温暖化の原因とされている。

　もはや、日本人は、湯や水を、文字通り「湯水のごとく」使えなくなっているのである。

(注1)つかる：入る
(注2)二酸化炭素(にさんかたんそ)：CO_2

1　①「湯水のごとく」という表現の背景には、日本人のどのような考え方があるか。

1　水はたくさんあるので、気にしないでいくら使ってもいい。
2　水はたくさんあるが、大切に使わなければならない。
3　お金も水も気にしないでどんどん使ったほうがいい。
4　お金も水と同じように、他人に分け与えるべきだ。

2　最近は、なぜ②「ちょっと待ってくれ」という感じなのか。

　　1　日本は、水を得るために他の国と争うようになったから
　　2　最近、日本では、昔ほど風呂で湯水を使わなくなったから
　　3　日本では、雨が少なくなって、水が不足してきているから
　　4　多くの国で水不足になっており、水の大切さを認識すべきだから

3　湯を「湯水のごとく」使えなくなった理由として正しいものはどれか。

　　1　地球温暖化の影響で、湯の量が減っているから
　　2　温泉を作るためには、石油やガスなどの燃料をたくさん使うから
　　3　温泉から出る二酸化炭素は、地球に悪い影響を与えるものだから
　　4　水を湯にするために使う石油やガスは、いつかなくなるものだから

chapter 03 청해

N1 3교시

개요 이해 문제 3

N1 청해 문제3은 개요 이해 문제이다. 문장을 들려주고 내용을 잘 이해했는가를 묻는 문제로서 전체 내용 안에서 화자의 주장이나 의지를 정확하게 파악해 이해했는지를 묻는 문제가 출제된다.

대화를 잘 듣고 맞는 답을 하나 고르시오.

1ばん

①

②

③

④

えなどは　ありません。

2ばん

①

②

③

④

えなどは　ありません。

PRACTICE TEST

3 ばん

①

②

③

④

えなどは　ありません。

4 ばん

①

②

③

④

えなどは　ありません。

스크립트

문제 1

ニュースを聞(き)いてください。

女：8日午前(ごぜん)11時ごろ、横浜市(よこはまし)鶴見区(つるみく)の首都(しゅと)高速(こうそく)道路(どうろ)の下(くだ)りカーブで、運送業(うんそうぎょう)を営(いとな)む山田(やまだ)太郎(たろう)さんが運転(うんてん)していたトラックから、積(つ)み荷(に)の材木(ざいもく)が落(お)ち、約(やく)30メートル下(した)の駐車場(ちゅうしゃじょう)に落下(らっか)、車(くるま)2台(だい)が大破(たいは)しました。幸(さいわ)い怪我人(けがにん)はなかった模様(もよう)です。警察(けいさつ)では積(つ)み荷(に)の運搬(うんぱん)管理(かんり)に手落(てお)ちがあったのではないかと見(み)て…

質問　どんな事故(じこ)が起(お)こりましたか。

1. 後(うし)ろから来(き)た車(くるま)がトラックにぶつかりました。
2. 後(うし)ろから来(き)た車(くるま)が材木(ざいもく)にぶつかりました。
3. 駐車場(ちゅうしゃじょう)にトラックが落(お)ちました。
4. 駐車場(ちゅうしゃじょう)に材木(ざいもく)が落(お)ちました。

뉴스를 들어 주세요.

여 : 8일 오전 11시경, 요코하마시 츠루미구의 수도고속도로의 내리막 커브에서, 운송업을 운영하던 야마다타로씨 가 운전하던 트럭으로부터 쌓아놓은 목재가 떨어져 약 30미터 아래의 주차장에 낙하, 차 2대가 대파했습니다. 다행히 부상자는 없었다고 합니다. 경찰에서는 적하의 운반 관리에 실수가 있던 것은 아닐까라고 보고…

질문　어떤 사고가 일어났습니까?

1. 뒤에서 온 차가 트럭에 부딪쳤습니다.
2. 뒤에서 온 차가 목재에 부딪쳤습니다.
3. 주차장에 트럭이 떨어졌습니다.
4. 주차장에 목재가 떨어졌습니다.

> **중요표현**
>
> 「幸(さいわ)い」는 「다행히, 운 좋게」라는 뜻이며, 「手落(てお)ち」는 「해야 할 일을 빠뜨림, 부주의, 실수」라는 의미이다.

문제 2

男(おとこ)の人(ひと)が話(はな)しています。

男：ええ、現在(げんざい)の状況(じょうきょう)はですね、厳(きび)しいものではありませんが、しかし、改革(かいかく)のためのいい機会(きかい)だと思(おも)うべきです。現在(げんざい)の赤字(あかじ)を解消(かいしょう)することだけを考(かんが)えていると、われわれは時代(じだい)の流(なが)れに取(と)り残(のこ)されてしまいます。社員(しゃいん)を全体的(ぜんたいてき)に減(へ)らせば費用(ひよう)が下(さ)がることは事実(じじつ)です。しかし、優(すぐ)れた研究(けんきゅう)開発(かいはつ)ができなければ、将来(しょうらい)この会社(かいしゃ)は生(い)き残(のこ)れません。どこを減(へ)らしてどこを残(のこ)すか、何がわれわれにとって大事(だいじ)かということをよく考(かんが)えて決(き)めなければなりません。

質問 男(おとこ)の人(ひと)はどんな意見(いけん)を主張(しゅちょう)していますか。

1. 赤字(あかじ)をすぐに減(へ)らすべきだ。
2. 社員(しゃいん)全員(ぜんいん)の数(かず)を減(へ)らすべきだ。
3. 研究(けんきゅう)開発(かいはつ)の社員(しゃいん)は減(へ)らすべきではない。
4. 社員(しゃいん)を減(へ)らすべきではない。

남자가 이야기하고 있습니다.

남 : 으음... 현재의 상황은 말이지요, 심각하지는 않습니다만, 그러나 개혁을 위한 좋은 기회라고 생각해야 합니다. 현재의 적자를 해소하는 것만을 생각한다면, 우리는 시대의 흐름에 뒤쳐져 버립니다. 사원을 전체적으로 줄이면 비용이 주는 것은 사실입니다. 그러나 우수한 연구 개발을 할 수 없으면, 장래 이 회사는 살아남을 수 없습니다. 어디를 줄이고 어디를 남길 건인지, 무엇이 우리에게 있어서 중요한지를 잘 생각해 결정하지 않으면 안 됩니다.

질문 남자는 어떤 의견을 주장하고 있습니까?

1. 적자를 곧바로 줄여야 한다.
2. 사원 전원의 수를 줄여야 한다.
3. 연구 개발 사원은 줄여서는 안 된다.
4. 사원을 줄여서는 안 된다.

중요표현

「동사의 원형+べきだ」는 「~해야 한다」 「동사의 원형+べきではない」는 「~해서는 안 된다」라는 의미이다. 減(へ)らすべきだ(줄여야 한다), 減(へ)らすべきではない(줄여서는 안 된다)

스크립트

문제 3

女(おんな)の人(ひと)が話(はな)しています。

女：プラスチックの再生(さいせい)の考(かんが)えがこのごろ受(う)け入(い)れられてきました。ごみをカン、ビン、プラスチックなどに分(わ)けて出(だ)すことに、皆(みな)よく協力(きょうりょく)してくれています。ところが、最近(さいきん)私は、この再生(さいせい)というのには問題(もんだい)があると思(おも)うようになりました。なぜなら、ごみ全体(ぜんたい)の量(りょう)は減(へ)っているのにプラスチックのごみが、ここ数年(すうねん)でひどく増(ふ)えているからです。みんな、どうせ再生(さいせい)されるからかまわないと考(かんが)え、プラスチック製品(せいひん)をより多(おお)く使(つか)うようになったからだと思(おも)います。

質問　この人(ひと)はごみ問題(もんだい)についてどう思(おも)っていますか。

1. プラスチックのごみが減(へ)ってよかった。
2. プラスチックのごみが増(ふ)えているのは困(こま)る。
3. ごみ全体(ぜんたい)の量(りょう)が増(ふ)えているのは困(こま)る。
4. 人々(ひとびと)がプラスチック製品(せいひん)をたくさん使(つか)うのはいいことだ。

여자가 이야기하고 있습니다.

여 : 플라스틱의 재생에 대한 의견이 요즈음 받아 들여졌습니다. 쓰레기를 캔, 병, 플라스틱 등으로 나눠서 버리는 것에 모두 잘 협력해 주고 있습니다. 그런데 최근 저는, 이 재생이라고 하는 것에 문제가 있다고 생각하게 되었습니다. 왜냐하면 쓰레기 전체의 양은 줄어들고 있는데 플라스틱 쓰레기가 최근 몇 년 사이 몹시 증가하고 있기 때문입니다. 모두, 어차피 재생되기 때문에 상관없다고 생각해 플라스틱 제품을 보다 많이 사용하게 되었기 때문이라고 생각합니다.

질문　이 사람은 쓰레기 문제에 대해 어떻게 생각합니까?

1. 플라스틱 쓰레기가 줄어들어서 좋았다.
2. 플라스틱 쓰레기가 증가하고 있는 것은 곤란하다.
3. 쓰레기 전체의 양이 증가하고 있는 것은 곤란하다.
4. 사람들이 플라스틱 제품을 많이 사용하는 것은 좋은 일이다.

중요표현

「동사의 원형+ようになる」는 변화를 나타내는 표현으로 「~하게 되다」라는 뜻이다. **プラスチック製品(せいひん)をより多(おお)く使(つか)うようになった**(플라스틱 제품을 보다 많이 사용하게 되었다)

문제 4

講演(こうえん)を聴(き)いてください。

男：えー、皆(みな)さんもご存(ぞん)じのように最近(さいきん)不況(ふきょう)のため、希望(きぼう)退職(たいしょく)を募(つの)る会社(かいしゃ)が増(ふ)えています。対象(たいしょう)は現在(げんざい)のところ、まだ中高年(ちゅうこうねん)に限(かぎ)られているようですが、このまま、不況(ふきょう)が進(すす)めば、たとえ若(わか)い人(ひと)でも放(ほう)り出(だ)されかねません。ですから、サラリーマンは日頃(ひごろ)からそれに備(そな)えておくことが必要(ひつよう)です。従来(じゅうらい)のように数少(かずすく)ないポストを競(きそ)ってただがむしゃらに働(はたら)くのではなく、組織(そしき)から離(はな)れても一人(ひとり)でやっていける、そういう能力(のうりょく)を養(やしな)い、人間(にんげん)関係(かんけい)や、人脈(じんみゃく)を日頃(ひごろ)から大切(たいせつ)にしておくことが必要(ひつよう)になると思(おも)われます。

質問　この人(ひと)はこれからのサラリーマンにとっては何(なに)が大切(たいせつ)だと言(い)っていますか。

1. 一(ひと)つの会社(かいしゃ)で定年(ていねん)まで働(はたら)き続(つづ)けることです。
2. 会社(かいしゃ)の仕事(しごと)に役立(やくだ)つ能力(のうりょく)を身(み)に付(つ)けることです。
3. いつでも独立(どくりつ)できるように準備(じゅんび)しておくことです。
4. はやく出世(しゅっせ)するために社内(しゃない)の人間(にんげん)関係(かんけい)を大切(たいせつ)にすることです。

강연을 들어 주세요.

남 : 음... 여러분도 아시는 바와 같이 최근 불황 때문에, 희망퇴직(명예퇴직)을 실시하는 회사가 증가하고 있습니다. 대상은 현재로서는, 아직 중년층과 노년층에 한정되어 있는 것 같습니다만, 이대로 불황이 진행되면, 비록 젊은 사람이라도 쫓겨나기 쉽습니다. 그러니까 샐러리맨은 평소부터 그것에 대비해 두는 것이 필요합니다. 예전과 같이 얼마 되지 않는 직위를 겨루어 단지 무모하게 일할 것이 아니라, 조직에서 떨어져도 혼자서 해 나갈 수 있는 그러한 능력을 기르고, 인간관계나, 인맥을 평소부터 소중히 해 두는 것이 필요하다고 생각됩니다.

질문　이 사람은 앞으로 샐러리맨에게 있어서 무엇이 중요하다고 말하고 있습니까?

1. 한 회사에서 정년까지 계속 일하는 것입니다.
2. 회사의 일에 도움이 되는 능력을 몸에 익히는 것입니다.
3. 언제라도 독립할 수 있도록 준비해 두는 것입니다.
4. 빨리 출세하기 위해서 사내의 인간관계를 소중히 하는 것입니다.

중요표현

「동사의 ます형+かねない」는 「~하기 쉽다, ~할 가능성이 있다」라는 뜻으로 결과가 나쁘게 될 우려가 있다는 뉘앙스를 갖는다. 放(ほう)り出(だ)されかねません(쫓겨나기 쉽습니다), 事故(じこ)になりかねない(사고가 나기 쉽다)

N1

뉴 일본어 능력시험

Part 10

문자/어휘 chapter 01
2번 문제/외래어

문법 chapter 02
N1 문법패턴 10 (～にひきかえ에서 ～べく/～べくもない까지)

독해
단문/중문 문제

청해 chapter 03
즉시 응답 문제

chapter 01 문자/어휘

N1 1교시

2번 문제/외래어(카타카나)

アイデア 아이디어	アクセル 액셀, 가속기	アップ 업, 오름	アプローチ 어프로치, 접근
アマチュア 아마추어	アラブ 아랍	アルカリ 알칼리	アルミニウム 알루미늄
アワー 시간	アンケート 앙케트	アンコール 앙코르	イエス 예수
イメージダウン 이미지 손상		インターチェンジ 인터체인지	
インターナショナル 인터내셔널		インターホン 인터폰	インターン 인턴
インテリ 인텔리, 지식인		インフォメーション 인포메이션	
インフレーション 인플레이션, 인플레		ウイルス 바이러스	ウェイトレス 웨이트리스
エアメール 항공우편	エレガント 우아함	エンジニア 엔지니어	オーケー OK!
オートマチック(オートマティック) 오토매틱, 자동식			オーバー 초과
オープン 오픈, 개방	オリエンテーション 오리엔테이션		オレンジ 오렌지
オンライン 온라인	カーペット 카펫, 양탄자	ガイド 가이드	ガイドブック 가이드북
カクテル 칵테일	カット 컷, 장면	カテゴリー 카테고리, 범주	カムバック 컴백, 복귀
カメラマン 카메라맨	カルテ 카르테, 진료기록 카드		ガレージ 차고
カンニング 커닝	ギャグ 개그, 익살	キャッチ 캐치, 포착	ギャップ 갭, 차이
キャリア 커리어, 경력	クイズ 퀴즈	クラブ 클럽	グラフ 그래프
クリア 클리어	グレー 그레이, 회색	クレーン 크레인, 기중기	ケース 케이스, 경우, 상황
ゲスト 게스트, 초대 손님	コーナー 코너	コマーシャル 커머셜, 광고	
コミュニケーション 커뮤니케이션		コメント 코멘트, 논평, 설명	
コレクション 컬렉션, 수집		コンタクトレンズ 콘택트렌즈	
コンテスト 콘테스트		コントラスト 콘트라스트, 대비	
コントロール 컨트롤, 통제		コンパス 컴퍼스	
コンビニエンス 컨비니언스, 편의		コンビネーション 콤비네이션	
サイクル 사이클, 주기, 자전거		サイズ 사이즈	
サンキュー 감사합니다	サンタクロース 산타클로스		シート 시트, 자리
ジーパン 청바지(일본식 조어)		システム 시스템	シック 세련됨
シナリオ 시나리오	ジャズ 재즈	ジャンパー 점퍼	ジャンプ 점프
ジャンボ 점보	ジャンル 장르	ショー 쇼	ショック 쇼크, 충격

일본어	한국어	일본어	한국어	일본어	한국어	일본어	한국어
スコア	스코어, 득점	スタイル	스타일	スタジオ	스튜디오	スチーム	스팀, 증기
ステップ	스텝	ストライキ	파업	ストレス	스트레스	ストロー	스트로, 빨대
ストロボ	스트로보, (사진 촬영용) 섬광 장치			スピード	스피드	スプリング	스프링
スペース	공간	スポーツカー	스포츠카	スマート	스마트, 날씬함	スラックス	슬랙스, 바지
セール	세일	セクション	섹션	セックス	성	ゼリー	젤리
セレモニー	세레머니, 의식			センス	센스, 감각	ソース	소스
ソックス	양말	ソロ	솔로, 독주	ダース	다스(12개가 한 묶음)		
タイトル	타이틀, 제목	タイピスト	타이피스트	タイマー	타이머	タイミング	타이밍
タイム	타임	タイムリー	때맞춤, 시의적절함			タイヤ	타이어
タイル	타일	ダウン	다운	ダブル	더블	タレント	탤런트, 재능
タワー	타워	ダンプ	덤프, 덤프카	チームワーク	팀워크	チェンジ	체인지
チャイム	차임, 초인종	チャンネル	채널	ティッシュペーパー	티슈페이퍼		
データ	데이터	デコレーション	데코레이션, 장식			デザート	디저트
デザイン	디자인	デッサン	데생, 소묘	デモンストレーション	데모, 시위		
テレックス	텔렉스	ドアマン	도어맨	トーン	톤	ドライ	드라이, 건조
ドライクリーニング	드라이클리닝			ドライバー	드라이버, 운전자		
ドライブイン	드라이브인	トラブル	트러블	トランジスタ	트랜지스터	ドリル	드릴
ナイター	야간 경기	ナプキン	냅킨	ナンセンス	난센스	ニーズ	니즈, 요구
ニュー	뉴, 새로움	ニュアンス	뉘앙스, 어감	ネガティブ	네거티브, 부정적		
ノイローゼ	노이로제	バー	바(bar)	バーゲン	바겐	パジャマ	파자마, 잠옷
バス	목욕, 욕실	パチンコ	일본고유의 슬롯머신, 핀볼			バッジ	배지
バッテリー	배터리	バット	배트	パトカー	경찰차	ハンガー	옷걸이
パンク	펑크	ビジネス	비즈니스	ピンチ	핀치, 위기	ヒント	힌트
ファイト	투지, 투쟁심	ファイル	파일	ファン	팬, 환풍기	フィルター	필터
ブーツ	부츠	ブーム	붐	フェリー	페리	フォーム	폼, 모양
フォロー	지원, 추적	ブザー	버저	プラスチック	플라스틱	ブルー	파랑
フロント	프런트	プロ	프로	プロジェクト	프로젝트, 계획		
ペア	페어	ベース	베이스	ベスト	베스트, 최선, 조끼	ベストセラー	베스트셀러

ボイコット 보이콧	ポイント 포인트	ホース 호스	ポーズ 포즈, 자세
ホール 홀, 넓은 방, 구멍	ポジション 포지션	ポット 포트(차를 끓일 때 쓰는 용기)	
ボルト 볼트	ポンプ 펌프	マーク 마크	マイク 마이크
マイクロホン 마이크로폰	マスコミ 매스컴	マッサージ 마사지	マネージャー 매니저
ミスプリント 미스프린트	ミセス 미세스, 기혼 부인	ミュージック 뮤직	ミリ 밀리
ムード 무드, 분위기	メーカー 메이커	メッセージ 메시지	メディア 미디어
メロディー 멜로디	モーテル 모텔	モニター 모니터	ヤング 영, 젊은이
ユーモア 유머	ユニーク 독특함	ユニフォーム 유니폼	ライス 라이스, 쌀밥
ライバル 라이벌, 경쟁자	ラベル 라벨	ランク 랭크	ランプ 램프
リコール 리콜	リード 리드	ルーズ 칠칠치 못함, 끊고 맺는 맛이 없음	
ルート 루트	ルール 룰, 규칙	レース 레이스	レギュラー 레귤러, 정규
レクリエーション 레크리에이션		レジャー 레저	レッスン 레슨
レディー 레이디	レバー 레버, 손잡이	レベル 레벨	レンジ 레인지
レンタカー 렌터카	レントゲン 뢴트겐, X선 사진		ロープ 로프, 밧줄
ロープウェー 로프웨이, 케이블카		ローマ字 로마자	
ロマンチック(ロマンティック) 로맨틱, 낭만적임			ワット 와트

PRACTICE TEST

問題2　(　　　)に入れるのに最もよいものを、1・2・3・4から一つ選びなさい。

[1] 彼女は15年の(　　　)を持つテニスの選手である。
　　1　ベテラン　　　2　ポジション　　　3　キャリア　　　4　トレーニング

[2] 彼は朗らかな人で、(　　　)のある話し方で、職場の雰囲気を明るくしてくれる。
　　1　ユーモア　　　2　ニュアンス　　　3　チャンス　　　4　タイミング

[3] この工場で働く人々の技術的(　　　)はたいへん高い。
　　1　ラベル　　　2　レベル　　　3　ドリル　　　4　ダブル

[4] 鈴木さんは(　　　)がいいから、どんな洋服でもよく似合う。
　　1　スタイル　　　2　スマート　　　3　ストップ　　　4　スタミナ

[5] 佐藤さんは(　　　)だから、いつも期限に遅れて、人に迷惑をかける。
　　1　ドライ　　　2　ルーズ　　　3　ユニーク　　　4　オープン

[6] たいこの音が聞こえてきて、祭りの(　　　)が一段と盛り上がってきた。
　　1　ブーム　　　2　ポーズ　　　3　ムード　　　4　リード

[7] (　　　)で色々の容器をつくる。
　　1　プラスチック　　2　ナンセンス　　3　コントロール　　4　エレガント

[8] うちの(　　　)は、入り口が狭くて車が入りにくい。
　　1　フロント　　　2　スタジオ　　　3　ステージ　　　4　ガレージ

[9] このいすは(　　　)はいいが、座り心地が悪い。
　　1　モデル　　　2　ジャンル　　　3　デザイン　　　4　デッサン

[10] あの選手は、走る(　　　)がとてもきれいだ。
　　1　フォーム　　　2　ポーズ　　　3　ポジション　　　4　コントロール

11 高速道路で制限速度を50キロ（　　　　）して走り、スピード違反でつかまった。
　　1　アップ　　　　2　オーバー　　　　3　マーク　　　　4　チェンジ

12 このファイルに入っている（　　　　）は絶対秘密だ。
　　1　オンライン　　2　チャンネル　　　3　データ　　　　4　マスコミ

13 日本では（　　　　）の大きな靴をさがすのに苦労する。
　　1　スケール　　　2　デザイン　　　　3　カラー　　　　4　サイズ

14 この漫画は（　　　　）なところが面白い。
　　1　バランス　　　2　アナウンス　　　3　ナンセンス　　4　ニュアンス

15 試験中に他人の答案を見ることを（　　　　）という。
　　1　カンニング　　2　スプリング　　　3　タイミング　　4　トレーニング

16 彼女のファッションはいつも（　　　　）だ。
　　1　シック　　　　2　センス　　　　　3　デザイン　　　4　フォーム

17 キャプテンにうまくチームを（　　　　）してほしい。
　　1　アップ　　　　2　オーバー　　　　3　バック　　　　4　リード

18 大きいテーブルを買いたいけれど、この部屋には置く（　　　　）がない。
　　1　スペース　　　2　ステージ　　　　3　スタンド　　　4　スタジオ

19 創立50周年を祝う記念の（　　　　）が行われた。
　　1　オープン　　　2　チェンジ　　　　3　セレモニー　　4　メッセージ

20 どんな（　　　　）の音楽が好きですか。
　　1　フィルター　　2　ポジション　　　3　コントロール　4　ジャンル

PRACTICE TEST

21 会議で質問に答えられなくて困っていたら、課長が（　　　）してくれた。
　1　キープ　　　　2　フォロー　　　　3　マッチ　　　　4　アップ

22 コストわれで大変な（　　　）にあう。
　1　ピンチ　　　　2　ヒント　　　　3　パンク　　　　4　ピンク

23 誕生日の場合は、室内を飾り、家具調度に（　　　）を施す。
　1　デッサン　　　　　　　　　　　2　デモンストレーション
　3　デート　　　　　　　　　　　　4　デコレーション

24 ホテルの（　　　）でチェックインを済ませる。
　1　バック　　　　2　フロント　　　　3　ルーム　　　　4　ドアマン

25 労働者を先導して（　　　）をやらせる。
　1　スペース　　　　2　スチーム　　　　3　ストライキ　　　　4　ストレス

26 ちなみにベイヤー氏自身はハーバード大学出身の超（　　　）だそうだ。
　1　インテリ　　　　　　　　　　　2　インターナショナル
　3　インターン　　　　　　　　　　4　インフレーション

chapter 02 문법/독해

N1 2교시

01 〜にひきかえ 〜와 반대로, 〜에 비해

접속: [명사]+にひきかえ [동사기본형/い형용사-い/な형용사-な]の+にひきかえ

「AにひきかえB」는「A에 비해(와는 반대로) B는〜, A와 비교하면 반대로 B는〜」라는 뜻으로 A와 B를 대비시키는 표현이다. 따라서 A와 B에는 상반되는 내용이 온다.

勤勉な姉にひきかえ、妹は怠け者だ。 근면한 언니와는 반대로, 여동생은 게으름뱅이다.
ご主人は積極的なのにひきかえ、奥さんは消極的な性格だ。
남편은 적극적인데 비해, 부인은 소극적인 성격이다.
金持ちには倹約家が多いのにひきかえ、貧乏人にはお金があると使ってしまう人が多い。 부자에게는 절약가가 많은데 비해, 가난한 사람에게는 돈이 있으면 써 버리는 사람이 많다.
今年は自動車の販売台数が伸びたのにひきかえ、トラックの販売台数は落ち込んだ。
올해는 자동차 판매 대수가 늘어난 것과는 반대로, 트럭의 판매 대수는 뚝 떨어졌다.

02 〜にもまして 〜이상으로, 〜보다 더

접속: [명사]+にもまして

「AにもましてB」는「A보다 훨씬 더 B하다」라는 의미이다. 단순히 A와 B를 비교하는 용법이라기보다 A보다 훨씬 더 변화된 B에 중점을 둔 표현이라 할 수 있겠다.

この頃彼は、年齢のせいか、以前にもまして頑固になってきた。
요즘 그는 나이 탓인지, 이전보다 더 완고해 졌다.
今年の公演は、例年にもましてチケットの売れ行きが好調だ。
올해 공연은 예년보다 더 티켓의 팔림새가 호조이다.
それにもまして心配なのは家族の健康だ。 그보다 더 걱정인 것은 가족의 건강이다.

03 〜の至(いた)り 지극히 〜함(극치), 〜의 소치(탓)

접속: [명사]+の至(いた)り

「〜の至(いた)り」는「感激(かんげき)の至(いた)り(감격스럽기 그지없다)/恐縮(きょうしゅく)の至(いた)り(죄송스럽기 그지없다)/光栄(こうえい)の至(いた)り(지극히 영광이다)」처럼 대부분 감정을 표현하는 명사에 접속해「최고로 그런 기분이다」라는 의미를 내포한다. 유사표현으로는「〜の極(きわ)み(〜하기 그지없다/지극히 〜하다)」가 있는데「〜の至(いた)り」의 표현은 대부분「〜の極(きわ)み」로 바꿔 써도 무방하다. 단「〜の極(きわ)み」의 경우「贅沢(ぜいたく)の極(きわ)み(사치스럽기 그지없다)/親不孝(おやふこう)の極(きわ)み(불효하기 짝이 없다)」처럼 감정을 나타내는 단어 이외에도 접속하는 경우가 있으나「〜の至(いた)り」의 경우에는 일반적으로 감정을 나타내는 단어에만 붙는 성질이 있다. 그리고「〜の至(いた)り」는「〜의 결과/〜의 소치」라는 의미로도 쓰인다.

このようなすばらしい賞をいただき、光栄の至りです。
이러한 훌륭한 상을 받아, 영광스러울 따름입니다.

ご無理ばかりお願い致しまして、誠に恐縮の至りです。
무리한 것만 부탁드려서, 정말로 황송하기 그지없습니다.

原因は、すべて私の不徳の至りです。
원인은, 모두 저의 부덕의 소치입니다.

若気の至りでキッチンの壁を足で蹴って穴を開けてしまった。
젊은 혈기의 소치로 주방의 벽을 발로 차서 구멍을 내어 버렸다.

04 ~の極(きわ)み 지극히 ~함(극치)

접속: [명사] + の極(きわ)み

「~の極(きわ)み」는 「~하기 그지없다/지극히 ~하다」라는 뜻으로 「遺憾(いかん)の極(きわ)み(지극히 유감이다)/感動(かんどう)の極(きわ)み(감동스럽기 그지없다)/無礼(ぶれい)の極(きわ)(무례하기 짝이 없다)/疲労(ひろう)の極(きわ)み(피로하기 그지없다)」처럼 플러스 측면과 마이너스 측면 모두 광범위하게 사용할 수 있는 표현이다.

長距離移動で疲労の極みに達していた。
장거리 이동으로 피로의 극한에 이르고 있었다.

絵を見るだけに5000円も使うなんて贅沢の極みだ。
그림을 보는 데만 5000엔이나 사용하다니 사치스럽기 그지없다.

今日このような歓迎会を開いていただき、感激の極みです。
오늘 이런 환영회를 열어 주셔서, 감격스럽기 그지없습니다.

05 ~はおろか ~은커녕(물론)

접속: [명사] + はおろか

「AはおろかB」는 「A는 말할 필요도 없이 B조차」라는 표현이다. 일반적으로 마이너스 측면에 주로 사용된다.

客はおろか通行人さえいない。
손님은커녕 지나다니는 사람마저 없다.

計算に頭が回らず、暗算はおろか電卓を使っても計算できない始末だ。
계산에 머리가 잘 돌지 않아, 암산은커녕 계산기를 사용해도 계산이 안 되는 지경이다.

テスト勉強やレポートはおろか、他のことに対しても全然やる気が出てこない。
테스트 공부나 리포트는커녕, 다른 일에 대해서도 전혀 의욕이 일지 않는다.

06 ～ばこそ 바로 ～이기 때문에

접속: [동사-ば/い형용사-ければ/な형용사-であれば/명사-であれば]+こそ

「AばこそB」는 「다름 아닌 바로 A라는 이유이기 때문에 B하다」라는 뜻으로 원인이나 이유 등을 강조하는 표현이다.

子どものためを思えばこそ、過ちは放置できない。
아이를 위해서라고 생각하기 때문에 잘못은 방치할 수 없다.

あなたを信頼していればこそ、お願いするのですよ。
당신을 신뢰하고 있기 때문에, 부탁하는 거예요.

現場で働く方々が健康であればこそ、いい物造りができる。
현장에서 일하는 분들이 건강해야 말로, 좋은 물건 만들기가 가능하다.

鮮度がよければこそ、生で美味しく食べられる。
신선도가 좋기 때문에, 날것으로 맛있게 먹을 수 있다.

07 ～ばそれまでだ ～면 그것으로 끝이다

접속: [동사의 가정형]+それまでだ

「～ばそれまでだ」는 「～하면 그것으로 끝이다/ 어찌할 도리가 없다」라는 표현이다. 일반적으로 동사의 가정형에 주로 접속하나 명사나 な형용사 「～なら」의 형태로 접속해 쓰이기도 한다.

成績がよくても、面接に遅れればそれまでだから、遅れないように気をつけましょう。
성적이 좋아도, 면접에 늦으면 그것으로 끝이니까, 늦지 않도록 조심합시다.

いくらお金を貯めても、死ねばそれまでだ。
아무리 돈을 모아도, 죽으면 그것으로 끝이다.

どんなに頑張っても、途中であきらめたらそれまでだ。
아무리 노력해도, 도중에 포기하면 그것으로 끝이다.

彼女のことが大好きでも、彼女が別れようと言うならそれまでだ。
그녀를 아주 좋아해도, 그녀가 헤어지자고 한다면 그것으로 끝이다.

一生懸命やって、だめならそれまでだ。
열심히 해서, 안되면 그것으로 끝이다.

そんなことで壊れる関係ならそれまでだ。
그런 일로 망가지는 관계라면 그것으로 끝이다.

08 ひとり ～だけでなく, ひとり ～のみならず 단지 ～뿐만 아니라

접속: ひとり+[명사]+だけでなく(のみならず)

不景気による雇用問題や失業率の上昇は、ひとりわが国だけでなく、世界全体の問題である。 불경기에 의한 고용 문제나 실업률의 상승, 단지 우리나라뿐만이 아니라 세계 전체의 문제이다.
これは、ひとり本人のみならず、社会的にも大きな損失であります。
이것은 단지 본인뿐만 아니라, 사회적으로도 큰 손실입니다.

09 ～べからず, ～べからざる ～해서는 안 된다, 할 수 없다

접속: [동사기본형(원형)]+べからず(べからざる+명사)

「～べからず/～べからざる」는 둘 다 「해서는 안 된다」라는 금지 표현이며, 문장을 마칠 때는 「～べからず」 뒤에 명사를 수식할 때는 「べからざる」를 쓴다. 일반적으로 개인적 판단이 아닌 사회적 통념상 그렇게 하면 안 된다는 금지 표현이다. 보통 「入(はい)るべからず(들어가지 마시오)/ 触(さわ)るべからず(만지지 마시오)」처럼 안내 표지판이나 팻말 등에 주로 쓰이는 표현이다.

勝手に駐車するべからず。 마음대로 주차하지 말 것.
関係者以外立ち入るべからず。 관계자 이외에 들어가지 말 것.
働かざる者、食うべからず。 일하지 않는 자 먹지 말 것.
相手と場所のいかんにかかわらず、言うべからざることは絶対に口に出せない。
상대와 장소 여하에 관계없이, 해서는 안 될 말은 절대로 말할 수 없다.

10 ～べく/～べくもない ～하기 위해(～하려고) / ～할 방도가 없다

접속: [동사의 기본형(원형)]+べく [する→するべく/すべく 둘 다 가능]

「～べく」는 「～하기 위해(～하려고)」라는 뜻으로 개인적인 의지보다는 당연히 해야 하는 의무감에 중점을 둔 표현이다. 「～べくもない」는 「그렇게 하길 바라지만 실제로는 가능하지 않다」는 의미를 내포한 표현이다. 개인적인 능력보다는 외부환경이나 사회적인 이유로 불가능하다는 뉘앙스가 짙다.

貴重な文化遺産を後世に伝えるべく、幅広い活動をしています。
귀중한 문화유산을 후세에게 전하기 위해, 폭넓은 활동을 하고 있습니다.
より多くの情報を皆様にご提供するべく、ホームページを全面リニューアル致しました。 보다 많은 정보를 여러분에게 제공하기 위해, 홈 페이지를 전면 리뉴얼했습니다.
土地が高い都会では、家などそう簡単に手に入るべくもない。
땅값이 비싼 도시에서는 집 같은 것을 그렇게 쉽게 손에 넣을 방도가 없다.

問題1　次の文の（　　）に入れるのに最もよいものを、1・2・3・4から一つ選びなさい。

1　若気の（　　）で無茶をしでかした。
　　1　のみならず　　　2　至り　　　　　3　極み　　　　　4　にもまして

2　外国で暮らすとき、言葉をおぼえること（　　）大事なことは、その国の習慣をまずそのまま受け入れることだ。それを批判することは、もっと後からで良い。
　　1　によらず　　　　2　にもまして　　3　に反して　　　4　にもかかわらず

3　おくびょうで（　　）、用心深くなり、危険を避けることができるのだ。
　　1　あるのにひきかえ　　　　　　　　2　あるがまま
　　3　あればこそ　　　　　　　　　　　4　あってさえ

4　彼女は怒っているのか、挨拶（　　）私の方を見ようともしなかった。
　　1　といえども　　　2　なくして　　　3　とばかりに　　4　はおろか

5　我々のチームが優勝できたのは、（　　）選手だけでなく、応援してくれた皆さんのおかげです。
　　1　たくさんの　　　2　多くの　　　　3　ひとり　　　　4　たった

6　営業成績を上げる（　　）、社員全員が頑張っている。
　　1　べく　　　　　　2　だに　　　　　3　なり　　　　　4　とは

7　勉強よりまず健康のことを考えるべきだ。試験に合格しても、病気になってしまったら（　　）。
　　1　それまでだ　　　2　それからだ　　3　それほどだ　　4　それのみだ

8　出土した黄金の装飾品は、贅沢の（　　）を尽くした当時の王族の生活を想像させる。
　　1　至り　　　　　　2　極み　　　　　3　至る　　　　　4　極まる

PRACTICE TEST

9 溺れている人を助けただけなのに、新聞にとりあげられ、表彰までしていただいて、まことに光栄(　　　)です。

　1　だらけ　　　　2　に存じ　　　　3　まみれ　　　　4　の至り

10 行かないと(　　　)、後々後悔することになるかもしれないよ。

　1　言ってしまうのは簡単だから　　　2　言わないとしても
　3　言うまでもないが　　　　　　　　4　言ってしまえばそれまでだが

11 となりの息子は働きながら、大学を一番で卒業したそうだ。それに(　　　)うちの息子は、親の金で遊んでばかりいる。

　1　したって　　　2　しては　　　3　ひきかえ　　　4　もまして

12 だめよ、そこに入っては。ここに「芝生に入る(　　　)」って書いてあるでしょう。

　1　べし　　　　2　べからず　　　3　禁ずる　　　4　得ない

13 財政問題は、ひとり東京のみならず、(　　　)。

　1　全員で解決策を考えるべきだ　　　2　日本全体の問題だ
　3　みんなが知っている　　　　　　　4　国民の援助が必要だ

14 子供の将来を(　　　)、親は厳しいことを言うものなのです。

　1　心配するからには　　　　　　2　心配したところで
　3　心配しながらも　　　　　　　4　心配すればこそ

15 この不況では昇給なんてのぞむ(　　　)もない。倒産しないだけましだよ。

　1　べく　　　　2　わけ　　　　3　こそ　　　　4　よう

問題2　次の文の＿＿★＿＿に入る最もよいものを、1・2・3・4から一つ選びなさい。

1　子どもの暴力事件は常に＿＿★＿＿、＿＿＿＿＿　＿＿＿＿＿　＿＿＿＿＿激化しているようだ。
　　1　最近は　　　　　2　暴力が　　　　　3　以前にもまして　4　存在していたが

2　彼は日本に来て1年になるのに、＿＿＿＿＿　＿＿＿＿＿　＿＿★＿＿　＿＿＿＿＿書けない。
　　1　漢字は　　　　　2　ひらがな　　　　3　さえも　　　　　4　おろか

3　その議員は＿＿★＿＿　＿＿＿＿＿　＿＿＿＿＿、＿＿＿＿＿騒がせた。
　　1　吐いて　　　　　2　世間を　　　　　3　言うべからざる　4　言葉を

4　30年ぶりに祖国を訪れることができた＿＿＿＿＿、＿＿＿＿＿　＿＿★＿＿　＿＿＿＿＿。
　　1　極みで　　　　　2　あった　　　　　3　感激の　　　　　4　のは

5　一緒に入社した彼が＿＿＿＿＿　＿＿★＿＿、＿＿＿＿＿　＿＿＿＿＿平社員のままだ。
　　1　いまだに　　　　2　にひきかえ　　　3　私は　　　　　　4　昇進したの

PRACTICE TEST

問題3　次の文章を読んで、1から5の中に入る最もよいものを、1・2・3・4から一つ選びなさい。

　人間が心に思うことを他人に伝え、知らしめるのには、いろいろな方法があります。例えば悲しみを訴えるのには、悲しい顔つきをしても伝えられる。ものが食いたい時は手まねで食う様子をして見せてもわかる。その他、泣くとか、うなるとか、叫ぶのか、にらむとか、嘆息するとか、殴るとかいう手段もありまして、急な、激しい感情を一息に伝えるのには、そういう 1 な方法の方が適する場合もありますが、しかしやや細かい思想を明瞭に伝えようとすれば、言語による 2 。言語がないとどんなに不自由かということは、日本語の通じない外国へ旅行してみるとわかります。
　 3 、言語は他人を相手にするときばかりでなく、 4 にも必要であります。われわれは頭の中で「これをこうして」とか「あれをああして」とかいうふうに独り言を言い、自分で自分に言い聞かせながら考える。そうしないと、自分の思っていることがはっきりせず、まとまりが 5 。皆さんが算術や幾何の問題を考えるのにも、必ず頭の中で言語を使う。われわれはまた、孤独を紛らすために自分で自分に話しかける習慣があります。しいてものを考えようとしないでも、1人でぽつねんとしている時、自分の中にあるもう1人の自分が、ふとささやきかけてくることがあります。

（谷崎潤一郎「ちくま日本文学」による）

| 1 | 1 知能的 | 2 本格的 | 3 原始的 | 4 論理的 |

| 2 | 1 わけではありません | 2 よりほかありません |
| | 3 に過ぎません | 4 とは限りません |

| 3 | 1 今さら | 2 たとえば | 3 つまり | 4 なおまた |

| 4 | 1 1人でものを考える時 | 2 寂しくて独り言をつぶやく時 |
| | 3 寝言を言う時 | 4 みんなで話し合う時 |

| 5 | 1 付きがちだ | 2 付きようがない | 3 付きにくい | 4 付きやすい |

問題4　次の文章を読んで、後の問に対する答えとして最もよいものを、1・2・3・4から一つ選びなさい。

　(注1)アイヌの人たちと自然との関わりは、一言でいうと「共存」である。「尊重」といってもいいかもしれないが、「支配」や「破壊」といった概念とは(注2)無縁の関わり、関係を持つ。人々は、自然界からたくさんのものを得る。さまざまなものを取る。取るといっても奪い取るのではなく、神様から受け取るのだという考えを持つ。盗み取るのではなくて受け取るのである。だから恵みを受けるとか、授かるという、神様を意識しての言い方が多い。

(藤村久和『アイヌ、神々と生きる人々』小学館による)

(注1)アイヌ：日本の少数民族の一つ
(注2)無縁：関係がないこと

[1] 自然との関わりについて、アイヌの人たちはどのように考えているか。

1　自然から生きるのに必要なものを受け取り、自然とともに生きていく。
2　自然を大切に考え、自然からは決して食べ物を取らないようにする。
3　さまざまなものがある自然界を、神様のように支配しようとする。
4　自然は成長していくので、あまり破壊を気にしなくてもいい。

PRACTICE TEST

問題5　次の文章を読んで、後の問に対する答えとして、最もよいものを1・2・3・4から一つ選びなさい。

　子どもが自室に閉じこもるのは親から独立した自分だけの精神的世界を持ちはじめたことの現われだろうから、悪いとばかりは言えない。子供だって、自分が親に完全管理されることをいつか嫌うようになるもので、もしそうならないとすれば、また①「別の心配」が生じるだろう。しかし、そうは言っても、これは程度問題で、子供が学校から帰ってから寝るまで、食事の時を除いてずっと自分の部屋にいる、というのでは、家族間のコミュニケーションも(注1)希薄になる。だから、子供がある年齢に達して自室に閉じこもりがちになることを、一つの成長過程として認めるにしても、建築的に②「それを」(注2)助長するような空間の作り方は避けるべきだろう。そういう考え方にしたがうと、子供部屋は、あんまり(注3)居心地が良くない方がよいのではないか。居心地が良くない、というと(注4)語弊があるが、少なくても良すぎない方がいい。もっと正確に言えば、ある(注5)内向的な時を過ごすには居心地がいいが、その気持ちがふっと外へ向いた時には、多少気詰まりに感じられて、自然に部屋の外へ、居間や食堂へ出て行きたくなるような部屋がいい。

(渡辺武信『住まい方の思想』中央公論社による)

(注1)稀薄:少なかったり、うすかったりすること
(注2)助長:良くない傾向を強めること
(注3)居心地:そこにいるときの気分、気持ち
(注4)語弊:誤解されるような言い方
(注5)内向的:心の働きが自分の内部に向かうようす

1　①「別の心配」とはどのようなことか。
1　子供が独立心を持ちすぎて、自分だけの世界に閉じこもる心配
2　子供に独立心が生まれず、親に依存する子供になる心配
3　親が子供に対して影響力を持たなくなる心配
4　親が子供に完全に支配されることになる心配

[2] ②「それ」とは何を指すか。
1 子供が自分の部屋に閉じこもらないようにすること
2 成長過程に必要なコミュニケーションをとること
3 子供が自分の部屋に閉じこもりがちになること
4 家族間のコミュニケーションが生まれること

[3] 筆者の子供部屋についての考えはどれか。
1 子供部屋は、子供の独立心を養うためには不要である。
2 子供部屋は、子供がある年齢に達するまで必要である。
3 子供部屋は、子供が管理されすぎない設計がいい。
4 子供部屋は、子供にとって快適すぎない設計がいい。

chapter 03 청해

즉시 응답 문제 1

N1 청해 문제 4는 즉시 응답 문제이다. 그림이 없는 문제로서 질문을 듣고 다음에 나올 적합한 대답을 선택하는 문제이다. 일상생활에서 빈번히 사용하는 기초적인 질의응답 패턴이 나올 가능성이 많다.

〈예시〉

男：この本はもう全部読みましたか。
女：_____
1. はい、今読みかけています。
2. いいえ、途中までです。
3. いいえ、読み終ったようです。

女：あっ！また書類出しっぱなしじゃない。
男：_____
1. すぐ片付けるよ。
2. もう、ちゃんと出したよ。
3. 全部読んじゃったよ。

대화를 잘 듣고 맞는 답을 하나 고르시오.

1ばん

①

②

③

えなどは　ありません。

2ばん

①

②

③

えなどは　ありません。

PRACTICE TEST

3 ばん

①

②

③

えなどは　ありません。

4 ばん

①

②

③

えなどは　ありません。

スクリプト

문제 1

男: 見積(みつ)もりをお願(ねが)いします。
女: ＿＿＿＿＿＿＿＿＿＿＿＿＿＿

1. はい、至急(しきゅう)ファックスします。
2. お勘定(かんじょう)ですね。
3. メニューをご覧(らん)ください。

남 : 견적을 부탁합니다.
여 : ＿＿＿＿＿＿＿＿＿＿

1. 네, 당장 팩스를 보내겠습니다.
2. 계산이군요.
3. 메뉴를 봐 주세요.

문제 2

女: 3時間(じかん)も歩(ある)いて相当(そうとう)疲(つか)れたでしょう？
男: ＿＿＿＿＿＿＿＿＿＿＿＿＿＿

1. ええ、びしょびしょです。
2. ええ、べたべたです。
3. ええ、へとへとです。

여 : 3시간이나 걸어서 상당히 지쳤지요?
남 : ＿＿＿＿＿＿＿＿＿＿

1. 예, 흠뻑 젖었습니다.
2. 예, 끈적끈적합니다.
3. 예, 몹시 피곤합니다.

문제 3

男: 春(はる)めいてきましたね。
女: ＿＿＿＿＿＿＿＿＿＿＿＿＿＿

1. そうですね。春(はる)はまだまだ先(さき)のようですね。
2. そうですね。昼間(ひるま)はコートがいらないくらい暖(あたた)かくなりましたね。
3. そうですね。まだ1月(がつ)なのに春(はる)みたいに暖(あたた)かいですね。

남 : 봄다워졌네요.
여 : ＿＿＿＿＿＿＿＿＿＿

1. 그러네요. 봄은 아직도 멀었네요.
2. 그러네요. 낮에는 코트가 필요 없을 정도로 따뜻해졌어요.
3. 그러네요. 아직 1월인데 봄같이 따뜻하네요.

문제 4

女: これって味見(あじみ)できますか。
男: ＿＿＿＿＿＿＿＿＿＿＿＿＿＿

1. どうぞ、お召(め)し上(あ)がりください。
2. どうぞ、おっしゃってください。
3. どうぞ、お読(よ)みください。

여 : 이거 맛 볼 수 있을까요?
남 : ＿＿＿＿＿＿＿＿＿＿

1. 그러세요, 드세요.
2. 그러세요, 말씀하세요.
3. 그러세요, 읽으세요.

N1

뉴 일본어 능력시험

Part 11

문자/어휘 chapter 01
2번 문제/부사

문법 chapter 02
N1 문법패턴 11 (〜まじき에서 〜ものなら까지)

독해
단문/중문 문제

청해 chapter 03
즉시 응답 문제2

chapter 01 문자/어휘

N1 1교시

2번 문제/부사

あえて 감히, 굳이	あっさり 간단히, 깨끗이	あらかじめ 미리, 사전에
ありのままに 사실대로, 있는 그대로		案外あんがい 뜻밖에
案あんの定じょう 예상했던 대로	いかに 어떻게, 아무리	いかにも 정말, 매우
一概いちがいに 일률적으로, 한마디로		一様いちように 한결같이
一気いっきに 단숨에	一挙いっきょに 단번에, 단숨에	一向いっこうに 조금도, 전혀
一切いっさい 일체, 전혀	いっしんに 오직 한마음으로, 열심히	
一斉いっせいに 일제히	いっそ 차라리, 한층, ~할 바에는	一体いったい 도대체
至いたって 매우, 지극히	今更いまさら 이제 와서, 새삼스럽게	未いまだに 아직도
嫌々いやいや 마지못해	いやに 몹시	うっかり 깜빡
うんざりと 지긋지긋하게	おおかた 거의, 대부분	
恐おそらく 아마, 필시, 어쩌면, 틀림없이		おどおど 주뼛주뼛, 머뭇머뭇
自おのずから 저절로	且かつ 동시에, 한편	がっくりと 푹, 축
がっしりと 튼튼하고 다부지게	がっちりと 빈틈없이, 야무지게	かろうじて 겨우, 간신히
きっちり 꼭	きっぱりと 딱 잘라, 단호하게	極きわめて 지극히, 더없이
ぐっすり 푹	かつて 일찍이	かねて 미리, 전부터
代かわる代がわる 교대로, 번갈아	完全かんぜん 완전히	きっかりと 정확히, 뚜렷이
きちっと 깔끔히, 정확히	きっちりと 꽉, 딱	きっぱりと 단호히, 딱잘라
極きわめて 극히, 대단히	ぐずぐず 꾸물꾸물, 우물쭈물	くっきりと 뚜렷이
ぐっと 확, 단숨에	くれぐれも 부디, 제발	げっそりと 갑자기 여위어 홀쭉하게
こうこうと 휘황하게	公然こうぜんと 공공연히	ことごとく 모조리, 죄다
殊ことに 특히	ごろごろと 데굴데굴	さぞ 아마, 필시
さっと 획, 잽싸게	さほど 그다지, 별로	さも 정말
強しいて 굳이, 억지로	じっくりと 곰곰이	しみじみ 절실히
種々しゅじゅ 여러 가지	しょっちゅう 언제나, 항상	しんなり 나긋나긋
ずばりと 정통으로, 싹둑	ずらっと 죽(늘어선 모양)	ずるずると 질질
すんなりと 수월하게, 날씬하게	整然せいぜんと 가지런히	せめて 최소한, 적어도
全然ぜんぜん 전혀	せんだって 전번, 일전	相当そうとう 상당

即座そくざに 즉석에, 당장에		続々ぞくぞくと 속속, 연이어
その内うち 멀지 않아, 가까운 시일 안에		
大層たいそう 매우, 몹시, 무척, 대단히		忽たちまち 곧, 갑자기
たっぷり 듬뿍, 많이	だぶだぶ 헐렁헐렁	だらだら 줄줄, 지루하게, 장황하게
断然だんぜん 단연코, 훨씬	ちっとも 조금도, 전연	
ちやほやと 비위나 응석을 받아 주는 모양		ちょくちょく 가끔
ちらっと 슬쩍, 잠깐	つくづく 정말, 곰곰이, 주의 깊게	努つとめて 되도록, 애써
てっきり 틀림없이	てんで 전혀, 애당초	到底とうてい 도저히
とうとう 마침내, 결국	堂々どうどうと 당당히	どうにか 그럭저럭, 겨우
どうやら 아무래도, 그럭저럭	とかく 이럭저럭, 아무튼	時折ときおり 가끔
疾とっくに 훨씬 전에	とっさに 즉각, 곧	突如とつじょ 갑자기
突然とつぜん 돌연, 갑자기	とりあえず 우선, 일단	とりわけ 특히
尚なお 여전히, 더욱, 한층	尚更なおさら 더욱더, 더한층	長々ながながと 길게
何なにしろ 어쨌든, 아무튼	何なにとぞ 부디, 아무쪼록	何なにより 무엇보다
なるたけ 가능한 한	何なんだか 어쩐지, 왠지	何なんて 무어라고, 어쩌면 그렇게
何なんでも 무엇이든지	何なんと 이 얼마나, 어떻게, 뜻밖에도	
何なんとなく 어딘지 모르게, 무심코		何なんとも 아무렇지도, 어떻게도
何なんなりと 무엇이건	にわかに 갑자기	軒並のきなみ 일제히, 다 함께
のろのろ 느릿느릿, 굼뜨게, 꾸물꾸물		漠然ばくぜんと 막연하게
橋渡はしわたし 다리를 놓음, 중개함		甚はなはだ 매우, 대단히
はらはら 조마조마	遥はるかに 훨씬	ひいては 더 나아가서는
非常ひじょうに 매우	ひたすら 오로지, 한결같이	びっしょりと 흠뻑
ひょっと 뜻밖에, 불쑥	ひらひら 펄럭 펄럭, 훨훨	ひんやり 썰렁, 싸늘한 모양
ぶかぶかと 헐렁헐렁, 둥둥	ふらふら 휘청휘청	ぶらぶらと 어슬렁어슬렁, 빈둥빈둥
ふんだんに 충분히	ぺこぺこと 굽실굽실	ぺらぺら 외국어를 술술, 줄줄
べらべら 종알종알, 나불나불	呆然ぼうぜんと 멍하니, 망연하게	ほっと 휴! 겨우 마음을 놓는 모양
ぽつぽつと 슬슬, 조금씩	前以まえもって 미리	誠まことに 참으로
正まさしく 틀림없이	まして 하물며	丸まるごと 통째로

丸まるっきり 전혀	まるで 전혀, 마치	丸々まるまる 토실토실
無茶苦茶むちゃくちゃに 마구, 지독하게		むやみに 함부로, 무턱대고
無論むろん 물론	もしかして 만약, 어쩌면	もっぱら 오로지
もはや 이제는, 벌써	もろに 정면으로, 직접	やがて 머지않아, 대충
やけに 몹시, 매우	やたらに 무턱대고, 마구	やんわり 부드럽게, 살며시
ようやく 차차, 겨우	よほど 상당히, 꼭	ろくに 제대로, 변변히
わざわざ 일부러		

PRACTICE TEST

問題2　(　　　)に入れるのに最もよいものを、1・2・3・4から一つ選びなさい。

1. 入会をご希望の方は(　　　)配布した用紙にご記入の上、お申し込みください。
   1　あしからず　　2　あいかわらず　　3　あいにく　　4　あらかじめ

2. 疲れていたせいか、夕べは(　　　)眠れました。
   1　ぐったり　　2　ぐっすり　　3　げっそり　　4　こっそり

3. 暖炉の炎が時々(　　　)燃えあがる。
   1　はらはら　　2　ひらひら　　3　ぶかぶか　　4　ふらふら

4. あれ、まだ家にいたんですか。(　　　)もう出かけたのだと思っていました。
   1　きっかり　　2　てっきり　　3　じっくり　　4　きっちり

5. 山田さんは、今日のこの会のために、(　　　)遠くから来てくださいました。
   1　たっぷり　　2　じっくり　　3　わざわざ　　4　つくづく

6. 人間関係でこんなに苦労するなら、(　　　)この会社をやめてしまおう。
   1　いっこうに　　2　いっしんに　　3　いったい　　4　いっそ

7. なまけ者の彼のことだから、(　　　)そんなことだろうと思った。
   1　おおかた　　2　きわめて　　3　なかなか　　4　とうてい

8. この案は会議で否決されたが、(　　　)悪いとは言えないと思う。
   1　一挙に　　2　一概に　　3　一気に　　4　一斉に

9. うちの子は運転が乱暴で、事故を起こすのではないかと私はいつも(　　　)している。
   1　おどおど　　2　しみじみ　　3　はらはら　　4　ぼつぼつ

299

10　何回会議をやっても結論が出ないので、(　　　)いやになた。
　　1　つくづく　　　2　わざわざ　　　3　ぞくぞくと　　　4　くれぐれも

11　私には小さくなったスーツを息子に着せてみたが、(　　　)だった。
　　1　ぺこぺこ　　　2　ふらふら　　　3　のろのろ　　　4　だぶだぶ

12　有利な証言をしてくれと頼んだが、(　　　)断られた。
　　1　がっくりと　　2　きっかりと　　3　きっぱりと　　4　くっきりと

13　病気が悪化し、(　　　)ものも食べられなくなった。
　　1　まして　　　　2　せめて　　　　3　やけに　　　　4　ろくに

14　佐藤さんは、ホテルの予約が難しいと聞いただけで、(　　　)旅行を諦めた。
　　1　あっさり　　　2　うんざり　　　3　げっそり　　　4　じっくり

15　あの店員は、来たばかりのころは自信なさそうに(　　　)していたが、今はすっかり落ち着いた。
　　1　いやいや　　　2　おどおど　　　3　ぐずぐず　　　4　だらだら

16　妻は、(　　　)いやそうに「よっぱらい！」と言った。
　　1　いかに　　　　2　さも　　　　　3　どうにか　　　4　もっぱら

17　三日も徹夜が続くと、さすがに(　　　)する。
　　1　ふらふら　　　2　ぶらぶら　　　3　ぺらぺら　　　4　べらべら

18　中身がこぼれないように、ビンのふたを(　　　)しめた。
　　1　きっかり　　　2　きっちり　　　3　くっきり　　　4　じっくり

19　今後とも、(　　　)よろしくお願い申し上げます。
　　1　何だか　　　　2　何でも　　　　3　何とぞ　　　　4　何より

PRACTICE TEST

20 数々の実験を行ったが（　　　）失敗し、一度も成功しなかった。
　　1　とかく　　　　2　つくづく　　　　3　ようやく　　　　4　ことごとく

21 先方に協力を依頼したが、（　　　）断られてしまった。
　　1　しんなり　　　2　やんわり　　　　3　うんざり　　　　4　ひんやり

22 彼は兄とは（　　　）違う性格の持ち主だ。
　　1　まるっきり　　2　まるで　　　　　3　まるまる　　　　4　まえもって

23 失業して半年も（　　　）している。
　　1　ぶかぶかと　　2　ぺこぺこと　　　3　ぶらぶらと　　　4　ぼつぼつと

24 人気レスラーだった彼女も、今ではスーパーでアルバイトをしながら（　　　）プロレスを続けている。
　　1　むやみに　　　2　がっくりと　　　3　かろうじて　　　4　うんざりと

25 餌も（　　　）与えないで犬を飼うとは罪作りだ。
　　1　もろに　　　　2　やたらに　　　　3　ひたすら　　　　4　ろくに

26 この世には資格を持つ人よりも持っていない人が（　　　）多いのだ。
　　1　はるかに　　　2　はらはら　　　　3　やんわり　　　　4　ようやく

문법/독해

chapter 02 　　N1 2교시

01　~まじき　~로서 해서는 안 된다, ~있어서는 안 된다

접속: [동사의 기본형(원형)]+まじき
「~まじき」는 「Aにあるまじき」 혹은 「Aとしてあるまじき」의 형태로 자주 쓰이며, 「A라는 지위나 자격, 입장으로서는 절대로 해서는 안 된다」라는 의미를 지닌다.

暴力をふる␣なんて、教師にあるまじきふるまいだ。
폭력을 휘두르다니, 교사로서 해서는 안 되는 행동이다.

これは法を順守すべき警察官としてあるまじき行為だ。
이것은 법을 준수해야 할 경찰관으로서 해서는 안 되는 행위이다.

他の人の案を盗むなんて許すまじきことだ。
다른 사람의 안을 훔치다니 용서해서는 안 되는 일이다.

02　~までだ, ~までのことだ　~할 뿐(따름)이다, ~하면 그만이다

접속: [동사의 기본형(원형)/동사의 た형]+までだ(までのことだ)
「Aまでだ, Aまでのことだ」는 「그저 A할 뿐 다른 것은 생각할 필요가 없다」는 의미를 지닌 표현이다. 동사의 원형에 접속했을 경우에는 최종선택이나 결론, 결의를 나타내며, 동사의 た형(과거형)에 접속했을 경우에는 「단지 그런 이유로 했을 뿐이다」라는 식의 이유를 강조하는 경우가 많다.

やるだけやってみよう。うまく行かなかったら、別の手段を考えるまでだ。
하는 데까지 해보자. 잘 되지 않으면, 다른 수단을 생각하면 그만이다.

いやなら断るまでのことだ。싫으면 거절하면 그만이다.
念のために確認したまでだ。만일을 위해서 확인했을 뿐이다.
会社の宣伝になると思ってやったまでのことだ。회사의 선전이 된다고 생각해 했을 뿐이다.

03　~までもない/ ~までもなく　~할 필요도 없다/ ~할 것까지도 없이

접속: [동사의 기본형(원형)]+までもない(までもなく)
일부러 그렇게까지 할 필요는 없다는 표현이다.

誰もが知っていることだから、今さら説明するまでもない。
누구나 알고 있는 것이니까, 이제 와서 설명할 필요도 없다.

メールででも情報交換ができるのでわざわざ行くまでもない。
메일로도 정보교환이 가능하기 때문에 일부러 갈 필요까지 없다.

それは言うまでもなく、大きな間違いです。 그것은 말할 필요도 없이 큰 잘못입니다.

문법 필수 문형 – N1 문법패턴 11

04 ～まみれ ～투성이

접속: [명사]＋まみれ

「～まみれ」는 지저분하고 안 좋은 것들이 표면에 잔뜩 붙어있다는 의미를 가진다. 자주 사용되는 표현으로는 「血(ち)まみれ(피투성이)/泥(どろ)まみれ(흙투성이/진흙투성이)/ちりまみれ(먼지투성이)/汗(あせ)まみれ(땀투성이)/油(あぶら)まみれ(기름투성이)」 등이 있다. 반면 「～だらけ」는 지저분하고 안 좋은 것들이 단순이 많다는 뜻으로 훨씬 포괄적인 의미라 할 수 있겠다. 따라서 「～まみれ」 대신에 「血(ち)だらけ(피투성이)/汗(あせ)だらけ(땀투성이)」의 형태로도 쓰일 수 있다. 그러나 「借金(しゃっきん)だらけ(빚투성이)/間違(まちが)いだらけ(틀린 것투성이)」 같은 표현은 표면에 달라붙어있다는 뉘앙스가 아니므로 이러한 표현에는 「～まみれ」는 쓰지 않는다. 또한 「～ずくめ」는 온통 그것 일색이라는 뜻으로 「～まみれ」나 「～だらけ」와는 달리 플러스 측면의 의미로도 사용된다.

> 警察官は血まみれになって、逃げ出した犯人を追いかけた。
> 경찰관은 피투성이가 되어서, 도망간 범인을 뒤쫓았다.
>
> すごく暑い日だったので、汗まみれになってしまった。
> 몹시 더운 날이었으므로, 땀투성이가 되어 버렸다.

05 まま(に) ～하는 대로, ～에 따라

접속: [동사의 기본형(원형)]＋まま(に)

「동사의 원형+まま(に)」는 「～하는 대로, ～에 따라」라는 뜻으로 「좋을 대로, 상황이 흘러가는 대로」라는 뉘앙스와 혹은 「타인의 의견 등을 그대로 따르게 되는 경우」에 사용한다. 반면 「동사의 た형+まま」는 「～한 채」라는 뜻으로 어떤 동작이나 상태가 유지된 상황에서 다른 동작이 이루어지는 뜻을 나타낸다.

> 気の向くままに歩く。
> 마음 내키는 대로 걷다.
>
> 思うままに書いてください。
> 생각대로 편하게 써주세요.
>
> 父に言われるまま中村さんと婚約した。
> 아버지에게 들은 대로(아버지가 시키는 대로) 나카무라씨와 혼인했다.
>
> 昨日は疲れて、化粧したまま寝てしまった。
> 어제는 피곤해서 화장을 한 채 자버렸다.

303

06 ~めく ~다워지다, ~처럼 되다

접속: [명사] + めく

「~めく」는「~다워지다/~처럼 되다/~스럽게 보이다/~의 경향을 띠다」라는 표현이다.「春(はる)めく(봄다워지다)/色(いろ)めく(빛깔이 아름다워지다)/冗談(じょうだん)めく(농담인 듯하다)/皮肉(ひにく)めく(비꼬는 듯하다)」와 같은 표현들을 자주 사용하므로 알아두도록 하자.

> すっかり暖かくなり、春めいてきた。
> 완연히 따뜻해져, 봄다워졌다.
>
> 彼の言葉には皮肉めいたところがある。
> 그의 말에는 비꼬는 듯한 데가 있다.

07 ~もかえりみず ~도 돌보지 않고

접속: [명사] + もかえりみず

> 彼は自分の命もかえりみず、炎に包まれた建物に飛び込んだ。
> 그는 자신의 목숨도 돌보지 않고, 불길에 휩싸인 건물에 뛰어들었다.
>
> 家庭もかえりみず朝から晩まで仕事に没頭しました。
> 가정도 돌보지 않고 아침부터 밤까지 일에 몰두했습니다.

08 ~もさることながら ~은 물론이거니와

접속: [명사] + もさることながら

「AもさることながらB」는「A는 물론이지만 B쪽이 훨씬 더~」라는 뜻으로 B쪽에 더 무게감을 실어 중요하다는 뉘앙스를 가진다.

> この職業は仕事の内容もさることながら、社会的地位や収入の面でも魅力がある。
> 이 직업은 일의 내용은 물론이거니와, 사회적 지위나 수입 면에서도 매력이 있다.
>
> 結婚問題は親の希望もさることながら、本人の気持ちがまず大切ではないだろうか。
> 결혼 문제는 부모의 바람도 물론 중요하지만, 본인의 마음이 우선 제일 중요하지 않을까.

09 〜も同然(どうぜん)だ 〜나 다름없다

접속: [동사의 た형/명사]＋も同然(どうぜん)だ
「Aも同然(どうぜん)だ」는「실제로 A는 아니지만 거의 A나 다름없다」라는 표현이다.

もし君(きみ)がいなかったら、私の心(こころ)は死(し)んだも同然(どうぜん)だ。
만약 네가 없었으면, 내 마음은 죽은 거나 다름없다.

うちのかわいいペットは家族(かぞく)も同然(どうぜん)だ。
우리 집의 귀여운 애완동물은 가족과 다름없다.

10 〜ものなら 〜했다가는, 〜할 수 있으면

접속: [동사의 의지형]＋ものなら／[동사의 가능형]＋ものなら
「〜ものなら」는「行(い)けるものなら行(い)ってみたい(갈수만 있다면 가보고 싶다)」처럼「동사의 가능형＋ものなら」의 형태로 사용되면 실현하기 어려운 조건을 제시한 후「만약 〜할 수 있으면」이라는 의미이고,「동사의 의지형＋ものなら」의 형태로 사용되면「〜했다가는, 〜하기라도 하면」이라는 뜻으로 만약 그러한 일을 했다가는 사정이 더 악화된다는 뉘앙스를 가진다.

路面(ろめん)がカチカチに凍(こお)っていて、少(すこ)しでも油断(ゆだん)しようものなら転倒(てんとう)しそうになる。
노면이 꽁꽁 얼어 있어서, 조금이라도 방심했다가는 넘어질 것 같이 된다. (의지형＋ものなら)

楽(たの)しかった子どものころに、戻(もど)れるものなら戻(もど)りたい。(가능형＋ものなら)
즐거웠던 어린 시절로 되돌아갈 수 있다면 되돌아가고 싶다.

問題1　次の文の（　　　）に入れるのに最もよいものを、1・2・3・4から一つ選びなさい。

1　今朝、庭を掃除しているとき、どろ（　　　）の千円札を見つけた。
　　1　だけ　　　　2　まみれ　　　　3　ばかり　　　　4　ずくめ

2　子どものけんかに親がわざわざ口出しをする（　　　）。それぐらいのこと子ども同士で解決させろ。
　　1　までだ　　　2　までもない　　3　ものだ　　　　4　までのことだ

3　ずいぶん春（　　　）まいりました。お変わりなくお過ごしでしょうか。
　　1　らしく　　　2　まみれて　　　3　めいて　　　　4　ともなって

4　台所の広さも考えず、店員に勧められる（　　　）、大きい食卓を買ってしまった。
　　1　まま　　　　2　ままを　　　　3　ままでも　　　4　ままなのに

5　カメラマンは自らの命も（　　　）戦場に向かった。
　　1　かぎりに　　2　すえに　　　　3　かえりみず　　4　さることながら

6　生徒をなぐって大けがをさせるなんて、教師にある（　　　）行為だ。
　　1　べき　　　　2　えない　　　　3　まじき　　　　4　ざる

7　あの新人歌手は、歌のうまさもさることながら（　　　）。
　　1　ダンスは今一つだ　　　　　　2　ダンスがまた素晴らしい
　　3　もっと練習したほうがいい　　4　人気が出るかもしれない

8　あとは表紙をつけるだけだから、クラスの文集はもう（　　　）。
　　1　できないのも無理はない　　　2　できないも同然だ
　　3　できるのも無理はない　　　　4　できたも同然だ

PRACTICE TEST

9. 現代において、電気なしの生活は一日も考えられない。停電でも（　　　）ものなら、たちまち大混乱が起きるだろう。
   1　する　　　　2　しそう　　　　3　しよう　　　　4　した

10. 危険を（　　　）乗客の生命を救った彼の行為は、称賛にたるものだ。
    1　めいて　　　　　　　　　　　2　さることながら
    3　するまでもなく　　　　　　　4　かえりみず

11. 電車が動かないのなら、しかたがない。歩いて帰る（　　　）。
    1　ものだ　　　　2　までだ　　　　3　ばかりだ　　　　4　はずだ

12. そんなこと、（　　　）ものならやってごらん。どうせ、できやしないから。
    1　やれる　　　　2　やる　　　　3　やろう　　　　4　やった

13. こんな簡単なことは、わざわざ先生に聞く（　　　）、辞書を引けば分かります。
    1　ほどもなく　　　2　わけもなく　　　3　はずもなく　　　4　までもなく

14. 試合が終わるまであと五分だ。わがチームはもう（　　　）も同然だ。
    1　勝ち　　　　2　勝った　　　　3　勝って　　　　4　勝つ

15. 地震そのものによる被害（　　　）、直後の火災によって命を落とした人も少なくない。
    1　もさることながら　　　　　　2　ではあるまいし
    3　をよそに　　　　　　　　　　4　なくしては

問題2　次の文の＿★＿に入る最もよいものを、1・2・3・4から一つ選びなさい。

1　元気か＿＿＿　＿★＿　＿＿＿　＿＿＿だ。
　　1　電話してみた　　2　気になって　　3　どうか　　4　まで

2　彼女の口の＿＿＿　＿＿＿　＿★＿　＿＿＿がある。
　　1　意地悪　　2　ところ　　3　めいた　　4　利き方には

3　毎日＿＿＿　＿★＿　＿＿＿、＿＿＿楽にならない。
　　1　になって　　2　生活は一向に　　3　働いても　　4　汗まみれ

4　彼は＿＿＿　＿＿＿　＿★＿　＿＿＿いたようだ。
　　1　ままに　　2　行動して　　3　命令される　　4　ただ

5　患者のプライバシーを他の人に漏らす＿＿＿、＿＿＿　＿＿＿　＿★＿ことだ。
　　1　として　　2　なんて　　3　医者　　4　あるまじき

PRACTICE TEST

問題3　次の文章を読んで、1から5の中に入る最もよいものを、1・2・3・4から一つ選びなさい。

　この頃、大学の卒業生名簿の職業欄に「フリーター」という記入例があるという。フリーター、[1]フリーアルバイター。臨時のパートやアルバイトで暮らすことが堂々「定職化」してきた？
　先日の「労働白書(注1)」[2]、定職を持たずにアルバイトなどで生活する若年層のフリーターが151万人になった。この5年間で50万人も急増し、昨年は大学新卒者の23％も占めた。多くは「仕事が合わない」などと自分で会社を辞めるケースだという。
　夏目漱石の中編小説「それから」の主人公、長井代助は30になっても、職業を持たず、親や兄から金をもらって趣味的に生きる「高等遊民」だった。しかしそれでも親から義絶され生活資金を絶たれると、ついに意を決して電車に乗って仕事を探しに出る……。
　[3]現代の代助たちはとんと(注2)慌てることがない。多くは親の[4]パラサイト（寄生している）フリーターで、アルバイトで金を稼いでは旅に出たり、遊びに興じたり。正社員に採用されるのはまっぴらという若者も少なくないという。
　一口にフリーターと言っても、本当にやりたい仕事を求めて模索しているものもいれば、ただ働きたくないという理由だけのものもいるはずだ。しかし多くは「管理社会への反乱」とか「自分探しの時代」などといった言葉の虚飾(注3)に踊らされている。要するに[5]。しかしどう転んでも食べていける幸福な時代はいつまでも続くとは思えない。老親の世話や子育てや、年金保険金の支払いなどはできるのか。日本の生産力の将来はどうなるのか。社会を漂流する若者の行方が気がかりになってくる。

(2000年6月30日「産経新聞」による)

(注1)白書(はくしょ)：政府が発行する報告書
(注2)とんと：少しも
(注3)虚飾(きょしょく)：実質が伴わないのに見た目だけを飾ること

1	1 なお	2 および
	3 あるいは	4 つまり

2	1 によると	2 について
	3 にして	4 に至って

3	1 そのうえ	2 したがって
	3 ところが	4 すなわち

4	1 白髪を抜く	2 親知らずが痛む
	3 すねをかじる	4 貧乏ゆすりをする

5	1 根性が曲がっているのだろう	2 粘り強いのだろう
	3 まめなのだろう	4 甘ったれなのだろう

PRACTICE TEST

問題4 次の文章を読んで、後の問に対する答えとして最もよいものを、1・2・3・4から一つ選びなさい。

　今日ほど「労働」が見失われている時代はあるまい。働くなかで仕事や人に教えられ、あるいは人と力を合わせて働くこと、また働いた成果で社会と結ばれていることを実感し、それらによって自分の働きの意味と生きていることの意義を確かめられる。そういったことから私たちはしばらく(注)無縁でいる。「労働の喜び」といった表現がひどく古めかしく感じられるほど、「労働」は私たちの生活から遠ざかっている。

(森清『ハイテク社会と労働』岩波新浮による)

(注)無縁：関係がないこと

1　「労働」が見失われている時代とは、どのような時代か。
1　労働する場が減って、失業が増えている時代
2　古くから社会にある仕事が忘れられている時代
3　労働することの意義が実感できなくなった時代
4　個人の楽しい生活を仕事とは分けて考える時代

問題5　次の文章を読んで、後の問に対する答えとして、最もよいものを1・2・3・4から一つ選びなさい。

　私には、ひとをほめるクセがある。「ひと」というのは、芸術家諸君のことだ。これは、私の心がひろいからではなく、せまいからである。どうしても、ほめられない相手もあるが、少しでも美点を発見するように努力すれば、たいがいはほめられる。たとえひとを傷つけても、正しい見解を主張するのが、批評の厳格さであろうが、なかなか①この原則が守れない。守れないというのは、私の心が狭い、弱いからであろう。やっつけやろうと、攻撃だけを心がけるのも、実に狭いやり方であるが、万事ホドホドに、(注)あたりさわりのないようにというのも、②よくないと思う。私は時によると、かつて自分の作品を非難した仲間の作品に対して、ことさら甘い点をつけることがある。これは、自分をやっつけた相手に対しても、寛大な態度を示したい、つまり自分の心のひろさを証明したいためであり、結局は心のひろさではなくて、心のせまさを暴露していることになる。

（武田泰淳「武田泰淳全集第16巻己による）

(注)あたりさわりのないように：無難に

1　①「この原則」とは筆者のどのような態度を指すか。
　1　芸術作品の批評をする時、少しでも美点を見つけようと努力する態度
　2　芸術作品の価値を見極めるため、批評を行う際の厳しさを失わない態度
　3　芸術作品の批評をする時、作品だけでなく芸術家を決して傷つけない態度
　4　芸術作品の真の価値にかかわらず、常に厳しい批評や主張で攻撃する態度

2　②「よくないと思う」とあるが、筆者は何がよくないと思っているか。
　1　厳密な評価ではなく、甘めの評価を示すこと
　2　批判されたことがある相手の作品を攻撃すること
　3　批評において、常に正しいと思う見解を伝えること
　4　厳しい評価によって、自分の能力の高さを証明すること

chapter 03 청해

N1 3교시

즉시 응답 문제 2

N1 청해 문제 4는 즉시 응답 문제이다. 그림이 없는 문제로서 질문을 듣고 다음에 나올 적합한 대답을 선택하는 문제이다. 일상생활에서 빈번히 사용하는 기초적인 질의응답 패턴이 나올 가능성이 많다.

###〈예시〉

男：あ～あ、今日は、お客さんからの苦情が多くて、仕事にならなかったよ。
女：＿＿＿＿＿＿＿＿＿＿＿＿＿＿＿＿
1. 仕事なくて、大変だったね。
2. お疲れ様、ゆっくり休んで。
3. いい仕事できてよかったね。

女：今あえてする必要あるの？
男：＿＿＿＿＿＿＿＿＿＿＿＿＿＿＿＿
1. 前もって買っといたほうがいい。
2. 会えなくてもいい。
3. ま、後でもいいか。

대화를 잘 듣고 맞는 답을 하나 고르시오.

1 ばん

①

②

③

えなどは　ありません。

2 ばん

①

②

③

えなどは　ありません。

PRACTICE TEST

3 ばん

①

②

③

えなどは ありません。

4 ばん

①

②

③

えなどは ありません。

스크립트

문제 1

男 : ずいぶん理不尽(りふじん)なことを言(い)う人(ひと)だね。
女 : ＿＿＿＿＿＿＿＿＿＿＿＿＿＿

1. どうもありがとうございました。
2. え？あの… そんなつもりじゃ…。
3. あ、私が言(い)ったんじゃありません。

남 : 꽤나 터무니없는 말을 하는 사람이구만.
여 : ＿＿＿＿＿＿＿＿＿＿

1. 정말로 감사합니다.
2. 네? 저기...그런 의도가...
3. 아, 제가 말한 것이 아닙니다.

문제 2

女 : これ、いただいても差(さ)し支(つか)えありませんか。
男 : ＿＿＿＿＿＿＿＿＿＿＿＿＿＿

1. ええ、遠慮(えんりょ)しないで言(い)ってください。
2. ええ、どうぞお持(も)ち帰(かえ)りください。
3. ええ、使(つか)えないものです。

여 : 이것, 가져가도 괜찮겠습니까?
남 : ＿＿＿＿＿＿＿＿＿＿

1. 예. 서슴지 말고 편하게 말해 주세요.
2. 예. 그러세요. 가지고 가세요.
3. 예. 사용할 수 없는 것입니다.

문제 3

男 : あっ、しまった！
女 : ＿＿＿＿＿＿＿＿＿＿＿＿＿＿

1. おめでとう！
2. なんとなく。
3. どうしたの？

남 : 아. 큰일났다!
여 : ＿＿＿＿＿＿＿＿＿＿

1. 축하합니다!
2. 어딘지 모르게.
3. 무슨 일이야?

문제 4

女 : 会話(かいわ)が弾(はず)んでいるね。
男 : ＿＿＿＿＿＿＿＿＿＿＿＿＿＿

1. 木村(きむら)さんの話(はなし)がおもしろくて。
2. 話題(わだい)が無(な)くなって。
3. 話(はなし)の内容(ないよう)が理解(りかい)できなくて。

여 : 대화가 활기를 띠고 있군요.
남 : ＿＿＿＿＿＿＿＿＿＿

1. 키무라씨의 이야기가 재미있어서.
2. 이야깃거리가 없어서.
3. 이야기 내용을 이해할 수 없어서.

N1

뉴 일본어 능력시험

Part 12

문자/어휘 chapter 01
2번 문제/な형용사

문법 chapter 02
N1 문법패턴 12 (～や/～や否(いな)や에서 ～を経(へ)て까지)

독해
단문/중문 문제

청해 chapter 03
즉시 응답 문제3

chapter 01 문자/어휘

2번 문제 / な형용사

鮮あざやかだ 선명하다	あべこべだ 반대이다, 뒤바뀌다	あやふやだ 애매하다
新あらただ 새롭다, 생생하다	哀あわれだ 불쌍하다, 가엾다	安易あんいだ 안이하다, 쉽다
安静あんせいだ 안정을 취하다	あんまりだ 너무하다, 지나치다	虚うつろだ 얼빠지다, 멍청하다
エレガントだ 우아하다, 고상하다	円満えんまんだ 원만하다	大柄おおがらだ 몸집이 크다
大おおげさだ 과장되다, 요란스럽다		おおまかだ 대범하다, 대충하다
厳おごそかだ 엄숙하다	穏おだやかだ 평온하다, 차분하다	愚おろかだ 어리석다
おろそかだ 소홀하다	穏和おんわだ 온화하다	確実かくじつだ 확실하다
格別かくべつだ 각별하다	微かすかだ 희미하다	画期的かっきてきだ 획기적이다
活発かっぱつだ 활발하다	過密かみつだ 과밀하다	軽かろやかだ 경쾌하다, 가뿐하다
可哀想かわいそうだ 가엾다, 불쌍하다		簡易かんいだ 간편하고 손쉽다
頑固がんこだ 완고하다	頑丈がんじょうだ 튼튼하다	肝心かんじんだ 중요하다, 요긴하다
簡素かんそだ 간소하다	簡単かんたんだ 간단하다	感無量かんむりょうだ 감개무량하다
貴重きちょうだ 귀중하다	几帳面きちょうめんだ 꼼꼼하다	気きまぐれだ 변덕스럽다
きまじめだ 고지식하다	華奢きゃしゃだ 호리호리하다	極端きょくたんだ 극단적이다
清きよらかだ 맑다, 청순하다	きらびやかだ 화려하다	けちだ 인색하다
健全けんぜんだ 건전하다	厳密げんみつだ 엄밀하다	攻撃的こうげきてきだ 공격적이다
小柄こがらだ 몸집이 작다	滑稽こっけいだ 익살스럽다	孤独こどくだ 고독하다
粉々こなごなだ 산산조각이다	細こまやかだ 자상하다, 세밀하다	困難こんなんだ 곤란하다
ざっくばらんだ 솔직하고 숨김이 없다		爽さわやかだ 상쾌하다
残酷ざんこくだ 잔혹하다	自在じざいだ 자재(속박, 장해가 없고 마음먹은 대로임)	
質素しっそだ 검소하다	淑しとやかだ 정숙하다, 얌전하다	しなやかだ 나긋나긋하다, 부드럽다
地味じみだ 수수하다	重大じゅうだいだ 중대하다	純粋じゅんすいだ 순수하다
詳細しょうさいだ 자세하다, 상세하다		迅速じんそくだ 신속하다
親密しんみつだ 친밀하다	健すこやかだ 건강하다, 건전하다	速すみやかだ 신속하다, 빠르다
正確せいかくだ 정확하다	正規せいきだ 정규이다	盛大せいだいだ 성대하다
正当せいとうだ 정당하다	精密せいみつだ 정밀하다	精力的せいりょくてきだ 정력적이다
切実せつじつだ 절실하다	絶望的ぜつぼうてきだ 절망적이다	素朴そぼくだ 소박하다

ぞんざいだ 아무렇게나 하다, 대충대충 하다		大胆だいたんだ 대담하다
台無だいなしだ 망치다, 산통이 다 깨지다		巧たくみだ 능란하다, 능숙하다
単調たんちょうだ 단조롭다	忠実ちゅうじつだ 충실하다	
月並つきなみだ 평범하다, 흔해빠지다		円つぶらだ 동그랗고 귀엽다
手軽てがるだ 손쉽다	でたらめだ 엉터리다	手近てぢかだ 가깝다
なだらかだ 완만하다, 평온하다	和なごやかだ 부드럽다, 온화하다	滑なめらかだ 매끈매끈하다, 거침없다
長閑のどかだ 마음이 편하고 한가롭다, 화창하다		華はなやかだ 화려하다, 화사하다
遥はるかだ 아득하다	悲惨ひさんだ 비참하다	密ひそかだ 은밀하다
微妙びみょうだ 미묘하다	敏感びんかんだ 민감하다	貧弱ひんじゃくだ 빈약하다
頻繁ひんぱんだ 빈번하다	複雑ふくざつだ 복잡하다	不審ふしんだ 수상하다
不調ふちょうだ 상태가 나쁘다, 고르지 않다		不適切ふてきせつだ 부적절하다
不当ふとうだ 부당하다	無難ぶなんだ 무난하다	不平等ふびょうどうだ 불평등하다
不明ふめいだ 불분명하다	無礼ぶれいだ 무례하다	平静へいせいだ 평온하다
膨大ぼうだいだ 방대하다	朗ほがらかだ 명랑하다	本格的ほんかくてきだ 본격적이다
本能的ほんのうてきだ 본능적이다	区々まちまちだ 가지각색이다	身軽みがるだ 간편하다
身近みぢかだ 신변에 가깝다, 긴밀하다		密接みっせつだ 밀접하다
無条件むじょうけんだ 무조건적이다		無茶むちゃだ 터무니없다, 당치 않다
無暗むやみだ 무턱 대다, 함부로 하다		明白めいはくだ 명백하다
名誉めいよだ 영예롭다	明瞭めいりょうだ 명료하다	明朗めいろうだ 명랑하다
滅茶苦茶めちゃくちゃだ 형편없다	猛烈もうれつだ 맹렬하다	憂鬱ゆううつだ 우울하다
有益ゆうえきだ 유익하다	勇敢ゆうかんだ 용감하다	有望ゆうぼうだ 유망하다
愉快ゆかいだ 유쾌하다	緩ゆるやかだ 완만하다	容易よういだ 용이하다, 쉽다
楽観的らっかんてきだ 낙관적이다	理性的りせいてきだ 이성적이다	倫理的だりんりてきだ 윤리적이다
冷酷れいこくだ 냉혹하다	冷静れいせいだ 냉정하다	冷淡れいたんだ 냉담하다
碌ろくだ 수평하다, 평평하다		

問題2　（　　　）に入れるのに最もよいものを、1・2・3・4から一つ選びなさい。

1. 子どもに見せたい（　　　）な番組が少なくなった。
   1 保健　　　2 壮健　　　3 健全　　　4 健在

2. エネルギーの確保は多くの国で（　　　）な問題になっている。
   1 迅速　　　2 厳重　　　3 極端　　　4 切実

3. 彼は将来（　　　）小説家だ。
   1 有効な　　2 有利な　　3 有益な　　4 有望な

4. 科学技術の歴史からみると、コンピューターの発明は（　　　）出来事だった。
   1 画期的な　2 周期的な　3 定期的な　4 末期的な

5. 彼は（　　　）性格でみんなに好かれている。
   1 明確な　　2 明朗な　　3 明解な　　4 明白な

6. 非常時には、（　　　）行動が要求される。
   1 切実な　　2 敏感な　　3 迅速な　　4 頻繁な

7. ホテルのレストランへ行くなら、やはりスーツを着て行くのが（　　　）だろう。
   1 非難　　　2 無難　　　3 避難　　　4 苦難

8. お互いに大人なんだから、感情的にならずに、（　　　）話し合いを進めましょう。
   1 理屈的に　2 理解的に　3 理知的に　4 理性的に

9. 友達はいつも（　　　）ことを言って、まわりの人を困らせる。
   1 無効な　　2 無念な　　3 無茶な　　4 無口な

PRACTICE TEST

10 話し合いは（　　　）終わった。
　　1　健全に　　　2　円満に　　　3　精巧に　　　4　寛容に

11 林さんは、いつも（　　　）洋服を着ているので、みんなの憧れの的だ。
　　1　エレガントな　　　　　　2　コントロールな
　　3　ナンセンスな　　　　　　4　プラスチックな

12 田中さんは目上の人には丁寧だが、下の人にはとても（　　　）なる。
　　1　おろかに　　　2　おろそかに　　　3　ぞんざいに　　　4　つきなみに

13 最近セールスの電話が（　　　）にかかってくる。
　　1　活発　　　2　自在　　　3　不調　　　4　頻繁

14 時間がないので、（　　　）話してください。
　　1　ぞんざいに　　　2　おおまかに　　　3　にわかに　　　4　おろそかに

15 彼のせいでせっかくのパーティーが（　　　）だ。
　　1　でたらめ　　　2　うつろ　　　3　台無し　　　4　不適切

16 熱が下がるまでしばらく（　　　）にしていてください。
　　1　安静　　　2　穏やか　　　3　平静　　　4　健やか

17 このような賞をいただいたことを、（　　　）に思います。
　　1　華やか　　　2　明朗　　　3　鮮やか　　　4　名誉

18 彼女の証言で、彼がうそをついていることは（　　　）になった。
　　1　正規　　　2　明白　　　3　詳細　　　4　素朴

19 趣味に熱中するあまり、仕事が（　　　）になってしまった。
　　1　おごそか　　　2　おろそか　　　3　なだらか　　　4　なめらか

321

20 あの人は、一度決めたら他人の意見を聞かない（　　）な人だ。
　　1　強行　　　　2　強力　　　　3　頑丈　　　　4　頑固

21 裁判では、法律の（　　）な適用がなされなければならない。
　　1　過密　　　　2　厳密　　　　3　親密　　　　4　精密

22 みんなそろったのに（　　）な人がまだ来ない。
　　1　格別　　　　2　貴重　　　　3　肝心　　　　4　重大

23 自分の経験だけですべてを判断するのは（　　）なことだ。
　　1　おろか　　　2　かすか　　　3　のどか　　　4　はるか

24 両国は経済的に（　　）な関係がある。
　　1　精密　　　　2　過密　　　　3　密度　　　　4　密接

25 （　　）な柳の木にボートをもやっておく。
　　1　活発　　　　2　手近　　　　3　手深　　　　4　自在

26 指の先に少しけがをしただけなのに、ずいぶん（　　）に包帯をしている。
　　1　大げさ　　　2　大まか　　　3　長々　　　　4　緩やか

chapter 02 문법/독해

N1 2교시

문법 필수 문형 – N1 문법패턴 12

01 ～や、～や否(いな)や ～하자마자 곧

접속: [동사의 기본형(원형)]＋や(や否(いな)や)

「～や、～や否や」는「～하자마자 곧」이라는 뜻으로 문장체에서 자주 사용되는 표현이다.

> 彼は舞台に上がるや、踊り出した。
> 그는 무대에 오르자마자, 춤추기 시작했다.
>
> 玄関のドアが開くや、猫が飛び出してきた。
> 현관문이 열리자마자, 고양이가 튀어 나왔다.
>
> この映画は公開されるや否や、世界中で大ヒットした。
> 이 영화는 공개되자마자, 전 세계에서 대히트를 했다.

02 ～ゆえに/ ～ゆえの ～때문에/ ～때문의

접속: [동사/い형용사/な형용사/명사]의 명사수식형＋ゆえに(ゆえの) 단, [な형용사]의 [な]와 [명사]의 [の]는 붙지 않는 경우도 있다.

「～ゆえに/～ゆえの」는「～때문에/～때문의」라는 뜻으로 원인이나 이유를 나타내는 표현이다.「～がゆえに/～がゆえの」라는 형태로도 쓰이는데 조금 더 오래되고 옛스런 표현이라 할 수 있겠다.

> 我思う、ゆえに我あり。
> 나는 생각한다, 고로 나는 존재한다.
>
> 公務員が政治活動をしたことゆえに免職されることもある。
> 공무원이 정치 활동을 했기 때문에 면직되기도 한다.
>
> 貧しいがゆえに進学できなかったり、途中で通学を断念せざるを得ない子どもたちがたくさんいる。
> 가난하기 때문에 진학할 수 없거나, 도중에 학교 다니는 것을 단념할 수밖에 없는 아이들이 많이 있다.
>
> 悪天候ゆえに旅行は延期された。
> 악천후 때문에 여행은 연기되었다.
>
> 女性は女性であるがゆえの病気や悩みがあります。
> 여성은 여성이기 때문에 갖는 병이나 고민이 있습니다.

323

03 ~ようによっては ~하기에 따라서는

접속: [동사의 ます형] + ようによっては

「~ようによっては」는 「~하기에 따라서는」이라는 뜻으로 하는 방법이나 방식에 따라서는 다른 측면도 가능하다는 의미를 가진 표현이다.

> 毒も使いようによっては薬になると言う。
> 독도 사용하기에 따라서는 약이 된다고 한다.
>
> 本人のやりようによっては、自分のやりたいことを自由にできる職種なのです。
> 본인이 하기에 따라서는 자신이 하고 싶은 것을 자유롭게 할 수 있는 직종입니다.

04 ~をおいて~ない ~를 제외하고는 ~없다, ~말고는 ~없다

접속: [명사] + をおいて~ない

「Aをおいて ~ない」는 「A를 제외하고는 ~없다, A말고는 ~없다」라는 뜻으로 「A이외에 적당한 인물, 사물, 행위가 없다」라는 의미의 표현이다.

> 経験の豊かな彼をおいてこの任務を任せられる人はいません。
> 경험이 풍부한 그를 제외하고는 이 임무를 맡길 수 있는 사람은 없습니다.
>
> これ以上の好機は今をおいてないかもしれない。
> 이 이상의 좋은 기회는 지금 말고는 없을 지도 모른다.
>
> これをおいて他に方法はなかった。
> 이것 말고는 다른 방법은 없었다.

05 ~を限(かぎ)りに ~를 끝으로

접속: [명사] + を限(かぎ)りに

「Aを限(かぎ)りに」는 「A를 끝으로 그만두다」라는 의미를 내포한 표현이다. 또한 「声(こえ)を限(かぎ)りに叫(さけ)ぶ(목청껏 외치다)」와 같이 「한껏/ 한도에 이르는 데까지」라는 뜻도 있다.

> 田中選手は今年を限りに現役を引退するそうです。
> 타나카 선수는 금년을 끝으로 현역을 은퇴한다고 합니다.
>
> 健康のため「今日を限りにタバコをやめる」と家族に宣言した。
> 건강을 위해「오늘을 끝으로 담배를 끊는다」라고 가족들에게 선언했다.
>
> 「逃げろ！」俺は声を限りに叫んだ。
> '도망가!' 나는 목청껏 외쳤다.

06 〜を皮切(かわき)りに(して), 〜を皮切(かわき)りとして　〜을 시작으로

접속: [명사]+を皮切(かわき)りに(して)(を皮切(かわき)りとして)
「Aを皮切(かわき)りに(して), Aを皮切(かわき)りとして」는 「A를 시발점으로 어떤 일련의 연관성 있는 사항들이 일어난다」라는 의미이다.

花火大会が今日を皮切りに色々な所で開催されます。
불꽃놀이가 오늘을 시작으로 여러 곳에서 개최됩니다.

この作品は東京を皮切りにして、全国で順次公開される予定です。
이 작품은 도쿄를 시작으로 전국에서 차례차례로 공개될 예정입니다.

スペイン対フランスの試合を皮切りとして、U17の大会がベルギーで始まった。
스페인 대 프랑스의 시합을 시작으로 U17 대회가 벨기에에서 시작되었다.

1851年に最初の禁酒法が制定されたのを皮切りとして、20世紀初頭までに18の州で禁酒法が実施された。
1851년에 최초의 금주법이 제정된 것을 시작으로 20세기 초두까지 18개 주에서 금주법이 실시되었다.

07 〜を禁(きん)じ得(え)ない　〜하지 않을 수 없다, 〜를 금할 수 없다

접속: [명사]+を禁(きん)じ得(え)ない
「Aを禁(きん)じ得(え)ない」는 「A하지 않을 수 없다, A를 금치 못하다」라는 뜻으로 자신의 감정을 억누를 수 없다는 뉘앙스를 가진다. 흔히 「涙(なみだ)を禁(きん)じ得(え)ない(흐르는 눈물을 막을 수 없다)/驚愕(きょうがく)を禁(きん)じ得(え)ない(경악을 금치 못하다)/失笑(しっしょう)を禁(きん)じ得(え)ない(실소를 금할 수 없다)/失望(しつぼう)を禁(きん)じ得(え)ない(실망을 금치 못하다)」와 같이 감정을 나타내는 명사에 접속해 사용된다.

人の命を軽視する姿勢に対して怒りを禁じ得ない。
사람의 생명을 경시하는 자세에 대해서 분노를 금할 수 없다.

そのニュースを見て、私は彼らに誠に同情の念を禁じ得なかった。
그 뉴스를 보고, 나는 그들에게 정말로 동정하는 마음을 금할 길이 없었다.

08 ～をおして ～을 무릅쓰고

접속: [명사] + をおして
「～をおして」는 「어떤 어려움이나 역경, 반대 등을 무릅쓰고」라는 표현이다.

周囲(しゅうい)の反対(はんたい)をおして、怪我(けが)をしているのに試合(しあい)に出(で)た。
주위의 반대를 무릅쓰고, 부상을 입었음에도 시합에 출전했다.

救急隊員(きゅうきゅうたいいん)が危険(きけん)をおして助(たす)けに来(き)てくれた。
구급대원이 위험을 무릅쓰고 구해주러 왔다.

09 ～を踏(ふ)まえて ～에 입각하여

접속: [명사] + を踏(ふ)まえて
「Aを踏(ふ)まえて」는 「A에 근거하여, A에 입각하여」라는 표현이다.

現状(げんじょう)を踏(ふ)まえて予想(よそう)してみる。
현재 상황에 입각하여 예상해 본다.

これは日本企業(にほんきぎょう)の実態調査(じったいちょうさ)を踏(ふ)まえて検討(けんとう)した内容(ないよう)である。
이것은 일본 기업의 실태조사를 근거로 해 검토한 내용이다.

10 ～を経(へ)て ～를 거쳐

접속: [명사] + を経(へ)て
「～を経(へ)て」는 경과나 경유를 나타내는 표현으로 보통 「시간, 과정, 경험, 경유지 등을 거쳐」라는 뜻으로 쓰인다.

この便(びん)はホンコンを経(へ)て、ロンドンに向(む)かう。
이편은 홍콩을 거쳐, 런던으로 향한다.

正規(せいき)の手続(てつづ)きを経(へ)て輸入(ゆにゅう)される製品(せいひん)です。
정규수속을 거쳐 수입되는 제품입니다.

さまざまな海外(かいがい)での経験(けいけん)を経(へ)て、彼女(かのじょ)は大(おお)きく成長(せいちょう)した。
다양한 해외에서의 경험을 거쳐, 그녀는 크게 성장했다.

PRACTICE TEST

問題1　次の文の（　　）に入れるのに最もよいものを、1・2・3・4から一つ選びなさい。

1　彼は貧しさ（　　　）十分な教育が受けられなかった。
　1　ゆえに　　　2　なりに　　　3　ながらに　　　4　なしに

2　大企業が相次いで倒産するという事実を知らされて、（　　　）。
　1　驚かないではおかない　　　2　驚くまでもない
　3　驚きを禁じえない　　　　　4　驚くというものでもない

3　彼は38年間勤めつづけた銀行を今日（　　　）退職することになった。
　1　をきっかけに　　2　をよそに　　3　を末に　　4　を限りに

4　現在、この病気が治せるのはあの医者をおいて（　　　）。
　1　ほかにはいない　　　　　　2　ほかにもいる
　3　ほかにいるかもしれない　　4　ほかにいなくもない

5　（　　　）によっては、その仕事はもっと簡単に済ませることができる。
　1　やりかけ　　2　やりそう　　3　やりよう　　4　やりがち

6　私の妹は両親の反対（　　　）結婚した。
　1　をおして　　2　をおいて　　3　につけても　　4　にてらして

7　その小説は発表される（　　　）、たちまち100万部を売り尽くした。
　1　次第　　2　や否や　　3　とたんに　　4　そばから

8　座礁などの危険を（　　　）航海を行うには覚悟が必要だ。
　1　おいて　　2　かぎりに　　3　経て　　4　おして

9　今年度の反省（　　　）来年度の計画を立てなければならない。
　1　のかぎり　　2　をふまえて　　3　とみると　　4　にわたって

327

10 　新空港の建設候補地は、交通の便のよさという点で当地（　　　）ほかにはないだろう。
　　1　をもって　　　2　を問わず　　　3　と言わず　　　4　をおいて

11 　授業終了のベルがなるや否や、生徒たちは（　　　）。
　　1　一斉に教室を飛び出して行った　　2　一人また一人と帰っていった
　　3　熱心に勉強している　　　　　　　4　勉強から解放されている

12 　ひとりが批判の声をあげたのを（　　　）、皆から一斉に今まで押さえていた不満の声があがった。
　　1　ゆえに　　　2　おして　　　3　皮切りに　　　4　限りに

13 　新しい条約は、議会の承認を（　　　）認められた。
　　1　経て　　　2　機に　　　3　かねて　　　4　ひかえて

14 　だれもが有名になりたがるが、有名である（　　　）悩みというものもある。
　　1　ごとくの　　　2　がゆえの　　　3　かわりの　　　4　だけの

15 　政府は税制改革（　　　）、次々と不況対策を発表した。
　　1　に即して　　　2　に関して　　　3　を限りに　　　4　を皮切りに

PRACTICE TEST

問題2　次の文の　★　に入る最もよいものを、1・2・3・4から一つ選びなさい。

1　この古新聞も、＿＿＿　＿★＿、＿＿＿　＿＿＿のではないかと思いますが。
　　1　使いように　　2　役に立つ　　3　よっては　　4　何かの

2　10年間続いた＿＿＿　＿★＿　＿＿＿　＿＿＿ことになりました。
　　1　終了する　　2　「俳句の会」は　　3　限りに　　4　次回を

3　現在の＿＿＿　＿★＿、＿＿＿　＿＿＿考え直す必要がある。
　　1　踏まえて　　2　今後の　　3　状況を　　4　計画を

4　＿＿＿　＿★＿　＿＿＿　＿＿＿なった。
　　1　上海を　　2　ことに　　3　帰国する　　4　経て

5　高速道路を爆破した犯人は、子どもを＿＿＿　＿＿＿。＿＿＿　＿★＿、彼のやったことは犯罪だ。
　　1　男だった　　　　　　　　　2　交通事故で失った
　　3　禁じえないが　　　　　　　4　同情を

329

問題3　次の文章を読んで、1から5の中に入る最もよいものを、1・2・3・4から一つ選びなさい。

　「自分の家から駅までの地図を描いてください」そう言われて、どの程度の地図が描けるだろうか。「これまで地図の読み方は学んできたが、地図の描き方は知らない」と言われるかもしれないが、正確でなくてもよいから、一度描いてみてほしい。
　大学生のころ、心理学の授業で、この課題が出た。制限時間は20分で、描きながら　1　を感じていた。毎日歩き慣れた道なのに、よく行く店と、危ない交差点しか頭に浮かばず、その間の店や道などがまったく思い出せないことに気づいたのだった。距離感や方向感覚もデタラメで、いかに客観的にものを見ていないかということに、気づかされた課題であった。
　（中略）
　地図には主題図(注1)と基本図があるが、自分で描く地図は主題図である。何をテーマに描くかは本人に委ねられる(注2)。まったく自由に地図を描いた場合は、自分が気になっていることから描きはじめる。　2　、地図の情報は少なくなる。いわば自分の価値観のなかにある「心の地図」がそこにはできあがるのだ。
　　3　、自分で地図を描こうと街やフィールド(注3)に出れば、日頃見ていないものを見ることになる。気づかなかった看板や植物を発見したりできるのだ。新しい価値を見つけるかもしれないし、改めて自分の視点に気づくかもしれない。
　ヒマラヤの8000m峰に単独で挑む友人に、地図とコンパスをどう使っているか聞いてみた。「コンパスは使うが、地図はあまり見ないなあ」という答えが返ってきた。地図はたしかに役に立つが、地図に　4　と、あまり周りの状況が感じられなくなる。登りのときにどんな場所を歩いているのか感じ取りながら歩けば大丈夫で、もし天候が悪くなったときのために、コンパスで角度だけは測っておくとのこと。　5　、歩きながら、自分の地図を描いていく。必要なものを頭に描き込んでいく。最初から地図とにらめっこすれば、頼りは地図だけになってしまう。そのほうが危険かもしれない。
　積極的に自分の地図を描いてみよう。そのためには周りと自分をじっくりと見なければならない。

（梶谷耕一「地図の読み方がわかる本」による）

(注1)主題図(しゅだいず)：テーマをしぼって描かれている地図。観光地図、交通図など
(注2)委(ゆだ)ねる：まかせる
(注3)フィールド：field。ここでは外を意味している

PRACTICE TEST

1. 1 自己犠牲   2 自己嫌悪
   3 自己中心   4 自己満足

2. 1 正確に描けば描くほど
   2 気になることにひきかえ
   3 周囲を見てないだけあって
   4 気になることが少なければ

3. 1 そうしたら   2 それにしては
   3 逆にいえば   4 とはいうものの

4. 1 頼りすぎる   2 頼らない
   3 頼ろう   4 頼るまい

5. 1 すると   2 ところで
   3 そのたびに   4 つまり

問題4　次の文章を読んで、後の問に対する答えとして最もよいものを、1・2・3・4から一つ選びなさい。

「<u>人はその血管と同じに年をとる</u>」という名言があります。もちろん、人間だけでなく、いろいろな動物にもあてはまります。この言葉は、血管というものが、老化を考えるさい、いかに大事であるかを物語っています。体の各器官がどんなに若々しくとも、血管に障害があったら、その器官に栄養物も酸素も届けられず、また、(注1)老廃物はたまる一方になってしまいます。鉄道や運送会社、それに清掃業者がストライキをおこしたとしたならば、都市は(注2)瀕死状態になることでしょう。血管の役割はそれほど重大なのです。

(香原志勢『老いを考える』ほるぷ出版による)

(注1)老廃物：動物の体内で古くなり、いらなくなったもの
(注2)瀕死：今にも死にそうなこと

[1] 文の中の「人」と「血管」の関係に当たるものはどれか。

1　動物と各器官
2　栄養物と老廃物
3　鉄道と清掃業者
4　都市と運送会社

PRACTICE TEST

問題5　次の文章を読んで、後の問に対する答えとして、最もよいものを1・2・3・4から一つ選びなさい。

　①「読書とは、本を買うことである」。買ってしまえばこっちのもの、いつか必ずページを開く。買って積んでおくだけの、俗にいう「ツン読」も読書のうちなのである。この場合の「買う」とは、書店で手にして、ちらっとでもこころが動いたら、即座にその場で買ってしまうことを指す。もうちょっと考えて、とか、明日でもいいや、とか、帰りに駅前のあの店で買えばいいか、なんぞと考えた瞬間、その本との縁は切れたと知るべし。
（中略）
　その場で即座に買えないのは、一つには失敗を恐れるからだろう。せっかく買っても、読んでみてつまらなかったらどうしよう、と考えてしまう。しかし、②「失敗も読書のうち」。読んでつまらないと感じるのは読んでからなのである。「つまらない」と思っても、それを「失敗」と考えてはいけない。「つまらない」と判断できたことをむしろ誇るべきなのである。つまらない本をつまらないと感じられる人は、面白い本を面白いと感じられる人。失敗を心配するよりも、本質的につまらなく、くだらない本を、面白いと感じられるかも知れないことのほうを心配すべきなのだ。せっかく買ったんだからと、つまらないのを我慢して読み続ける必要はない。自分の判断を信じて、すぐに放り出せばいい。もちろん、数多い本の中には、すぐには面白さの伝わりにくいものもある。はじめはとっつきにくくても、読み進んでゆくにつれて面白さがにじみ出てくる本がある。いったんは放り出したのに、何かのひょうしにもう一度手にしたとき、実に面白く読める、③「そういう類の本」もたくさんある。何度も読んで、そのたびに新しい面白さを発見する本もある。たとえば漱石の『我輩は猫である』は、小学校三年生の時以来、何度手にしたことか。二十歳にはそのときの、還暦には還暦の楽しみ方がある。

[1] 筆者が①「読書とは、本を買うことである」でいう「買うこと」とはどのようなことか。
1　時間をかけて、よく考えてから買うこと
2　少しでも興味を持ったら、すぐに買うこと
3　書店で手にとって失敗しないように買うこと
4　よく知っている店で、店員に相談して買うこと

[2] ②「失敗も読書のうち」とあるが、なぜか。
1　いろいろな本を読むことで、本の価値が判断できるようになるから
2　本を買って失敗したと思っても、買ってしまった本は最後まで読むから
3　失敗だと分かっていても、読書することによって知識の量がふえるから
4　いろいろな本を読むことで、くだらない本でも面白く感じるようになるから

[3] ③「そういう類の本」とはどんな本か。
1　面白さを発見するために読む本
2　何度読んでも、面白さを発見する本
3　第一印象とは違う面白さを持つ本
4　面白くなくても読み続けなければならない本

[4] この文章のまとめとして最も適当なものはどれか。
1　つまらない本を読み続けても、面白くなるとはかぎらない。
2　買った本を何度も読めば、その価値が分かるようになるはずだ。
3　読書の面白さを知るためには、まず本を買って身近に置くことだ。
4　本の面白さは年齢によって変わるので、小学生からの読書が大切だ。

chapter 03 청해

N1 3교시

즉시 응답 문제 3

N1 청해 문제 4는 즉시 응답 문제이다. 그림이 없는 문제로서 질문을 듣고 다음에 나올 적합한 대답을 선택하는 문제이다. 일상생활에서 빈번히 사용하는 기초적인 질의응답 패턴이 나올 가능성이 많다.

〈예시〉

男：ご主人はご在宅ですか。
女：＿＿＿＿＿＿＿＿＿＿＿＿＿

1. はい、おります。
2. はい、まいります。
3. はい、存じております。

女：何をためらっているんですか。
男：＿＿＿＿＿＿＿＿＿＿＿＿＿

1. まあまあといったところね。
2. まさかこんなにうまくいくとはね。
3. 私なんかでいいのかなって思って。

대화를 잘 듣고 맞는 답을 하나 고르시오.

1 ばん

①

②

③

えなどは ありません。

2 ばん

①

②

③

えなどは ありません。

PRACTICE TEST

3 ばん

①

②

③

えなどは ありません。

4 ばん

①

②

③

えなどは ありません。

스크립트

문제 1

男:なにキョロキョロしてるの？
女:＿＿＿＿＿＿＿＿＿＿＿＿

1. ちょっといい事(こと)があったの。
2. 池田(いけだ)さんはどこにいるのかなと思(おも)って。
3. 階段(かいだん)で転(ころ)んじゃった。

남 : 뭘 두리번두리번 거리고 있니?
여 : ＿＿＿＿＿＿＿＿＿＿

1. 조금 좋은 일이 있었어.
2. 이케다씨는 어디에 있나하고.
3. 계단에서 넘어져 버렸어.

문제 2

女:あやうく事故(じこ)にあうところだったよ。
男:＿＿＿＿＿＿＿＿＿＿＿＿

1. 病院(びょういん)に行(い)って、診(み)てもらったほうがいい。
2. 怪我(けが)はもう治(なお)った？
3. 何事(なにごと)もなくて良(よ)かったね。

여 : 하마터면 사고를 당할 뻔했어.
남 : ＿＿＿＿＿＿＿＿＿＿

1. 병원에 가서 진찰받는 편이 좋아.
2. 상처는 벌써 나았어?
3. 아무 일 없어서 다행이다.

문제 3

男:この文(ぶん)から何が読(よ)み取(と)れますか。
女:＿＿＿＿＿＿＿＿＿＿＿＿

1. 一日(いちにち)では読(よ)みきれません。
2. 作者(さくしゃ)の悲(かな)しい気持(きも)ちが伝(つた)わってきます。
3. 易(やさ)しい文(ぶん)だから読(よ)めると思(おも)います。

남 : 이 문장에서 무엇을 읽어낼 수 있습니까?
여 : ＿＿＿＿＿＿＿＿＿＿

1. 하루 만에는 다 읽을 수 없습니다.
2. 저자의 슬픈 기분이 전해져 옵니다.
3. 쉬운 문장이니까 읽을 수 있다고 생각합니다.

문제 4

女:今日(きょう)も忙(いそが)しかった？
男:＿＿＿＿＿＿＿＿＿＿＿＿

1. うん、目(め)が回(まわ)るほど。
2. うん、猫(ねこ)の足(あし)も借(か)りたいほど。
3. うん、手(て)も足(あし)も出(で)ないほど。

여 : 오늘도 바빴어?
남 : ＿＿＿＿＿＿＿＿＿＿

1. 응, 눈이 핑핑 돌 만큼.
2. 응, 고양이의 다리도 빌리고 싶 만큼.
3. 응, 어찌할 도리가 없을 만큼.

N1 뉴 일본어 능력시험

Part 13

문자/어휘 chapter 01
1번 문제/기타
2번 문제/기타

문법 chapter 02
N1 문법패턴 13 (~をもって에서 ~んばかりだ까지)
독해
장문 문제

청해 chapter 03
통합 이해 문제1

chapter 01 문자/어휘

N1 1교시

1번 문제/기타

あいにく 공교롭게도, 마침	敢あえて 감히, 굳이	鮮あざやか 선명함
当あて字じ 취음자	跡あと 자국, 자취	跡継あとつぎ 대를 이어감
後回あとまわし 뒤로 미룸	争あらそい 다툼, 싸움	新あらた 새로움
或ある 어느, 어떤	或あるいは 혹은, 또는	哀あわれ 애처로움
案あんの定じょう 예상했던 대로	言いい訳わけ 변명	行いき違ちがい 엇갈림
幾多いくた 많음, 다수	依然いぜんとして 여전히	至いたって ~에 이르러, 몹시
一概いちがいに 일률적으로	一律いちりつに 일률적으로	一気いっきに 단숨에
一挙いっきょに 일거에	一般いっぱんに 일반적으로	未いまだ 아직(도)
梅干うめぼし 매실 장아찌	裏返うらがえし 뒤집기, 반대	厳おごそか 엄숙함
穏おだやか 평온함	落おち葉ば 낙엽	訪おとずれ 방문
お手上てあげ 어쩔 도리가 없음, 포기함		衰おとろえ 쇠약
同おない年どし 동갑	おまけ 할인, 덤	表向おもてむき 표면화함, 공공연함
及および 및, 또	愚おろか 어리석음	顔付かおつき 얼굴, 얼굴생김새
係かかり 담당	駆かけ足あし 구보	片思かたおもい 짝사랑
偏かたより 치우침	傍かたわら 옆	勘違かんちがい 착각
気兼きがね 마음을 씀, 어렵게 여김, 스스럼		効きき目め 효능
気立きだて 마음씨, 심지	来きたる 오는~	切きっ掛かけ 계기, 실마리
きまぐれ 변덕스러움, 변덕	きまじめ 고지식함, 착실함	清きよらか 맑음, 청아함
切きれ目め 틈새	極きわめて 극히	区切くぎり 단락
首飾くびかざり 목걸이	焦こげ茶ちゃ 짙은 갈색	試こころみ 시도
ご馳走ちそう 맛있는 음식, 호화로운 식사		こつ 요령
殊ことに 특히	ご無沙汰ぶさた 격조(隔阻), 무소식(오랜만에 만났을 때의 인사말)	
細こまやか 세밀함	これら 이것들	逆立さかだち 물구나무서기
盛さかん 번성함, 열렬함	叫さけび 외침, 부르짖음	さじ 숟가락
皿さら 접시	明々後日しあさって 글피	強しいて 굳이, 강제로
しかしながら 그렇기는 하지만, 그러나		仕組しくみ 구조, 짜임새
従したがって 따라서, 그러므로	下調したしらべ 예비조사	じゃん拳けん 가위바위보

下取したどり 보상판매	救すくい 도움, 구조, 사람의 마음을 위로하고 밝게 해 주는 것	
健すこやか 튼튼함	ずぶ濡ぬれ 흠뻑 젖음	速すみやか 재빠름
擦すれ違ちがい 스치듯 지나감, 엇갈림		攻せめ 공격, 공세
そうして 그렇게 하여, 그 다음에	そこら 그 근처, 그쯤	その為ため 그 때문에
その外ほか 그 외에	それぞれ 저마다, 각각	それゆえ 그러므로, 그런 까닭으로
対たいして ~에 대해	大たいして 그다지, 별로	台無だいなし 엉망이 됨
互たがいに 서로	巧たくみ 교묘함	足たし算ざん 덧셈
漂ただよい 떠돌아다님, 방황함	弛たるみ 느슨해짐, 또는 그 정도	茶ちゃの間ま 거실
茶ちゃの湯ゆ 다도	宙返ちゅうがえり 공중제비	塵取ちりとり 쓰레받기
次ついで 뒤이어, 계속하여	使つかい道みち 용도	月並つきなみ 평범함
継つぎ目め 이음매	償つぐない 보상	勤つとめ先さき 근무처
努つとめて 가능한 한, 애써, 되도록	つり革かわ 가죽손잡이	手当てあて 처치, 치료
手遅ておくれ 때를 놓침, 때가 늦음	手掛てがかり 실마리, 단서	
出直でなおし 다시 시작함, 돌아갔다 다시 나옴		手引てびき 길잡이, 안내서
手回てまわし 사전 준비	手分てわけ 분담	到底とうてい 도저히
遠回とおまわり 우회	戸締とじまり 문단속	突如とつじょ 돌연, 갑자기
戸惑とまどい 망설임	共稼ともかせぎ 맞벌이	共働ともばたらき 맞벌이
取とり扱あつかい 취급	取とり替かえ 교환	取とり締しまり 단속
度忘どわすれ 깜빡 잊어버림	乃至ないし …부터(에서) …까지	和なごやか 부드러움
情なさけ 인정	滑なめらか 매끈매끈함	並ならびに 및
憎にくしみ 미움, 증오	荷造にづくり 짐을 꾸림	値打ねうち 가치
粘ねばり 찰기, 끈기	値引ねびき 할인	根回ねまわし 사전 교섭
狙ねらい 노리는 바, 목표	軒並のきなみ 집집마다	延のべ~ 연~
箸はし 젓가락	橋渡はしわたし 중개	甚はなはだ 매우
花はなびら 꽃잎	華はなやか 화려함	腹立はらだち 화를 냄
原はらっぱ 빈터, 들판	針はり 바늘, 침, 가시	張はり紙がみ 벽보, 종이를 바름
控ひかえ室しつ 대기실	控ひかえ目め 조심스러움, 삼감	引ひき分わけ 무승부
左利ひだりきき 왼손잡이	必死ひっしに 필사적으로	日取ひどり 택일, 정한 날짜

日焼ひやけ 햇볕에 피부가 검게 탐	再ふたたび 두 번, 다시	踏ふみ場ば 발 디딜 곳
振ふり 휘두름, 모습	振ふり出だし 출발점	干ほし物もの 빨래, 세탁물
坊ぼっちゃん 아드님, 철부지	頬ほっぺた 볼, 뺨	程ほど 알맞은 정도, 면적
辺ほとり 근처	ほんの 그저 명색뿐인	前売まえうり 예매
前置まえおき 서론	瞬またたき 깜빡임	的まと 목표, 표적
待まち合あわせ 약속한 장소에서 만나기로 함		真まっ二ぷたつ 두 동강
招まねき 초대, 손님을 끌기 위한 간판이나 장식물		真まん前まえ 바로 앞
見合みあい 맞선	見込みこみ 전망, 가망	自みずから 스스로
見積みつもり 견적	見通みとおし 전망	身みの上うえ 신상
身みの回まわり 신변	見晴みはらし 전망	身振みぶり 몸짓
結むすび付つき 연결, 결합	無駄遣むだづかい 낭비	目処めど 목표, 전망, 목
目盛めもり 눈금	申もうし込こみ 신청	
申もうし分ぶん 할말, 주장 (흔히, 「～がない」의 꼴로 나무랄 데, 더할 나위)		
持もち切きり 화제나 소문이 자자함		専もっぱら 오로지
やむを得えない 어쩔 수 없다	夕暮ゆうぐれ 해질녘	夕焼ゆうやけ 저녁노을
故ゆえに 고로	緩ゆるやか 완만함	夜更よふかし 밤늦게까지 안 잠
夜更よふけ 심야	渡わたり鳥どり 철새	割わり当あて 할당

2번 문제/기타

足あしを洗あらう 발을 빼다, 손을 씻다	足あしが出でる 적자가 나다
頭あたまが下さがる 감탄하다	頭打あたまうち 더 진전할 가망이 없는 한계
油あぶらを売うる 농땡이 부리다	うなぎのぼり 빠르게 올라감
馬うまが合あう 서로 마음이 맞다	腕うでを磨みがく 기술을 연마하다
顔かおが広ひろい 발이 넓다	陰かげが薄うすい 존재가 희미하다
肩かたを並ならべる 어깨를 나란히 하다	肩かたを持もつ 편을 들다
気きが重おもい 마음이 무겁다	口くちが堅かたい 입이 무겁다

口くちが軽かるい 입이 가볍다	口くちにする 먹다, 말하다
口くちを出だす 말참견하다	首くびになる 해고되다
声こえをかける 말을 걸다	心掛こころがけ 마음가짐, 마음의 준비
腰こしが低ひくい 겸손하다	事ことによると 어쩌면
これといった 이렇다 할	さじを投なげる 가망이 없어 포기하다
舌したを巻まく 감동하다, 몹시 놀라다	しのぎを削けずる 맹렬하게 싸우다
手てに入いれる 손에 넣다, 입수하다	手てを貸かす 일을 거들다
手てを抜ぬく 대충대충 하다	手てを焼やく 애먹다
長ながい目めで見みる 긴 안목으로 보다	波なみに乗のる 시류에 편승하다
なにげなく 슬며시	なんだかんだ 이러쿵저러쿵, 여러 가지
なんだって 어째서, 무엇이든	猫ねこの額ひたい 손바닥만 한
猫ねこを被かぶる 얌전한 체하다	歯はが立たたない 당해낼 수 없다
恥はじをかく 창피를 당하다	鼻はなにかける 뽐내다
鼻はなをつく 코를 찌르다	腹はらが立たつ 화가 나다
腹はらを決きめる 결심하다	ひどい目めにあう 지독한 일을 당하다
水みずに流ながす 없었던 일로 하다	水みずをさす 잘 되어가는 일을 훼방 놓다
耳みみが早はやい 소식 듣는 것이 빠르다	耳みみにする 듣다
耳みみを傾かたむける 귀를 기울이다	虫むしがいい 뻔뻔스럽다
目めが高たかい 안목이 있다	目めがない 사족을 못 쓰다
目めが回まわる 매우 바쁘다	目めにつく 눈에 띄다
目めを通とおす 훑어보다	ゆえに 따라서, 그런고로
焼やけ石いしに水みず 임시방편, 언 발에 오줌 누기	

問題1　＿＿＿＿の言葉の読み方として最もよいものを、1・2・3・4から一つ選びなさい。

1. 実際は赤字バス路線への運行補助金を少しでも減らす<u>狙い</u>がある。
   1. はからい　　2. ねぎらい　　3. ねらい　　4. いらい

2. ダイアナは<u>表向き</u>は華麗で、エレガントな笑顔だったが、家庭では暗く閉ざされた。
   1. ひょうむき　　2. まえむき　　3. おもてむき　　4. うわむき

3. <u>一概に</u>医学の進歩だといって、喜んでばかりはいられない。
   1. いちがいに　　2. いっこうに　　3. いちように　　4. いっぱんに

4. 私の見るところ「<u>争い</u>」は「技術を革新」させることはあっても「文明」を生むことはない。
   1. きそい　　2. たたかい　　3. うばい　　4. あらそい

5. 朝晩は秋の気配が<u>漂い</u>始め本格的な秋の到来だ。
   1. さまよい　　2. ただよい　　3. うるおい　　4. よそおい

6. 状況は<u>依然</u>としてりゅうどうてきだ。
   1. あぜんとして　　2. いぜんとして　　3. うぜんとして　　4. えぜんとして

7. 何事も運命だと<u>自ら</u>をなぐさめた。
   1. みずから　　2. かれら　　3. われら　　4. もっぱら

8. お<u>互い</u>に支えあう街づくりを進めます。
   1. ちだいに　　2. ただいに　　3. ちがいに　　4. たがいに

9. 彼は栄養の<u>偏り</u>が原因で栄養失調と診断された。
   1. さわり　　2. へんり　　3. かたより　　4. とどこおり

10. 筋肉の<u>衰え</u>を防ぐためには、散歩やジョギングなど体に合った運動をするのがいい。
    1. おとろえ　　2. かまえ　　3. さしつかえ　　4. ふるえ

PRACTICE TEST

[11] 部屋は本が散らばって足の<u>踏み場</u>もなかった。
　　1　こみば　　　2　ふみば　　　3　あゆみば　　　4　はさみば

[12] <u>再び</u>ふるさとに澄んだ川を取り戻すまで、どんな努力も惜しまない。
　　1　さいび　　　2　ざいび　　　3　ふたたび　　　4　ふだたび

[13] <u>案の定</u>、医者から胃カメラを勧められたが、怖くて嫌だった。
　　1　あんのじょ　2　あんのじょう　3　あんのてい　4　あんのでい

問題2　（　　　）に入れるのに最もよいものを、1・2・3・4から一つ選びなさい。

[1] カラオケパーティーをしたが、予定より長くいたので（　　　）が出た。
　　1　足　　　　　2　手　　　　　3　頭　　　　　4　耳

[2] この商品の売り上げは（　　　）になっている
　　1　腕打ち　　　2　喉打ち　　　3　髪打ち　　　4　頭打ち

[3] こんなに時間がかかるなんて、いったいどこで（　　　）いたんだ。
　　1　油を買って　2　油を売って　3　ごまを買って　4　ごまを売って

[4] 株価が（　　　）のぼりに上昇する。
　　1　ふぐ　　　　2　さけ　　　　3　うなぎ　　　　4　こい

[5] 政治家は（　　　）が広いから付き合いも広いだろう。
　　1　くち　　　　2　かお　　　　3　まゆ　　　　4　みみ

[6] （　　　）とごたくを並べてはいるが、なんのことやらさっぱりわからない。
　　1　なんだって　2　なにやら　　3　なんだかんだ　4　なにげなく

7 あこがれの先生をめざして、料理の（　　　）つもりだ。
   1　うでをみがく　　2　うでをあらう　　3　てをあらう　　4　てをみがく

8 彼女は自分のスタイルに（　　　）ほしくないようだ。
   1　くちをでて　　　　　　　　　　2　くちをだして
   3　みみをかたむけて　　　　　　　4　みみをかたむいて

9 地位が高くなればなるほど、（　　　）しなければならない。
   1　肩を高く　　2　肩を低く　　3　腰を高く　　4　腰を低く

10 彼の強靭な精神と不屈の強さに何度も（　　　）をまいた。
    1　した　　2　そで　　3　くちびる　　4　すそ

11 （　　　）で見て住宅は持ち家がいいのか賃貸のほうがいいのか、非常に悩んだ。
    1　短い目　　2　長い目　　3　高い目　　4　低い目

12 彼女は好きな人の前では「可愛くておとなしくてしっかりモノ」という猫を（　　　）らしい。
    1　かわいがって　　2　みている　　3　かぶっている　　4　かっている

13 祖母はかわいい動物、かわいい子どもに（　　　）。
    1　鼻がない　　2　口がない　　3　耳がない　　4　目がない

문법/독해

chapter 02 — N1 2교시

문법 필수 문형 – N1 문법패턴 13

01 　~をもって　~으로, ~로써

접속: [명사] + をもって

「Aをもって」는 「拍手(はくしゅ)をもってお迎(むか)えください(박수로 맞이해주세요)」처럼 「A로, A를 가지고」라는 뜻으로 수단이나 방법을 나타내는 기능이 있다. 「Aをもってすれば(A를 사용하면)/Aをもってしても(A를 사용해도)」라는 관용표현으로도 자주 사용된다. 또한 「今日(きょう)をもって仕事(しごと)を辞(や)める(오늘로써 일을 그만둔다)」처럼 「A로써」라는 뜻으로 어떤 일의 시작이나 종결을 의미하는 한정의 의미가 있다.

> 非常な努力をもってその実験を成功させた。
> 대단한 노력으로 그 실험을 성공시켰다.
>
> 身をもって実感致しました。
> 몸소 실감 했습니다.
>
> 本日は9時をもって営業を終了致します。
> 오늘은 9시로 영업을 종료하겠습니다.
>
> 主催者の挨拶をもってイベントは終了となりました。
> 주최자의 인사를 끝으로 이벤트는 종료가 되었습니다.
>
> 彼の才能をもってすれば、この困難を乗り越えられると思う。
> 그의 재능이라면 이 곤란을 극복할 수 있을 것이라고 생각한다.

02 　~をものともせず(に)　~에도 개의치 않고, ~에도 아랑곳 않고

접속: [명사] + をものともせず(に)

「Aをものともせず(に)」는 「A를 전혀 개의치 않고, A를 전혀 두려워하지 않고」라는 의미이다. 보통 A에는 곤란이나 장애 같은 어려운 상황이 제시되며, 그런 악조건 하에서도 전혀 개의치 않고 어떤 행위를 용기 있게 했다는 식의 문장에서 많이 쓰이는 표현이다.

> 雷雨で競技開始が1時間遅れるという悪条件をものともせず、9秒58で世界新記録を更新した。
> 뇌우로 경기 개시가 1시간 늦어지는 악조건에도 아랑곳하지 않고, 9초 58로 세계 신기록을 갱신했다.
>
> 彼は火災をものともせずに飛び込んで、逃げ遅れた人を救出した。
> 그는 화재에도 아랑곳하지 않고 뛰어 들어가, 미처 피신하지 못한 사람들을 구출했다.

03 ～を余儀(よぎ)なくさせる/ ～を余儀(よぎ)なくされる
어쩔 수 없이 ～하게 하다/ 어쩔 수 없이 ～하게 되다

접속: [명사]+を余儀(よぎ)なくさせる(を余儀(よぎ)なくされる)

「余儀(よぎ)ない」는 「어쩔 수 없다, 부득이 하다」라는 뜻으로 「Aを余儀(よぎ)なくされる」처럼 수동형으로 쓰면 「주위의 사정으로 인해 어쩔 수 없이 부득이하게 A를 하게 되다」라는 의미가 되고, 「Aを余儀(よぎ)なくさせる」처럼 사역형으로 쓰면 「A를 강제적으로 하게하다」라는 의미가 된다.

敵軍(てきぐん)を追(お)いつめ、秘密基地(ひみつきち)からの撤退(てったい)を余儀(よぎ)なくさせた。
적군을 궁지에 몰아, 비밀 기지로부터 철수를 하게 했다.

不意(ふい)に起(お)きた雪崩(なだれ)が、登山計画(とざんけいかく)の中止(ちゅうし)を余儀(よぎ)なくさせた。
갑자기 일어난 눈사태가, 등산 계획을 어쩔 수없이 중지하게 만들었다.

社長(しゃちょう)は健康上(けんこうじょう)の理由(りゆう)で辞任(じにん)を余儀(よぎ)なくされた。
사장은 건강상의 이유로 어쩔 수 없이 사임을 하게 되었다.

木村(きむら)さんは役者志望(やくしゃしぼう)だったが、家庭(かてい)の事情(じじょう)により家業(かぎょう)を継(つ)ぐことを余儀(よぎ)なくされた。
키무라씨는 배우 지망생이었지만, 집안의 사정으로 인해 어쩔 수 없이 가업을 잇게 되었다.

04 ～をよそに ～를 생각하지 않고, ～에 개의치 않고

접속: [명사]+をよそに

「Aをよそに」는 「A를 개의치 않고, A를 뒷전으로 하고」라는 의미이다.

彼(かれ)は医師(いし)の忠告(ちゅうこく)をよそに、毎日(まいにち)タバコを吸(す)いつづけている。
그는 의사의 충고를 뒷전으로 하고, 매일 담배를 계속해서 피우고 있다.

親(おや)の心配(しんぱい)をよそに、結婚(けっこん)したがらない若者(わかもの)が増(ふ)えている。
부모의 걱정을 생각지 않고, 결혼하고 싶어 하지 않는 젊은이가 증가하고 있다.

妹(いもうと)は受験勉強(じゅけんべんきょう)をよそに、好(す)きな本(ほん)ばかり読(よ)んで過(す)ごしている。
여동생은 수험 공부를 뒷전으로 하고, 좋아하는 책만 읽으며 보내고 있다.

05　～んがため(に)/～んがための　～하기 위해서/～하기 위한

접속: [동사의 ない형]＋んがため(に)(んがための＋명사) [する→せんがため]

「～んがため(に)/～んがための」는 반드시 어떤 일을 실현시키고자 하는 적극적인 목적을 가지고 있는 경우에 쓰는 문장으로 「～하기위해서/～하기 위한」이라는 뜻이다.

彼は一刻もはやく家族にその情報を知らせんがため、車を走らせた。
그는 일각이라도 빨리 가족에게 그 정보를 알리기 위해 차를 달렸다.

彼は富と権力を得んがために、あらゆる手を使っている。
그는 부와 권력을 얻기 위해, 모든 수단을 사용하고 있다.

大学に進学せんがために毎日必死で勉強している。
대학에 진학하기 위해 매일 필사적으로 공부하고 있다.

選挙に勝たんがための政略である。
선거에 이기기 위한 정치적 책략이다.

06　～んばかりだ/～んばかりに/～んばかりの　당장이라도 ～하려는 듯하다/당장이라도 ～하려는 듯이/당장이라도 ～하려는 듯한

접속: [동사의 ない형]＋んばかりだ(んばかりに/んばかりの) [する→せんばかり]

「～んばかりだ」는 어떤 일이 발생하기 직전에 「지금 당장이라도 ～할 듯하다」라는 뜻을 나타낸다.

強風で木が今にも倒れんばかりだ。
강풍으로 나무가 당장이라도 쓰러질 듯하다.

彼は壊れんばかりにその扉を開け放ちました。
그는 부서질 듯이 그 문을 열어 젖혔습니다.

男は、今にも泣き出さんばかりの顔つきになった。
남자는 당장이라도 울 듯한 얼굴이 되었다.

せっかくお見舞いに行ったのに、まるで帰れと言わんばかりの嫌な顔をされた。
모처럼 병문안을 갔는데, 마치 돌아가라는 듯한 불쾌한 표정을 지었다.

問題1　次の文の(　　)に入れるのに最もよいものを、1・2・3・4から一つ選びなさい。

① 彼は世間の冷笑(　　)、自らの信念を貫き通し、研究を完成させた。
　1　をものともせず　　　　　　2　のみならず
　3　いかんによって　　　　　　4　と相まって

② 本日は、9時(　　)閉店とさせていただきます。またのご来店をお待ち申し上げます。
　1　をもって　　2　にあって　　3　にして　　4　を限りに

③ 真実を明らかに(　　)、あらゆる手を尽くす。
　1　するべからざる　　　　　　2　すべからず
　3　せんがため　　　　　　　　4　せざるべく

④ 早く帰れと言わんばかりの顔をされては、(　　)。
　1　帰らないようだ　　　　　　2　帰ることはない
　3　帰るまでもない　　　　　　4　帰らざるをえない

⑤ 自分が病気になってみて、はじめて患者の苦痛が身(　　)わかった。
　1　にとって　　2　に感じて　　3　を通して　　4　をもって

⑥ 住民の不安を(　　)、原子力発電所の建設計画が進められている。
　1　皮切りに　　2　かぎりに　　3　よそに　　4　きっかけに

⑦ 祭りの計画は、予算不足のため、変更を(　　)。
　1　余儀なくした　　　　　　　2　余儀なくできた
　3　余儀なくさせた　　　　　　4　余儀なくされた

⑧ 今にも雨が(　　)ばかりの空模様だ。
　1　降り出した　　2　降り出して　　3　降り出さん　　4　降り出そう

PRACTICE TEST

9. 国会で法案を(　　　)、首相は根回し工作を開始した。
   1. 通せばこそ　　2. 通さんがため　　3. 通るまいと　　4. 通ろうとして

10. 最新の医学を(　　　)しても、彼女の病気を救うことはできなかった。
    1. とって　　2. もって　　3. つかって　　4. よって

11. 家族の期待を(　　　)、弟は大学をやめて遊び暮らしている。
    1. よそに　　2. もとに　　3. かまわず　　4. さておき

12. 彼女は重圧を(　　　)、のびのびとした演技で見事に1位を獲得した。
    1. 皮切りに　　2. こめて　　3. ものともせず　　4. ないとはいえ

13. 営業成績を(　　　)、社員一同休みも取らずにがんばっている。
    1. 上げようと上げまいと　　2. 上げんばかりに
    3. 上げんがために　　4. 上げようにも

14. 君の実力を(　　　)すれば、日本語能力試験など恐れるにたりない。
    1. ように　　2. とって　　3. かぎりに　　4. もって

15. 資金不足は、道路拡張の中止を(　　　)。
    1. 余儀なくされた　　2. 余儀なくさせた
    3. 余儀なくしてもらった　　4. 余儀なくなった

問題2　次の文の__★__に入る最もよいものを、1・2・3・4から一つ選びなさい。

1　あれは＿＿＿　＿＿＿　＿＿＿　_★_宣伝文句にすぎない。
　　1　本を　　　　2　単に　　　　3　ための　　　　4　売らんが

2　社長もまた＿＿＿　＿＿＿、_★_　＿＿＿された。
　　1　従わざるを得ず　　　　2　余儀なく
　　3　退任を　　　　　　　　4　株主総会の決定には

3　田中さんは、_★_　＿＿＿　＿＿＿　＿＿＿だった。
　　1　責任は　　　　2　態度　　　　3　お前にあると　　　　4　言わんばかりの

4　あの子は＿＿＿　_★_、＿＿＿　＿＿＿と付き合っている。
　　1　相変わらず　　　2　をよそに　　　3　教師の忠告　　　4　悪い仲間

5　彼は、＿＿＿　＿＿＿　_★_　＿＿＿やり方を押し通す。
　　1　自分の　　　　2　非難を　　　　3　他人の　　　　4　ものともせずに

問題 3　次の文章を読んで、1から5の中に入る最もよいものを、1・2・3・4から一つ選びなさい。

　人間らしさとは何か、人間らしく生きるにはどうすればよいかといった問題は、おそらく人類の歴史を通じて常に人々の心を悩ませてきた 1 。しかし、この科学技術の発達した現代 2 、その問いに対する答え方にはほとんど進歩がみられないように思われる。いやむしろ、最先端の科学技術の成果を目の前にして、われわれの心はますます混迷を深めていると言えるのかもしれない。

　かつて「鉄腕アトム」が登場した頃、われわれはあのような「人間らしい」ロボットというものに対して何ら疑問を抱くことはなかった。　（中略）

　ところが、いまやコンピューターの進歩のおかげで、みずから考えるロボットが現実のものと 3 。ロボットに限らず、さまざまな「考える機械」が出現して日常生活とかかわりをもつ時代を迎えようとしている。そのような機械が、人間に幸福をもたらすものでなければならないことは当然であろう。人間らしい生き方をさまたげるようなものであってはならない。 4 、あらためて「人間らしさ」とは何なのかという問い直しが必要とされるようになった。ただし、科学技術が相手である。答えは明確でなければならない。

　われわれは、しばしば現実の問題に直面したときに、「人間らしさ」がいかにつかみどころのないものであるかを知らされる。病気になやむ人、障害のある人、寝たきりの老人などを目の前にして、人間らしい生き方を論ずることは非常にむずかしい。遠くからは生き生きと見えていたはずなのに、近づいて手に取ろうとするとまるで逃げ水のように去ってしまう。科学技術の進歩を目の前にした今、われわれは人間の心 5 基本的な問いに対して、明確な答えが見いだせないことをあらためて知らされたのである。

（大島尚編「認知科学」による）

| 1 | 1 に違いない | 2 よりほかない |
| | 3 にたえない | 4 にかたくない |

| 2 | 1 至り | 2 至る |
| | 3 に至っても | 4 至った |

| 3 | 1 ならんばかりだ | 2 なるまでのことだ |
| | 3 なるべくもない | 4 なりつつある |

| 4 | 1 しかしながら | 2 そこで |
| | 3 そのうえ | 4 すなわち |

| 5 | 1 にかかわる | 2 による |
| | 3 に足る | 4 にたえる |

PRACTICE TEST

問題4 次の文章を読んで、後の問に対する答えとして、最もよいものを1・2・3・4から一つ選びなさい。

　私の知っている寿司屋の若い主人は、亡くなった彼の父親を、いまだに尊敬している。死んだ肉親のことは多くの場合、美化されるのが普通だから、彼の父親追憶もそれではないかと聞いていたが、①そのうち考えが変わってきた。学校を出た時から彼は父親に寿司の握りかた、飯のたきかた------寿司屋になるすべてを習った。父親は彼の飯のたきかたが下手だとそれをひっくりかえすぐらい厳しかったが、何といっても腕に差があるから文句はいえない。だがある日、たまりかねて②「なぜぼくだけに辛く当たるんだ」、ときくと、「俺の子供だから辛く当たるんだ」と言いかえされたと言う。父親が死に、一人前になって店をついでみると、その辛く当たられた技術が役にたち、③なるほど、なるほどと彼はわかったそうである。私はこの若主人の話を聞くたびに羨ましいと心の底から思う。そこには我々がある意味で④理想とする父親と子供の関係があるからである。子供はその時、技術だけではなく父親の生き方も学んでいく。自分のつくる寿司に妥協しない父親、飯のたき方ひとつにも誠意をもってやる父親の生き方を技術と同時に習っていく。それが本来、父親というものだ。私がこの若主人を羨ましいと思ったのは、私には、自分の息子にそのような技術が教えられぬからだ。私は小説家だが、息子は別の道に進むにちがいない。私が今日まで習得した小説を書く技術を彼に教えることはできない。今の多くの父親も私と同じような哀しみを子供に持っているにちがいない。自分が習得した技術を子供に教えられぬ哀しみ、あるいは教えるべき技術を持たない哀しみが心のどこかにあるにちがいない。そして子供にとっても父親はそれによって、自分が将来を生きる知恵を伝えてくれる師ではなく、ただ煙たい存在か、友人のようなパパにすぎないのであろう。せめてそれなら子供に自分の趣味を吹きこもう。ツリの好きな父親は子供にツリを、レコードの好きな父親は子供にクラシックを、薔薇づくりの好きな父親は花のつくり方を子供に教えようとは思うことがあるが……。

(遠藤周作『勇気ある言葉』毎日新聞社による)

[1]　①そのうち考えが変わってきたのは、だれの考えか。

1　筆者
2　寿司屋の若主人
3　亡くなった父親
4　筆者の息子

[2]　②なぜぼくだけに辛く当たるんだとあるが、「辛く当たる」とはこの場合どういう意味か。

1　はげしくぶつかる
2　必要以上に厳しくする
3　理由を言わずに殴る
4　何も教えてくれない

[3]　③なるほど、なるほどと彼はわかったとあるが、彼がわかったことは何か。

1　父親が死んだ理由
2　店をついだ理由
3　父親が辛く当たった理由
4　筆者が彼を羨ましいと思っている理由

[4]　筆者が考える④理想とする父親と子供の関係とは、どんな関係か。

1　違う仕事をする関係
2　趣味を教える関係
3　お互いに文句を言わない関係
4　技術とともに生き方を伝えられる関係

[5]　この文章に表れている筆者の気持ちはどれか。

1　死んでから尊敬される父親になるために、趣味を教えよう。
2　父親というのは、死んでから子供に尊敬されたいものである。
3　子供には暴力を使ってもいいから、技術を教えるべきだと思うのだが。
4　技術を通して子供に生き方を教えられればよいのだが。

PRACTICE TEST

問題5　次の文章を読んで、後の問に対する答えとして、最もよいものを1・2・3・4から一つ選びなさい。

　これは、終戦後間もないころ、①友人から聞いた話である。彼は、だいたいが慎重な運転をする男だったが、ある日のこと、横丁から突然、そば屋の青年が自転車で飛び出してきて、彼の自動車と衝突してしまった。幸い青年にケガはなかったが、自転車はメチャメチャ。さっそくおおぜいの人垣ができ、警察官もやってきた。友人が、「私には責任はない。その青年の不注意だ」と主張すると、その話を聞いた警察官は、②とにかく五千円払えば立ち去ってもよい、と言ったという。友人が、「ちょっと待ってください。私には落度がないのに、なぜ罰金を……」と③問い返すと、彼は「いや罰金じゃない。青年がかわいそうじゃありませんか」と答えた。その青年はおそらく店にいられなくなるだろう。だからせめてメチャメチャになった自転車の代金の一部だけでも、と警察官は考えたのだろう。悪くすると、これは大きなトラブルになりかねない。友人は根が日本びいきで、日本語も日本人的心情も理解していたから、それ以上の論争にはならなかったが、どちらがよいか悪いかの問題ではなく、西洋と日本では、法や正義に対する考え方が、全く違うことがわかる。この警察官の考え方の中には、正義とか法とかいう理念よりも、きわめて日本的な情けや情といったものが深く入り込んでいたのである。これは、実に人間味のある態度、考え方で、友人の話を聞いた私は④大いに感動した。理屈や理性だけで判断を下すのではなく、その前後の事情や個々の状況を参考にして、より人情味にあふれる決定を下すというのは、まさに人道的だと思う。西洋的な法の観念に慣らされた者が、このような⑤日本的心情を理解するのは、かなりむずかしいことであるが、こういった不合理な部分が許されるからこそ、日本は世界でも珍しく住みよい、人間のふれ合いのある国でいられるのではないだろうか。これらは、日本人がみずからの長所として、もっと自覚し、誇りを持ってよいことである。しかし、同時に、こういった情は、なんとも定義しにくいものであり、客観的な法の理念の中に入れることは、なかなかむずかしい。そして、もしそれを許すなら、しまいには人権を守ることさえできなくなってしまう。

(ヨゼフ・ロゲンドルフ「ニッポンの大学生」主婦の友社による)

[1] ①「友人から聞いた話」の内容に含まれるのは次のどれか。

1　事故でおおぜいの人が死んだ。
2　事故でけがをした人はいない。
3　事故で友人は大けがをした。
4　事故で自動車が使えなくなった。

[2] ②「とにかく五千円払えば立ち去ってもよい」とあるが、警察官がそう言った理由として考えられるのは次のどれか。

1　おおぜいの人が見ていたから
2　自転車は当時五千円くらいだったから
3　筆者の友人には責任がないから
4　青年の立場に同情したから

[3] ③「問い返すと」とあるが、友人はなぜ問い返したのか。

1　自分に罪はない。
2　まわりの人々に罪があると思ったから
3　青年に罪はない。
4　警察官に罪がある。

[4] ④「大いに感動した」のはなぜか。

1　青年にはケガがなかったから
2　法と正義の理念が実現されたから
3　警察官のやり方が人道的だったから
4　友人がそれ以上論争しなかったから

[5] ⑤「日本的心情」について筆者が言いたいことは次のどれか。

1　人道的な面もあるが、自動車事故があると損をする人もいる。
2　人道的な面もあるが、法の理念の中には入れにくい。
3　人道的な面があるので、日本の警察官はもっと誇りを持つべきだ。
4　人道的な面があるので、西洋の法律にも取り入れるべきだ。

chapter 03 청해

N1 3교시

통합 이해 문제 1

N1 청해 문제 5는 통합 이해 문제이다. 통합 이해 문제는 긴 텍스트를 듣고 복수의 정보를 비교 종합하면서 내용을 얼마나 이해했는지를 종합적으로 판단하는 문제이다.

대화를 잘 듣고 맞는 답을 하나 고르시오.

1ばん

①
②
③
④

えなどは　ありません。

2ばん

①
②
③
④

えなどは　ありません。

PRACTICE TEST

3 ばん

①

②

③

④

えなどは　ありません。

4 ばん

①

②

③

④

えなどは　ありません。

스크립트

문제 1

女(おんな)の人(ひと)が男(おとこ)の人(ひと)にある社会(しゃかい)問題(もんだい)ついて意見(いけん)を聞(き)いています。

女：今(いま)暴力的(ぼうりょくてき)な漫画(まんが)とかビデオなどが氾濫(はんらん)していて、社会(しゃかい)問題(もんだい)になっていますが、そういうものから子供(こども)たちを守(まも)るにはどうしたらよいとお考(かんが)えですか。

男：そうですねえ。あのう、確(たし)かにそういった漫画(まんが)やビデオに子供(こども)が悪(わる)い影響(えいきょう)を受(う)けている。これは事実(じじつ)だと思(おも)います。はい、ま、その意味(いみ)では、何らかの規制(きせい)が必要(ひつよう)ですね。

女：規制(きせい)というと、つまり政府(せいふ)が取(と)り締(し)まるとかですか。

男：ええ。それが一番(いちばん)効果(こうか)があるでしょう。しかし、表現(ひょうげん)の自由(じゆう)という問題(もんだい)もあります。

女：では…

男：ええ、親(おや)が子供(こども)の教育(きょういく)に責任(せきにん)を持(も)つという意味(いみ)では、子供(こども)の持(も)っている漫画(まんが)や見(み)ているビデオをチェックし、悪(わる)いものは見(み)せないというようにすることもできます。

女：ええ。

男：でも、ま、私としては、何よりも大人(おとな)の良心(りょうしん)に期待(きたい)したいですね。

女：というと…

男：やはりですね。販売(はんばい)するほうが子供(こども)にそうしたものを売(う)らないようにすることでしょう。

女：ええ。

男：そうした大人(おとな)の努力(どりょく)が結局(けっきょく)表現(ひょうげん)の自由(じゆう)を守(まも)り、また互(たが)いの自由(じゆう)を保障(ほしょう)することになると思(おも)います。

質問　男(おとこ)の人(ひと)はどうすることが一番(いちばん)いい方法(ほうほう)だと言(い)っていますか。

1. 政府(せいふ)が取(と)り締(し)まります。
2. 親(おや)がチェックします。
3. 子供(こども)に売(う)らないようにします。
4. 仕方(しかた)がないので諦(あきら)めます。

여자가 남자에게 어떤 회사의 문제에 대해 의견을 묻고 있습니다.

여：지금 폭력적인 만화라든지 비디오 등이 범람하고 있고, 사회문제가 되고 있습니다만, 그러한 것으로부터 아이들을 지키려면 어떻게 하는 게 좋다고 생각하십니까?

남：글쎄요. 으음... 확실히 그러한 만화나 비디오로 인해 아이들이 나쁜 영향을 받고 있다. 이것은 사실이라고 생각합니다. 네, 뭐, 그런 의미에서는, 어떠한 규제가 필요하네요.

여：규제라고 하면, 즉 정부가 단속한다든가 말입니까?

남：예. 그것이 제일 효과가 있겠지요. 그러나 표현의 자유라고 하는 문제도 있습니다.

여：그러면...

남：예. 부모가 아이의 교육에 책임을 갖는다는 의미에서는, 아이가 가지고 있는 만화나 보고 있는 비디오를 체크해서, 나쁜 것은 보여주지 않도록 할 수도 있습니다.

여：예.

남：그러나 음... 저로서는 무엇보다도 어른들의 양심에 기대하고 싶네요.

여：그렇다면...

남：역시 말이죠, 판매하는 쪽이 아이에게 그러한 것을 팔지 않도록 하는 것이지요.

여：예.

남：그러한 어른들의 노력이 결국 표현의 자유를 지키며, 또 서로의 자유를 보장하게 된다고 생각합니다.

질문　남자는 어떻게 하는 것이 제일 좋은 방법이라고 말하고 있습니까?

1. 정부가 단속합니다.
2. 부모가 체크합니다.
3. 아이에게 팔지 않도록 합니다.
4. 방법이 없으므로 포기합니다.

중요표현

「동사의 원형+ようにする」는 「(의도적으로) ~하도록 하다」라는 표현이며, 「~ないようにする」는 「(의도적으로) ~하지 않도록 하다」라는 표현이다. なるべくはやく行(い)くようにする(가능한 한 빨리 가도록 하다), 売(う)らないようにする(팔지 않도록 하다)

문제 2

インタビューを聞(き)いてください。

女：おはようございます。おはようFM、今日(きょう)の1分インタビュー。株式会社(かぶしきがいしゃ)ETAの木村(きむら)さんにお越(こ)しいただいております。木村(きむら)さん、ETAっていうのは…

男：いろいろな会社(かいしゃ)から委託(いたく)されて、新入(しんにゅう)社員(しゃいん)の皆(みな)さんの研修(けんしゅう)を行(おこな)う会社(かいしゃ)なんですよ。

女：例(たと)えば、お辞儀(じぎ)の仕方(しかた)とかですか。

男：いや、うちは依頼(いらい)されたことないですね。お辞儀(じぎ)とか、立(た)ち居(い)振(ふ)る舞(ま)いはよくスチュワーデスの訓練(くんれん)などで行(おこな)われているようですが、うちで多(おお)いのは職種(しょくしゅ)によっても違(ちが)うんですが、デパートの売(う)り子(こ)さんでしたら、敬語(けいご)ですね。それから、営業(えいぎょう)の人(ひと)、これは笑顔(えがお)の練習(れんしゅう)をするんです。

女：笑顔(えがお)ですか。練習(れんしゅう)すると上手(じょうず)になるんですか。

男：ええ。後(あと)一般的(いっぱんてき)なところでは、事務(じむ)のワープロや経理(けいり)の方(ほう)のコンピューターです。

質問　男(おとこ)の人(ひと)の会社(かいしゃ)で教(おし)えたことのないのは何ですか。

1. ワープロです。
2. お辞儀(じぎ)の仕方(しかた)です。
3. コンピューターです。
4. 笑顔(えがお)の作(つく)り方(かた)です。

인터뷰를 들어 주세요.

여 : 안녕하세요. 안녕 FM, 오늘의 1분 인터뷰. 주식회사 ETA의 키무라씨를 모셨습니다. 키무라씨, ETA라는 회사는...

남 : 여러 회사로부터 위탁받아, 신입사원 여러분의 연수를 실시하는 회사랍니다.

여 : 예를 들면, 인사법이라든가 말입니까?

남 : 아니, 저희 회사에서는 의뢰받은 적 없네요. 인사라든지, 행동거지의 예절은 주로 스튜어디스의 훈련 등에서 행해지고 있는 것 같습니다. 저희 회사에서 주로 하는 것은 직종에 따라서 다릅니다만, 백화점의 판매원이라면, 경어입니다. 그리고 영업하는 사람들, 이쪽은 웃는 얼굴을 연습 합니다.

여 : 웃는 얼굴입니까? 연습하면 능숙하게 됩니까?

남 : 예. 그 다음으로 일반적인 곳에서는, 사무의 워드프로세서나 경리 쪽의 컴퓨터입니다.

질문　남자의 회사에서 가르친 적이 없는 것은 무엇입니까?

1. 워드프로세서입니다.
2. 인사법입니다.
3. 컴퓨터입니다.
4. 웃는 얼굴을 만드는 방법입니다.

중요표현

「お辞儀(じぎ)」는 「머리 숙여 절함, 머리 숙여 인사함」이라는 뜻이고, 「立(た)ち居(い)振(ふ)る舞(ま)い」는 「행동거지, 행동거지의 예절」이라는 뜻이다.

스크립트

문제 3

ラジオでドラマを聞(き)いています。

- 男 ：隊長(たいちょう)、第(だい)二次(にじ)防衛戦(ぼうえいせん)が突破(とっぱ)されました。巨大(きょだい)怪獣(かいじゅう)はまっすぐ中央(ちゅうおう)管理(かんり)システムに向(む)かっています。このままでは後(あと)30分(ふん)も持(も)ちません。
- 隊長(男)：いま出(だ)せるモビルファイターは
- 男 ：零号機(れいごうき)だけです。
- 隊長(男)：やむをえん。4号機(ごうき)を出(だ)すぞ。
- 男 ：4号機(ごうき)はまだテストが完了(かんりょう)していません、それに、操縦(そうじゅう)できるパイロットが現在(げんざい)誰(だれ)も…
- 隊長(男)：零号機(れいごうき)では奴(やつ)の侵入(しんにゅう)は防(ふせ)ぎきれん。ここは私が行(い)く。
- 男 ：隊長(たいちょう)自(みずか)ら？でも、その怪我(けが)では、4号機(ごうき)の加速(かそく)に耐(た)えられません。
- 女 ：私が行(い)きます。
- 隊長(男)：あすか！
- 女 ：私なら、4号機(ごうき)を操(あやつ)れます。お願(ねが)いです。行(い)かせてください。
- 隊長(男)：だが、お前(まえ)はまだ訓練中(くんれんちゅう)の身(み)だ。今(いま)は子供(こども)の出(で)る幕(まく)じゃないぞ。
- 女 ：そんなこと言(い)ってる場合(ばあい)じゃない。
- 男 ：おい、あすか、待(ま)て。(4号機(ごうき)発射(はっしゃ)準備(じゅんび)完了(かんりょう)しました)
- 隊長(男)：あすか、頼(たの)んだぞ。

質問 番組(ばんぐみ)の中(なか)では誰(だれ)がどうすることになりましたか。

1. 隊長(たいちょう)が零号機(れいごうき)で行(い)きます。
2. 隊長(たいちょう)が4号機(ごうき)で行(い)きます。
3. 女の人が零号機(れいごうき)で行(い)きます。
4. 女の人が4号機(ごうき)で行(い)きます。

라디오로 드라마를 듣고 있습니다.

- 남 ：대장, 제2차 방위선이 무너졌습니다. 거대 괴수는 곧바로 중앙 관리 시스템을 향하고 있습니다. 이대로는 앞으로 30분도 버틸 수 없습니다.
- 대장(남자)：지금 내보낼 수 있는 모빌 파이터는?
- 남 ：0호기뿐입니다.
- 대장(남자)：어쩔 수 없군. 4호기를 내보낸다.
- 남 ：4호기는 아직 테스트가 완료되지 않았습니다. 게다가 조종 할 수 있는 파일럿이 현재 아무도...
- 대장(남자)：0호기로는 놈의 침입을 끝까지 막아낼 수 없다. 여기는 내가 간다.
- 남 ：대장 스스로? 그렇지만 그 상처로는 4호기의 가속에 견딜 수 없습니다.
- 여 ：제가 갑니다.
- 대장(남자)：아스카!
- 여 ：저라면, 4호기를 조종할 수 있습니다. 부탁드립니다. 가게 해 주세요.
- 대장(남자)：그러나 너는 아직 훈련 중인 몸이다. 지금은 어린애가 나설 때가 아니다.
- 여 ：그런 말을 할 때가 아닙니다!
- 남 ：어이 아스카, 기다려.(4호기 발사 준비 완료했습니다)
- 대장(남자)：아스카, 부탁한다!

질문 프로그램 에서는, 누가 어떻게 하기로 되었습니까?

1. 대장이 0호기로 갑니다.
2. 대장이 4호기로 삽니다.
3. 여자가 0호기로 갑니다.
4. 여자가 4호기로 갑니다.

중요표현

1. 「やむをえん」는 「やむを得(え)ない」의 회화체로 「어쩔 수 없다, 부득이하다」라는 뜻이다.
2. 「동사의 ます형＋きれない」는 「끝까지 ～할 수 없다, 다 ～할 수는 없다」는 표현이다. 「防(ふせ)ぎきれん」은 「防(ふせ)ぎきれない(끝까지 막아낼 수 없다)」의 회화체이다.

문제 4

男(おとこ)の人(ひと)と女(おんな)の人(ひと)がテレビの前(まえ)で話(はな)しています。

ここで臨時(りんじ)ニュースをお伝(つた)えします。ただいま、日本各地(にほんかくち)に未確認(みかくにん)飛行(ひこう)物体(ぶったい)が複数(ふくすう)現(あらわ)れ、政府(せいふ)が非常事態(ひじょうじたい)宣言(せんげん)を発令(はつれい)しました。状況(じょうきょう)が明(あき)らかになるまで外出(がいしゅつ)しないでください。繰(く)り返(かえ)します。ただいま、日本各地(にほんかくち)に…。

男：おい、何(なん)だって？UFOか、どこに来(き)たって？ウハハ、とうとう宇宙人(うちゅうじん)がやってきたのか。どうしよう、おい、逃(に)げるぞ、速(はや)く。

女：やーだ、落(お)ち着(つ)いてよ。やーね、まったく。何勘違(かんちが)いしているの？映画(えいが)よ。え・い・が。

男：え？

質問　女(おんな)の人(ひと)はどうしてあきれましたか。

1. 男(おとこ)の人(ひと)が映画(えいが)の中(なか)のニュースを本当(ほんとう)のことだと思(おも)い込(こ)んだからです。
2. 男(おとこ)の人(ひと)がニュースを聞(き)いて外出(がいしゅつ)をやめたからです。
3. 男(おとこ)の人(ひと)がニュースを聞(き)いて逃(に)げようとしたからです。
4. 男(おとこ)の人(ひと)が本当(ほんとう)のニュースを映画(えいが)だと思(おも)い込(こ)んだからです。

남자와 여자가 텔레비전 앞에서 이야기하고 있습니다.

여기서 임시 뉴스를 전합니다. 지금, 일본 각지에 미확인비행물체가 여러 대 나타나, 정부가 비상사태 선언을 발령했습니다. 상황이 정확하게 밝혀질 때까지 외출하지 말아 주세요. 반복합니다. 지금, 일본 각지에...
남 : 어이, 뭐라는 거야? UFO야? 어디에 왔다는 거야? 으하하, 드디어 우주인이 쳐들어 온 거야? 어떻게 하지. 어이, 도망가자. 빨리.
여 : 뭐야. 진정해. 어휴 정말. 뭘 착각하는 거야? 영화야. 영화.
남 : 어?

질문　여자는 어째서 어이가 없었습니까?

1. 남자가 영화 속의 뉴스를 사실이라고 착각했기 때문입니다.
2. 남자가 뉴스를 듣고 외출을 그만두었기 때문입니다.
3. 남자가 뉴스를 듣고 도망가려고 했기 때문입니다.
4. 남자가 진짜 뉴스를 듣고 영화라고 착각했기 때문입니다.

중요표현

「お+ます형+する」는 자신의 행동을 겸손하게 낮춰서 말하는 겸양표현이다. 伝(つた)える(전하다) → 伝(つた)えます(전하겠습니다) → お伝(つた)えします(전해드리겠습니다)

N1

뉴 일본어 능력시험

Part 14

문자/어휘 chapter 01
3번 문제/유의어(명사, 동사, い형용사, な형용사)
4번 문제/용법(명사, 동사, な형용사)

문법 chapter 02
N1에 나올 수 있는 N2 필수문법패턴1
독해
장문 문제

청해 chapter 03
통합 이해 문제2

chapter 01 문자/어휘

N1 1교시

3번 문제/유의어(명사)

| 勘定 かんじょう 계산 | 気質 きしつ 기질, 성미 | 義務 ぎむ 의무 |
| 計算 けいさん 계산 | 気性 きしょう 기질, 성미 | 本分 ほんぶん 본분, 의무 |

| 効能 こうのう 효능 | こつ 요령 | 先 さき 장래 |
| 効き目 ききめ 효능, 효험 | 要領 ようりょう 요령 | 将来 しょうらい 장래 |

| 償つぐない 보상 | 打ち合わせ うちあわせ 협의 | 人柄 ひとがら 품격, 품위 |
| 補償 ほしょう 보상 | 協議 きょうぎ 협의 | 品格 ひんかく 품격 |

| 弁解 べんかい 변명 | 方法 ほうほう 방법 | 申請 しんせい 신청 |
| 言い訳 いいわけ 변명 | やり方 やりかた 방법 | 申し込み もうしこみ 신청 |

朗報 ろうほう 낭보(기쁜 소식)
嬉しい知らせ うれしいしらせ 기쁜 소식

3번 문제/유의어(동사)

| あざむく 속이다 | 採択する さいたくする 채택하다 | 通る とおる (시험)합격하다 |
| だます 속이다 | 取り上げる とりあげる 채택하다 | 受かる うかる (시험)합격하다 |

| 馴染む なじむ 익숙해지다, 길들다 | 乗り越える のりこえる 뛰어넘다 | 張り合う はりあう 경쟁하다, 겨루다 |
| 慣れる なれる 익숙해지다, 길들다 | 克服する こくふくする 극복하다 | 競争する きょうそうする 경쟁하다 |

3번 문제/유의어(い형용사)

うとましい 싫다	煩わずらわしい 성가시다	情なさけない 한심하다
嫌いやだ 싫다	面倒めんどうくさい 귀찮다, 성가시다	嘆なげかわしい 한심스럽다

尊とうとい 귀중하다, 소중하다	ややこしい 복잡하다	酷むごい 매정하다
大切たいせつだ 귀중하다, 소중하다	複雑ふくざつだ 복잡하다	素そっ気けない 매정하다

荒あらっぽい 난폭하다	
荒々あらあらしい 난폭하다	

3번 문제/유의어(な형용사)

鮮あざやかだ 선명하다	気きがかりだ 마음에 걸리다	健すこやかだ 건강하다
鮮明せんめいだ 선명하다	心配しんぱいだ 걱정스럽다	健康けんこうだ 건강하다

哀あわれだ 불쌍하다	手てごろだ 적합하다	あやふやだ 애매하다
気きの毒どくだ 불쌍하다	相応ふさわしい 적합하다	曖昧あいまいだ 애매하다

4번 문제/용법문제(명사)

一括 いっかつ 일괄	禁物 きんもつ 금물	欠如 けつじょ 결여
交付 こうふ 교부	指図 さしず 지시, 지휘	終日 しゅうじつ 종일
執着 しゅうちゃく 집착	照合 しょうごう 조합, 대조	昇進 しょうしん 승진
心中 しんじゅう 동반자살	折衷 せっちゅう 절충	前途 ぜんと 장래
相応 そうおう 상응, 어울림	単一 たんいつ 단일	中断 ちゅうだん 중단
中毒 ちゅうどく 중독	追及 ついきゅう 추궁	手際 てぎわ 솜씨
手配 てはい 수배	動機 どうき 동기	同調 どうちょう 동조
内緒 ないしょ 비밀	敗北 はいぼく 패배	白状 はくじょう 자백
不満 ふまん 불만	へきえき 질림	没収 ぼっしゅう 몰수
ほとり 근처, 곁	本音 ほんね 본심	満喫 まんきつ 만끽
密集 みっしゅう 밀집	目下 もっか 현재	余地 よち 여지
了承 りょうしょう 승낙, 양해	両立 りょうりつ 양립, 병행	

4번 문제/용법문제(동사)

いじる 취미로 손대다	いたわる 돌보다	おごる 한턱내다
かばう 감싸다, 비호하다	鍛 きたえる 단련하다	けなす 헐뜯다, 비방하다
さぼる 게을리 하다	そらす 돌리다	はかどる 진척되다
つぶやく 중얼거리다	とぐ 갈다	眺 ながめる 바라보다
倣 ならう 모방하다	賑 にぎわう 번화해지다, 번성하다	にじむ 번지다
罵 ののしる 욕설을 하다	発足 ほっそくする 발족하다	率 ひきいる 거느리다, 인솔하다
謙 へりくだる 자기를 낮추다		

4번 문제/용법문제(な형용사)

鮮あざやかだ 선명하다	虚うつろだ 얼빠지다, 공허하다	円滑えんかつだ 원활하다
完璧かんぺきだ 완벽하다	きざだ 아니꼽다	極端きょくたんだ 극단적이다
軽率けいそつだ 경솔하다	高尚こうしょうだ 고상하다	滑稽こっけいだ 익살스럽다
質素しっそだ 검소하다	淑しとやかだ 신속하다, 빠르다	しなやかだ 부드럽다
忠実ちゅうじつだ 충실하다	手頃てごろだ 알맞다, 적합하다	不順ふじゅんだ 불순하다
膨大ぼうだいだ 방대하다	無茶むちゃだ 터무니없다, 도리에 맞지 않다	
やたらだ 함부로 하다, 앞뒤가 맞지 않다		勇敢ゆうかんだ 용감하다
緩ゆるやかだ 완만하다, 느릿하다		容易よういだ 용이하다
冷酷れいこくだ 냉혹하다	冷静れいせいだ 냉정하다	冷淡れいたんだ 냉담하다
露骨ろこつだ 노골적이다		

問題3　＿＿＿＿＿の言葉に意味が最も近いものを、1・2・3・4から一つ選びなさい。

1　この職場にもかなりなじんできた。
　　1　恵まれて　　　2　逆らって　　　3　飽きて　　　4　慣れて

2　あの人たちはいつもお互いに張り合っている。
　　1　競争して　　　2　応援して　　　3　無視して　　　4　尊重して

3　ある日、我が家に朗報が届いた。
　　1　意外な知らせ　2　嬉しい知らせ　3　大切な知らせ　4　珍しい知らせ

4　やっとわずらわしい作業から解放された。
　　1　地味な　　　　2　苦手な　　　　3　面倒な　　　　4　退屈な

5　このマニュアルの説明はややこしい。
　　1　明確だ　　　　2　奇妙だ　　　　3　簡潔だ　　　　4　複雑だ

6　人をあざむいて、利益を得てはいけない。
　　1　くるしませて　2　だまして　　　3　きずつけて　　4　まよわせて

7　貝をゆでると身が奥のほうに入ってしまいますが、ゆで方にこつがあるのでしょうか。
　　1　要領　　　　　2　要望　　　　　3　要旨　　　　　4　要因

8　とりあえず無事に乗り越えることができたようで一安心した。
　　1　乗り替える　　2　克服する　　　3　諦める　　　　4　到着する

9　愛すべき大切な人でありながら、時としてうとましい存在でもある。
　　1　とうとい　　　2　したしい　　　3　いやだ　　　　4　すきだ

10　弁解などするとなおもっと怪しまれる。
　　1　言い返し　　　2　言い訳　　　　3　弁護　　　　　4　弁論

PRACTICE TEST

[11] 洪水で貯水池の堤防が気がかりだ。
1 駄目だ　　2 丈夫だ　　3 安全だ　　4 心配だ

[12] デザインもいいし、値段も手ごろだと思う。
1 適度だ　　2 適応だ　　3 適性だ　　4 適期だ

[13] 借りた車を壊したらつぐないをするのが当然だ。
1 補修　　2 補償　　3 おごり　　4 かえし

問題4　次の言葉の使い方として最もよいものを、1・2・3・4から一つ選びなさい。

[1] 密集
1 この地区は古い住宅が密集している。
2 毎週水曜日に会議のメンバーを密集している。
3 このコンサートには世界中から有名な歌手が密集している。
4 趣味で外国の切手を密集している。

[2] 発足する
1 この出版者は、来月、新しい週刊誌を発足する。
2 この団体は先月発足したばかりです。
3 これから、先日発足した問題について検討します。
4 新技術を発足したおかげで、他社との勝負に勝てた。

[3] にぎわう
1 朝の電車は会社に行くサラリーマンでにぎわっている。
2 この図書館には、いろいろな分野の本がにぎわっている。
3 休みの前の日の夜は、どこのレストランもにぎわっている。
4 都会の真ん中にあるこの公園は、いつも緑でにぎわっている。

4 いたわる
1 政治家は国民の生活をいたわるべきです。
2 山田さんはこれまでの努力をいたわってくれました。
3 母は孫が遊びに来たら、いつもいたわっていました。
4 弱い立場の人をいたわるのは大切なことです。

5 不順
1 今年は天候が不順で野菜が高い。
2 このところ、会社の成長が不順で心配だ。
3 子供たちが不順に並んでいた。
4 不順に練習しても上手にならない。

6 禁物
1 飛行機にうっかり禁物を持ち込もうとして注意された。
2 銃は許可なく持ち歩いてはいけない禁物なものの一つだ。
3 自信があっても油断は禁物です。
4 ここで魚を捕ることは禁物されています。

7 欠如
1 林さんが欠如したので、佐藤さんが試合に出た。
2 中村さんは親としての自覚が欠如している。
3 お金が欠如してきたので、銀行へ行った。
4 いつの間にか本が欠如してしまった。

8 にじむ
1 今日は風邪で鼻がにじんでいます。
2 話しすぎて声がにじんで困った。
3 これはよく味がにじんでおいしいね。
4 水にぬれて字がにじんでしまった。

PRACTICE TEST

9 満喫
1 海外旅行に行って、久しぶりの休暇を満喫した。
2 これらの条件を満喫する人材を探しています。
3 この雑誌には、安いアパートの情報が満喫されている。
4 この音楽を聞くと、気持ちがとても満喫する。

10 そらす
1 木村はちょっと席をそらしております。
2 忙しくて昼ご飯をそらした。
3 彼は都合が悪くなると、いつも話題をそらす。
4 古くなった看板をそらして、新しいのにかえた。

11 高尚
1 この時計はとても高尚だったんです。
2 バイオリンとは高尚な趣味ですね。
3 このあたりは高尚な住宅街だ。
4 彼女の高尚な振る舞いを見習いたい。

12 執着
1 駅に執着したらすぐに連絡してください。
2 船底にたくさんの貝が執着している。
3 彼は勝敗に執着するタイプだ。
4 お気に入りのセーターを毎日執着しています。

13 相応
1 月の引力は地球の6分の1に相応する。
2 この条件に相応する人は少ないだろう。
3 砂糖と相応の醤油を入れてください。
4 会社に貢献した人には相応の待遇を考えるべきだ。

chapter 02 문법/독해

N1 2교시

01 ~あげく(に) ~한 끝에, ~한 결과

さんざん悩(なや)んだあげく~ 몹시 고민한 결과~

02 ~あまり(に) ~한 나머지, 너무~하여

悲(かな)しみのあまり~ 슬픈 나머지~

03 ~以上(いじょう)は ~한 이상(은)

就職(しゅうしょく)した以上(いじょう)~ 취직을 한 이상~

04 ~一方(いっぽう) ~하는 한편, **一方(いっぽう)で** ~하는 한편으로

平日(へいじつ)は忙(いそが)しい一方(いっぽう)、週末(しゅうまつ)は暇(ひま)だ 평일은 바쁜 반면, 주말은 한가하다

05 ~一方(いっぽう)だ (오직) ~하기만 하다, 계속 ~해지다

値上(ねあ)がりする一方(いっぽう)だ 계속 오르기만 한다

06 ~うえに ~인데다가, ~한데다가

顔(かお)がきれいなうえに~ 얼굴이 예쁜데다가~

07 ~上(うえ)で ~한 다음에

意見(いけん)を聞(き)いた上(うえ)で~ 의견을 들은 후에~

08 ~うえは ~한 이상에는

事態(じたい)がこうなったうえは~ 사태가 이렇게 된 이상에는~

문법 필수 문형 – N1에 나올 수 있는 N2필수문법패턴 1

09 ～うちに ~하는 동안에, ～ないうちに ~하기 전에

熱いうちに召し上がってください 뜨거울 때 드세요
雨が降らないうちに早く帰ろう 비가 내리기 전에 빨리 돌아가자

10 ～得(う)る ~할 수 있다, ～得(え)ない ~할 수 없다

考え得る問題点 생각할 수 있는 문제점
失敗するなんてあり得ない 실패하다니 있을 수 없는 일이다

11 의지형+ではないか ~하지 않겠는가? ~하자!

元気を出そうではないか 기운을 내자.

12 ～おかげで ~덕분에, ～おかげだ ~덕분이다

練習したおかげで優勝することができた 연습한 덕분에 우승할 수 있었다

13 ～おきに ~걸러, ~간격으로

この薬は6時間おきに飲んでください 이 약은 6시간 간격으로 드세요

14 ～おそれがある ~할 우려가 있다

誤解されるおそれがある 오해를 살 우려가 있다

15 ～かぎり, ～ないかぎり ~하는 한, ~하지 않는 한

私の知っているかぎり～ 내가 알고 있는 한~
練習しないかぎり～ 연습하지 않는 한~

377

| 16 | ~かけだ, ~かけの ~하는 중이다, ~하다 만 |

飲みかけのコーヒー 마시다만 커피

| 17 | ~がたい ~하기 어렵다 |

信じがたい 믿기 어렵다

| 18 | ~がちだ, ~がちの 자주~하다, 자주~하는 |

彼は短気で怒りがちだ 그는 성격이 급하고 자주 화를 낸다

| 19 | ~(か)と思(おも)うと, ~(か)と思(おも)ったら ~하는 듯싶더니 |

花が咲いたかと思うと、もう散ってしまった 꽃이 피는 듯싶더니 벌써 지고 말았다

| 20 | ~か~ないかのうちに ~하자 곧, ~함과 거의 동시에 |

席につくかつかないかのうちに~ 자리에 앉자마자~

| 21 | ~かねる ~하기 어렵다 |

今すぐには答えかねる 지금 당장은 대답하기 어렵다

| 22 | ~かねない ~하기 쉽다 |

事故になりかねない 사고가 나기 쉽다

| 23 | ~かのようだ (마치) ~인 듯하다 |

まるで台風が来たかのようだ 마치 태풍이 온 듯하다

24 ~から~にかけて ~에서 ~에 걸쳐

東京から千葉にかけて雪が降った 도쿄에서 치바에 걸쳐 눈이 내렸다

25 ~からいうと, ~からいえば, ~からいって ~로 보아(보건데)

私の立場からいうと~ 내 입장에서 보면~

26 ~からして (우선)~부터가

その態度からして気にくわない 그 태도부터가 싫다

27 ~からすると, ~からすれば ~으로 보아

周りの事情からすると、それは真実だろう 주변 사정으로 보아 그것은 진실일 것이다

28 ~からといって ~라고 해서

お金があるからといって、幸せなわけではない 돈이 있다고 해서 행복한 것은 아니다

29 ~から(に)は ~할 바에는, ~한 이상에는

約束したからには、守らなければいけない 약속을 한 이상에는 지키지 않으면 안 된다

30 ~から見(み)ると, ~から見(み)れば, ~から見(み)て ~로 보면

今までの経験から見ると~ 지금까지의 경험에서 보면~

31 ~かわりに ~대신에

コンサートに行くかわりに~ 콘서트에 가는 대신에~

32　～気味(ぎみ) ～기미, ～경향

最近少し疲れ気味だ 최근에 조금 피곤하다

33　～きり, ～きりだ ～한 채, ～한 채다

3年前に家を出たきり、連絡がない。 3년 전에 집을 나간 채 연락이 없다

34　～きる, ～きれる, ～きれない 다～하다, 다～할 수 있다, 다～할 수 없다

面白かったので一晩で、読みきった 재미있었기 때문에 하룻밤에 다 읽었다
ここに100人は入りきれない 여기에 100명은 들어갈 수 없다

35　～くせに ～인 주제에, ～이면서

知っているくせに、知らないふりをする 알고 있는 주제에 모르는 척을 한다

36　～くらい(～ぐらい), ～くらいだ(～ぐらいだ) ～정도, ～정도이다

ひざが痛い。歩くこともできないくらいだ 무릎이 아프다. 걸을 수도 없을 정도이다

37　～げ ～한 듯함, ～스러움

寂しげにベンチに座っていた 쓸쓸하게 벤치에 앉아 있었다

38　～こそ, ～からこそ ～야말로, ～이기 때문에

カナダこそ行きたいところだ 캐나다야말로 가고 싶은 곳이다
あなたが手伝ってくれたからこそ、早く終わった 당신이 도와줬기 때문에 빨리 끝났다

39 ~ことか ~한 것인가!, ~한 것인지!

この日をどんなに待っていたことか 이날을 얼마나 기다렸던가!

40 ~ことから ~로 인해, ~이 원인이 되어

あまりにも頭を使いすぎたことから~ 너무나 머리를 많이 사용했기 때문에~

41 ~ことだから ~이니까

親切な山田さんのことだから、手伝ってくれるだろう 친절한 야마다씨니까 도와줄 것이다

42 ~ことなく ~하지 않고, ~하는 일 없이

休むことなく勉強しつづけた 쉬지 않고 공부를 계속했다

43 ~ことに ~하게도

驚いたことに~ 놀랍게도~

44 ~ことになっている ~하게(하기로) 되어 있다

ゴミは日曜日に捨てることになっている 쓰레기는 일요일에 버리기로 되어 있다

45 ~ことはない 할 필요는 없다

緊張することはない 긴장할 필요는 없다

46 ~際(さい), ~際(さい)に, ~際(さい)は ~때, ~때에, ~때는

非常の際は、この階段を使って~ 비상시에는 이 계단을 이용해~

381

47 ～最中(さいちゅう)に, ～最中(さいちゅう)だ 한창~하고 있는 중에, 한창 ~하고 있는 중이다

試合の最中に、雨が降ってきた 한창 시합 중에 비가 내리기 시작했다
その問題は、今検討している最中だ 그 문제는 지금 한창 검토하고 있는 중이다

48 ～さえ, ～でさえ ~조차, ~마저

病気で水さえも飲むことができない 병으로 물조차도 마실 수 없다

49 ～さえ～ば ~만 하면

静かでさえあれば、家賃は高くてもいい 조용하기만 하면 집세는 비싸도 좋다
薬を飲みさえすれば、すぐ治る 약을 마시기만 하면 금방 낫는다

50 ～ざるを得(え)ない ~하지 않을 수 없다

規則だから、守らざるを得ない 규칙이므로 지킬 수밖에 없다.

51 ～しかない ~하는 수밖에 없다

電車がないので、歩いて行くしかない 전철이 없으므로 걸어서 갈 수밖에 없다

52 次第(しだい) ~하는 대로, ~하는 즉시

駅に着き次第~ 역에 도착하는 대로~

53 ～次第(しだい)だ, ～次第(しだい)で(は) ~여하에 달렸다, ~여하에 따라서(는)

合格できるかどうかは努力次第だ 합격할지 어떨지는 노력여하에 달렸다
その日の天気次第で~ 그날의 날씨여하에 따라서~

54　~上(じょう)　~상

教育上良くない 교육상 좋지 않다

55　~末(すえ), ~末(すえ)に　~끝에

いろいろ考えた末に、諦めることにした 여러 가지로 생각한 끝에 포기하기로 했다

56　~ずにはいられない, ~ないではいられない　~하지 않을 수 없다

笑わずにはいられなかった ＝ 笑わないではいられなかった 웃지 않을 수 없었다
感動せずにはいられない ＝ 感動しないではいられない 감동받지 않을 수 없다

57　~せいだ, ~せいで, ~せいか　~탓이다, ~탓으로, ~탓인지

騒音のせいで眠れない 소음 탓으로 잠들 수 없다
風邪のせいか食欲がない 감기 탓인지 식욕이 없다

58　~だけあって, ~だけに　~인 만큼

さすが専門家だけあって、その分野に詳しい 역시 전문가인 만큼 그 분야에 정통하다
中国で勉強しただけに、中国語の発音がきれいだ 중국에서 공부를 한 만큼 중국어 발음이 좋다

59　たとえ~ても　설령~일지라도, 비록~하여도

たとえ手術を受けても~ 비록 수술을 받는나하여도~

60　~(た)ところ　~했더니

書いてある通りにやってみたところ、うまくいった 쓰여 있는 대로 해봤더니 잘 되었다

61 ~(た)とたん(に) ~한 순간, ~하자마자

ドアを開けたとたん、犬が飛び込んできた 문을 열자마자 개가 튀어나왔다

62 ~たび(に) ~할 때마다

病院へ行くたびにいつも待たされる 병원에 갈 때마다 늘 기다린다
出張のたびに、お土産を買ってくる 출장 갈 때 마다 선물을 사온다

63 ~だらけ ~투성이

にきびだらけだ 여드름투성이다
欠陥だらけだ 결함투성이다

64 ~ついでに ~하는 김에

銀行へ行くついでに、郵便局に寄った 은행에 가는 김에 우체국에 들렀다

65 ~っけ ~였지? ~던가?

名前は何だったっけ 이름은 뭐였지?

66 ~っこない ~할 리가 없다

宝くじなんて当たりっこない 복권 따위 당첨될 리 없다

67 ~つつ, ~つつも ~하면서, ~하면서도

会社に勤めつつ大学院に通っている 회사에 근무하면서 대학원에 다니고 있다.
悪いと知りつつも、飲みすぎてしまう 나쁘다는 것을 알면서도 과음해 버린다

68　～つつある　~하고 있는 중이다

人口（じんこう）が増加（ぞうか）しつつある　인구가 증가하고 있는 중이다

69　～っぽい　~의 경향이 강하다

子どもっぽい　아이 같다　　怒（おこ）りっぽい　화를 잘 내다

70　～つもりで　~한 셈치고

運動したつもりで、歩いて行った　운동한 셈치고 걸어갔다

71　～て以来(いらい)　~한 이래

会社に入って以来～　회사에 입사한 이래로~

72　～てからでないと, ～てからでなければ　~한 뒤가 아니면

上司（じょうし）に聞いてからでないと～　상사에게 물어본 뒤가 아니면~

73　～てしょうがない, ～てしかたがない　~해서 견딜 수가 없다, 몹시~하다

眠くてしょうがない　졸려서 견딜 수가 없다
腹（はら）が立（た）ってしかたがない　화가 나서 참을 수 없다

74　～てたまらない　~해서 견딜 수가 없다, 몹시~하다

寂しくてたまらない　외로워서 견딜 수가 없다

75　～てならない　~해서 견딜 수가 없다, 몹시~하다

不思議（ふしぎ）に思えてならない　이상하게 생각되어 견딜 수 없다

| 76 | ~てばかりいる ~하고만 있다 |

一日中遊んでばかりいる 하루 종일 놀고만 있다

| 77 | ~てばかりはいられない ~하고만 있을 수 없다 |

喜んでばかりはいられない 기뻐하고만 있을 수 없다

| 78 | ~てはじめて ~서야 비로소 |

病気になってはじめて、健康の大切さに気づいた 병이 나고 나서야 비로소 건강의 소중함을 깨달았다

| 79 | ~ということだ ~라고 한다, ~라고 듣다 |

木村さんは留学するということだ 키무라씨는 유학을 간다고 한다

| 80 | ~というと(~といえば), ~といったら ~라면, ~라고 하면 |

北京というと、万里の長城が心に浮かぶ 북경이라고 하면 만리장성이 생각난다
彼女の美しさといったら、言葉では表現できないほどである
그녀의 아름다움으로 말할 것 같으면 말로는 표현할 수 없을 정도이다

| 81 | ~というものだ ~라는 것이다 |

これは無責任というものだ 이것은 무책임이라는 것이다

| 82 | ~というものではない (반드시) ~라는 것은 아니다 |

安ければ売れるというものではない 싸다고 팔리는 것은 아니다

83 ～というより ~라기 보다

喫茶店というより食堂に近い 커피숍이라기보다 식당에 가깝다

84 ～といっても ~라고 해도

車を買ったといっても、中古車だ 차를 샀다고 해도 중고차다

85 ～とおり, ～とおりに, ～どおりに ~대로

結果は予想のとおりだった 결과는 예상대로였다
自分の思いどおりに~ 자신의 생각대로~

86 ～とか ~라던데

木村さんが交通事故にあったとか 키무라씨가 교통사고가 났다던데

87 ～ところをみると ~하는 것을 보면

あんなに喜んでいるところをみると~ 저렇게 기뻐하고 있는 것을 보면~

88 ～どころか ~는커녕(고사하고)

一万円どころか、百円も持っていない 만 엔은커녕 백 엔도 가지고 있지 않다

89 ～どころではない, ～どころではなく ~할 상황이 아니다, ~는커녕

来週試験だから、遊ぶどころではない 다음 주 시험이라서 놀 상황이 아니다

90 ～ところに, ～ところを ~하는 참에, ~인중에

寝ようとしたところに、友達が遊びにきた 자려고 하는 참에 친구가 놀러왔다
お忙しいところを来てくださって~ 바쁘신 중에 와주셔서~

91 〜としたら, 〜とすれば 〜라고 한다면

新婚旅行に行くとしたら〜 신혼여행을 간다고 한다면~

92 〜として, 〜としても 〜로서, 〜라고 해도

秘書として働いている 비서로서 일하고 있다

結婚できるとしても、1.2年後になるだろう 결혼할 수 있다고 해도 1,2년 후가 될 것이다

93 〜とともに 〜함께, 〜더불어

生産技術の進歩とともに〜 생산기술의 진보와 더불어~

94 〜とはかぎらない 〜하다고는 할 수 없다

酒が好きな人が必ずしも酒に強いとはかぎらない 술을 좋아하는 사람이 반드시 술이 세다고는 할 수 없다

95 〜ないことには 〜하지 않고서는

努力しないことには、成功するはずがない 노력하지 않고서는 성공할리가 없다

96 〜ないことはない 〜하지 않는 것은 아니다

自分で料理しないことはないが〜 스스로 요리를 하지 않는 것은 아니나~

97 〜ながら 〜면서도

製品の欠陥を知りながら販売を続けていた 제품의 결함을 알면서도 판매를 계속 했었다

98　～なければならない, ～なくてはならない ～하지 않으면 안 된다, ～해야 한다

図書館に本を返さなければならない 도서관에 책을 반납하지 않으면 안 된다
この仕事を今日中に終わらせなくてはならない 이 일을 오늘 중으로 끝내야한다

99　～など, ～なんか, ～なんて ～따위, ～같은 것, ～라니(～하다니)

これなどいかがですか 이런 것은 어떠십니까?
お金なんかは要らない 돈 같은 것은 필요 없다
就職活動なんてやりたくない 취업활동 따위 하고 싶지 않다

100　～にあたって, ～にあたり ～할 때에, ～에 즈음해서

当サイトのご利用にあたっては、以下の事項をお守りください
당 사이트를 이용하실 때에는 이하의 사항을 지켜주세요
新年を迎えるにあたり、一言ご挨拶を申し上げます 새해를 맞이하여 한 말씀 올리겠습니다

1. 親にさんざん迷惑をかけ(　　　)、飛び降り自殺してしまった彼の人生は一体なんだったんだろう。
   1. たので　　　　2. たからは　　　　3. たあげく　　　　4. たはずで

2. 彼は苦しさの(　　　)、自殺すら考えた。
   1. くせで　　　　2. おかげで　　　　3. あまり　　　　4. そばから

3. 息子はほとんど家にいない。帰ってきた(　　　)、またすぐ出かけてしまう。
   1. かと思うと　　2. ばかりに　　　　3. やいなや　　　　4. なり

4. 展覧会が中止になった(　　　)、今後の対策を至急考えなければならない。
   1. 一方で　　　　2. うえは　　　　3. あげくに　　　　4. としても

5. 頑張って駄目だったのならあきらめるが、電車の事故で試験が受けられなかったなんて、あきらめようにも(　　　)。
   1. あきらめかねない　　　　　　　2. あきらめられる
   3. あきらめきれない　　　　　　　4. あきらめるほかない

6. 大学進学を決めた(　　　)、合格するべく頑張らなければならない。
   1. 次第　　　　2. もので　　　　3. ことから　　　　4. 以上

7. 私だけが悪いのではないのに、みんなが私一人が悪いと言ったので、悔しく(　　　)。
   1. てならない　　2. てなるべきだ　　3. てならなくない　　4. てなればいい

8. 申し訳ございません。当社の責任ですから、でき(　　　)のことはさせていただきます。
   1. うるかぎり　　2. えるかぎり　　　3. ないかぎり　　　4. えないかぎり

9. 病院長は暗く(　　　)病院の待合室に、季節の花をかざることにした。
   1. なりそうな　　2. なっている　　　3. なりかけた　　　4. なりがちな

N1에 나올 수 있는 N2 필수문법패턴 종합문제 PRACTICE TEST

[10] タバコは1本でも有害ですが、お酒は飲みすぎ(　　　)しなければ、それほど害にはなりません。
1　こそ　　　　2　だけ　　　　3　のみ　　　　4　さえ

[11] 緊急に呼び出され、せっかくの妻の料理も(　　　)、あわてて家を出てきた。
1　食べついでに　2　食べながら　3　食べていて　4　食べかけで

[12] このホテルは高い(　　　)、部屋もサービスも素晴らしいですね。
1　とすれば　　2　というのは　　3　だけあって　　4　わりには

[13] 会社を首になり、不況で次の仕事もみつからず、親からの借金は増える(　　　)。
1　一方だ　　　2　ましだ　　　3　片方だ　　　4　両方だ

[14] こんなにいい天気が続くと、(　　　)水不足になる恐れがある。
1　大雨が降るか降らないかのうちに　　2　大雨が降ったきり
3　大雨でも降らない限り　　　　　　4　大雨が降る限り

[15] 4月下旬から5月上旬(　　　)花見を楽しむ人が多い。
1　において　　2　にとって　　3　にかけて　　4　によって

[16] そもそもこの情報が、責任者である木村さんに伝わっていないこと(　　　)おかしいと思います。
1　からで　　　2　からして　　3　からまで　　4　からには

[17] いくら言葉で説明されても、実際にやってみないことには(　　　)。
1　わかりかねない　　　　　　2　わかりそうだ
3　わかりそうもない　　　　　4　わかるはずだ

[18] あんな気の弱い男に強盗なんて、(　　　)。
1　できっこない　　　　　　　2　できないこともない
3　できないわけがない　　　　4　できないまでのことだ

19 お世話になった先生に頼まれた(　　　)、断るわけにはいかない。
　1　からには　　　2　からでは　　　3　までには　　　4　まででは

20 孫たちが帰っ(　　　)、部屋の中は静かになった。
　1　たなり　　　2　たとたん　　　3　やいなや　　　4　とおもいきや

21 これは初心者がよく犯し(　　　)な間違いです。気をつけてください。
　1　がち　　　2　やすい　　　3　たがり　　　4　気味

22 親友と呼べる人に出会うためには、時に運も必要だ。親友に(　　　)人でも、タイミングが悪ければ、互いに理解し合えないで別れてしまうこともある。
　1　なりがたい　　　2　なりかねる　　　3　なり得る　　　4　なるばかりの

23 「女の(　　　)タバコなんか吸うな」なんて言われたら、かえって吸いたくなる。
　1　くせに　　　2　せいで　　　3　ためには　　　4　ゆえに

24 もう腹がたって、腹がたって、八つ裂きにしてもたりない(　　　)。
　1　ほうだ　　　2　ぐらいだ　　　3　ことだ　　　4　すぎる

25 何もおっしゃらないでください。私なりによく考えた(　　　)出した結果なのです。
　1　わけで　　　2　すえに　　　3　かぎり　　　4　さいご

26 新しい地震情報が入り(　　　)、臨時ニュースをお送りします。
　1　やいなや　　　2　とたんに　　　3　次第　　　4　が早いか

27 あの博士の言葉は若い人々の心にいつまでも(　　　)、希望の灯をともしつづけた。
　1　消えるまで　　　2　消えても　　　3　消えなくて　　　4　消えることなく

28 その男は、部屋に一つでもゴミが落ちていようものなら、(　　　)。
　1　全く気にしなかった　　　2　気付かなかっただろう
　3　掃除をせずにはいられない　　　4　掃除せざるを得ない

PRACTICE TEST

29 発車（　　　）少々ゆれますので、ご注意ください。
1 の際　　　　2 のおきに　　　　3 のころ　　　　4 の末

30 彼はかっとなりやすい。特に酒を飲んで怒ったときには人殺しだって（　　　）。
1 やりえない　　2 やりかねない　　3 やりかねる　　4 やるに相違ない

31 働く女性が増え、労働時間も多様化しているのに、保育施設などの行政の対応は立ち遅れていると（　　　）。
1 言わざるを得ない　　　　　　2 言えなくもない
3 言うべきではない　　　　　　4 言いかねない

32 相手先の返事（　　　）、この取り引きはだめになるかもしれない。
1 間際で　　　　2 からして　　　　3 によりて　　　　4 次第で

33 こんな時間になっても帰らないでいたら、心配症の母の（　　　）、きっと門を出たり入ったりしているだろう。
1 ものだから　　2 はずだから　　3 わけだから　　4 ことだから

34 色々と迷った（　　　）、就職しないで留学することを決意した。
1 が最後　　　　2 反面　　　　3 ところ　　　　4 末に

35 彼が自分でやると言ったのだから、忙しいあなたが何も手伝う（　　　）。
1 ことだ　　　　2 ことはない　　　　3 ことにした　　　　4 こともある

36 4月に入学し（　　　）、1日も休んだことのないAさんが1週間も顔を見せない。
1 て以外　　　　2 て以内　　　　3 て以上　　　　4 て以来

37 この筆跡（　　　）、本人は意思の強い者と思われる。
1 から決めて　　2 から見ると　　3 から思って　　4 から書いて

38 観光客が帰った後の行楽地は、いつもゴミと空き缶（　　　）だ。
1 だけ　　　　2 まみれ　　　　3 ずくめ　　　　4 だらけ

39 いくらお金が欲しい（　　　）、そんなに無理して働いたら病気になってしまいますよ。
1　からといって　　2　からこそ　　3　というから　　4　のだから

40 こんなことを言えば彼女を傷つけることになると知り（　　　）、言わざるをえなかった。
1　かねて　　2　つつも　　3　かけて　　4　すぎて

41 政府から大量の米が被災地に届けられた。（　　　）一人あたりでは、茶碗1杯にすぎない。
1　というのに　　2　といっても　　3　というのは　　4　というより

42 幼い子どもを誘拐して殺すなんて、許し（　　　）ことだ。
1　にくい　　2　まじき　　3　がたい　　4　かねない

43 マスコミに知られた（　　　）、もう公表するしかありません。
1　上は　　2　ためには　　3　後で　　4　からこそ

44 9月から、私鉄、地下鉄の運賃が値上げされる（　　　）。
1　っこない　　2　ということだ　　3　がちだ　　4　つつある

45 洋服は組み合わせのきくものを持つのが賢明だ。たくさんあればいい、（　　　）。
1　というものだ　　2　といってもいい
3　というはずではない　　4　というものでもない

46 祖父母から孫まで三世代が同居、女性が家庭で家事、育児をやるという生活様式は、次第に過去のものに（　　　）。
1　なりつつある　　2　なる一方だ
3　なるのみだ　　4　なったわけではない

PRACTICE TEST

47 この薬をぬったら、にきびが治るどころか(　　　)。
　1　はたしてきれいに治ってしまった　　2　すぐよくなるだろう
　3　ますますひどくなった　　　　　　　4　あまり効き目はない

48 外国に住む(　　　)、たとえばどこに行きたいですか。
　1　といっても　　2　とあれば　　3　としたら　　4　とはいえ

49 このレストランは主人が肉屋も経営している(　　　)肉料理がおいしいと評判だ。
　1　だけあって　　2　つつも　　3　たびに　　4　かわりに

50 新校舎の完成は大幅に遅れているらしい。現状(　　　)あと1カ月はかかりそうだ。
　1　からすると　　2　までしても　　3　とともに　　4　によって

問題4　次の文章を読んで、後の問に対する答えとして、最もよいものを1・2・3・4から一つ選びなさい。

〔A〕「近ごろの母親」冬場の小児科医院は忙しい。（中略）　こどもの受診に付き添うのはお母さんと決まっているようだが、東京・世田谷で長年開業している小児科医のM先生は①「近ごろの若いお母さんには、まいります」ともらす。忙中閑ありの宵、お酒をくみかわしながらうかがった診療場面での最近母親事情は-----。
〈第一場〉②自分中心の母。「先生、この子、お薬ではだめなんです」「どうして?」「一発で治していただきたいんです。注射で」「‥‥‥」「だって、私、仕事が忙しいんですから」仕事を振りかざす母親に、M先生は言葉を失う。〈第二場〉③泣き虫の母。一カ月と置かずに幼児を無料検診に連れてくるお母さんがいた。M先生が「異状はありませんから、もう少し間を置いて来られたらどうですか」とさとした。たちまち、お母さんの目から涙があふれた。M先生は、少し言葉がきつかったかと、どぎまぎ。「この人は、しかられるということがなかったのか」と考え込む。〈第三場〉〇×式の母。「熱はどうですか」「あります」「きのうは?」「ありました」「どのくらい?」　この調子で、聞いたことしか答えない。国会の証人喚問ではあるまいし。〇×教育の後遺症だろうかと思ったりする。
（中略）
　優しい先生を困らせるとは、悪いお母さんたちだ。〔B〕「父親はどこに」「近ごろの母親」から、たちまち逆襲の便りが殺到した。先週、この欄で書いたのは、小児科医院での応答の一幕。「このような話を見聞きするたびに、ふしぎに思うのは『近ごろの父親』のことです。こういう場面には、どうしてお父さんが登場しないのでしょうね」（東京の女性から）この問いかけが大方の声を代表している。恥ずかしながら私自身も、こどもの受診につきあったのは数えるほどもない。小児科や老人科には、社会のひずみと矛盾が凝縮しているのだろう。お父さんの姿が見えない舞台で展開される悲喜劇を描いたつもりだったが、ここはやはり④舞台裏ものぞかなければなるまい。お母さんたちの便りから、こんな状況が浮かぶ。〈第一場〉冷たい父親。「あなた、たまには、お医者さんに連れていってよ」「こどもが熱を出したくらいで、男が仕事休んじゃ笑われるよ。医者の顔も知らないし」「私だって、会社にそう迷惑はかけられないのよ」というわけで、母親は焦って注射を求めたのかもしれない。〈第二場〉寂しい母親。こどもの具合が悪いと、お母さんは心配で仕方がないが、親身の相談相手がない。「なんでもないですよ」といってもらいたくて小児科を訪れる。涙は、医者にまで冷たくされた寂しさからか、声をかけてもらったうれしさの余りだったのか。〈第三場〉こわい医者。　お医者さんはいつも忙しそうで、こわい存在だ。それが、つっけんどんな〇×式応答を生む

背景になる。「父親不在で、家に閉じこもる母親を考えると、こんな応対はふしぎではない」という意見もあった。まだ数は少ないが、ひと昔前に比べて、小児科を訪れる父親は増えているそうだ。それは、ふだんからおむつの世話などをしていたお父さんだ。⑤「近ごろの父親」のコラムが書けるような変化を期待したい。それにしても、優しいお母さんを困らせるとは、悪いお父さんでした。私も含めて。

（付朝日新聞夕刊「窓」による）

---

1 M先生が①「近ごろの若いお母さんには、まいります」といった理由として考えられるのは、次のうちのどれか。
   1 医者を困らせようと考えて来る若い母親が増えたこと
   2 医者と必要なやりとりができない若い母親が増えたこと
   3 昔に比べてM先生のところに来る若い母親が増えたこと
   4 子育ての方法を教えてもらいに来る若い母親が増えたこと

2 ②「自分中心の母」とは、この場合どんな母のことか。
   1 こどものことより、自分の仕事を優先させて考える母
   2 医者は患者の言うとおりに治療すべきだと思っている母
   3 医者より医学的知識をたくさん持っていると思っている母
   4 自分自身が薬がきらいなので、こどももそうだと考えている母

3 ③「泣き虫の母」が泣き虫になった原因を筆者はどう考えているか。
   1 医者にいじめられるから
   2 こどもがよく病気をするから
   3 子育ての相談相手がいないから
   4 こどもの頃、しかられたことがなかったから

4 ④「舞台裏」とは、この場合何のことか。
   1 筆者がおかれた状況
   2 医者がおかれた状況
   3 母親がおかれた状況
   4 こどもがおかれた状況

5 ⑤「近ごろの父親」のコラムが書けるような変化として考えられる変化はどんな変化か。

　　1　M先生に病気をみてもらう父親が増えること
　　2　新聞のコラムを読んで投書をする父親が増えること
　　3　父親が登場する場面の多いドラマの上演が増えること
　　4　母親と同じようにこどもの世話をする父親が増えること

6 問6は〔A〕〔B〕両方を読んで答えなさい。自分中心の母が自分中心的になった原因を筆者はどう考えているか。

　　1　夫が不在で寂しいから
　　2　子供がきらいだから
　　3　医者に冷たくされたから
　　4　夫の協力が得られないから

PRACTICE TEST

問題5　次の文章を読んで、後の問に対する答えとして、最もよいものを1・2・3・4から一つ選びなさい。

　わたしももう48歳で「お若いですね」とお世辞を言われるような年頃になった。もちろん、そのようなお世辞はたいてい聞き流すが、ときには「若くないよ。昔なら人生50年、もうすぐ終わりだ」と①言い返すこともある。そのようなことを言われはじめるのは、人々にわたしが老人と見られはじめたということに過ぎないからである。

　それは、自分が自分を見る場合にも言えることで、「自分は（　②　）」と思いはじめたら、それは（　③　）しるしなのである。実際は、若い人は「自分はまだ若い」なんて思っていないし、むしろ(注1)「もう歳だ」というようなことを言いたがる。それが老いはじめると「自分は若い」と言い出すわけで、たいていの老人は自分は実際の年齢より若く見えるし、例え若く見えなくても本当は精神的にも肉体的にも若いと信じている。自分は実際の年齢よりも老けていると思っている老人にお目にかかったことはまだない。

　たしかに老化の進み具合は人によって異なり、年齢の進み具合と必ずしも一致しないが、殆どの老人が実際の年齢より若いということは論理的におかしな話で、それなら、実際の年齢どおりに老けている老人のほうが例外だということになってしまう。④そんな馬鹿なことはない。老人がそう思っているのが希望的観測に過ぎないことは明らかで、自分の状態よりさらに老けている状態を勝手に「年齢相応」と決め込み、それと自分を比較しているに過ぎない。

　つまり、老人になればなるほど自分は若いと思いたがるわけで、したがってこのことから当人の老化の程度を判定できるのではないかと私は考えている。かりに(注2)老化指数という言葉を使えば、老化指数）＝(注3)（暦年齢）－（当人が思っている年齢）という方程式が成り立つ。たとえば15歳の人が自分はもう一人前のおとなで、二十歳で通ると思っていれば老化指数はマイナス5、二十歳の人が自分は二十歳程度と思っていれば老化指数は0、40歳の人が35歳程度と思っていれば5、60歳の人が50歳程度だと思っていれば10である。ここに自分は50歳と変わらないと思っている70歳の人と、自分は60歳ぐらいには見えると思っている同じく70歳の人がいれば、老化指数は前者が（　⑤　）、後者が（　⑥　）で、前者のほうが二倍もより老化しているわけである。「近頃の若者は」なんて言うと老いた証拠と笑われるかもしれないが、⑦近頃の若者には、はたちを過ぎたばかりなのにもう(注4)「おじん」または(注5)「おばん」になったと嘆き、10代に見られたがる者がいるが、22歳の者が自分は18歳に見えると思っているとすれば老化指数は20代にして既に4である。近頃、そういう若者が多いということは、一方では若者の幼児化が言われてはいるが、他方では早くから精神的に老け込んでいる証拠ではなかろうか。

(岸田秀「不惑の雑考」による)

(注1)「もう歳だ」:「もう老人だ」
(注2)老化指数：老化の程度を示す数字
(注3)暦年齢：実際の年齢
(注4)おじん：おじさん
(注5)おばん：おばさん

1　①「言い返すこともある」とあるが、なぜだと考えられるか。
　　1　お世辞を言われるような年頃になったから
　　2　自分の人生はもうすぐ終わりだと考えたから
　　3　老人と見られはじめたから
　　4　お世辞を聞き流すのは相手に失礼だと思ったから

2　（②）と（③）に入る組み合わせとして、最も適当なものを選びなさい。
　　1　②もう歳だ③若い
　　2　②もう歳だ③老人になった
　　3　②まだ若い③若い
　　4　②まだ若い③老人になった

3　④「そんな馬鹿なこと」とは、どのようなことか。
　　1　老化の進み具合は人によって異なること
　　2　精神的にも肉体的にも自分は若いと信じていること
　　3　実際の年齢通りに老けている老人が例外になること
　　4　年をとると、「若いですね」とお世辞を言われること

PRACTICE TEST

4 ⑤と⑥に入る組み合わせとして、最も適当なものを選びなさい。

1　⑤　5　　⑥　10
2　⑤　10　⑥　5
3　⑤　10　⑥　20
4　⑤　20　⑥　10

5 「老化指数」によると、次のうち最も老化していると言えるのはどれか。

1　自分が20歳だと思っている30歳
2　自分が35歳だと思っている40歳
3　自分が40歳だと思っている30歳
4　自分が45歳だと思っている40歳

6 ⑦「近頃の若者」について、筆者が最も指摘したかったことは何か。

1　精神的に幼児化している
2　精神的に老けこんでいる
3　若く見えるようになった
4　老けて見えるようになった

chapter 03 청해

N1 3교시

통합 이해 문제 2

N1 청해 문제 5는 통합 이해 문제이다. 통합 이해 문제는 긴 텍스트를 듣고 복수의 정보를 비교 종합하면서 내용을 얼마나 이해했는지를 종합적으로 판단하는 문제이다.

대화를 잘 듣고 맞는 답을 하나 고르시오.

1ばん

①

②

③

④

えなどは　ありません。

2ばん

①

②

③

④

えなどは　ありません。

PRACTICE TEST

3ばん

①

②

③

④

えなどは ありません。

4ばん－1

① ②

③ ④

4ばん－2

① ②

③ ④

えなどは ありません。

스크립트

문제 1

インタビューを聞(き)いてください。

女：長(なが)い役者(やくしゃ)生活(せいかつ)、大変(たいへん)なこともたくさんおありだったんでしょうね。
男：ええ、まあ。
女：いつも明(あか)るくて、それが人気(にんき)の秘密(ひみつ)ですよね。
男：まあ、人を笑(わら)わせるのも商売(しょうばい)の一(ひと)つですから。
女：ところで、役作(やくづく)りのために日頃(ひごろ)どのようなことをされているんですか。
男：そうですねえ。いろいろな人(ひと)を観察(かんさつ)します。
女：お友達(ともだち)も大勢(おおぜい)いらっしゃるでしょうから、観察(かんさつ)する人(ひと)には困(こま)らないでしょうね。
男：ええ、そうでもないんです。友達(ともだち)はみんな同(おな)じような人間(にんげん)が集(あつ)まっていますから。
女：では…
男：え、変装(へんそう)して街(まち)に出(で)るんです。
女：ええ？変装(へんそう)？
男：テレビなんかでぼくの顔(かお)を知(し)っている人(ひと)が多(おお)いでしょうから、かつらをつけたり、ひげをつけたりして街(まち)に出(で)ていろいろな人(ひと)と接(せっ)するんです。
女：接(せっ)する？
男：悩(なや)みを聞(き)いたり、夢(ゆめ)を語(かた)ってもらったり。
女：へえー、人(ひと)の苦労(くろう)を自分(じぶん)の経験(けいけん)にしてしまうんですね。
男：それほどのものではありませんが、しかし、役(やく)のイメージができることが多(おお)いですねえ。

質問　男(おとこ)の俳優(はいゆう)はいい俳優(はいゆう)になるためにどんなことをしていますか。

1. ひげやかつらをつけて変装(へんそう)の練習(れんしゅう)をしています。
2. 友達(ともだち)のすることをよく観察(かんさつ)しています。
3. 街(まち)に出(で)ていろいろな人(ひと)の話(はなし)を聞(き)いています
4. なるべくたくさんの苦労(くろう)をするようにしています。

인터뷰를 들어 주세요.

여 : 긴 배우 생활, 힘든 일도 많이 있으셨겠네요.
남 : 예, 뭐.
여 : 언제나 밝으시고, 그것이 인기의 비밀이군요.
남 : 뭐, 사람들을 웃게 만드는 것도 일의 일종이기 때문에.
여 : 그런데, 역할 연구를 위해서 평소 어떤 것을 하시고 계십니까?
남 : 글쎄요. 여러 사람들을 관찰합니다.
여 : 친구 분들도 여럿 계시기 때문에, 관찰할 사람이 없어 곤란하지는 않겠어요.
남 : 아, 그렇지도 않습니다. 친구는 모두 비슷한 사람들이 모여 있으니까.
여 : 그러면…
남 : 네, 변장하고 거리로 나갑니다.
여 : 예? 변장?
남 : TV 등으로 제 얼굴을 알고 있는 사람들이 많을 테니까, 가발을 쓰거나, 수염을 붙이거나 해서 거리에 나가 여러 사람들을 접합니다.
여 : 접한다?
남 : 고민을 듣거나 꿈 이야기를 들어 주거나.
여 : 오~. 사람들의 고생을 자신의 경험으로 만들어 버리시는군요.
남 : 그 정도는 아닙니다만, 그러나 역할의 이미지가 잡히는 경우가 많아요.

질문　남자 배우는 좋은 배우가 되기 위해서 어떤 일을 하고 있습니까?

1. 수염이나 가발을 붙여 변장 연습을 하고 있습니다.
2. 친구가 하는 것을 자주 관찰하고 있습니다.
3. 거리에 나가 여러 사람의 이야기를 듣고 있습니다.
4. 가능한 한 많은 고생을 하도록 하고 있습니다.

중요표현

일반적으로 수동형이 경어의 기능도 가지고 있다. 「行(い)く(가다) → 行(い)かれる(가시다)」「食(た)べる(먹다) → 食(た)べられる(드시다)」「する(하다) → される(하시다)」「来(く)る(오다) → 来(こ)られる(오시다)」

문제 2

男(おとこ)の人(ひと)と女(おんな)の人(ひと)が話(はな)しています。

女：このお菓子(かし)どうしたの？
男：この間(あいだ)、突然(とつぜん)雨(あめ)が降(ふ)ったとき、田中(たなか)先生(せんせい)に傘(かさ)をお貸(か)ししたら、お礼(れい)にくださったんだ。
女：へえ、よかったね。
男：うん。先週(せんしゅう)、京都(きょうと)で国際(こくさい)会議(かいぎ)があったとき、買(か)ったお土産(みやげ)だって。
女：へえ？何の会議(かいぎ)？
男：ほら、これだよ、世界(せかい)環境(かんきょう)会議(かいぎ)。この資料(しりょう)も貸(か)してくださったし、参考書(さんこうしょ)も貸(か)してくださったんだ。

質問　男(おとこ)の人(ひと)が先生(せんせい)に貸(か)したものは何ですか。男(おとこ)の人(ひと)が先生(せんせい)に貸(か)したものです。

1. お菓子(かし)です。
2. 資料(しりょう)です。
3. 参考書(さんこうしょ)です。
4. 傘(かさ)です。

남자와 여자가 이야기하고 있습니다.

여 : 이 과자 뭐니?
남 : 요전에 갑자기 비가 내렸을 때, 타나카 선생님에게 우산을 빌려 드렸더니 답례로 주셨어.
여 : 와~, 잘됐네.
남 : 응. 지난 주 교토에서 국제회의가 있었을 때, 사신 선물이래.
여 : 엇? 무슨 회의?
남 : 자, 이거야, 세계 환경회의. 이 자료도 빌려 주셨고, 참고서도 빌려주셨어.

질문　남자가 선생님에게 빌려 준 것은 무엇입니까?

1. 과자입니다.
2. 자료입니다.
3. 참고서입니다.
4. 우산입니다.

> **중요표현**
> 「お+ます형+する」는 자신의 행동을 겸손하게 낮춰서 말하는 겸양표현이다. 貸(か)す(빌려주다) → お貸(か)しする(빌려드리다) 그리고 「~てくださる」는 「윗사람이~해 주시다」라는 표현이다. 貸(か)してくださる(빌려주시다)

스크립트

문제 3

警官(けいかん)が交通事故(こうつうじこ)について調(しら)べています。三人(さんにん)の話(はなし)を聞(き)いてください。

女1：ああ、この写真(しゃしん)の人(ひと)ですか、うちの店(みせ)に来(き)てましたよ。ええ、みんなでお酒(さけ)を飲(の)んでました。帰(かえ)ったのは、9時半(じはん)ぐらいですかね。そんなにひどく酔(よ)ってるようには見(み)えなかったんですが、まさか、車(くるま)で来(き)ているとは思(おも)いませんでした。

男 ：はい、ぼく、10時(じ)ごろ現場(げんば)を通(とお)って事故(じこ)を見(み)ました。信号(しんごう)は、青(あお)でしたね。ちょっと車(くるま)がふらふらして、そのまま電柱(でんちゅう)にぶつかりました。そういえば、ライトはついていませんでしたね。

女2：携帯電話(けいたいでんわ)の記録(きろく)を調(しら)べてみましたが、9時(じ)50分(ぷん)ごろから事故(じこ)が起(お)きるまでの10分(ぷん)間(かん)、通信(つうしん)していた記録(きろく)があります。

質問　交通事故(こうつうじこ)が起(お)きたとき、運転手(うんてんしゅ)はどんな状態(じょうたい)でしたか。

1. お酒(さけ)を飲(の)んだ後(あと)に、ライトをつけて、運転(うんてん)していました。
2. お酒(さけ)は飲(の)みませんでしたが、ライトをつけないで、運転(うんてん)していました。
3. お酒(さけ)は飲(の)みませんでしたが、電話(でんわ)をかけながら、運転(うんてん)していました。
4. お酒(さけ)を飲(の)んだ後(あと)に、電話(でんわ)をかけながら、運転(うんてん)していました。

경찰관이 교통사고에 대해 조사하고 있습니다. 세 명의 이야기를 들어 주세요.

여자 1 : 아, 이 사진에 있는 사람 말입니까? 우리 가게에 왔었어요. 음.. 모두 술을 마셨어요. 돌아간 것은 9시 반 정도였을까요. 그렇게 몹시 취한 것 같이는 안 보였습니다만, 설마, 차로 왔으리라고는 생각지 않았습니다.

남 ：네, 저는 10시경 현장을 지나다 사고를 봤습니다. 신호는 파랑이었어요. 조금 차가 비틀거리더니 그대로 전봇대에 부딪쳤습니다. 그러고 보니, 라이트는 켜져 있지 않았어요.

여자 2 : 휴대 전화의 기록을 조사해 보았습니다만, 9시 50분경부터 사고가 발생할 때까지의 10분간, 통화하고 있었던 기록이 있습니다.

질문　교통사고가 일어났을 때, 운전기사는 어떤 상태였습니까??

1. 술을 마신 후에, 라이트를 켜고 운전하고 있었습니다.
2. 술은 마시지 않았습니다만, 라이트를 켜지 않고, 운전하고 있었습니다.
3. 술은 마시지 않았습니다만, 전화를 걸면서, 운전하고 있었습니다.
4. 술을 마신 후에, 전화를 걸면서, 운전하고 있었습니다.

중요표현

「ふらふらする」는 「휘청 휘청하다, 비틀거리다」라는 의미이다.

문제 4

男(おとこ)の人(ひと)と女(おんな)の人(ひと)が電器店(でんきてん)の案内(あんない)放送(ほうそう)を聞(き)いています。

男1：いらっしゃいませ。毎度(まいど)ABC電気(でんき)をご利用(りよう)いただきまして、誠(まこと)にありがとうございます。当店(とうてん)一階(いっかい)では、秋(あき)恒例(こうれい)の在庫(ざいこ)一掃(いっそう)バーゲンセールを行(おこな)っております。時計(とけい)、カセットテープなどを半額(はんがく)で販売(はんばい)いたしております。二階(かい)では、ステレオ、ビデオカメラ、三階(さんがい)は扇風機(せんぷうき)、冷蔵庫(れいぞうこ)、いずれも3割(わり)、4割引(わりびき)でご奉仕(ほうし)させていただいております。なお、四階(よんかい)催(もよお)しもの会場(かいじょう)では、衛星(えいせい)放送用(ほうそうよう)のアンテナなど展示(てんじ)、紹介(しょうかい)いたしておりますので、あわせてご覧(らん)ください。

男2：ここは今(いま)セール中(ちゅう)だね。
女：そうみたいね。何か買(か)うものない？
男2：別(べつ)にないけど、時計(とけい)、半額(はんがく)だっていうから見(み)てこようかな。
女：じゃあ、私は冷蔵庫(れいぞうこ)。うちの冷蔵庫(れいぞうこ)最近(さいきん)調子(ちょうし)悪(わる)くてさ。今(いま)買(か)うととてもお買(か)い得(どく)だよね。
男2：うん、そうだね。

質問1　男(おとこ)の人(ひと)はこれから何階(なんがい)に行(い)きますか。

1. 一階(いっかい)
2. 二階(にかい)
3. 三階(さんがい)
4. 四階(よんかい)

質問2　女(おんな)の人(ひと)が買(か)おうと思(おも)っているものはどのくらい割引(わりびき)しますか。

1. 3割(わり)~4割(わり)
2. 4割(わり)~5割(わり)
3. 6割(わり)~7割(わり)
4. 半額(はんがく)

남자와 여자가 전자제품 가게의 안내방송을 듣고 있습니다.

남1： 어서 오십시오. 매번 ABC전기를 이용해주셔서, 정말로 감사합니다. 당점 1층에서는, 가을 정례 재고 일체 바겐세일을 실시하고 있습니다. 시계, 카세트테이프 등을 반액으로 판매하고 있습니다. 2층에서는, 스테레오, 비디오카메라, 3층은 선풍기, 냉장고, 모두 30%, 40% 할인하고 있습니다. 덧붙여 4층 행사장에서는, 위성방송용의 안테나 등을 전시, 소개하고 있으므로 여기도 함께 둘러봐 주세요.
남2： 여기 지금 세일중이네.
여： 그런 것 같네. 뭔가 살 것 없어?
남2： 특별히 없지만, 시계, 반액이라니까 보고 올까.
여： 그럼, 나는 냉장고. 우리 집 냉장고 최근에 상태가 안 좋아서 말이야. 지금 사면 아주 이익이야. 그지?
남2： 응, 그러네.

질문1　남자는 지금부터 몇 층에 갑니까?

1. 1층
2. 2층
3. 3층
4. 4층

질문2　여자가 사려는 것은 어느 정도 할인합니까?

1. 3할~4할
2. 4할~5할
3. 6할~7할
4. 반액

> **중요표현**
>
> 「〜ております(하고 있습니다)」는「〜ています」보다 공손한 표현이다. 그리고 「いたす(하다)」는「する」의 특수겸양어로 더 공손한 표현에 쓰인다. 販売(はんばい)しています → 販売(はんばい)しております → 販売(はんばい)いたしております(판매하고 있습니다)

N1

뉴 일본어 능력시험

Part 15

문자/어휘 chapter 01
3번 문제/유의어(부사, 외래어, 기타)
4번 문제/용법(부사, 외래어)

문법 chapter 02
N1에 나올 수 있는 N2 필수문법패턴2

독해
장문 문제

청해 chapter 03
통합 이해 문제3

chapter 01 문자/어휘

N1 1교시

3번 문제/유의어(부사)

あたかも 마치	案外 あんがい 예상외의	一向 いっこうに 전혀
まるで 마치	予想外 よそうがい 뜻밖에, 예상외	少すこしも 조금도
かりに 만약, 만일	極 きわめて 매우, 대단히	こぞって 빠짐없이, 모두
もし 만약	とても 매우, 대단히	全すべて 모두, 모든
さぞ 틀림없이	さっぱりと 개운히, 산뜻이	じっくり 곰곰이
きっと 틀림없이	すっきりと 개운히	慎重 しんちょうに 신중하게
たんじて 결코	ばったり 뜻밖에 마주치는 모양, 딱	ふんだんに 넉넉히
けっして 결코	偶然 ぐうぜん 우연히	大量 たいりょうに 대량으로

3번 문제/유의어(외래어)

オファー 오퍼(제의, 제안)	コマーシャル 선전, 광고	コレクション 수집
提案 ていあん 제안	広告 こうこく 광고	収集 しゅうしゅう 수집
シーン 장면	ショック 쇼크	ジャンル 장르
場面 ばめん 장면	衝撃 しょうげき 충격	部類 ぶるい 부류
セレモニー 세레머니	デコレーション 장식	パジャマ 잠옷
儀式 ぎしき 의식	装飾 そうしょく 장식	寝巻 ねまき 잠옷
ムード 분위기	ユニーク 유니크	ランク 랭크, 순위 매김
雰囲気 ふんいき 분위기	独特 どくとく 독특함	順位 じゅんいづけ 순위 매김
ルーズ 칠칠치 못함		
だらしない 단정하지 못하다		

3번 문제/유의어(기타)

あくびが出でる 하품이 나오다	経験けいけんがあさい 경험이 적다
退屈たいくつだ 지루하다	経験けいけんが少すくない 경험이 적다
結構けっこうな物もの 좋은 것	荷にが重おもい 부담이 크다
いい物もの 좋은 것	荷にが勝かつ 부담이 크다
腹はらを決きめる 결심하다	反省はんせいしている 반성하고 있다
決心けっしんする 결심하다	すまなく思おもっている 미안하게 생각하고 있다

4번 문제/ 용법문제(부사)

あくまで 어디까지나, 끝까지	案あんの定じょう 예상대로	一見いっけん 언뜻 보기에
未いまだに 아직도	今いまにも 이제라도, 당장에라도	いやに 이상하게, 묘하게
うんざり 지긋지긋하게, 싫증나게	～はおろか ～는커녕	がっくりと 갑자기, 푹
かつて 일찍이	仮かりに 가령	くっきりと 뚜렷하게
ことごとく 모두, 전부	さぞ 필시, 아마	じっくりと 차분하게, 곰곰이
しみじみと 절실하게	ずらっと 잇달아 늘어선 모양, 죽~	だぶだぶ 옷이 헐렁헐렁
つくづくと 자세히, 곰곰이	どうやら 어쩐지, 아무래도	とっさに 순간적으로
突如とつじょ 갑자기, 돌연	とりわけ 특히, 그 중에서도	なんとか 어떻게든, 그럭저럭
ひとまず 우선, 일단	ぶかぶか 헐렁헐렁	ぺこぺこ 굽실굽실
ぽつぽつ 슬슬, 조금씩	まるまる 전부	むやみに 마구, 함부로
もはや 이미, 벌써	やけに 몹시, 무척	よほど 훨씬, 상당히
ろくに 제대로	わざわざ 일부러	

4번 문제/ 용법문제(외래어)

オーバー 초과	ギャグ 개그, 익살	キャリア 경력, 커리어
コントロール 억제, 컨트롤	シート 시트, 자리	ショック 쇼크
トラブル 트러블	プロジェクト 프로젝트, 계획	ボイコット 보이콧
ユーモア 유머		

問題3 ＿＿＿の言葉に意味が最も近いものを、1・2・3・4から一つ選びなさい。

1 彼はお金に関して<u>ルーズ</u>なところがある。
  1 ずうずうしい　　2 だらしない　　3 うるさい　　4 よわい

2 彼女は服の流行には<u>一向に</u>無頓着だ。
  1 少しも　　2 ほんとうに　　3 かならずしも　　4 かりに

3 国民は<u>こぞって</u>彼を歓迎した。
  1 大抵　　2 一部だけ　　3 すべて　　4 ひとりで

4 個展を通じ、いろんな方々の意見もいただきつつ、<u>じっくり</u>考えたいと思っています。
  1 気軽く　　2 そそっかしく　　3 深刻に　　4 慎重に

5 駅で旧友と<u>ばったり</u>会って驚いた。
  1 偶然　　2 必然　　3 突然　　4 茫然

6 得意先へ商品を<u>大量に</u>運送するのが彼の仕事である。
  1 ぶんたんに　　2 ふんだんに　　3 じんそくに　　4 ゆるやかに

7 きっと、普段からいろいろあっての、その言葉だったので、<u>ショック</u>だったのでしょう。
  1 紛争　　2 摩擦　　3 衝突　　4 衝撃

8 入院生活をしていると、<u>ユニーク</u>な人に出会えることが多い。
  1 素朴　　2 素直　　3 独特　　4 独自

9 連続で観る2本目の映画なので途中で疲れて、<u>あくびが出た</u>。
  1 喜び　　2 楽しみ　　3 屈辱　　4 退屈

10 彼が帰国の<u>腹を決めた</u>のは、病気だと分かったからだ。
  1 決心する　　2 決着する　　3 欠航　　4 欠勤

PRACTICE TEST

[11] 関係者たちが本当に<u>反省している</u>とは思えないという声も高い。
1　たのしく思っている　　　　　　2　すまなく思っている
3　つまらなく思っている　　　　　4　うれしく思っている

[12] 4年前のW杯予選より実力はワン<u>ランク</u>アップした。
1　順位づけ　　　2　順序づけ　　　3　劣る　　　4　上がる

[13] <u>あたかも</u>古里へ帰って来た気持ちだ。
1　まるごと　　　2　まさしく　　　3　まるで　　　4　まして

問題4　次の言葉の使い方として最もよいものを、1・2・3・4から一つ選びなさい。

[1] 1　キャリア
1　昨日、移動の発表があって、兄の<u>キャリア</u>は部長になった。
2　先月、賞を取ったあの歌手の<u>キャリア</u>は苦労続きだったそうだ。
3　彼の<u>キャリア</u>はそれほど長くないが、この仕事をよく理解している。
4　その分野の<u>キャリア</u>になるには、長い間の努力が必要だ。

[2] 　ずらっと
1　本に<u>ずらっと</u>目を通した。
2　東京は、明日は<u>ずらっと</u>晴れるようですよ。
3　あの人は<u>ずらっと</u>背が高い。
4　店の前に<u>ずらっと</u>人が並んでいる。

[3] 　ひとまず
1　今日の作業は<u>ひとまず</u>これで終わりにしよう。
2　政府が発表した経済対策は、<u>ひとまず</u>しか効果がなかった。
3　ご飯を食べて<u>ひとまず</u>たってから、薬を飲んでください。
4　この機械は<u>ひとまず</u>動かすとすぐには止められない。

4 まるまる
1 そこでまるまる寝ているのが私のネコです。
2 昨日の発表はとても好評でまるまるだったそうだね。
3 せっかくのアイデアをまるまる人に使われてしまった。
4 来ている人たちまるまるにプレゼントを用意してあります。

5 ボイコット
1 学生は教師に不満を持って、授業をボイコットしたそうだ。
2 天気がよかったので、午後の会議をボイコットした。
3 明日は忙しいので、健康診断はボイコットすることにした。
4 風邪をひいて会社をボイコットした。

6 ぶかぶか
1 うちの子は食欲があって、ぶかぶか食べる。
2 この靴はぶかぶかで、歩くとぬげてしまう。
3 大粒の雨がぶかぶか降ってきた。
4 晴れた空に雲がぶかぶか浮かんでいる。

7 いやに
1 毎日勉強したので、いやに成績が上がって嬉しい。
2 いいカメラだけど、高いからいやに買いたくない。
3 いやにだんだん暖かくなって、過ごしやすくなりました。
4 最近いやに元気がないね。悩みでもあるの？

8 どうやら
1 このぶんではどうやらあすも雨らしい。
2 彼の考えがどうやらよくわからない。
3 心配しなくても、どうやらなるだろう。
4 どうやらしてお手伝いしたいと思っている。

PRACTICE TEST

[9] ショック

1 古い<u>ショック</u>がまだきいている。
2 大きな事件を体験した<u>ショック</u>から立ち直れない。
3 留守の間に泥棒が入ったことを知ったときは<u>ショック</u>した。
4 近くに雷が落ちたため、エレベーターが<u>ショック</u>中で動かない。

[10] コントロール

1 寝る前に<u>コントロール</u>の栓をしめることにしている。
2 あそこの<u>コントロール</u>は、最近味がおちた。
3 マインド<u>コントロール</u>という言葉を最近よく聞く。
4 <u>コントロール</u>の俳優たちに囲まれた。

[11] 一見

1 彼が普通の人ではないことは<u>一見</u>だ。
2 オフィスに人がいるかどうか<u>一見</u>してください。
3 <u>一見</u>、あの人は日本人だとわかる。
4 彼女は<u>一見</u>おとなしそうだが、実はそうでもない。

[12] おろか

1 基本は<u>おろか</u>応用も大事だ。
2 わからない単語は、辞書を調べる<u>もおろか</u>質問しなさい。
3 腰をいためて、歩くことは<u>おろか</u>立つことも難しい。
4 祖父は80歳を過ぎているが、一年中水泳は<u>おろか</u>冬はスキーだ。

[13] 案の定

1 空が曇ってきたなと思っていたら、<u>案の定</u>雨が降り出した。
2 今回の結論は彼の<u>案の定</u>だ。
3 夢が<u>案の定</u>になってうれしい。
4 代表チームの<u>案の定</u>な優勝に中国が沸いた。

chapter 02 문법/독해

N1 2교시

101 ~において, ~における ~에 있어서(~에서), ~에 있어서의(~에서의)

本社においてビジネスに必要な基礎知識に関する教育を行う
본사에서 비즈니스에 필요한 기초지식에 관한 교육을 실시한다

日本における留学生の数は~ 일본에서의 유학생 수는~

102 ~に応(おう)じて, ~に応(おう)じた ~에 따라서(~에 맞추어), ~에 따른(맞는)

上司の命令に応じて計画を変更した 상사의 명령에 따라서 계획을 변경했다

自分の体力に応じた運動をすべきだ 자신의 체력에 맞는 운동을 해야 한다

103 ~にかかわらず, ~にもかかわらず ~에 관계없이, ~인데도 불구하고

経験のあるなしにかかわらず、誰でも参加できる 경험의 유무에 상관없이 누구라도 참가할 수 있다

10年以上も英語を勉強したにもかかわらず、英語が話せない
10년 이상이나 영어를 공부했음에도 불구하고 영어를 못한다

104 ~に限(かぎ)って, ~に限(かぎ)らず ~에 한해서, ~뿐만 아니라

急いでいる時に限ってバスが遅れる 서두르고 있을 때에 한해서 버스가 늦는다

女性に限らず男性にも人気がある 여성뿐만이 아니라 남성에게도 인기가 있다

105 ~に限(かぎ)る ~가 최고이다

夏は冷たいビールに限る 여름에는 차가운 맥주가 최고이다

106 ~にかけては ~에 관한한

数学にかけては、彼はいつもクラスで一番だ 수학에 있어서는 그는 언제나 클래스에서 최고이다

107 ~に代(か)わって ~를 대신하여

私に代わって、皆様によろしくお伝えください 저를 대신하여 모두에게 안부전해주세요

문법 필수 문형 – N1에 나올 수 있는 N2 필수문법패턴 2

108 ～に関(かん)して, ～に関する ～관해서, ～관한

この件(けん)に関して、お役(やく)に立(た)てなくてすみません
이 건에 관해서 도움이 되지 못해 죄송합니다
環境問題(かんきょうもんだい)に関するアンケート 환경문제에 관한 앙케트

109 ～に決(き)まっている 반드시 ～하게 되어 있다, ～하기 마련이다

その計画(けいかく)は失敗(しっぱい)するに決(き)まっている 그 계획은 실패하게 되어 있다

110 ～に比(くら)べて ～에 비해

例年(れいねん)に比(くら)べて暑(あつ)い 예년에 비해 덥다

111 ～に加(くわ)えて ～에 더해, ～에 가세해

雨(あめ)に加(くわ)えて、風(かぜ)も激(はげ)しくなってきた 비에 가세해 바람도 격렬해졌다

112 ～に答(こた)えて ～에 부응하여

皆(みな)さんのアンコールに答(こた)えて、もう一曲(いっきょく)歌(うた)います
여러분의 앙코르에 부응해 한곡 더 부르겠습니다

113 ～に際(さい)し(て) ～에 즈음하여, ～할 때에

ご予約(よやく)に際(さい)しての注意事項(ちゅういじこう) 예약 하실 때의 주의사항
出発(しゅっぱつ)に際(さい)し、荷物(にもつ)の点検(てんけん)をする 출발에 즈음해 짐을 점검한다

114 ～に先立(さきだ)って ～에 앞서

試合(しあい)に先立(さきだ)って、開会式(かいかいしき)を行(おこな)う 시합에 앞서 개회식을 실시한다

115　～に従(したが)って　~에 따라

収入が増えるに従って、支出も増える 수입이 증가함에 따라 지출도 증가한다
医師の指示にしたがって~ 의사의 지시에 따라~

116　～にしたら(~にすれば), ～にしても　~로서는, ~라고 해도

経営者にしたらボーナスは安いほうがいい 경영자의 입장에서는 보너스는 적은 편이 좋다
子どもがやったにしても許せない 아이가 한 일이라고 해도 용서할 수 없다

117　～にしては, ～わりには　~치고는

彼女は50歳にしては若く見える＝彼女は50歳のわりには若く見える
그녀는 50살치고는 젊어 보인다

118　～にしろ,～にせよ　~이든(~도), ~라고 해도

行くにしろ行かないにしろ、なるべく早く決めたほうがいい
가든 가지 않든 가능한 한 빨리 정하는 편이 좋다
子どもにせよ大人にせよ~ 아이이든 어른이든~
まだ未成年であるにせよ~ 아직 미성년이라고 해도~

119　～に過(す)ぎない　~에 불과하다(지나지 않는다)

一方的な意見に過ぎない 일방적인 의견에 불과하다
私はただするべきことをしたにすぎず、何も特別なことをしたわけではない
나는 단지 해야 할 일을 한 것임에 불과할 뿐, 어떤 특별한 일을 한 것은 아니다

120　～に相違(そうい)ない, ～に違(ちが)いない　~임에 틀림없다

選挙で当選するに相違ない 선거에서 당선될 것임이 틀림없다
約束を忘れたに違いない 약속을 잊은 것임이 틀림없다

121　〜に沿(そ)って　〜에 따라, 〜을 따라

お客様のご要望に沿って〜 고객의 요망에 따라서〜
通りに沿って、きれいな桜が植えられている 길을 따라 예쁜 벚꽃이 심어져 있다

122　〜に対(たい)して, 〜対(たい)する　〜에 대해, 〜에 대한

学生は先生に対して敬語を使うべきである 학생은 선생님에 대해 경어를 사용해야만 한다
父が短気なのに対して、母の方は気が長い 아버지가 성격이 급한데 비해, 어머니는 성격이 느긋하다(비교용법)

123　〜について　〜에 대해서, 〜에 관해서

この町の歴史について調べてみよう 이 동네의 역사에 대해 조사해보자

124　〜につき　〜이기 때문에, 〜당

準備中につき、しばらくお待ちください 준비중이므로 잠시 기다려주세요
１時間につき、3000円です 한 시간당 3000엔입니다

125　〜につけ(て), 〜につけ 〜につけ　〜에 관련해서(관련시켜), 〜이든 〜이든

この写真を見るにつけ、楽しかった子供の頃を思い出す
이 사진을 볼 때마다 즐거웠던 어린 시절이 생각난다
嬉しいにつけ悲しいにつけ、いつも一緒だった 기쁠 때나 슬플 때나 언제나 함께였다

126　〜につれて　〜에 따라

人は年を取るにつれて、慎重になる 사람은 나이를 먹음에 따라 신중해 진다

127　〜にとって　〜에게 있어서

この問題は中学生にとっては難しすぎる 이 문제는 중학생에게 있어서는 너무 어렵다

128 〜に伴(ともな)って, 〜に伴(ともな)う ～에 따라, ～에 따른

自動車の数が増えるに伴って、交通事故も多くなった
자동차의 수가 증가함에 따라 교통사고도 많아졌다

129 〜に反(はん)して ～에 반해

予想に反して、試合の結果はよくなかった 예상과 반대로 시합결과는 좋지 않았다

130 〜にほかならない ～임에 틀림없다, 바로～이다

彼の成功は努力の結果にほかならない 그의 성공은 노력의 결과임이 틀림없다

131 〜に向(む)け(て) ～를 향해, ～를 목표로

公演の成功に向け、練習を続けている 공연의 성공을 목표로 연습을 계속하고 있다

132 〜に基(もと)づいて, 〜に基(もと)づいた ～에 의거하여, ～에 의거한

事実に基づいて作られた作品 사실에 의거해 만들어진 작품

133 〜によって ～에 의해, ～에 따라

読む人によって、いろいろな解釈が可能である 읽는 사람에 따라서 여러 가지 해석이 가능하다

134 〜によると ～에 따르면, ～에 의하면

天気予報によると、大雪が降るそうだ 일기예보에 따르면 많은 눈이 내린다고 한다

135 〜にわたって ～에 걸쳐

コンテストは一週間にわたって行われた 콘테스트는 일주일간에 걸쳐서 행해졌다

136 〜ぬきで ~를 빼고

朝食ぬきで学校に行く子どもが多い 아침 식사를 거르고 학교에 가는 아이들이 많다
前置きはぬきにして、本題に入ろう 서론은 빼고 본론으로 들어가자

137 〜抜(ぬ)く 끝까지 ~하다

ゴールまで走りぬいた 결승점까지 끝까지 달렸다

138 〜のみならず ~뿐만 아니라

値段が安いのみならず、性能も優れている 가격이 싼 것뿐만이 아니라 성능도 우수하다

139 〜のもとで, 〜のもとに ~하에서, ~하에

熱心な先生方のご指導のもとで〜 열성적인 선생님들의 지도하에서~

140 〜ば〜ほど ~하면 할수록

考えれば考えるほど 생각하면 생각할수록
近ければ近いほど 가까우면 가까울수록
新鮮であれば新鮮であるほど 신선하면 신선할수록
有名人であれば有名人であるほど 유명인이면 유명인일수록

141 〜ばかりか, 〜ばかりでなく ~뿐만 아니라

気温が高いばかりか、湿度も高い 기온이 높을 뿐만 아니라 습도도 높다
美味しいばかりでなく、栄養価も豊富だ 맛있을 뿐만 아니라 영양가도 풍부하다

142 〜ばかりに ~바람에, ~탓으로

スピードを出しすぎたばかりに、交通事故を起こしてしまった
스피드를 너무 낸 탓으로 교통사고를 일으켜 버렸다

143 ～はともかく(として) ～은 어찌됐던

理由はともかく、暴力はいけない 이유는 어찌되었던 간에 폭력은 안 된다

144 ～はもちろん, ～はもとより ～은 물론, ~은 말할 것도 없고

ひらがなはもちろん漢字も読める 히라가나는 물론 한자도 읽을 수 있다
子どもはもとより大人も楽しめるスポット 아이는 물론이고 어른도 즐길 수 있는 장소

145 ～反面(はんめん), ～半面(はんめん) ～인 반면

この薬は効き目が強い反面、副作用がある 이 약은 효과가 강한 반면 부작용이 있다

146 ～べきだ, ～べきではない ～해야 한다, ~해서는 안 된다

利用者の意見は尊重すべきだ 이용자의 의견은 존중해야한다
試験の点数が悪かったからといって、数学をあきらめるべきではない
시험의 점수가 나빴다고 해서 수학을 포기해서는 안 된다

147 ～ほかない ～할 수밖에 없다

残念だが今日の運動会は延期するほかない 아쉽지만 오늘 운동회는 연기할 수밖에 없다
歩いて行くよりほかない 걸어서 가는 것 밖에 방법이 없다

148 ～ほどだ, ～ほど ～할 정도이다, ~할 정도(만큼)

濃い霧で、一歩先も見えないほどだった 짙은 안개로 한치 앞도 안보일 정도였다

149 ～ほど ～할수록, ~일수록

メガネのレンズは値段が高いほど薄くて見やすい 안경 렌즈는 가격이 비쌀수록 얇고 보기 편하다

150 ~まい, ~まいか ~하지 않겠다(하지 않을 것이다), ~아닐까?

こんなまずい店、二度と来る**まい** 이런 맛없는 가게, 두 번 다시 오지 않을 것이다
この会社も倒産するのではある**まいか** 이 회사도 도산하는 것은 아닐까?
行こうか行く**まいか**迷(まよ)っている 갈지 가지 않을지 망설이고 있다

151 ~向(む)きだ, ~向(む)きに, ~向(む)きの ~에 적합하다, ~에 적합하게, ~적합한

このスキーコースは初心者(しょしんしゃ)**向き**だ 이 스키 코스는 초심자에게 적합하다

152 ~向(む)けだ, ~向(む)けに, ~向(む)けの ~용이다, ~용으로, ~용의

輸出(ゆしゅつ)**向け**に販売(はんばい)した商品(しょうひん) 수출용으로 판매한 상품

153 ~も ~ば ~も, ~も ~なら~も ~도 하거니와 ~도, ~도 ~이지만 ~도

いい日**もあれば**悪い日**もある** 좋은 날도 있거니와 나쁜 날도 있다
親**も**親**なら**子**も**子だ 부모도 부모지만 아이도 아이다

154 ~もかまわず ~을 개의치 않고, ~를 상관하지 않고

彼女は人目(ひとめ)**もかまわず**泣(な)き続(つづ)けている 그녀는 남의 눈도 개의치 않고 계속 울고 있다

155 ~ものがある ~하는 데가 있다, 상당히 ~하다

その説明には、どこか納得(なっとく)できない**ものがある** 그 설명에는 어딘가 납득할 수 없는 부분이 있다

156 ~ものか ~할까보냐, ~하나봐라

あんなレストランに二度と行く**ものか** 저런 레스토랑에 두 번 다시 가나봐라

157　〜ものだ, 〜ものではない　〜해야 한다(〜하는 법이다), 〜하는 법이 아니다(〜하는 것이 아니다)

約束をしたら、かならず守るものだ 약속을 했으면 반드시 지켜야 한다
親に向かってそんな乱暴な言葉を使うものではない 부모를 향해 그렇게 난폭한 말을 사용해서는 안 된다

158　〜ものだから　〜하기 때문에

安かったものだから、衝動買いしてしまった 쌌기 때문에 충동 구매해 버렸다

159　〜ものなら　〜한다면, 〜할 수 있으면

帰れるものなら、今すぐ家へ帰りたい 돌아갈 수 있다면 지금 당장 집으로 돌아가고 싶다

160　〜ものの　〜하지만, 〜하기는 했으나

カメラを買ったものの、使い方がわからない 카메라를 사긴 했지만 사용법을 모른다

161　〜やら 〜やら　〜하며 〜하며, 〜이랑 〜이랑

生け花やら水泳やら、いろいろ習っている 꽃꽂이며 수영이며 여러 가지 배우고 있다

162　〜ようがない　〜할 수가 없다

話してくれない限り知りようがない 이야기해 주지 않는 한 알 수가 없다.

163　〜ように　〜하도록

できるだけ早く行くようにします 가능한 한 빨리 가도록 하겠습니다
夜遅くは食べないようにしている 밤늦게는 먹지 않도록 하고 있다

164 　～わけがない　～할 리가 없다

こんなまずいものが売れるわけがない 이런 맛없는 것이 팔릴 리가 없다

165 　～わけだ, ～わけではない　～하는 셈이다, ～하는 것은 아니다

ポールさんは恋人が日本人だから、日本語が上手なわけだ
폴씨는 애인이 일본사람이므로 일본어가 능숙한 것이다

すべての人が果物が好きなわけじゃない 모든 사람이 과일을 좋아하는 것은 아니다

166 　～わけにはいかない, ～わけにもいかない　～할 수는 없다, ～할 수도 없다

言わないと約束したので、話すわけにはいかない 말하지 않는다고 약속했으므로 이야기할 수는 없다

167 　～を～とする, ～を～として, を～とした　～을 ～로 하다, ～을 ～로서, ～을 ～로 한

実在する人物をモデルとして絵を描いた 실존하는 인물을 모델로서 그림을 그렸다
環境改善を目的とした活動 환경 개선을 목적으로 한 활동

168 　～をかねて　～을 겸해서

気分転換をかねて買い物に行ってきた 기분 전환을 겸해서 쇼핑에 다녀왔다

169 　～をきっかけに(して), ～をきっかけとして　～를 계기로 해서

入院をきっかけに、禁煙を始めた 입원을 계기로 금연을 시작했다

170 　～を契機(けいき)に(して), ～を契機(けいき)として　～를 계기로 해서

その事件を契機に~ 그 사건을 계기로~

171　〜を込(こ)めて　〜을 담아, 〜을 기울여

心を込めて、お礼の手紙を書いた　마음을 담아 답례의 편지를 썼다

172　〜を中心(ちゅうしん)に(して), 〜を中心(ちゅうしん)として　〜을 중심으로

駅を中心にして商店街が並んでいる　역을 중심으로 상가가 늘어서 있다

173　〜を通(つう)じて, 〜を通(とお)して　〜을 통해

その話は木村さんを通じて聞いた　그 이야기는 기무라씨를 통해서 들었다
この地方は、四季を通じて雨が多い　이 지방은 사계절 내내 비가 많다.(〜동안 죽, 〜내내)

174　〜を問(と)わず　〜를 불문하고

性別を問わず、誰でも参加できる　성별을 불문하고 누구라도 참가할 수 있다

175　〜をはじめ, 〜をはじめとする　〜을 비롯해, 〜을 비롯한

首相をはじめ多くの政治家が出席した　수상을 비롯해 많은 정치가가 출석했다

176　〜をめぐって, 〜をめぐる　〜을 둘러싸고, 〜을 둘러싼

地球温暖化をめぐって、議論が交わされた　지구온난화를 둘러싸고 논의가 이루어졌다

177　〜をもとに(して)　〜을 기초로 해서, 〜을 바탕으로 해서

中国の民話をもとに作られたテーマパーク　중국의 민화를 토대로 만들어진 테마파크

N1에 나올 수 있는 N2 필수문법패턴 종합문제 PRACTICE TEST

1. この企画は委員会の決定(　　　)作られた。
   1 からして　　2 にそって　　3 にあって　　4 について

2. 家族も親戚も反対した(　　　)若い二人はいっしょに暮らしはじめた。
   1 にせよ　　2 にもかかわらず　　3 のも　　4 からには

3. 女性が主婦として家事・育児に専念する生き方は、今でも一番社会的に認められ、生きやすい生き方である。その(　　　)、経済力はなくなり、視野が狭くなるおそれがある。
   1 おかげで　　2 せいか　　3 反面　　4 あげく

4. T市の夜祭りは、真夜中から夜明けに(　　　)にぎやかに繰り広げられる。
   1 そって　　2 わたって　　3 通して　　4 かけて

5. 暑い(　　　)寒い(　　　)、娘は親の健康を気づかった。
   1 なり、なり　　2 といい、といい　　3 も、も　　4 につけ、につけ

6. 出発に(　　　)少し注意を申し上げます。パスポートはなくさないよう……。
   1 先立って　　2 先走って　　3 したがって　　4 前もって

7. 話し合いは行われた(　　　)、結局、合意には至らなかった。
   1 ものを　　2 ものだから　　3 ものの　　4 ものなら

8. 勉強が好きではない(　　　)、高校はちゃんと卒業しておいたほうがいい。
   1 にしても　　2 ながら　　3 といって　　4 として

9. まさか、あの人に限ってそんなことを(　　　)。
   1 しかねない　　2 するはずがない　　3 するかもしれない　　4 せずにはいられない

10. 「困ったときはいつでもいらっしゃい」という親切な言葉(　　　)、あの病院の応対は冷たいという評判だ。
    1 の際に　　2 のわりには　　3 の末には　　4 のもとで

11. 手紙（　　　）電話（　　　）親には居場所くらい知らせるものだ。
    1 やら、やら　　2 にしろ、にしろ　　3 とか、とか　　4 につけ、につけ

12. どんな事情があった（　　　）すぐ結果を知らせるべきだ。
    1 につけ　　2 にせよ　　3 にとって　　4 にかぎり

13. 今さら先生のせいにしたって、合格する（　　　）。
    1 べきではない　　2 かもしれない　　3 わけではない　　4 までもない

14. もう二度と恋（　　　）と心に誓ったのに、いつのまにか彼のことが好きになっていた。
    1 こそするものか　　2 などするものか
    3 こそするものなのか　　4 などするものなのか

15. 困難な状況（　　　）、なお理想を失わない彼の強さは、立派としか言いようがない。
    1 にかけても　　2 にとっても　　3 においても　　4 にしても

16. 工事中（　　　）、お足もとに十分ご注意ください。
    1 だけあって　　2 につき　　3 ことから　　4 とあって

17. この機械を扱うに（　　　）は、細心の注意が必要です。
    1 とって　　2 際して　　3 至って　　4 かけて

18. 留学生（　　　）ビザは大切な問題だ。
    1 にかけて　　2 について　　3 にして　　4 にとって

19. 社長は社員に給料を払わない（　　　）、そのことに対する説明もしない。
    1 に限らず　　2 ばかりか　　3 ものの　　4 とはいえ

20. 今回の優勝は、サッカー部の部員みんなの努力の成果（　　　）。
    1 しかない　　2 にかぎらない　　3 にともなわない　　4 にほかならない

PRACTICE TEST

21 1年（　　　）、ここの気候は温暖です。
　　1　をかけて　　　2　を通じて　　　3　をわたって　　　4　をこえて

22 私が無理なお願いをした（　　　）、あなたにご迷惑をかけてしまいましたね。
　　1　ばかりで　　　2　ばかりに　　　3　だけに　　　　　4　だけあって

23 就職後のことは（　　　）、まずどの会社に入るかだ。
　　1　どうにも　　　2　どうにか　　　3　ともども　　　　4　ともかく

24 初めて作ったもの（　　　）、よくできていますよ。
　　1　というと　　　2　として　　　　3　にしては　　　　4　といっては

25 彼女は、息子が婚約すると、本人（　　　）家族や親戚のことまで調べた。
　　1　を込めて　　　2　はもとより　　3　をきっかけに　　4　といわないまでも

26 考える（　　　）ことは二つ、まず家族のこと、それから自分の自由についてだ。
　　1　はず　　　　　2　わけ　　　　　3　べき　　　　　　4　の

27 「さあ、冗談（　　　）、もっとまじめに話し合いましょう。」
　　1　をもとにして　2　次第で　　　　3　はぬきにして　　4　に先立って

28 仕事をしているといっても、あいつの場合は机の前にすわっている（　　　）。
　　1　にすぎない　　2　きらいがある　3　までのことだ　　4　にかたくない

29 交通事故で死ぬ人が1年で1万人を越えた。せまい日本でこれ以上車を増やす（　　　）と思う。でも車が売れないとますます不景気になるかもしれない。どうすればいいのだろう。
　　1　べくもない　　2　べきではない　3　べしだ　　　　　4　べからざること

30 これ以上大きな地震は、あと100年は起こる（　　　）。
　　1　まい　　　　　2　はず　　　　　3　わけ　　　　　　4　こと

31 急ぎの仕事が入った（　　　）、電話もできなくて、ごめん。
　1　ものを　　　　2　ものの　　　　3　ものだから　　　4　ものだけれど

32 人が外で待っているの（　　　）電話ボックスで長話をする若者がいる。
　1　だけに　　　　2　にしても　　　3　につけ　　　　　4　にもかまわず

33 山の天気も荒れてきたし、みんなも疲れている。残念だが引き返すより（　　　）。
　1　ほかはない　　2　ほかならない　3　にあたらない　　4　に相違ない

34 交通規則（　　　）運転してください。
　1　にしたがって　2　にさきだって　3　にこたえて　　　4　にともなって

35 このドラマは実際に北海道で起きた事件（　　　）制作されたものである。
　1　にともなって　2　にもとづいて　3　にあって　　　　4　に際して

36 新しい知事の誕生（　　　）、各地方自治体の政策の見直しが始まった。
　1　を中心として　2　を限りに　　　3　を通して　　　　4　を契機として

37 息子がこんなことをするなんて、くやしい（　　　）情けない（　　　）。
　1　なり、なり　　2　やら、やら　　3　といい、といい　4　ったり、ったり

38 テレビドラマではあるまいし、現実にそんな都合のいい偶然がある（　　　）。
　1　だろう　　　　2　かもしれない　3　わけだ　　　　　4　わけがない

39 そんなこと、できる（　　　）やってごらん。どうせ、できやしないから。
　1　ことから　　　2　ものなら　　　3　ところなら　　　4　はずなら

40 大学生（　　　）反政府活動がくりひろげられた。
　1　を最中に　　　2　を中に　　　　3　を中心に　　　　4　を軸に

41 環境問題の解決策を（　　　）、熱心な議論が続いている。
　1　通じて　　　　2　めぐって　　　3　まわって　　　　4　こめて

PRACTICE TEST

[42] 家庭電気製品の普及（　　　）、主婦たちは次第に家事労働から解放された。
1　に則して　　　2　にひきかえ　　　3　にあたって　　　4　に伴って

[43] ボランティア活動は経験の有無（　　　）、だれでも参加できる。
1　をもって　　　2　を問わず　　　3　と言わず　　　4　をおいて

[44] 私はただ決定に至るプロセスの問題点を指摘（　　　）、決定そのものに反対するものではない。
1　しそうになったにすぎない　　　2　しそうになったほどで
3　しようとしたにすぎず　　　4　しようとしたほどで

[45] 私がミスをした（　　　）、店は大きな損害を受ける結果になってしまった。
1　ばかりに　　　2　ものの　　　3　あげく　　　4　からには

[46] 信じられないことだが、これだけ証拠があがっているのだから、事実（　　　）。
1　に決まっていない　　　2　に相違ない
3　にちがわない　　　4　にことならない

[47] テレビ（　　　）いろいろなメディアに紹介されたおかげで店は繁盛した。
1　をはじめ　　　2　のわりに　　　3　をもとに　　　4　のおかげで

[48] 今回のスキャンダルで彼の政治的影響力が完全に失われる（　　　）、弱まることは間違いないだろう。
1　ことはないにしても　　　2　ことはないにもかかわらず
3　ほかはないにしても　　　4　ほかはないにもかかわらず

[49] 当サイトは、ご提供したデータを転載している（　　　）、データの内容を保証するものではありません。
1　にすぎず　　　2　反面　　　3　ほど　　　4　ばかりに

[50] 「ゴミを捨てるな」という看板がある（　　　）、捨てる人が後をたたない。
1　にすぎない　　　2　に沿って　　　3　につき　　　4　にもかかわらず

433

問題4　次の文章を読んで、後の問に対する答えとして、最もよいものを1・2・3・4から一つ選びなさい。

　　変わった趣味をいくつももっている人に会ったので、いろいろ質問して教えられたことがある。ある単調な趣味について、そんなことが面白いのですか、と聞くと"何でもそうだが、一生懸命やれば面白い"という答えだったので感心した。この人は趣味についてよくわかっている人だと思ったのだが、それは、趣味のみならず仕事でも同じであり、結局、①人生全体についても同じなのだろうと思う。何か面白い趣味はないかという人がいるが、一生懸命やらないのなら趣味はみんなくだらなくてつまらないのにちがいない。ゴルフでも、碁でも、釣りでも、テニスでも、何でもそうだが、下手でも一生懸命やる人と一緒になったときは、気持がよいのはだれしも経験があるところである。ボヤイたり、批評したりしながらやるのでは、②本当の面白さはその人から逃げていってしまう。面白さや幸福は自分の内部から湧いてくるものであって、外部に存在するものではないからである。　　（中略）　　そういう点からいうと、仲間の目をいつも意識している日本人は、なかなか一つのことに熱中できない。周囲から何かいわれるのが恐いので、それへのいいわけを考えたり、逃げ道をあらかじめ作ったりするので、熱中する幸福は知らないまま一生を終わってしまうのが普通になっている。それだけならまだよいが、時には③他人にも同じことを要求して何かに熱中している人がいると、いろいろそのアラ探しをする。アラとして出る理由は、仲間への交際が(注1)粗略になっているというのがいつも第一で、仕事をしていないのではないかというのが第二である。そういう空気のなかで生活すると、人はだれでも知らず知らずのうちに、(1)④弱者演出(2)被害者演出　(3)不器用演出をいつも心がけるようになる。日本人社会で暮らすのに忘れてはならない(注2)三種の神器はこれで、人と話をするときは"私なんかダメですよ"とか、"いつもいいようにやられてばっかり"とか、"失敗ばかりでそんな余裕はありません"とかを必ず三分間に一回ぐらいはいわないとうまくいかない。(注3)栄進のお祝いをいわれたときでも"三流会社ですから部長になったといっても実態は(注4)ヒラと同じですよ"とか、"ムリヤリ引っぱり出されて委員になっただけで、(注5)五里霧中です"とかの返事をしないといけないことになっている。これはもう礼儀の一種であり、たくさんの人が(注6)反復使用するので磨きぬかれて、ほとんど芸術作品になったようないいまわし方もある。これは、対人関係円滑化の技術としては確かに有効だし、アメリカ人でもときどきはそういう会話をする。しかし決してホンキでそう思っているのでないところは、日本人として学ばねばならない。多くの日本人は演出を重ねているうちに、それが本当の自分になってしまっている。

PRACTICE TEST

（日下公人『新しい「幸福」への12章』による）

（注1）粗略：やり方がいいかげんなこと
（注2）三種の神器：何かをするときに必要な三つの重要な道具
（注3）栄進：今までよりも高い地位や職などに進むこと
（注4）ヒラ：役職についていない人
（注5）五里霧中ようすがまったくわからず、どうしてよいかわからないこと
（注6）反復：何度も繰り返すこと

1　①<u>人生全体についても同じなのだろう</u>とあるが、ここで筆者の言いたいことは何か。
　　1　この人は趣味をたくさんもっているから人生を楽しんでいることだろう。
　　2　一生懸命やれば何でも面白いということは人生についても言えるだろう。
　　3　この人は変わった趣味をもっているから生き方も変わった人なのだろう。
　　4　人生についてもこの人から教えてもらえば面白くなることがあるだろう。

2　②<u>本当の面白さ</u>とあるが、趣味の「本当の面白さ」について筆者はどう考えているか。
　　1　趣味というのは、熱心にやればやるほど本当に面白くなるものだ。
　　2　趣味を本当に面白く感じるのは、上手な人といっしょにやるときだ。
　　3　他人から勧められてやり始めた趣味は本当に面白くなることはない。
　　4　趣味というのは、批評しながらやらなければ本当の面白さがわからない。

3　③<u>他人にも同じことを要求して</u>とあるが、どのようなことを要求するのか。
　　1　趣味でも仕事でも一生懸命にやること
　　2　周囲の幸福そうな人のアラ探しをすること
　　3　何かに熱中したりしないようにすること
　　4　現在の趣味の面白さについて話すこと

4　④<u>弱者演出</u>とあるが、どのように振る舞うことか。
　　1　自分の弱いところや欠点を人に隠そうとすること
　　2　人の欠点を探し出してそれを他の人に伝えること
　　3　体が弱いことが人にもわかるように工夫すること
　　4　自分が弱くてだめな人間だというふりをすること

5 筆者がこの文章で最も言いたいのはどのようなことか。
1 対人関係を円滑にする言葉は有効なものであり、日本人は自信を持って使うべきだ。
2 弱くてやられてばかりいる不器用な人の方が、日本人の社会では暮らしやすい。
3 人目を気にしてだめな自分を演じるより、何かに熱中して生きる方が人生は面白い。
4 仲間との交際や仕事をしっかりやっていれば、人にアラ探しされないで幸せになれる。

問題5　次の文章を読んで、後の問に対する答えとして、最もよいものを1・2・3・4から一つ選びなさい。

　世間では、いま、表現教育ということが盛んに叫ばれている。子供たちに、どうにかして、「豊かな表現力」「誰とでも話せるコミュニケーション能力」を身につけさせようと、親も教師も躍起になっている。子供の方から見れば、表現を強要されているとさえ言える①状況だ。だが、どうも教える側も、子供たちの方も、「表現」ということを無前提に考えすぎていまいか？　いや、いったい、何をそんなに伝えたいというのか？　私はここ数年、演劇のワークショップ(体験型の演劇教室)を、年間で百コマ以上、全国で繰り返して開催してきた。教育の門外漢に、このような依頼が殺到するのも、表現教育隆盛の一つの現れであろうか。ただ、私が、そういった場で子供たちに感じ取ってもらいたいことは、表現の技術よりも、「他者と出会うことの難しさ」だった。どうすればコミュニケーション能力が高まるかではなく、自分の言葉は他者に通じないという痛切な経験を、まず第一にしてもらいたいと考えてきた。高校演劇の指導などで全国を回っているといつも感じるのは、生徒創作の作品のそのいずれもが、自分の主張が他者に「伝わる」ということを前提として書かれている点だ。私は、創作を志す若い世代に、②演劇を創るということは、ラブレターを書くようなものだと説明する。「俺は、お前のことがこんなに好きなのに、おまえはどうして俺のことがわかってくれないんだ」という地点から、私たちの表現は出発する。分かり合えるのなら、ラブレターなんて書く必要はないではないか。日本はもともと、流動性の低い社会の中で、「分かり合う文化」を形成

してきた。誰もが知り合いで、同じような価値観を持っているのならば、お互いがお互いの気持ちを察知して、小さいな共同体がうまくやっていくための言葉が発達するのは当然のことだ。それは日本文化の特徴であり、それ自体は、卑下すべきことではない。明治以降の近代化の過程も、価値観を多様化するというよりは、大きな国家目標に従って、価値観を一つにまとめる方向が重視され、教育も社会制度も、③そのようにプログラミングされてきた。均質化した社会は、短期間での近代化には好条件だ。日本は明治の近代化と、戦後復興という二つの奇跡を成し遂げた。しかし、私たちはすでに大きな国家目標を失い、個人はそれぞれの価値観で生き方を決定しなければならない時代に突入している。このような社会では、価値観を一つに統一することよりも、異なる価値観を、異なったままにしながら、その価値観を摺り合わせ、いかにうまく共同体を運営していくかが重要な課題となっている。いま、あらゆる局面で、コミュニケーション能力が重視されるのは、ここに原因がある。「分かり合う文化」から、「説明し合う文化」への転換を図ろうということだろう。だが、ここに一つの落とし穴がある。　表現とは、単なる技術のことではない。闇雲にスピーチの練習を繰り返しても、自分表現がうまくなるわけではない。自己と他者とが決定的に異なっている。人は一人ひとり、異なる価値観を持ち、異なる生活習慣を持ち、異なる言葉を話しているということを、痛みを伴う形で記憶している者だけが、本当の表現の領域に踏み込めるのだ。

1　①「状況」とあるが、筆者は今どんな状況だと言っているか。
　　1　親や教師が子供に無理に表現させようとはしない状況
　　2　親や教師が子供に相互理解の重要性を教えようとしている状況
　　3　親や教師が子供にとにかく何かを表現させようとしている状況
　　4　親や教師が子供に表現することの難しさを教えようとしている状況

2　②「演劇を創るということは、ラブレターを書くようなものだ」とあるが、どのような意味か。
　　1　お互いに分かり合えることを前提にして、演劇を創り上げるべきだ。
　　2　相手に自分の主張が通じないことを前提に、演劇を創り上げるべきだ。
　　3　恋人に自分の愛情を表現するのと同じ気持ちで、演劇を創り上げるべきだ。
　　4　相手に気持ちを伝える技術を磨くことを目的に、演劇を創り上げるべきだ。

3 ③「そのように」とあるが、どのような意味か。
1　個人が生き方を選択できるように
2　誰もが同じような表現能力を持てるように
3　存在する異なった価値観が共存するように
4　国家の目標にあう価値観にまとまるように

4 現在の日本の社会について、筆者が述べていることとあっているものはどれか。
1　「分かり合う文化」から「説明し合う文化」へと向かう途上にある。
2　「分かり合う文化」と「説明し合う文化」がうまく共存し始めている。
3　すでに「分かり合う文化」から「説明し合う文化」への転換を成し遂げたと言える。
4　「分かり合う文化」は今も日本文化の特徴で、人々の価値観は基本的に同じである。

5 筆者は、自分表現がうまくなるには、どんなことが条件になると言っているか。
1　相手に自分の言葉が伝わらなかったというつらい経験を持つこと
2　自分の主張が相手に伝わるようにスピーチの練習を何回もすること
3　外国で暮らしたり、外国語を勉強したりした経験を持っていること
4　自分と相手の気持ちがお互いに分かり合えた経験をたくさん持つこと

chapter 03 청해

N1 3교시

통합 이해 문제 3

N1 청해 문제 5는 통합 이해 문제이다. 통합 이해 문제는 긴 텍스트를 듣고 복수의 정보를 비교 종합하면서 내용을 얼마나 이해했는지를 종합적으로 판단하는 문제이다.

대화를 잘 듣고 맞는 답을 하나 고르시오.

1ばん

①

②

③

④

えなどは　ありません。

2ばん

①

②

③

④

えなどは　ありません。

PRACTICE TEST

3ばん

①

②

③

④

えなどは　ありません。

4ばん－1

① ②

③ ④

4ばん－2

① ②

③ ④

えなどは　ありません。

스크립트

문제 1

女(おんな)の人(ひと)と男(おとこ)の人(ひと)が話(はな)しています。

女：最近(さいきん)、仕事(しごと)のほうはどうなの？なんだか、ひどく疲(つか)れているみたいなんだけど。

男：うん、最近(さいきん)忙(いそが)しくて、食事(しょくじ)はおろか睡眠(すいみん)も十分(じゅうぶん)にとってないんだ。

女：そんなことじゃ駄目(だめ)じゃない？体(からだ)があっての仕事(しごと)よ。休暇(きゅうか)をとるとか、少(すこ)しは改善策(かいぜんさく)を考(かんが)えないと…。あなたはいつも無理(むり)して、自分(じぶん)だけで仕事(しごと)を片付(かたづ)けようとするんだから…。

男：そう言(い)われてもね…今度(こんど)の仕事(しごと)は、会社(かいしゃ)の将来(しょうらい)を決定(けってい)するものだと思(おも)うと、やっぱりね。

女：でも、過労(かろう)で倒(たお)れたりしたら、かえって周(まわ)りに迷惑(めいわく)をかけることになるわよ。

男：わかってるけど…現実(げんじつ)はね…。

質問　男(おとこ)の人(ひと)は、どう考(かんが)えていますか。

1. 体(からだ)の調子(ちょうし)を取(と)り戻(もど)すために、仕事(しごと)を休(やす)むつもりだ。
2. 自分(じぶん)だけで仕事(しごと)をしないで、ほかの人(ひと)にも頼(たの)むつもりだ。
3. 重要(じゅうよう)な仕事(しごと)をしているので、無理(むり)をしてでも頑張(がんば)るつもりだ。
4. 過労(かろう)で倒(たお)れる前(まえ)に、仕事(しごと)を辞(や)めるつもりだ。

여자와 남자가 이야기하고 있습니다.

여 : 최근, 일은 어때? 어쩐지, 몹시 피곤해보여.
남 : 응, 최근에 바빠서, 식사는커녕 잠도 충분히 잘 못 자고 있어.
여 : 그래서는 안 되지 않니? 몸이 있고나서 일도 있는 법이야. 휴가를 얻는다든가, 조금은 개선책을 생각하지 않으면….당신은 늘 무리해서, 자기 혼자서 일을 처리하려고 하니까….
남 : 그런 말을 들어도… 이번 일은 회사의 장래를 결정한다고 생각하면 역시.
여 : 그렇지만 과로로 쓰러지거나 하면, 오히려 주위에 폐를 끼치게 되는 거야.
남 : 알고 있는데… 현실은….

질문　남자는 어떻게 생각하고 있습니까?

1. 몸의 컨디션을 되찾기 위해서, 일을 쉴 생각이다.
2. 자기 혼자서 일을 하지 않고, 다른 사람에게도 부탁할 생각이다.
3. 중요한 일을 하고 있으므로, 무리를 해서라도 노력할 생각이다.
4. 과로로 쓰러지기 전에, 일을 그만둘 생각이다.

중요표현

1. 「~はおろか」는 「~은커녕, ~은 말할 것도 없고」라는 표현이다. 千円(せんえん)はおろか百円(ひゃくえん)もない(천 엔은커녕 백 엔도 없다), カタカナはおろかひらがなも書(か)けない(가타카나는 말할 것도 없고 히라가나도 못쓴다)
2. 「A(が)あってのB」는 「A가 있기에 B가 가능하다, A가 있기에 B가 있을 수 있다」라는 의미이다. 体(からだ)があっての仕事(しごと)だ(몸이 있기에 일도 있는 법이다), 資金(しきん)があっての商売(しょうばい)だ(자금이 있어야 장사도 할 수 있다)

문제 2

インタビューを聞(き)いてください。

女：最近(さいきん)、悩(なや)みを持(も)った人(ひと)が多(おお)いみたいですが。特(とく)に40代(だい)の人(ひと)に。
男：ええ、そうですねえ。会社(かいしゃ)での人間(にんげん)関係(かんけい)、仕事(しごと)のストレスとか、まあ、人(ひと)によって、悩(なや)みはさまざまですねえ。
女：ええ。
男：まあ、悩(なや)みを持(も)つ人(ひと)は30代(だい)の時(とき)に何(なに)も考(かんが)えず、会社(かいしゃ)で上司(じょうし)に命令(めいれい)されるままに働(はたら)いてきているんです。
女：ということは、30代(だい)で仕事(しごと)にばかり没頭(ぼっとう)しすぎているということですか。
男：いや、没頭(ぼっとう)すること自体(じたい)は悪(わる)くないんですけど、ただ主体性(しゅたいせい)もなく、はい、はいじゃねえ。
女：自分(じぶん)で判断(はんだん)することが大切(たいせつ)ですよね。
男：ええ。仕事(しごと)を命(めい)じられたときは考(かんが)えなくちゃ。目的(もくてき)は何(なに)なのか、どうすれば効率的(こうりつてき)なのか。
女：そうそう。大局的(たいきょくてき)に物事(ものごと)を見(み)なくちゃいけないんですよ。

質問　男(おとこ)の人(ひと)は30代(だい)の人(ひと)はどのように仕事(しごと)をするべきだと言(い)っていますか。

1. 目的(もくてき)や方法(ほうほう)を考(かんが)え、仕事(しごと)をするべきです。
2. 命令(めいれい)された仕事(しごと)を明確(めいかく)にするべきです。
3. 仕事(しごと)をするかどうか、まず判断(はんだん)するべきです。
4. 悩(なや)みは忘(わす)れて仕事(しごと)をするべきです。

인터뷰를 들어 주세요.

여 : 최근, 고민을 가진 사람들이 많은 것 같습니다. 특히 40대들에게.
남 : 예, 그러네요. 회사에서의 인간관계, 일의 스트레스라든지, 뭐, 사람에 따라서, 고민은 다양하네요.
여 : 예.
남 : 우선, 고민을 가진 사람들은 30대에 아무것도 생각하지 않고, 회사에서 상사에게 명령받은 대로 일해 온 것입니다.
여 : 그렇다는 것은, 30대에 일에만 너무 몰두해서 입니까?
남 : 아니, 몰두하는 것 자체는 나쁘지 않은데, 단지 주체성도 없이, 예, 예라고만 해서는.
여 : 스스로 판단하는 것이 중요하네요.
남 : 예. 일을 명령받았을 때는 생각을 해야 해요. 목적은 무엇인가, 어떻게 하면 효율적인가.
여 : 맞아요. 대국적으로 사물을 보지 않으면 안 돼요.

질문　남자는 30대의 사람들은 어떻게 일을 해야 한다고 말합니까?

1. 목적이나 방법을 생각하고 일을 해야 합니다.
2. 명령된 일을 정확하게 해야 합니다.
3. 일을 할지 말지, 우선 판단해야 합니다.
4. 고민은 잊고 일을 해야 합니다.

중요표현

「～ままに」는 「～하는 대로, ~에 따라」라는 뜻이다. 타인의 의견이나 상황에 따르게 되는 경우에 자주 사용된다. **命令(めいれい)されるままに働(はたら)いた**(명령받은 대로 일했다), **先輩(せんぱい)に言(い)われるままにやっただけです**(선배에게 이야기들은 대로(선배가 시키는 대로)한 것뿐입니다)

스크립트

문제 3

三人(さんにん)で政治(せいじ)について話(はな)しています。

女 ：日本人(にほんじん)って政治(せいじ)に不満(ふまん)を持(も)ってないわけじゃないのに、なぜ怒(おこ)らないんですか。
男1：政治(せいじ)に失望(しつぼう)しきっていて、あきらめてるんじゃないかな。
男2：それに、この頃(ごろ)の若者(わかもの)は、政治(せいじ)にあんまり興味(きょうみ)がないんですよ。
女 ：そんなの、無責任(むせきにん)ですよ。自分(じぶん)の国(くに)のことだからもっと関心(かんしん)を持(も)つべきですよ。そして、政治(せいじ)がだめなら自分(じぶん)たちで変(か)えようと思(おも)うべきでしょう。
男1：政治家(せいじか)のほうが強(つよ)いから、自分(じぶん)ひとりでは何(なに)も変(か)えられないと思(おも)ってるんでしょう。
男2：そうそう、それもありますよ。
女 ：選挙(せんきょ)で自分(じぶん)の意見(いけん)を示(しめ)せばいいじゃないですか。
男1：それはそうなんですけど… やっぱり疲(つか)れるんでしょうね。

質問　女(おんな)の人(ひと)の意見(いけん)ではないものはどれですか。

1. 日本人(にほんじん)は無責任(むせきにん)だ。
2. 日本人(にほんじん)は選挙(せんきょ)で意思(いし)表示(ひょうじ)すべきだ。
3. 日本人(にほんじん)は自分(じぶん)たちで政治(せいじ)を変(か)えるべきだ。
4. 日本人(にほんじん)は政治(せいじ)に不満(ふまん)を持(も)っていない。

질문 : 셋이서 정치에 대해 이야기하고 있습니다.

여 ： 일본인들은 정치에 불만을 가지고 있으면서, 왜 화를 내지 않습니까?
남1： 정치에 실망해 버려서, 포기하고 있는 게 아닐까.
남2： 게다가, 요즘 젊은이들은, 정치에 별로 관심이 없어요.
여 ： 그런 건, 무책임해요. 자기 나라이니까. 좀 더 관심을 가져야해요. 그리고 정치가 잘못됐으면 스스로 바꾸려고 해야겠지요.
남1： 정치가가 강하기 때문에, 자기 혼자서는 아무것도 바꿀 수 없다고 생각하고 있는 겁니다.
남2： 맞아요, 그런 것도 있어요.
여 ： 선거로 자신의 의견을 나타내면 되지 않습니까?
남1： 그건 그렇습니다만... 역시 지치겠지요.

여자의 의견이 아닌 것은 어떤 것입니까?
1. 일본인은 무책임하다.
2. 일본인은 선거로 의사 표시를 해야 한다.
3. 일본인은 스스로 정치를 바꾸어야 한다.
4. 일본인은 정치에 불만을 가지고 있지 않다.

> **중요표현**
> 「~わけではない」는 「~인 것은 아니다. 반드시 ~라고는 할 수 없다」라는 표현이고, 「~ないわけではない」는 「반드시 ~하지 않다고는 할 수 없다. 즉, 그럴 수도 있다」는 의미이다. 持(も)っているわけではない(가지고 있는 것은 아니다). 持(も)っていないわけではない(가지고 있지 않은 것은 아니다. 즉, 가지고 있다)

문제 4

お店(みせ)の人(ひと)がジュースの説明(せつめい)をしています。

男1：えー、こちらをご覧(らん)ください。当店(とうてん)ではおいしさだけでなく栄養(えいよう)のバランスを考(かん)がえた健康(けんこう)ジュースをご用意(ようい)いたしました。黄色(きいろ)、紫(むらさき)、緑(みどり)、赤(あか)の4種類(しゅるい)。それぞれ効果(こうか)が異(こと)なりますので、皆様(みなさま)の体調(たいちょう)や目的(もくてき)に合(あわ)せてお選(えら)びいただけます。まず男性(だんせい)サラリーマンの方(かた)に人気(にんき)なのがこの黄色(きいろ)でして、こちらは疲労(ひろう)回復(かいふく)に効果(こうか)があります。えー、次(つぎ)に女性(じょせい)の方(かた)にお勧(すす)めなのが、この紫(むらさき)で、美容(びよう)に大変(たいへん)いい要素(ようそ)が豊富(ほうふ)に含(ふく)まれております。緑(みどり)には、パソコンなどによる目(め)の疲(つか)れを取(と)る働(はたら)きがございます。またちょっと高(たか)いんですが、若(わか)い男性(だんせい)の方々(かたがた)からは、黄色(きいろ)にさらに美容効果(びようこうか)を加(くわ)えたこの赤(あか)が、大変(たいへん)ご好評(こうひょう)でございます。

女　：へえ、よさそう。やっぱりきれいになるっていうのは魅力的(みりょくてき)ね。

男2：でも、仕事(しごと)で一日中(いちにちじゅう)パソコン使(つか)ってるんだよね？

女　：そうなのよね。目(め)の疲(つか)れってのもつらいのよね。そっちのほうがいいかな。

男2：じゃあ、飲(の)んでみたら？僕(ぼく)は最近(さいきん)体(からだ)がだるいから…。

女　：赤(あか)ならお肌(はだ)もきれいになりそうね。ちょっと高(たか)みたいだけど。

男2：いやあ、僕(ぼく)は美容効果(びようこうか)の方(ほう)はいいよ。

質問1　この女(おんな)の人(ひと)にはどのジュースが最(もっと)も効果的(こうかてき)ですか。

1. 黄色(きいろ)　　2. 紫(むらさき)
3. 緑(みどり)　　　4. 赤(あか)

質問2　この男(おとこ)の人(ひと)はどのジュースを飲(の)もうと考(かんが)えていますか。

1. 黄色(きいろ)　　2. 紫(むらさき)
3. 緑(みどり)　　　4. 赤(あか)

가게 점원이 주스의 설명을 하고 있습니다.

남1：음... 이쪽을 봐주세요. 저희 가게에서는 맛뿐만이 아니라 영양의 밸런스를 고려한 건강주스를 준비했습니다. 노랑, 보라, 초록, 빨강 4종류. 각각 효과가 다르기 때문에, 여러분의 컨디션이나 목적에 맞는 것을 선택하실 수 있습니다. 먼저 남성 샐러리맨 분들에게 인기인 것이 이 노랑이고, 이쪽은 피로회복효과가 있습니다. 음... 다음에 여성분들에게 추천하고 싶은 것이, 이 보라로, 미용에 몹시 좋은 요소가 풍부하게 함유되어 있습니다. 초록에는, PC등에 의한 눈의 피로를 푸는 효과가 있습니다. 또 조금 비쌉니다만, 젊은 남성분들로부터는, 노랑에 한층 더 미용 효과를 더한 빨강이 대단히 평이 좋습니다.

여　：오~ 좋을 것 같아. 역시 예쁘게 된다는 것은 매력적이야.

남2：하지만 일로 하루 종일 PC사용하잖아?

여　：맞아. 눈의 피로도 힘들어 그지. 그쪽이 나을까.

남2：자, 마셔 보는 게 어때? 나는 최근에 몸이 나른하니까...

여　：빨강이라면 피부도 좋아질 것 같아. 조금 비싼 것 같지만.

남2：아니, 나는 미용 효과 쪽은 됐어.

질문1　이 여자에게는 어느 주스가 가장 효과적입니까?

1. 노랑　　2. 보라
3. 초록　　4. 빨강

질문2　이 남자는 어느 주스를 마시려고 하고 있습니까?

1. 노랑　　2. 보라
3. 초록　　4. 빨강

중요표현

1. 「Aだけでなく」는 「A뿐만 아니라」라는 의미이다. おいしさだけでなく栄養面(えいようめん)もばっちりです (맛뿐만 아니라 영양 면에서도 확실합니다)

2. 「ございます」는 「あります」의 정중한 표현이다. 働(はたら)きがあります → 働(はたら)きがございます(효과가 있습니다)

N1

뉴 일본어 능력시험

Part 16

문자/어휘 chapter 01
종합문제

문법 chapter 02
종합문제

독해
종합 문제

청해 chapter 03
종합 문제

chapter 01 문자/어휘

N1 1교시

問題1 ＿＿＿＿の言葉の読み方として最もよいものを、1・2・3・4から一つ選びなさい。

1 身近な問題をとりあげて研究する。
   1 しんきんな　　2 しんこんな　　3 みぢかな　　4 みちかな

2 副作用の認められた時は、速やかな処置が行われます。
   1 なごやかな　　2 すみやかな　　3 ゆるやかな　　4 はなやかな

3 やっぱり思春期だと外見が重視されるんでしょうか。
   1 ちょうし　　2 じゅうし　　3 ちょうけん　　4 じゅうけん

4 これが、自分らしさを発揮して「輝く」ということ。
   1 かがやく　　2 かたむく　　3 きらめく　　4 まぶしく

5 読んだら元の所に戻しておきなさい。
   1 さがして　　2 はなして　　3 かえして　　4 もどして

6 その当時の多くのサラリーマンがそうであったように家庭を省みなかった。
   1 かえりみなかった　　　　2 もどりみなかった
   3 ころみなかった　　　　　4 はぶきみなかった

7 徹底した価格調査によりインターネットナンバーワンの安値を実現！
   1 とうてい　　2 とってい　　3 てっていい　　4 てつてい

8 流出が止まるまでは事態を慎重に見守っていく考えを強調した。
   1 じてい　　2 じたい　　3 じってい　　4 じったい

9 犯罪の多様化・悪質化に伴い防犯対策の充実が迫られている。
   1 はんさい　　2 はんざい　　3 ばんさい　　4 ばんざい

10 和解とは、当事者が互いに譲歩して紛争を終わらせることを約束することである。
   1 じょうほ　　2 じょうほう　　3 じょうふ　　4 じょうぶ

종합문제 PRACTICE TEST

11 <u>廃棄物</u>とは、不要になり廃棄の対象となった物などを指す。
　　1　はっきぶつ　　　2　はきぶつ　　　3　はいきぶつ　　　4　はつきぶつ

12 <u>名残</u>を惜しむ約二百人の買い物客が拍手で閉店を見送った。
　　1　めいざん　　　2　なのこり　　　3　めいさん　　　4　なごり

13 周囲に視界を<u>遮る</u>ものがないので地平線が丸く見える。
　　1　さえぎる　　　2　さまたげる　　　3　へだてる　　　4　やわらげる

問題2　（　　　）に入れるのに最もよいものを、1・2・3・4から一つ選びなさい。

1 若さを（　　　）にはどうすればいいか、その人に聞いてみたい。
　　1　ためる　　　2　たやす　　　3　たもつ　　　4　たよる

2 ＤＤＳという略語が今ではテレビの（　　　）にも出てくる。
　　1　コレクション　　　2　コマーシャル　　　3　コントラスト　　　4　コンパス

3 ちょっとした言葉の（　　　）から、大変なけんかになってしまった。
　　1　落ち着き　　　2　差し引き　　　3　受け持ち　　　4　行き違い

4 博士がそれまでの職をくつがえす説を（　　　）のは、今から20年前のことだ。
　　1　かなえた　　　2　かまえた　　　3　となえた　　　4　とらえた

5 紛争が（　　　）、市民の生活に落ち着きが戻った。
　　1　おさまり　　　2　さだまり　　　3　まとまり　　　4　よわまり

6 駅前の再開発工事は、順調にいけば来年の10月に完了する（　　　）だ。
　　1　見合い　　　2　見込み　　　3　見積もり　　　4　見晴らし

7 仕事はできるだけ早めに始めるように(　　　)いる。
   1 いどんで　　2 とりくんで　　3 こころがけて　　4 はかどって

8 山田さんは頼りにならないと思っていたが、今度の活躍を見てその考えを(　　　)。
   1 おさめた　　2 あらためた　　3 うちきった　　4 おいだした

9 こういう話は一度(　　　)と、まとまらなくなる。
   1 みだれる　　2 ねじれる　　3 はずれる　　4 こじれる

10 彼女は重大な秘密を私に(　　　)。
   1 はたした　　2 つくした　　3 あかした　　4 すました

11 初めて会った瞬間、(　　　)的にこの人とはうまくいくと思った。
   1 主観　　2 悲観　　3 予感　　4 直感

12 (　　　)人的に集中力を高める方法を公開。
   1 超　　2 貂　　3 徴　　4 趙

13 本欄は広告(　　　)であり、広告の内容に関する一切の責任は広告主に帰属する。
   1 襤　　2 覧　　3 欄　　4 蘭

問題3 _____の言葉に意味が最も近いものを、1・2・3・4から一つ選びなさい。

1 レストランで使いをしてくれた<u>給仕</u>に手当をやる。
   1 サラリー　　2 ゲスト　　3 オーナー　　4 ウエイトレス

2 弟と湖のまわりを走り、どちらが早いか<u>競争</u>することにした。
   1 レース　　2 ゴール　　3 喧嘩　　4 戦争

PRACTICE TEST

3. 障害者のためにすべて足先やひざで操作する<u>仕組</u>みだ。
   1 構成　　　　2 構造　　　　3 組み立て　　　　4 仕分け

4. ここで弱気になっちゃもう<u>戦い</u>の前に、自分に負けることになるわよ。
   1 バッジ　　　2 バッテリー　3 バトル　　　　4 バット

5. 帰りも同じ<u>経路</u>を通ることを考えたら急に疲れてきた。
   1 ルーズ　　　2 ルート　　　3 コントラスト　4 コメント

6. 自分が抱えている秘密をこっそり<u>打ち明ける</u>としたら…最初に誰に打ち明ける？
   1 独白する　　2 告白する　　3 打ち切る　　　4 打ち消す

7. 遺伝子検査の結果は、19日夕方に<u>判明する</u>予定である。
   1 発覚される　2 確保される　3 発見される　　4 確認される

8. 子供は<u>わざと</u>やったわけではないから、自分がやったことにならないと言っている。
   1 故意に　　　2 意志　　　　3 偶然　　　　　4 たまたま

9. 戦争解決への大きな<u>ステップ</u>が必要な時期だ。
   1 メンバー　　2 歩み　　　　3 会議　　　　　4 和解

10. 登場人物のファッション<u>センス</u>が光る。
    1 服装　　　　2 恰好　　　　3 素敵　　　　　4 感覚

11. 日本の頻繁な首相<u>交代</u>で周囲は落ち着けない。
    1 交換で　　　2 選挙　　　　3 かわるがわる　4 演説

12. 結婚を<u>控えて</u>その準備に気ぜわしい。
    1 のちほど　　2 目前にして　3 直ちに　　　　4 最中

13. ちょっとむすっとする彼女の顔が<u>なんとなく</u>好きだ。
    1 なんだか　　2 どうしても　3 たまらなく　　4 気が狂うぐらいに

問題4　次の言葉の使い方として最もよいものを、1・2・3・4から一つ選びなさい。

1 仮に
1 仮に勉強したら、成績が上がった。
2 仮に努力をすれば、成功するかもしれない。
3 仮に自分が病気になったことを一度は考えるべきだ。
4 仮に1ドルを120円として費用を計算してみよう。

2 ぺこぺこ
1 面接試験のときは心配で頭がぺこぺこになってしまった。
2 夜遅く一人で帰るときは、怖くてぺこぺこしている。
3 電車は遅れたので、駅員がぺこぺこあやまっている。
4 たくさん買い物をしたので、いくらかかるかと思ってぺこぺこした。

3 交付
1 国から各大学に補助金が交付された。
2 国民には国に税金を交付する義務がある。
3 今月の給料が交付されたら、新しいくつを買うつもりだ。
4 隣の人に旅行のおみやげを交付した。

4 軽率
1 お酒は軽率を引き起こしますから、気をつけましょう。
2 人を軽率に批判するのはやめた方がいい。
3 よく考えないで軽率してはいけない。
4 私の軽率な運動で、多くの人に迷惑をかけてしまった。

5 おごる
1 この本は私が父におごったものです。
2 今日は私がおごるからどんどん注文して。
3 手作りの料理をおごっていただいて恐縮です。
4 入学祝いに気持ちばかりのプレゼントをおごった。

PRACTICE TEST

6 露骨
1. 新しいめがねにしたら露骨に見えるようになった。
2. 開始時間は露骨に知らせておきました。
3. 昔のことはあまり露骨に覚えていない。
4. 露骨にいやな顔をしてはいけない。

7 潔い
1. 裁判で、被告は「自分は無実だ、潔い」と主張した。
2. 家に帰ったら、潔くなるまでしっかり手を洗いましょう。
3. 間違ったことをしたと思うなら、潔く謝ったほうがいいよ。
4. 資料は配らずに、潔く説明だけですませた。

8 ののしる
1. 子供が悪いことをしたらののしることが大切な教育です。
2. 立ち入り禁止の所に入ろうとしている人をそっとののしった。
3. 友人に頼まれて英語の手紙をののしってあげた。
4. 会社で大きなミスをしてしまい、大声でののしられた。

9 単一
1. このアルバイトは単一で飽きる。
2. ヨーロッパでは単一の通貨が使われている。
3. 私の単一の趣味は釣りだ。
4. 庭の手入れは単一に父の仕事だ。

10 調子
1. この問題は調子が深いから解決には時間がかかるだろう。
2. その服の調子は派手すぎてあなたに似合わない。
3. このお茶は眠気をさます調子がある。
4. その調子でいいから、続けて練習しなさい。

11 なんとか

1 難しい試験だったが、なんとか合格することができた。
2 なんとかいいことがありそうな気がする。
3 あの人はなんとか好きになれない。
4 近ごろなんとか胃の調子がおかしい。

12 ぼつぼつ

1 きょうは一日何もしないでぼつぼつした。
2 ぼつぼつ映画を始まりました。
3 日曜日の公園ではぼつぼつしか人が散歩している。
4 ぼつぼつ仕事にかかろう。

13 あざやか

1 あざやかな畳のいいにおいがする。
2 病気があざやかに治ってうれしい。
3 あざやかな色が好きだ。地味な色、暗い色は好きではない。
4 取ったばかりの野菜は、あざやかでとてもおいしい。

chapter 02 문법/독해

종합문제

問題 1　次の文の（　　）に入れるのに最もよいものを、1・2・3・4から一つ選びなさい。

1　彼は、事件には関係していない（　　）、知らぬふりをしていた。
　1　かとは　　　2　かなにか　　　3　かのごとく　　　4　かといって

2　会社の評判（　　）から、製品の品質管理は厳しくしなければならない。
　1　をかぎる　　2　にいたる　　　3　をめぐる　　　　4　にかかわる

3　この映画は評判が高く、見るものを感動させずには（　　）だろう。
　1　ならない　　2　いけない　　　3　しない　　　　　4　おかない

4　様々な困難に（　　）、あきらめないで最後までやりぬいた。
　1　あいながらも　　　　　　　　2　あわんがため
　3　あうともなれば　　　　　　　4　あったがはやいか

5　この道具を一度（　　）、あまりの便利さに手放せなくなってしまった。
　1　使わないにしろ　　　　　　　2　使っただけあって
　3　使ってからというもの　　　　4　使ってからでなければ

6　海辺の町で育ったと聞いていたので、さぞかし泳ぎがうまいだろう（　　）、水に浮くこともできないらしい。
　1　と思いつつも　　　　　　　　2　と思ったところで
　3　と思いきや　　　　　　　　　4　思うだに

7　小学校からずっと仲のよかった彼女が遠くに引っ越すのは、寂しい（　　）。
　1　ほかない　　2　に限る　　　　3　限りだ　　　　　4　にほかない

8　住民の反対運動が盛り上がるのを（　　）、高層ホテルの建設工事はどんどん進められた。
　1　よそに　　　2　そとに　　　　3　あとに　　　　　4　ほかに

455

9 最近の若い親と（　　　）子どもが電車の中で騒いでいても、ちっとも注意しようとしない。

　1　あれば　　　　2　いえども　　　　3　ばかりに　　　　4　きたら

10 当時は会社の経営が困難を極めた時代だった。そのため、父は責任者という立場（　　　）寝る時間も惜しんで働かなければならなかった。

　1　だけしか　　　2　にとって　　　　3　にあって　　　　4　ばかりか

11 周囲の人が反対（　　　）、私の気持ちは変わらない。

　1　しないとばかりに　　　　　2　したそばから
　3　しようとしまいと　　　　　4　するとすれば

12 ボーナスが去年の半分しかなかった。悲しい限りだが、今の時代ボーナスが出る（　　　）。

　1　だけましだ　　2　にすぎない　　　3　ことしかない　　4　のみである

13 新しいダムの建設には住民の反対も大きい。国は計画を中止するとは（　　　）、もう一度見直さざるを得ないだろう。

　1　言わないまでも　　　　　　2　言うまでもなく
　3　言うに及ばず　　　　　　　4　言わないことではなく

14 昔の父親というものは、父親（　　　）家族に弱みを見せてはいけないと思っていた。

　1　であれ　　　　2　たるもの　　　　3　あっての　　　　4　たりとも

15 ウイルスの感染経路をあきらかに（　　　）調査が行われた。

　1　すべからず　　2　すべく　　　　　3　したところで　　4　するはおろか

16 体調不良（　　　）仕事を終えると体はフラフラだった。

　1　をもとに　　　2　をはじめ　　　　3　をおして　　　　4　をかねて

PRACTICE TEST

17 当劇団は評判がよく、明日の公演を（　　　）今年は10都市を回る予定である。
  1　皮切りに　　　2　かえりみず　　　3　前にして　　　4　禁じえず

18 あなたがたまたま確認してくれたからよかったものの、もう少しで原稿の締め切りに間に合わなくなる（　　　）。
  1　ところだろう　　　　　　　　2　ところだった
  3　ところではない　　　　　　　4　ところではなかった

19 大雨でいったん試合中止を宣言したが、天候の回復いかんによっては再開（　　　）。
  1　するまでもない　　　　　　　2　するはずがない
  3　しないわけではない　　　　　4　しないまでだ

20 株の取引も、大金持ちの彼女にとっては単なる遊びと（　　　）。
  1　いえばこそだ　　　　　　　　2　いってこそだ
  3　いったところだ　　　　　　　4　いわんところだ

問題2　次の文の＿★＿に入る最もよいものを、1・2・3・4から一つ選びなさい。

1 お客さんにきちんと＿＿＿＿、＿＿＿＿　＿★＿、＿＿＿＿やりなさい。
  1　言われなくても　　　　　　　2　あいさつするくらい
  3　あるまいし　　　　　　　　　4　子どもじゃ

2 近頃、平均寿命が80歳を超える国が増えているが、＿＿＿＿　＿＿＿＿　＿★＿、＿＿＿＿急速に進んでいる。
  1　と相まって　　　2　減少　　　3　高齢化が　　　4　子どもの

3 親友の＿＿＿＿　＿＿＿＿　＿★＿、＿＿＿＿だますようなことはできないわ。
  1　人を　　　　　　2　頼み　　　3　あなたの　　　4　といえども

457

[4] こうして私たちが商売を_____ _____、_____ ___★___ものと感謝しております。
　　1　続けられる　　　2　あっての　　　　3　のも　　　　　　4　お客様

[5] 大金持ち_____ ___★___、_____ _____ができるのだからいいじゃないか。
　　1　とは　　　　　　2　豊かな生活　　　3　十分　　　　　　4　いえないまでも

[6] 犬嫌いの息子は、_____ ___★___ _____ _____出す。
　　1　犬の姿を　　　　2　早いか　　　　　3　走り　　　　　　4　見るが

[7] 人間にとって、___★___ _____、_____ _____が大切な問題だ。
　　1　さることながら　　　　　　　　　　2　生きること
　　3　生活の維持も　　　　　　　　　　　4　よりよく

[8] 人の顔を_____ ___★___ _____ _____、失礼なやつだ。
　　1　笑い出す　　　　2　なんて　　　　　3　なり　　　　　　4　見る

[9] あの二人はよほど_____ _____。_____ ___★___言葉で言い争っている。
　　1　のだろう　　　　　　　　　　　　　2　聞くにたえない
　　3　いつも　　　　　　　　　　　　　　4　仲が悪い

[10] 自然は一度_____ ___★___、_____ _____状態には戻らない。
　　1　が最後　　　　　2　元の　　　　　　3　もう　　　　　　4　破壊された

PRACTICE TEST

問題3　次の文章を読んで、1から5の中に入る最もよいものを、1・2・3・4から一つ選びなさい。

　人間はその生活を維持し、その内容を充実させていくために、積極的に仕事をして⬚1。そのために、からだは思うように動き、十分な力と、十分なスピードと、十分な持久力を持っていることが望ましい。これを体力といっている。こうした体力は、その差はあっても、男女ともに必要なものである。また、一方において我々は、ある程度の寒さや暑さには、平気で耐えていくだけの抵抗力や、少しぐらいのばい菌を殺してしまうぐらいの免疫力を持っていなくては、とうてい自然環境の中で生活を維持していくことはできない。こうした、体の能力も体力の一種である。⬚2、体力を2つに分けて、前者のような体力を行動体力と呼び、後者のような体力を防衛体力と呼ぶことがある。防衛体力が男女共通に必要なことは言うまでもないことである。

　行動体力の中には、また2つの要素が含まれている。その1つは、筋力、スピード、持久力といったもので、これらはエネルギーから見た体力ということができる。いかにたくさんのエネルギーを一時に、また⬚3出すことができるかということであって、体の大きさ、筋肉の太さ、心臓の大きさなどが関係する。⬚4、これは一般に男子のほうが女子の体力を上回るわけである。とくに高校期以後には、そうである。ところが、もう1つの体力、すなわち、巧緻性(注1)、平衡性、などといった調整力になってくると、主として神経のはたらきによるものであるので、からだの大きさとはあまり関係なく、また筋力や持久力とも関係が少ないので、男女の間にあまり違いがない。とくに細かい動作の調整などは、⬚5aの方が⬚5bを上回るものである。

（栗本義彦、今村嘉夫「高校スポーツとルール」による）

(注1)巧緻(こうち)：非常に細かく、巧みなこと

1	1 いかなくてはならない	2 いくまでもない
	3 いくはずがない	4 いかないわけだ

2	1 しかも	2 そこで
	3 すると	4 ただし

3	1 積極的に	2 思うとおりに
	3 長時間にわたって	4 タイミングに合わせて

4	1 だのに	2 共に
	3 連れて	4 従って

5	1 a 若者　　b 年寄り	2 a 男子　　b 女子
	3 a 年寄り　b 若者	4 a 女子　　b 男子

PRACTICE TEST

問題4　次は、健康診断についての案内である。下の問いに対する答えとして、最もよいものを1・2・3・4から一つ選びなさい。

年代別「生活習慣病予防」のための検診メニュー

あなたが受けるべき検診は？

対象者(年齢)		検診名称	内容	料金	お問合せ先
満18歳～39歳		ヘルスアップスクール	血液検査、体力測定など	2500円	各区,保健福祉センター
40歳～75歳未満	国民健康保険加入者	特定検診1	身体測定、尿検査、血液検査、心電図など	500円	国保特定検診ご案内センター
	国保以外の医療保険加入者	特定検診2	身体測定、尿検査、血液検査など		健康保険証に記載されている医療保険者へお問い合わせください。
満75歳以上等		後期高齢者健康診査	身体測定、尿検査、血液検査など	600円	後期高齢者医療広域連合センター

※ 40歳以上で医療保険に加入していない生活保護受給者を対象とした検診もあります。

1　75歳の人が受ける検診はどれか。

1　特定検診1
2　特定検診2
3　特定検診1・特定検診2
4　後期高齢者健康診査

2　案内の内容に合っていないものを選びなさい。

1　年代に関わらず、血液検査はある。
2　保険の種類によって、検査代が違う。
3　全て、生活習慣病のための検査である。
4　52歳の男性は、検査代が無料である。

問題5　次のAとBはそれぞれ海外生活で身についた癖について書かれたものである。AとBの両方を読んで、後の問いに対する答えとして、最もよいものを一つ選びなさい。

A
　小学生の頃からアメリカに住んでいる女子なのですが…。来たばっかりのときに、みんながスカートでも普通にあぐらをかいているのがすごく不思議だったんです。日本ではずっと「体育座り(膝をかかえこむ座り方)」をするように教わってきていたので、私はずっとそうするようにしてきたつもりだったのですが…。いつの間にか、祖父母の家であぐらをかいていたりして、ちょっと変な目で見られました。ほかに挙げるとするなら、会話の際にジェスチャーを混ぜる事だと思います。特に意識しているつもりはないんですが、気づいたら手とかが勝手に動いている。あと同じく会話の際の喜怒哀楽の表現が大げさになっているかもしれません。変な日本人です。

B
　地元の人にうるさく言われて、意識してやり始めました。アパートの地下ガレージに付いて入って来た男に拳銃で脅されて車を取られたとか、鍵を付けたまま一瞬車を離れた隙に乗り逃げされたとか、車で近づいてきた男にバッグをひったくられたとか、路上駐車で窓ガラスを割られなんて話は割合多く、車にまつわる犯罪の話を良く聞きます。今ではすっかりクセになってしまい、何の意味も無く、無意識で、2、3分ごとに後ろを振り向いています。日本に一時帰国した時はそんなことはしないので、「現地限定」ですね。

PRACTICE TEST

1 AとBの内容について、正しくないのはどれか。

  1 AもBも身についてしまった癖に困惑している。
  2 Aは、目上の人の前であぐらをかくことは失礼な行為である。
  3 Bの癖は、罪を犯さないための知恵である。
  4 Aは周りの環境によりついた癖、Bは治安が悪い地域ならではの癖である。

2 なぜAは、自分を変な日本人と言っているのか。

  1 ジェスチャーだけで気持ちを表現しようとするから
  2 無意識のうちにしゃべり出しているから
  3 日本人らしさを忘れた行動をときどきしてしまうから
  4 白い目で見られても動じないから

問題6　次の文章を読んで、後の問に対する答えとして最もよいものを、1・2・3・4から一つ選びなさい。

　私は最近、外国へいく機会に何回かめぐまれ、諸国の鉄道に乗ってみている。風景や乗客はもとより、車両の構造や鉄道運営の(注1)流儀など、なにからなにまで、ものめずらしいことばかりで、おもしろくてたまらないけれど、外国の鉄道の味を知ってしまったら、日本の鉄道はつまらなくなるかというと、けっしてそうではない。外国での鉄道旅行のおもしろさは、(注2)異邦人としてのおもしろさであり、日本のそれとは、味わい方の立場が違うのである。外国の鉄道に乗りながら、日本の鉄道への(注3)郷愁を感じることがしばしばであったのも、そのためであろう。

（宮脇俊三『鉄道旅行のたのしみ』集英社による）

(注1)流儀:やり方
(注2)異邦人:外国人
(注3)郷愁:故郷をなつかしむ気持ち

[1] 外国の鉄道に乗りながら、日本の鉄道への郷愁を感じることがしばしばであったのはなぜか。

1　外国の鉄道に乗っていると、異邦人と見られてつかれてしまうから
2　外国の鉄道はものめずらしいことばかりで、つかれてしまうから
3　外国の鉄道と日本の鉄道では、異なるおもしろさを感じるから
4　外国の鉄道と日本の鉄道は、なにからなにまで似ているから

PRACTICE TEST

問題7　次の文章を読んで、後の問に対する答えとして、最もよいものを1・2・3・4から一つ選びなさい。

　川に上流と下流があるように、われわれのくらしにも上流（アップストリーム）と下流（ダウンストリーム）がある。栓をひねると出てくる水の来るところは上流であり、流しに捨てた水の行く先は下流である。米、肉、魚、野菜、電気、ガス、石油、こういったくらしに必要なものを供給するところが上流であり、台所で出る野菜くず、便所の屎尿、こういった邪魔物をほうり出すところが下流である。
　①われわれは、例外なく、下流より上流の方を気にする。上流が汚れ、乱れると、水や食べ物がまずくなり、危なくなり、くらしの楽しみが減り、からだが傷つけられやすくなるからである。上流にくらべて、下流に対する関心はゼロといってよいくらいうすい。目の前においておくと嫌なものを、見えないところ、遠いところに持っていくだけで、もう、すっかりその存在さえ忘れてしまう。（　②　）自家用車を運転している人は、気楽な気分で歩行者や自転車族に排気ガスを吹きつけているのだが、そのことを意識している人はほとんどいない。これなどが下流に対する無関心の典型である。
　それでも、昔、ずっと昔だと、上流と下流は、両方ともくらしのすぐそばに一緒にあって、誰の目にもその様子がよく見えていた。食べる肉がつい(注1)一刻前までは庭を走りまわっていた鶏であったり、野菜くずが庭のすみの穴に埋められ、しばらく後で(注2)堆肥になり畑に使われるといったことが、ありふれた風景であった。この当時だと、上流は自然と自分で監視していることになったし、自分は下流に関心がないといっても、少なくとも家族の中の一人がそれを始末していることは目にしていた。だから、③直接手をつけなかったとしても、下流の状態は、まちがいなくみんなが知っていた。
　④上流と下流が両方ともそばにあるということは、自分の生活の上流が他人の生活の下流であるということである。それはまた、自分の下流が他人の上流であることでもあった。だから、そういう時代、人は（　⑤　）生活をしていた。飲み水を汲む流れのすぐ上で(注3)おしめを洗うことは、いくら田舎でもつつしまれていたし、食べ頃の野菜に(注4)下肥をまくことは、絶対にしなかった。お互いにそのような知恵を働かしあって、人は生活を作っていた。
　ところがやがて、都市と農村がわかれてきた。そして都市では、上流と下流が見えにくくなってきた。それは都市生活の一つの大きな特徴だった。
　都市が大きくなるにつれ、都市のこの特徴は度が進んでいった。実際今では、自分の家の水道から出る水が、○○川の△△取水口から入る、あの濁りのある水だという実感を持って水を使っている人はいないだろう。

関心の大きいはずの上流のことさえ、都市では、小学校の教科書と社会見学で見るだけになっている。まして下流に属するごみや下水のこととなると、それは観念の世界のことでしかないと言って過言でないだろう。それが現代の都市生活における"下流"の位置である。上流も見えないが、下流はそれ以上に見えないというのが、現代の都市生活の特徴なのである。

(吉村功『ごみと都市生活』による)

(注1) 一刻前:時間的に少し前、先ほど
(注2) 堆肥:肥料
(注3) おしめ:おむつ、赤ん坊の大便や小便を受けるために体に当てる布
(注4) 下肥:人間の大便や小便を用いた肥料

1 ①われわれは、例外なく、下流より上流の方を気にするとあるが、その理由として正しいものはどれか。

1 上流の存在を忘れてしまっているから
2 下流は見えないところが多いから
3 上流が汚れると被害を受けるから
4 下流はありふれた風景だから

2 (②)に入れることばとして適当なものはどれか。

1 たとえば
2 そのうえ
3 それから
4 ところが

3 ③直接手をつけなかったとあるが、例えばどのようなことか。

1 鶏の肉を自分で料理しないこと
2 野菜くずを自分で埋めないこと
3 上流を自分で監視しないこと
4 下流を自分で見に行かないこと

PRACTICE TEST

4 ④上流と下流の例として適当な組み合わせはどれか。

1　上流：水道の栓　下流：台所
2　上流：排気ガス　下流：自家用車
3　上流：鶏　　　　下硫：野菜くず
4　上流：堆肥　　　下流：畑

5 （　⑤　）に入る適当なものを選びなさい。

1　上流を気にしないで
2　下流を気にしないで
3　上流を気にしながら
4　下流を気にしながら

6 この文章によると、現代の都市の人々の上流と下流に対する理解はどのようなものか。

1　上流についても下流についても同様によくわかっている。
2　上流についても下流についてもまったくよくわからない。
3　上流のこともわかるが、下流のことはもっとわかっている。
4　上流のことはよくわからないし、下流はもっとわからない。

chapter 03 청해

N1 3교시

1ばん

① 2冊
② 3冊
③ 4冊
④ 5冊

2ばん

① 計算が分からないから
② 慎重さが足りないから
③ お父さんに似たから
④ 勉強不足だから

종합문제 PRACTICE TEST

3ばん

①

②

③

④

えなどは ありません。

4ばん

①

②

③

えなどは ありません。

5 ばん

①

②

③

えなどは　ありません。

6 ばん

①

②

③

えなどは　ありません。

PRACTICE TEST

7 ばん

①

②

③

えなどは ありません。

8 ばん

①

②

③

④

えなどは ありません。

스크립트

문제 1

質問 男(おとこ)の人(ひと)と女(おんな)の人(ひと)が電話(でんわ)で話(はな)しています。女(おんな)の人(ひと)はこの図書館(としょかん)に本(ほん)を何冊(なんさつ)返(かえ)さなければなりませんか。

男：もしもし、こちら市立(しりつ)図書館(としょかん)ですが、恵美(えみ)さんいらっしゃいますか。
女：はい、私ですが。
男：あのう、お借(か)りになってる『小鳥(ことり)の歌(うた)』と『イタリアの手引(てび)き』が期限(きげん)を過(す)ぎているので、お早(はや)めにお返(かえ)ししていただきたいのですが。それと、スペインの民族(みんぞく)音楽(おんがく)のテープも早(はや)くお願(ねが)いします。
女：あ、そうですか。すみません。あっ、あと『コタちゃんの冒険(ぼうけん)』っていう本(ほん)もそうですよね。
男：いいえ、それはうちじゃないと思(おも)います。
女：そうですか、すみません。今日(きょう)すぐ行(い)きます。

女(おんな)の人(ひと)はこの図書館(としょかん)に本(ほん)を何冊(なんさつ)返(かえ)さなければなりませんか。

1. 2 冊(さつ)
2. 3 冊(さつ)
3. 4 冊(さつ)
4. 5 冊(さつ)

질문 남자와 여자가 전화로 이야기하고 있습니다. 여자는 이 도서관에 책을 몇 권 돌려주지 않으면 안 됩니까?

남：여보세요, 여기는 시립 도서관입니다만, 에미씨 계십니까?
여：네, 접니다만.
남：저기, 빌려 가신 「작은 새의 노래」와 「이탈리아 안내서」가 기한을 넘기고 있기 때문에 빨리 돌려주셨으면 합니다. 그리고 스페인민족음악 테이프도 빨리 부탁드립니다.
여：아, 그렇습니까? 죄송합니다. 아, 그리고 「코타짱의 모험」이라고 하는 책도 그렇지요?
남：아니오, 그것은 저희 쪽이 아니라고 생각합니다.
여：그렇습니까? 죄송합니다. 오늘 당장 가겠습니다.

여자는 이 도서관에 책을 몇 권 돌려주지 않으면 안 됩니까?

1. 2권
2. 3권
3. 4권
4. 5권

중요표현

「お+ます형+なる」는 존경표현이다. 借(か)りる(빌리다) → お借(か)りになる(빌리시다)

문제 2

質問　お母(かあ)さんと子供(こども)が算数(さんすう)のテストの結果(けっか)を見(み)ながら話(はな)しています。テストができなかった一番(いちばん)の原因(げんいん)は何だとお母(かあ)さんは言(い)っていますか。

子供：テスト、あんまり良(よ)くなかったんだ。一生懸命(いっしょうけんめい)勉強(べんきょう)したんだけどなあ。
母　：そうね。今回(こんかい)は一夜漬(いちやづ)けじゃなくて前(まえ)からやってたもんね。
子供：うん。
母　：お母(かあ)さんは数学(すうがく)得意(とくい)だったのよ。
子供：じゃ、お父(とう)さんに似(に)たのかなあ。
母　：ちょっと見(み)せて。ほら、また、計算(けいさん)間違(まちが)いしてるじゃない。
子供：うーん。
母　：もう、そそっかしいんだから。分(わ)かってないわけじゃないんでしょ。
子供：うん。

テストができなかった一番(いちばん)の原因(げんいん)は何だとお母(かあ)さんは言(い)っていますか。

1. 計算(けいさん)が分(わ)からないから
2. 慎重(しんちょう)さが足(た)りないから
3. お父(とう)さんに似(に)たから
4. 勉強(べんきょう)不足(ぶそく)だから

질문　엄마와 아이가 산수 테스트의 결과를 보면서 이야기하고 있습니다. 테스트를 망친 제일 큰 원인은 무엇이라고 엄마는 말하고 있습니까?

아　이 : 테스트, 별로 좋지 않았어. 열심히 공부했지만.
어머니 : 그렇구나. 이번은 벼락치기가 아니고 전부터 했었잖아.
아　이 : 응.
어머니 : 엄마는 수학 아주 잘했었어.
아　이 : 그럼, 아버지를 닮았나.
어머니 : 잠깐 보여줘 봐. 여기 봐, 또 계산 잘못했잖아.
아　이 : 으~응.
어머니 : 정말, 덜렁된다니까. 모르는 게 아니잖아?
아　이 : 응.

테스트를 망친 제일 큰 원인은 무엇이라고 엄마는 말하고 있습니까?

1. 계산을 모르기 때문에
2. 신중함이 부족하기 때문에
3. 아버지를 닮았기 때문에
4. 공부가 부족하기 때문에

> **중요표현**
> 「～ないわけではない」는 「반드시 ～하지 않다고는 할 수 없다. 즉, 그럴 수도 있다」는 의미이다. 分(わ)かってないわけじゃない(모르고 있다고는 할 수 없다. 즉, 알고 있는 것이다)

스크립트

문제 3

アナウンサーが大学生(だいがくせい)の就職(しゅうしょく)に関(かん)する調査(ちょうさ)について話(はな)しています。

アナウンサー：
皆(みな)さんは今(いま)、大学生(だいがくせい)が就職(しゅうしょく)活動(かつどう)をするときに何を基準(きじゅん)にしているかご存(ぞん)じですか。今年(ことし)の夏(なつ)の調査(ちょうさ)では、技術力(ぎじゅつりょく)、将来性(しょうらいせい)、会社(かいしゃ)の規模(きぼ)などの点(てん)が昨年(さくねん)と同様(どうよう)に重視(じゅうし)されているという結果(けっか)が得(え)られました。また、今年(ことし)の新(あたら)しい傾向(けいこう)としては、社会貢献(しゃかいこうけん)のイメージがあるとして、福祉(ふくし)関連(かんれん)の企業(きぎょう)を希望(きぼう)する学生(がくせい)が急速(きゅうそく)に増(ふ)えてきたことです。このため、技術力(ぎじゅつりょく)と能力主義(のうりょくしゅぎ)で昨年(さくねん)まで第一位(だいいちい)だったA社(しゃ)が、福祉(ふくし)関連(かんれん)の企業(きぎょう)数社(すうしゃ)に抜(ぬ)かれる結果(けっか)となりました。

質問　今年(ことし)、大学生(だいがくせい)は何を一番(いちばん)重視(じゅうし)して会社(かいしゃ)を選(えら)んでいますか。

1. 技術力(ぎじゅつりょく)
2. 能力主義(のうりょくしゅぎ)
3. 社会貢献度(しゃかいこうけんど)
4. 将来性(しょうらいせい)

아나운서가 대학생들의 취직에 관한 조사에 대해 이야기하고 있습니다.

아나운서:
여러분은 지금, 대학생들이 취직 활동을 할 경우에 무엇을 기준으로 하고 있는지 알고 계십니까? 금년 여름 조사에서는, 기술력, 장래성, 회사의 규모 등과 같은 점이 작년과 마찬가지로 중시되고 있다는 결과를 얻을 수 있었습니다. 또, 금년의 새로운 경향으로서는, 사회공헌의 이미지가 있다고 하여, 복지 관련 기업을 희망하는 학생이 급속히 늘어난 것입니다. 이 때문에, 기술력과 능력주의로 작년까지 제1위였던 A사가, 복지 관련 몇몇 기업에 뒤처지는 결과가 되었습니다.

질문　올해, 대학생들은 무엇을 제일 중시하며 회사를 선택하고 있습니까?

1. 기술력
2. 능력주의
3. 사회공헌도
4. 장래성

> **중요표현**
> 「抜(ぬ)く」는 「뽑다, 제거하다」라는 뜻 이외에 「앞지르다」라는 뜻도 있다. 따라서 본문에서 「抜(ぬ)かれる」는 「抜(ぬ)く」의 수동형으로서 「앞지름을 당하다, 뒤처지다」라는 뜻을 나타낸다.

문제 4

男 : いざとなれば、私も力(ちから)になるよ。
女 : ＿＿＿＿＿＿＿＿＿＿＿

1. ありがとう。心細(こころぼそ)いです。
2. もっと力(ちから)を入(い)れてくださいね。
3. その時(とき)はお願(ねが)いします。

남 : 야다하면, 나도 힘을 보탤게요.
여 : ＿＿＿＿＿＿＿＿＿

1. 고마워. 마음이 불안해요.
2. 좀 더 힘써 주세요.
3. 그때가 되면 부탁드려요.

문제 5

女 : お昼(ひる)ご飯(はん)に付(つ)き合(あ)ってもらえませんか。
男 : ＿＿＿＿＿＿＿＿＿＿＿

1. いいえ、まだ食(た)べていません。
2. いいですよ。どこへ行(い)きましょうか。
3. 料理(りょうり)は全然(ぜんぜん)できないんです。

여 : 점심식사 하러 같이 가지않으실래요?
남 : ＿＿＿＿＿＿＿＿＿

1. 아니오, 아직 안 먹었습니다.
2. 좋아요. 어디로 갈까요?
3. 요리는 전혀 못합니다.

문제 6

男 : この宣伝(せんでん)文句(もんく)パットしないなあ…。
女 : ＿＿＿＿＿＿＿＿＿＿＿

1. 良(よ)くできてるね。
2. 表現(ひょうげん)がありきたりなのかなあ。
3. 文句(もんく)ばかり言(い)ってごめんね。

남 : 이 선전문구 눈에 확 안 띄네...
여자 : ＿＿＿＿＿＿＿＿＿

1. 잘 만들어졌어.
2. 표현이 평범한가...
3. 불평만 말해 미안해요.

문제 7

女 : もう少(すこ)し考(かんが)えさせていただいてもよろしいでしょうか。
男 : ＿＿＿＿＿＿＿＿＿＿＿

1. どうぞ、ゆっくり考(かんが)えてください。
2. はい、もうちょっと考(かんが)えてみます。
3. あんまり考(かんが)えたことがなくて…。

여 : 좀 더 생각할 시간을 주시겠습니까?
남 : ＿＿＿＿＿＿＿＿＿

1. 그러세요, 천천히 생각하세요.
2. 예, 좀 더 생각해 보겠습니다.
3. 별로 생각해본 적이 없어서...

스크립트

문제 8

会社(かいしゃ)の会議(かいぎ)で、意見(いけん)を言(い)っています。

男1 : ええ、では、新(あたら)しいプロジェクトの検討(けんとう)に入(はい)ります。このプロジェクトの場所(ばしょ)と時期(じき)、そして人数(にんずう)、費用(ひよう)、この4点(てん)について検討(けんとう)していきますが、私の意見(いけん)では、開始(かいし)時期(じき)以外(いがい)の3点(てん)についてはいいと思(おも)うんですが、5月開始(かいし)というのは遅(おそ)すぎるんじゃないかと思(おも)うんですよね。

男2 : 私も木村(きむら)さんの意見(いけん)にまったく同感(どうかん)です。時期(じき)はちょっと調整(ちょうせい)すべきだと思(おも)います。

女 : ええ、私もお二人(ふたり)のおっしゃるように開始(かいし)時期(じき)はもっと早(はや)くしてもいいと思(おも)います。それから費用(ひよう)の面(めん)ですけど、全体(ぜんたい)としてもう少(すこ)し何とかならないんでしょうか。場所(ばしょ)と人数(にんず)はいいんですが。

男(おとこ)の人たちと女(おんな)の人(ひと)の意見はどこが違いますか。

1. 場所(ばしょ)です。
2. 人数(にんずう)です。
3. 時期(じき)です。
4. 費用(ひよう)です。

회사 회의에서, 의견을 말하고 있습니다.

남1 : 예, 그럼, 새로운 프로젝트의 검토에 들어가겠습니다. 이 프로젝트의 장소와 시기, 그리고 인원수, 비용. 이 네 가지 부분에 대해 검토해 나가겠습니다만, 제 의견으로는, 개시 시기 이외의 세 가지 부분에 대해서는 괜찮다고 생각합니다만, 5월 개시라는 것은 너무 늦지 않을까 생각합니다.

남2 : 저도 키무라씨의 의견에 전적으로 동의합니다. 시기는 조금 조정해야한다고 생각합니다.

여 : 예, 저도 두 분이 말씀하신 것처럼 개시 시기는 더 빨리 해도 괜찮다고 생각합니다. 그리고 비용 면 말인데요, 전체적으로 좀 더 어떻게 안 될까요. 장소와 인원수는 괜찮습니다만.

질문 남자들과 여자의 의견은 어디가 다릅니까?

1. 장소입니다.
2. 인원수입니다.
3. 시기입니다.
4. 비용입니다.

> **중요표현**
> 1. 「형용사 어간+過(す)ぎる」는 「지나치게 ~이다」라는 뜻이다. **遅(おそ)すぎる**(지나치게 늦다), **静(しず)かすぎる**(지나치게 조용하다)
> 2. 「~べき」는 「~해야만 한다」는 의무 표현이다. 접속 형태는 동사의 원형에 접속한다. **行(い)くべき**(가야만 한다), 단 **する**(하다)의 경우, **すべき/するべき**(해야만 한다) 두 가지 형태 모두 가능하다.

뉴 일본어 능력시험

정답
& 문법/독해해석

부록
N1 문법패턴 요점정리

정답

Part 01

문자, 어휘

문제 1
1	4	2	3	3	4	4	2
5	4	6	2	7	3	8	3
9	2	10	1	11	3	12	3
13	4						

문제 2
1	3	2	1	3	3	4	1
5	3	6	3	7	1	8	3
9	4	10	3	11	3	12	2
13	3						

문법, 독해

문제 1
1	1	2	1	3	4	4	3
5	2	6	4	7	2	8	1
9	3	10	4	11	1	12	3
13	2	14	1	15	4		

문제 2
| 1 | 1 | 2 | 3 | 3 | 2 | 4 | 4 |
| 5 | 4 | | | | | | |

문제 3
| 1 | 2 | 2 | 4 | 3 | 3 | 4 | 1 |
| 5 | 3 | | | | | | |

문제 4
| 1 | 1 | 2 | 3 |

문제 5
| 1 | 2 | 2 | 4 |

청해

1번 ② 2번 ① 3번 ③ 4번 ①

Part 02

문자, 어휘

문제 1
1	3	2	4	3	2	4	1
5	3	6	4	7	2	8	2
9	1	10	2	11	4	12	2
13	1						

문제 2
1	1	2	2	3	3	4	1
5	4	6	2	7	3	8	1
9	4	10	2	11	2	12	3
13	4						

문법, 독해

문제 1
1	4	2	3	3	1	4	1
5	2	6	3	7	3	8	1
9	4	10	3	11	2	12	1
13	3	14	1	15	4		

문제 2
| 1 | 3 | 2 | 4 | 3 | 1 | 4 | 2 |
| 5 | 2 | | | | | | |

문제 3
| 1 | 3 | 2 | 4 | 3 | 1 | 4 | 4 |
| 5 | 2 | | | | | | |

문제 4
| 1 | 3 | 2 | 4 |

문제 5
| 1 | 2 | 2 | 3 |

청해

1번 ① 2번 ① 3번 ④ 4번 ②

Part 03

문자, 어휘

문제 1
1	3	2	4	3	1	4	3
5	1	6	4	7	1	8	2
9	2	10	3	11	1	12	4
13	1						

문제 2
1	2	2	3	3	2	4	1
5	1	6	3	7	4	8	1
9	3	10	2	11	4	12	4
13	3						

문법, 독해

문제 1
1	4	2	2	3	4	4	1
5	4	6	3	7	1	8	1
9	4	10	2	11	3	12	3
13	2	14	3	15	1		

문제 2
| 1 | 3 | 2 | 2 | 3 | 4 | 4 | 4 |
| 5 | 1 | | | | | | |

문제 3
| 1 | 2 | 2 | 4 | 3 | 1 | 4 | 3 |
| 5 | 3 | | | | | | |

문제 4
| 1 | 4 | 3 | 3 |

문제 5
| 1 | 4 | 3 | 3 |

청해

1번 ②   2번 ①   3번 ③   4번 ②

Part 04

문자, 어휘

문제 1
1	4	2	4	3	3	4	2
5	1	6	3	7	3	8	4
9	3	10	1	11	2	12	3
13	4						

문제 2
1	4	2	3	3	4	4	1
5	4	6	3	7	1	8	1
9	3	10	4	11	3	12	2
13	1						

문법, 독해

문제 1
1	3	2	3	3	2	4	1
5	2	6	1	7	4	8	4
9	2	10	2	11	4	12	1
13	3	14	2	15	4		

문제 2
| 1 | 1 | 2 | 4 | 3 | 1 | 4 | 2 |
| 5 | 3 | | | | | | |

문제 3
| 1 | 3 | 2 | 4 | 3 | 2 | 4 | 1 |
| 5 | 3 | | | | | | |

문제 4
| 1 | 4 | 3 | 2 |

문제 5
| 1 | 3 | 2 | 4 |

청해

1번 ③   2번 ②   3번 ①   4번 ②

Part 05

문자, 어휘

문제 1
- [1] 1 [2] 3 [3] 4 [4] 1
- [5] 2 [6] 4 [7] 2 [8] 1
- [9] 3 [10] 3 [11] 4 [12] 1
- [13] 3

문제 2
- [1] 1 [2] 4 [3] 3 [4] 1
- [5] 3 [6] 2 [7] 4 [8] 2
- [9] 1 [10] 4 [11] 2 [12] 2
- [13] 2

문법, 독해

문제 1
- [1] 4 [2] 1 [3] 4 [4] 1
- [5] 2 [6] 3 [7] 3 [8] 1
- [9] 2 [10] 3 [11] 4 [12] 3
- [13] 1 [14] 4 [15] 2

문제 2
- [1] 2 [2] 4 [3] 1 [4] 3
- [5] 1

문제 3
- [1] 3 [2] 1 [3] 2 [4] 1
- [5] 3

문제 4
- [1] 4 [2] 1

문제 5
- [1] 3 [2] 1

청해

1번 ③ 2번 ② 3번 ④ 4번 ④

Part 06

문자, 어휘

문제 1
- [1] 4 [2] 3 [3] 2 [4] 3
- [5] 2 [6] 2 [7] 1 [8] 4
- [9] 3 [10] 4 [11] 1 [12] 2
- [13] 1

문제 2
- [1] 1 [2] 3 [3] 2 [4] 4
- [5] 2 [6] 4 [7] 2 [8] 2
- [9] 4 [10] 3 [11] 2 [12] 4
- [13] 1

문법, 독해

문제 1
- [1] 1 [2] 3 [3] 4 [4] 2
- [5] 3 [6] 2 [7] 1 [8] 3
- [9] 1 [10] 4 [11] 4 [12] 1
- [13] 2 [14] 2 [15] 1

문제 2
- [1] 1 [2] 2 [3] 3 [4] 4
- [5] 3

문제 3
- [1] 4 [2] 4 [3] 1 [4] 2
- [5] 2

문제 4
- [1] 2

문제 5
- [1] 1 [2] 2 [3] 4

청해

1번 ③ 2번 ② 3번 ④ 4번 ①

Part 07

문자, 어휘

문제 1
1	3	2	4	3	2	4	1
5	4	6	2	7	3	8	1
9	1	10	4	11	2	12	3
13	4

문제 2
1	4	2	2	3	3	4	1
5	4	6	3	7	3	8	3
9	4	10	1	11	2	12	1
13	3

문법, 독해

문제 1
1	1	2	3	3	2	4	3
5	4	6	4	7	1	8	2
9	2	10	4	11	1	12	3
13	4	14	3	15	3

문제 2
| 1 | 3 | 2 | 4 | 3 | 2 | 4 | 3 |
| 5 | 1 |

문제 3
| 1 | 3 | 2 | 4 | 3 | 1 | 4 | 2 |
| 5 | 1 |

문제 4
| 1 | 3 | 2 | 3 |

문제 5
| 1 | 1 | 2 | 4 | 3 | 2 |

청해

1번 ② 2번 ④ 3번 ④ 4번 ③

Part 08

문자, 어휘

문제 1
1	3	2	2	3	3	4	2
5	4	6	1	7	3	8	2
9	4	10	1	11	4	12	3
13	2

문제 2
1	1	2	2	3	4	4	3
5	2	6	4	7	1	8	4
9	2	10	1	11	2	12	2
13	3

문법, 독해

문제 1
1	4	2	2	3	1	4	3
5	2	6	1	7	3	8	4
9	4	10	2	11	4	12	1
13	3	14	3	15	2

문제 2
| 1 | 1 | 2 | 3 | 3 | 3 | 4 | 1 |
| 5 | 2 |

문제 3
| 1 | 2 | 2 | 3 | 3 | 1 | 4 | 4 |
| 5 | 2 |

문제 4
| 1 | 1 |

문제 5
| 1 | 1 | 2 | 2 | 3 | 3 |

청해

1번 ② 2번 ① 3번 ④ 4번 ③

Part 09

문자, 어휘

문제 2
1	4	2	2	3	3	4	1
5	3	6	2	7	4	8	2
9	1	10	2	11	4	12	3
13	1	14	2	15	4	16	2
17	1	18	4	19	2	20	3
21	1	22	2	23	4	24	3
25	1	26	2				

문법, 독해

문제 1
1	3	2	1	3	3	4	2
5	1	6	4	7	3	8	2
9	1	10	4	11	2	12	3
13	3	14	4	15	1		

문제 2
1	3	2	3	3	4	4	1
5	2						

문제 3
1	1	2	4	3	2	4	3
5	4						

문제 4
1	2

문제 5
1	1	2	4	3	4

청해

1번 ④   2번 ③   3번 ②   4번 ③

Part 10

문자, 어휘

문제 2
1	3	2	1	3	2	4	1
5	2	6	3	7	1	8	4
9	3	10	1	11	2	12	3
13	4	14	3	15	1	16	1
17	4	18	1	19	3	20	4
21	2	22	1	23	4	24	2
25	3	26	1				

문법, 독해

문제 1
1	2	2	2	3	3	4	4
5	3	6	1	7	1	8	2
9	4	10	4	11	3	12	2
13	2	14	4	15	1		

문제 2
1	4	2	2	3	3	4	1
5	2						

문제 3
1	3	2	2	3	4	4	1
5	3						

문제 4
1	1

문제 5
1	2	2	3	3	4

청해

1번 ①   2번 ③   3번 ②   4번 ①

Part 11

문자, 어휘

문제 2
- [1] 4
- [2] 2
- [3] 2
- [4] 2
- [5] 3
- [6] 4
- [7] 1
- [8] 2
- [9] 3
- [10] 1
- [11] 4
- [12] 3
- [13] 4
- [14] 1
- [15] 2
- [16] 2
- [17] 1
- [18] 2
- [19] 3
- [20] 4
- [21] 2
- [22] 1
- [23] 3
- [24] 3
- [25] 4
- [26] 1

문법, 독해

문제 1
- [1] 2
- [2] 2
- [3] 3
- [4] 1
- [5] 3
- [6] 3
- [7] 2
- [8] 4
- [9] 3
- [10] 4
- [11] 2
- [12] 1
- [13] 4
- [14] 2
- [15] 1

문제 2
- [1] 2
- [2] 3
- [3] 1
- [4] 1
- [5] 4

문제 3
- [1] 4
- [2] 1
- [3] 3
- [4] 3
- [5] 4

문제 4
- [1] 3

문제 5
- [1] 2
- [2] 1

청해

1번 ② 2번 ② 3번 ③ 4번 ①

Part 12

문자, 어휘

문제 2
- [1] 3
- [2] 4
- [3] 4
- [4] 1
- [5] 2
- [6] 3
- [7] 2
- [8] 4
- [9] 3
- [10] 2
- [11] 1
- [12] 3
- [13] 4
- [14] 2
- [15] 3
- [16] 1
- [17] 4
- [18] 2
- [19] 2
- [20] 4
- [21] 2
- [22] 3
- [23] 1
- [24] 4
- [25] 2
- [26] 1

문법, 독해

문제 1
- [1] 1
- [2] 3
- [3] 4
- [4] 1
- [5] 3
- [6] 1
- [7] 2
- [8] 4
- [9] 2
- [10] 4
- [11] 1
- [12] 3
- [13] 1
- [14] 2
- [15] 4

문제 2
- [1] 3
- [2] 4
- [3] 1
- [4] 4
- [5] 3

문제 3
- [1] 2
- [2] 4
- [3] 3
- [4] 1
- [5] 4

문제 4
- [1] 4

문제 5
- [1] 2
- [2] 1
- [3] 3
- [4] 3

청해

1번 ② 2번 ③ 3번 ② 4번 ①

Part 13

문자, 어휘

문제 1
- [1] 3　[2] 3　[3] 1　[4] 4
- [5] 2　[6] 2　[7] 1　[8] 4
- [9] 3　[10] 1　[11] 2　[12] 3
- [13] 2

문제 2
- [1] 1　[2] 4　[3] 2　[4] 3
- [5] 2　[6] 3　[7] 1　[8] 2
- [9] 4　[10] 1　[11] 2　[12] 3
- [13] 4

문법, 독해

문제 1
- [1] 1　[2] 1　[3] 3　[4] 4
- [5] 4　[6] 3　[7] 4　[8] 3
- [9] 2　[10] 2　[11] 1　[12] 3
- [13] 3　[14] 4　[15] 2

문제 2
- [1] 3　[2] 3　[3] 1　[4] 2
- [5] 4

문제 3
- [1] 1　[2] 3　[3] 4　[4] 2
- [5] 1

문제 4
- [1] 1　[2] 2　[3] 3　[4] 4
- [5] 4

문제 5
- [1] 2　[2] 4　[3] 1　[4] 3
- [5] 2

청해

1번 ③　2번 ②　3번 ④　4번 ①

Part 14

문자, 어휘

문제 3
- [1] 4　[2] 1　[3] 2　[4] 3
- [5] 4　[6] 2　[7] 1　[8] 2
- [9] 3　[10] 2　[11] 4　[12] 1
- [13] 2

문제 4
- [1] 1　[2] 2　[3] 3　[4] 4
- [5] 1　[6] 3　[7] 2　[8] 4
- [9] 1　[10] 3　[11] 2　[12] 3
- [13] 4

문법, 독해

N1에 나올 수 있는 N2 필수문법패턴 종합문제

- [1] 3　[2] 3　[3] 1　[4] 2
- [5] 3　[6] 4　[7] 1　[8] 1
- [9] 4　[10] 4　[11] 4　[12] 3
- [13] 1　[14] 3　[15] 3　[16] 2
- [17] 3　[18] 1　[19] 1　[20] 2
- [21] 1　[22] 3　[23] 1　[24] 2
- [25] 2　[26] 3　[27] 4　[28] 3
- [29] 1　[30] 2　[31] 1　[32] 4
- [33] 4　[34] 4　[35] 2　[36] 4
- [37] 2　[38] 4　[39] 1　[40] 2
- [41] 2　[42] 3　[43] 1　[44] 2
- [45] 4　[46] 1　[47] 3　[48] 3
- [49] 1　[50] 1

문제 4
- [1] 2　[2] 1　[3] 4　[4] 3
- [5] 4　[6] 4

문제 5
- [1] 3　[2] 4　[3] 3　[4] 4
- [5] 1　[6] 2

청해

1번 ③　2번 ④　3번 ④　4번-1 ①　4번-2 ①

Part 15

문자, 어휘

문제 3
[1] 2	[2] 1	[3] 3	[4] 4
[5] 1	[6] 2	[7] 4	[8] 3
[9] 4	[10] 1	[11] 2	[12] 1
[13] 3			

문제 4
[1] 3	[2] 4	[3] 1	[4] 3
[5] 1	[6] 2	[7] 4	[8] 1
[9] 2	[10] 3	[11] 4	[12] 3
[13] 1			

문법, 독해

N1에 나올 수 있는 N2 필수문법패턴 종합문제

[1] 2	[2] 2	[3] 3	[4] 4
[5] 4	[6] 1	[7] 3	[8] 1
[9] 2	[10] 2	[11] 2	[12] 2
[13] 3	[14] 4	[15] 3	[16] 2
[17] 2	[18] 4	[19] 2	[20] 4
[21] 2	[22] 2	[23] 2	[24] 3
[25] 2	[26] 3	[27] 3	[28] 1
[29] 2	[30] 1	[31] 3	[32] 4
[33] 1	[34] 1	[35] 2	[36] 4
[37] 2	[38] 4	[39] 2	[40] 3
[41] 2	[42] 4	[43] 2	[44] 3
[45] 1	[46] 2	[47] 1	[48] 1
[49] 1	[50] 4		

문제 4
| [1] 2 | [2] 1 | [3] 2 | [4] 4 |
| [5] 3 | | | |

문제 5
| [1] 3 | [2] 3 | [3] 4 | [4] 1 |
| [5] 1 | | | |

청해

1번 ③　2번 ①　3번 ④　4번-1 ③　4번-2 ①

Part 16

문자, 어휘

문제 1
[1] 3	[2] 2	[3] 2	[4] 1
[5] 4	[6] 1	[7] 3	[8] 2
[9] 2	[10] 1	[11] 3	[12] 4
[13] 1			

문제 2
[1] 3	[2] 2	[3] 4	[4] 3
[5] 1	[6] 2	[7] 3	[8] 2
[9] 4	[10] 3	[11] 4	[12] 1
[13] 3			

문제 3
[1] 4	[2] 1	[3] 2	[4] 3
[5] 2	[6] 2	[7] 4	[8] 1
[9] 2	[10] 4	[11] 3	[12] 2
[13] 1			

문제 4
[1] 4	[2] 3	[3] 1	[4] 2
[5] 2	[6] 4	[7] 3	[8] 4
[9] 2	[10] 4	[11] 1	[12] 4
[13] 3			

문법, 독해

문제 1
[1] 3	[2] 4	[3] 4	[4] 1
[5] 3	[6] 3	[7] 3	[8] 3
[9] 4	[10] 3	[11] 3	[12] 1
[13] 1	[14] 3	[15] 2	[16] 3
[17] 1	[18] 2	[19] 3	[20] 3

문제 2
[1] 3	[2] 1	[3] 4	[4] 2
[5] 4	[6] 3	[7] 3	[8] 3
[9] 2	[10] 1		

문제 3
| [1] 1 | [2] 2 | [3] 3 | [4] 4 |
| [5] 4 | | | |

문제 4
| [1] 4 | [2] 4 | | |

문제 5
| [1] 3 | [2] 3 | | |

문제 6
| [1] 3 | | | |

문제 7
| [1] 3 | [2] 1 | [3] 2 | [4] 3 |
| [5] 4 | [6] 4 | | |

청해

1번 ①　2번 ②　3번 ③　4번 ③　5번 ②
6번 ②　7번 ①　8번 ④

문법/독해해석

Part 01

문제 3

　일 때문에, 당신은 동료 무라야마씨에게 도움을 청했다. 무라야마씨는 자신의 일을 희생하면서, 시간과 돈을 모두 써서 도와주었다. 그러나 결과는, 당신의 힘든 상태를 조금 구해 준 것에 불과하다. 한편, 당신은 오자와씨에게도 도움을 청했다. 오자와씨는 전화 한 통화로, 어려움을 모면하게 해주었다. 자, 당신은 두 명중 어느 쪽에게 보다 강한 은의(은혜를 갚아야 한다는 마음)를 느끼는가?
　대인 심리학에서는, 은의의 강도는 코스트와 당신이 얻은 이익으로 정해진다고 생각한다.
　코스트는, 상대가 당신을 돕기 위해서 소비한 시간이나 돈, 여러 가지의 희생이다. 이익도 돈이나 물건이라고만은 할 수 없다. 지위나 명예, 잃어버리지 않고 마무리 된 면목의 경우도 있을 것이다.
　코스트나 이익이 무엇이라고 해도, 은의는 코스트가 큰 만큼, 또 이익이 큰 만큼, 강하게 느낀다. 은의의 강도는, 코스트의 양과 이익의 양의 덧셈으로 정해진다는 것이다.
　「은혜나 의리는 일본인의 인간관계의 근간이 되는 문제다. 그것을 코스트네 이익이네 라며 말하는 것은 용서 못해!」라고 생각하는 사람도 있을 것이다. 그러나「은혜를 베풀거나」「빌린 것을 돌려주거나」「병문안 때에 받은 금품의 반액에 해당하는 금품을 답례로서 돌려주는 일을 하거나……」일본인의 인간관계도 의외로 타산적이다.

문제 4

1. 생물화학 프로그램에 참가하기 위해서는, 지원 이유서를 언제까지 보내면 늦지 않을까?
   1　7월 20일　　　2　7월 25일
   3　8월 8일　　　4　8월 12일

2. 프로그램에 대해서 궁금한 점은 어디에 연락하면 좋은가?
   1　오키타 대학　　2　노야마 캠퍼스
   3　아오야마 학원　4　아오야마 이과 대학

프로그램 참가자 모집

1. 생물화학 프로그램
   대상 : 고등학교 3학년 · 2학년 · 1학년
   　　　지원 이유(400자 정도)에 의한 서류 심사 합격자
   　　　(아오야마 학원에 재적하고 있지 않는 일반학생도 수강할 수 있습니다)
   수강 조건 : 후 술(뒷부분 설명)하는 모든 일정에 참가 가능해야 함.
   　　　　　수강이나 활동에 있어서의 영상 및 사진을, 홍보적으로 사용할 수 있어야 함.
   개강 장소 : 아오야마 학원 오모테산도교
   개강 기간 : 2010년 8월 9일~11일
   지원 이유서 : 우송 마감　2010년 7월 24일 반드시 도착해야 함.

2. 임상 약학 워크숍
   대상 : 고등학교 3학년 · 2학년
   　　　지원 이유(400자 정도)에 의한 서류 심사 합격자
   　　　(아오야마 학원에 재적하고 있지 않은 일반학생도 수강할 수 있습니다)
   수강 조건 : 후 술(뒷부분 설명)하는 모든 일정에 참가 가능해야 함.
   　　　　　수강이나 활동에 있어서의 영상 및 사진을, 홍보적으로 사용할 수 있어야함.
   개강 장소 : 오키타 대학
   개강 기간 : 2010년 8월 5일~7일
   지원 이유서 : 우송 마감　2010년 7월 20일 반드시 도착해야 함.

3. 생명창약학과학 워크숍
   대상 : 고등학교 3학년 · 2학년
   　　　지망 이유(400자 정도)에 의한 서류 심사 합격자
   　　　(아오야마 학원에 재적하고 있지 않는 일반생도 수강할 수 있습니다)
   수강 조건 : 후 술(뒷부분 설명)하는 모든 일정에 참가 가능해야 함.
   　　　　　수강이나 활동에 있어서의 영상 및 사진을, 홍보적으로 사용할 수 있어야함.
   개강 장소 : 아오야마 이과대학 노야마 캠퍼스
   개강 기간 : 2010년 8월 1일 · 26일~28일
   지원 이유서 : 우송 마감 2010년 7월 20일 반드시 도착해야 함.

　　　신청 · 참가비용등의 문의는, 아래연락처 참조
　　　　　　　　　　　　　　　　0120-123-***
　　　　　　　　　　　　　　　　아오야마 학원

문제 5

A
대학에 가면, 세미나에 참가하거나 서클 활동을 하거나 아르바이트를 하거나(가정교사, 학원 강사 등의 대학생만이 가능한 아르바이트도 할 수 있습니다), 미팅을 하거나 해외 유학을 간다던지 해서 즐거움이 많을 것입니다.
취직도 매스컴, 외자 금융, 컨설팅, 종합상사, 메가 뱅크, 대기업 여행 대리점등의 인기 업체에도 들어갈 수 있는 찬스가 있습니다. 사법시험, 공인회계사시험 등의 어려운 국가자격시험에 합격 할 수 있는 기초적인 교양도 익혀 나갈 수 있습니다.
어쨌든, 고졸보다는 단연 장래에 선택의 폭이 넓어진다. 솔직히 요즘시대는, 고졸학력으로는 공장일, 외식업, 소매업, 간호 정도 밖에는 취직할 곳이 없습니다. 지방공무원이 되는 사람들도 있지만. 학비가 걱정이 된다면, 장학금 제도도 이용 할 수 있습니다.

B
스스로 등록금을 낼 수 있다면, 가는 의미가 있겠지만, 대학가서 놀 생각이라면. 취업을 하는 편이 좋다고 생각합니다. 대학생들보다는 놀 수 있을 겁니다. 남의 일에는 신경 쓰지 마세요. 친구와 같은 회사에 취직하고 싶으세요? 또, 친구가 대학을 그만두면 따라서 그만 둘 건가요? 자신의 인생이이니까 스스로 개척해 나아가세요. 어느 쪽을 선택해도 후회는 할 겁니다.

1️⃣ A와 B의 문장은 무엇에 대한 의견을 말한 것인가?
　1 유학에 대해서
　2 진로에 대해서
　3 취직에 대해서
　4 학비에 대해서

2️⃣ A와 B의 의견에 대해서, 올바른 것은 어느 것인가?
　1 A도 B도 고등학교 졸업 후에는 일하는 것을 권장하고 있다.
　2 A는 진학에 대해 찬성이지만, 그 후의 취직은 어렵다고 말하고 있다.
　3 B는 학비는 스스로 내야 한다고 말하고 있다.
　4 진학에 대해서 A는 찬성하고 B는 반대하고 있다.

Part 02

문제 3

　차를 운전 하는 사람이라면 이해할 수 있듯이 자신의 전방이나 후방에서 빵빵~하고 경적소리가 나면 신경이 쓰이는 법입니다. 예를 들어, 교차로의 신호가 파랑이 되었는데도 깨닫지 못하고 뒤에서 「빵빵 빵빵」하고 긴 경적을 울리면, 사람에 따라서는 놀라거나 「시끄럽다」며 불쾌하게 느끼겠지요.
　사회심리학자 키노시타토미오 선생님이 쓰신 「경적 언어」라고 하는 논문에, 경적에 관한 에피소드가 있습니다. 어떤 교수가 길을 걷고 있었을 때, 뒤에서 온 차가 경적을 울렸다. 교수는 차를 지나가게 하기 위해 길을 양보했다. 그런데 옆으로 지나쳐갈 때에 차는 한 번 더 경적을 울렸다. 사람이 비켜 주었는데 또 경적을 울리다니 무례한 놈이다! 라고 교수는 화를 냈다. 키노시타 선생님은 거기서 최초의 경적은 「비켜 줘」라는 의미이지만, 나중의 경적은 「비켜줘서 고마워요」라고 하는 감사의 의미의 경적이에요 라고 설명을 했다는 이야기입니다. (중략)
　필자는 실험으로 교통 상황을 설정해 경적 반응을 구해, 상황의 차이에 따라 어떠한 경적이 존재하는지를 분석했습니다. 자극 장면을 실험실에서 슬라이드 프로젝터(영사기)에 의해 제시해, 실험 교시를 들은 후에 피험자는 스위치를 누르고 경적을 울립니다.
　세부적인 내용은 생략합니다만. 분석의 결과 경적에는 사회적 에티켓, 안전 확보, 감정 표현의 세 개의 패턴이 있다고 추정할 수 있었습니다. 매우 짧은 사회적 에티켓의 경적. 중간 정도의 길이의 안전 확보의 경적, 가장 긴(0.5초를 넘는 길이) 감정 표현의 경적입니다. 초심자는 길이의 차이가 확실하지 않고, 안전 확보나 사회적 에티켓과 감정 표현의 경적이 겹치고 있습니다. 또, 어떠한 교통 상황에서도, 평균적으로 0.5초를 넘는 경적을 울리는 드라이버(운전자)가 일정한 비율로 존재하고 있습니다.

문제 4

베테랑 강사진이 초보자들을 응원!
「맵시 있게 옷 입는 법과 매너에 관한 12회 레슨」
4월 5일 (월) ①오후 2시 ②7시 스타트

　가부키 감상이나 식사모임…때로는 기모노로 외출하고 싶으시죠? 강좌에서는 유카타부터 나들이옷의 옷매무새, 고리 매너까지도 배웁니다. 기모노 학원의 선생님을 시작으로 베테랑 강사가 4~5인에 한사람씩 담당하여, 왕초보도

혼자서 기모노를 입을 수 있게 됩니다. 기모노, 띠, 후쿠로 오비(심을 안 넣은 여성용 띠)(각 1점씩)의 렌탈 세트도 준비(12회에 3000엔, 각 회 선착순 5명)

일시 : 12회(매회 월요일)
① 오후 2시~4시 ② 오후 7시~9시

① 4/5	유카타의 옷매무새와 반폭 띠
② 4/12	평상복의 옷매무새①
③ 4/19	다다미식 방의 예절
④ 4/26	평상복의 옷매무새②
⑤ 5/10	평상시의 옷매무새③
⑥ 5/17	오비지메(띠가 풀리지 않도록 띠 위로 두르는 끈), 오비아게(띠가 흘러내리지 않게, 등에 있는 매듭에서 앞으로 돌려 매는 좁은 헝겊)묶는 방법
⑦ 5/24	일본어와 편지 매너
⑧ 5/31	젓가락질 매너
⑨ 6/7	나들이옷의 옷매무새①
⑩ 6/14	나들이옷의 옷매무새②
⑪ 6/21	소품 선택
⑫ 6/28	녹차의 예절

회장 : 쿠로하 문화 회관
참가비 : 일반·회원 공통/ 1만 5천 엔(차·과자비용 500 엔 포함)
　　　　※입금 제, 입금 후엔 환불 불가
정원 : 각 20명(신청순서)
지참품 : 기모노, 띠, 수건(2장), 긴 쥬방(기모노 입을 때 입는 속옷), 하다쥬방(다리속곳), 버선, 깃심, 허리끈(2~3개), 다떼지메(일본전통옷의 소품의 일종), 기모노 벨트

신청·문의는 0120-234-***
쿠로하 문화 센터
입금 : 쿠로하 은행 본점 1234567

※ 신청 후 1주일 이내에 입금확인이 안 되는 경우, 취소 처리되오니 주의 해 주십시오.

[1] 기모노 입는 법을 가르치는 강좌는 몇 회 있는지?
　1　5회　　　　2　6회
　3　7회　　　　4　8회

[2] 참가비를 입금 한 후에 강좌 취소를 할 경우, 얼마정도 환불이 되는지?
　1　15,500엔　　2　15,000엔
　3　14,500엔　　4　0엔

문제 5

A
계산 시, 「오늘은 제가 지불할 생각으로 왔습니다!」라고 하면서 계산을 할 때, 상대방의 어머니가 「학생에게 계산하게 할 수는 없어요!」라고 한다면, 「감사합니다. 그럼 잘 먹겠습니다!」라고 하고, 어머니가 「그럼 잘 먹을께요!」라고 한다면, 계산하면 되는 겁니다. 제가 생각하기에는, 보통 어머니가 식사도중에 잠깐 전화를 한다고 하든지, 화장실에 가는 척하면서, 계산을 할 거라고 생각합니다(스마트한 분이시라면 계산대에서 어수선한 것이 싫으니깐요!). 어머니가 만나고 싶어 해서 식사하러 가는 것이기 때문에, 당연히 지불할 생각은 있으실 거라 생각은 하지만, 단지 잘 먹었습니다 만으로는 나쁜 인상을 남길 수도 있으니 해야 할 말은 하고 뺄 때는 빼야 한다고 생각합니다.

B
제가 여자 친구의 어머니와 비슷한 나이일 것 같은데요. 딸에게 언제 남자친구를 소개받을지 두근두근한 마음으로 기다리고 있습니다. 저도 똑같이 말하겠지요? 라는 가정 하에 우선 대학생에게 지불하게 하지는 않을 겁니다. 이쪽에서 먼저 말을 꺼냈기 때문에... 하지만, 자기가 지불하겠다고 한다면 기쁠 것 같네요. 그런 경우에는 내도록 할 거예요. 그 마음을 배려해 주고 싶어서요. 가게를 나온 후 돈을 건네주든가, 딸에게 용돈과 함께 건네주든가 할 것 같네요. 파이팅하세요. 무리하지 말고 자연스럽게요.

[1] A와 B의 문장은 누구에 대해서 의견을 말한 것인가?
　1　딸의 남자친구와의 식사자리에 가야 되는지 말아야 되는지 망설이고 있는 어머니
　2　여자 친구 어머니와의 식사자리에 가려고 하는 학생
　3　친구와의 식사자리에서 식사대접을 하려고 하는 학생
　4　엄마에게 남자친구를 소개하려고 하는 여성

[2] A와 B의 의견에 대해서 올바른 것은 어느 것인가?
　1　A도 B도 어머니가 지불하는 것이 당연하다고 생각한다.

2 A는 좋은 이미지를 주기 위해서, 식사비는 내는 것이 좋다고 말하고 있다.
3 B는 식사비를 지불하려고 하는 상대방의 기분을 존중하라고 말하고 있다.
4 식사자리에 가는 것에 대해서 A는 소극적이고, B는 적극적이다.

Part 03

문제 3

「퉁」하는 둔탁한 소리가 났습니다. 가까운 창으로 밖을 확인해 보았습니다만 별로 이상은 없는 것 같았습니다. 부엌에 급히 가 봤습니다. 조금 타는 듯한 냄새가 났습니다. 당황해서 불이 있는 곳을 확인했습니다만, 불기도 없었습니다. 창이 전부 열려 있고 바람이 통하고 있으므로, 냄새의 근원지를 알 수가 없습니다. 위험은 없을 것 같아서, 일단 안심하고 탈수가 끝나 있을 빨래를 말리려고 했습니다. 그런데 탈수가 도중에 멈춰 버려 있는 것입니다. 세탁기 주변에서 타는 냄새가 났습니다. 원인은 세탁기였습니다.

수리를 부탁하고 알았습니다만, 그 세탁기는 문제가 되고 있는 기종이었습니다. 어느 해에 만들어진 제품의 일부 부품에 결함이 있다는 것이었습니다. 메이커(판매회사)측의 대응은 경우가 경우인 만큼 실로 정중했습니다.

즉시 다음날 수리하는 사람이 와 주었습니다. 20대와 50대 같이 보이는 두 명의 남자로, 말투에 소박한 사투리가 배어 있었습니다. 특히 늦더위가 심한 날 오후, 익숙하지 않은 도쿄, 게다가 찾기 어려운 세타가야(도쿄의 어떤 한 지역)를, 지도를 한 손에 들고 헤매고 헤매어 와서, 두 사람 모두 셔츠에 땀이 배어 있었습니다.

「정말로 폐를 끼쳐서 죄송합니다.」라고, 두 사람은 마치 스스로가 나쁜 일이라도 한 것 같이 깊숙이 고개를 숙이고 나서 일에 착수했습니다. 도중에 젊은 쪽의 사람이 고장의 원인이었던 부품을 손에 들고 세세하게 설명해 주었습니다. 그리고 다른 곳도 조사하고, 부품을 교환해 주었습니다.
「우리들은 이번 일로 갑자기 도쿄에 불려갑니다만. 평상시는 공장에서 세탁기 만들고 있습니다. 이렇게 깨끗하게 오랫동안 사용해 주셔서 기쁩니다. 이것으로 다시 새것처럼 되었으니까, 사용해 주세요.」

두 사람은 세탁기의 바깥쪽을 어루만지듯이 옷감으로 닦으면서 그렇게 말하며 돌아갔습니다.

이후로, 세탁기는 전보다 더 상태가 좋습니다. 소중하게 사용하려고 생각합니다.

문제 4

여름휴가 여행 Map!

관명	전람회	기간·휴관일	전시내용	요금
야마카와(山川)미술관	그림책 원화전	연간	오리지널원화와 그림책을 전시	1000엔
세계미술관	교통기관 대 도감	~7/12	세계 각국의 여러 교통기관을 테마로 한 작품을 전시	200엔
나가토(長門)박물관	세계유산 앙코르와트전	~7/20	앙코르 왕조 최전성기의 귀중한 조각 작품을 전시	1200엔
현대미술관		~7/30	세계적 조각가의 근대 대작을 중심으로 한 대표작	1000엔
역사박물관	역사를 느껴보자!	~8/20	대하드라마의 재현이나 자료 등으로 역사상의 인물들을 소개	500엔
아트 숲		8/20까지 휴관		
쿠마가와(熊川)미술관	그림세계	~9/10	세계적인 화가들의 근년 대작을 중심으로 한 전시	900엔

(주) 요금은 어른 당일

1 서유럽의 회화를 보고 싶은 경우 어디에 가면 좋은가?
1 세계 미술관
2 현대 미술관
3 역사 박물관
4 쿠마가와(熊川) 미술관

2 1000엔 이내로 볼 수 없는 곳은 어느 곳인가?
1 야마카와(山川) 미술관
2 나가토(長門)박물관
3 현대 미술관
4 쿠마가와(熊川)미술관

문제 5

A

서투른' 세공은 재 흡연 할 뿐입니다. 저는 하루에 60개비 이상 피웠었습니다. 주위사람으로부터 우려의 목소리, 끊어야겠다는 의지력을 이겨내지 못하고, 26년간 하루도 끊어 본 적이 없었습니다. 그래서 병원의 금연 외래에 가서, 의사의 지시대로 약을 먹기 시작했습니다. 오늘로써 금연 6일째 입니다. 26년간 하루도 금연을 하지 못했던 제가 6일이나 피우지 않고 아무렇지도 않게 지내고 있습니다. 약의 힘이 정말 대단해요. 병원 금연 외래에 반드시 가셔야 합니다.

B

우선은 사탕으로 대체해야 합니다. 하루에 3개 정도로요. 그 다음엔 껌을 씹으세요. 제일 괴로울 때가 식후 입니다. 참는데 꽤 스트레스를 받는답니다. 그럴 때는, 껌을 마구 씹으세요. 애인에게 「담배를 피우면 월급 3개월 치를 선물 하겠다」고 하고 자신에게 억지로 리스크(위험)를 지게 하는 겁니다. 그리고 일정기간동안 친구나 지인들과의 술자리를 스스로 없애는 겁니다. 친구들이 모두 애연가여서, 혼자만 피우지 않는 다는 것은 참기 어려운 고통입니다. 한 달 정도 버틸 수 있다면 문제없을 것입니다. 그 후부터는 자신과의 의지력 싸움입니다. 저는 지금 담배를 끊은 지 3년째 입니다. 밥이 맛있어서 6킬로 정도 살이 쪘습니다.

1. A의 서투른 세공이란, 어떠한 경우인가?
   1. 담배를 피우게 하기 위해서, 어드바이스 하는 것
   2. 담배를 끊게 하기 위해서, 통원하는 것
   3. 담배를 피우기 위해서, 약을 복용하는 것
   4. 담배를 끊기 위해서, 무의미한 노력을 하는 것

2. A와 B의 의견에 대해서, 올바르지 않은 것은 어느 것인가?
   1. A나 B도, 자신의 경험을 기본으로 어드바이스를 하고 있다.
   2. A는 병원에 가면 금연으로의 길이 빠르다고 말하고 있다.
   3. B는 금연에 성공하면 체중이 증가한다고 말하고 있다.
   4. 금연하기 위해서, A는 약이 효과적이고, B는 친구의 협력이 필요하다고 말하고 있다.

Part 04

문제 3

나이라고 하는 것은, 상대를 이해하는데 있어서의 중요한 키워드라고 나는 생각한다. 마찬가지로 자신을 이해받는데 있어서의 중요한 키워드이기도 하다.
「같은 세대였군요. 그럼, 그거, 아시겠네요?」라는 일도 있는가 하면
「헉, 10살 차이가 나면 역시 사고방식이 달라지는 것이군요!」와 같은 일도 있을 것이다.
게다가 나는, 자신의 나이를 부끄러워하거나 하지 않는다. 젊어서 죽는 사람도 있는데, 나는 지금 현재로 반세기의 세월을 살 수 있었다. 싫은 일도 좋은 일도 많이 있었지만 그 모두가 둘도 없는 나의 인생. 일 년이라도 부정하거나 속이거나 하고 싶지는 않다.
그러나 상당한 문화인이면서도, 여성들 중에는 나이를 공개하고 싶어 하지 않는 분들이 꽤 있는 것 같다. 어느 심포지엄에 참가했을 때, 팸플릿의 패널리스트 소개에서 내 부분만 나이가 없었다. 다른 패널리스트는 남성으로 전원 제대로 나이가 기록되어 있었다. 어째서인가요? 라고 문의했더니, 여성들은 나이를 넣지 않으면 좋겠다고 말씀하시는 분이 많기 때문이라는 이야기를 들었다. 즉, 멋대로 염려해, 나만 나이를 감춰주었다는 것이다. 쓸데없는 참견이다. 한 마디, 어떻게 할까요? 라고 물어봤으면 좋았으련만, 오히려 화가 났다.

문제 4

1. 패트롤(순찰)은 무엇을 위해서 행해지는 것인가?
   1. 아이들의 수업 태도를 보기 위해서
   2. 초등학교에 폭주족을 못 오게 하기 위해서
   3. 야간 차의 위험으로부터 아이들을 지키기 위해서
   4. 교구(학군)의 아이들의 안전을 지키기 위해서

2. 본문의 내용에 맞는 것을 선택하시오.
   1. 동네의 주민은 반드시 순찰에 참가해야 한다.
   2. 참가할 때는 검은 옷은 안 입는 것이 좋다.
   3. 순찰 할 때 비행 소년을 발견하면, 곧 경찰에 통보한다.
   4. 초등학교에 도착하면 청육련활동위원(青育連活動委員)에게 연락한다.

회람

헤세이(平成) 22년 6월 15일

쿠로바(黒葉)교구의 여러분에게

쿠로바(黒葉)교구 청소년 육성 연합회
회장 야마다 타로

마나미구 야간 일제 패트롤 실시 소식

 요즈음, 전국 각지에서 아이들을 위협하는 사건, 아이들이 관련되는 사건 등이 다양하게 일어나고 있습니다.
교구 청육련에서도 아이들의 안전을 지키기 위해서, 더욱 더 안전 확립에 유의해 가고 싶습니다.
 본 교구에서도 청육련 활동위원을 중심으로 각 여러 단체 위원 분들의 협력아래 야간 순찰을 실시하겠습니다.
 따라서 동네 유지의 여러분들도 순찰에 참여해 주시길 바라는 바입니다. 협력이 가능하신 분들은, 아래 집합 시간에 와 주십시오.

기

1. 실시 일시 / 헤세이(平成) 22년 7월 10일(토) 20:00
            쿠로바(黒葉) 초등학교 정문 집합

2. 실시 요령 / 초등학교 정문에 집합 후, 각 동네로 돌아가면서 순찰을 실시한다.

3. 지참물 / 손전등, 휴대폰(가지고 계신 분)
           복장은 밝은 색으로 입어 주세요. 검은색 등은 야간이므로, 차들이 알아볼 수 없어서 위험합니다.

4.기타 / 무엇이든 불명한 점이 있으시면, 바로 각 동네의 청육련 활동 위원에게 알려 주십시오.
        그리고 순찰 일 외에도 비행 소년이나 폭주족, 시너 등 사용의 의심자를 발견했을 경우에는 그 자리에서 이야기 하지 말고, 신속하게 110번으로 통보 바랍니다.

※ 주민 여러분들의 많은 협조 바랍니다.

이상

문제 5

A
요즘 젊은이들에게 있어서는 단순한 패션의 일부, 혹은 연인과의 맹세라든가, 옛날과는 달리 상당히 가깝게 느껴집니다. 문신이라는 말보다 타투라는 말로 바뀐 요즘, 쉽게 받아들일 수 있으니까요…. 만약 문신을 하고 있는 사람이 외국인이라면 「보통」일로 생각하겠지요? 무서운 얼굴 표정의 사람이라면 「틀림없이 그쪽 분」이라고 생각하겠지요. 겉모습이 보통 사람이라면 「시비가 있어도 아무렇지도 않은, 상당히 강한 사람」이라고 생각하겠지요. 대부분의 사람들이, 같은 시선을 가지고 있다고 나는 생각합니다. 나는 자신과는 상관없기 때문에 아무렇지도 않게 생각합니다. 단지 나는 다른 사람들처럼 문신 부정파가 아니기 때문에 보는 눈은 다소 다를 수도 있다고는 생각합니다만….

B
내 남자친구는 오른쪽 등에 문신이 있습니다. 매우 온화한 성격으로, 내가 무심코 처음으로 그의 문신을 보았을 때, 아! 문신 했네? 생각했습니다. 물론 나도 편견은 없습니다만. 이렇게 온화한 사람이 쓰라린 아픔을 겪으면서 문신을 했을 것이다…라고 하는 갭에 놀랐습니다. 그는 바다 가까이에 살고 있기 때문에, 바다를 너무 좋아해서 매일 바다에서 스포츠를 하고 있습니다. 그 문신 모양은, 바다 속에 있는 생물을 그린 것이었습니다. 그로서는 패션이라기보다는 부적과 같은 감각인 것 같습니다.

1️⃣ 문신에 대해서, A와 B는 어떠한 의견을 말하고 있는가?
   1 A도 B도 둘 다 문신에 편견을 가지고 있다.
   2 A도 B도 모두 문신에 부정적이다.
   3 A는 문신에 특별히 관심이 없다.
   4 B는 연인의 문신에 실망하고 있다.

2️⃣ B는 남자친구의 무엇에 놀랐는가?
   1 부적을 언제나 가지고 다니는 것
   2 문신의 아픔을 참은 것
   3 문신이 이상한 생물이었던 것
   4 이미지와 달리 문신이 있었던 것

Part 05

문제 3

　스피치를 할 때「절대로 긴장하지 않겠다」라고 생각하면 더욱 긴장한다. 좋아하는 사람 앞에서, 보통 때처럼 행동하려고 하면 할수록 동작이나 말투가 더 어색해진다. 그런 일이 자주 있다. 열심히 노력하고 있는데, 오히려 결과가 나빠지는 것은 왜일까.
　그것은 자연에 반하기 때문이다. 예를 들어 사람들 앞에서 말하는 것이 익숙하지 않은 사람은 긴장하는 것이 당연하다. 그럼에도 불구하고「긴장하지 않겠다」라고 한다. 자연의 법칙에 역행하기 때문에, 오히려 결과는 나빠진다. 이것을「노력 역전의 법칙」이라고 한다.
　노력은 단지 하면 보답 받을 수 있는 것이 아니라, 효과가 있도록 궁리를 해야 한다. 그러면 어떻게 궁리할까. 우선 의지를 버리는 것이다.「긴장하지 않겠다」라고 하는 것은 의지다. 그러한 의지를 가져도 긴장하는 것은 의지와는 따로「긴장하는 자신」을 상상하고 있기 때문인 것이다.
　의지를 가지는 것과, 상상하는 것은 사실은 같은 것이다. 그러니까 아무리 강한 의지를 가져도, 마음 깊은 곳에서는 그것과는 반대인 자신을 상상해 버린다. 그리고 상상 쪽이 이겨 버리는 것이다.
　의지를 가지는 것은 간단하다.「오늘부터 담배를 끊자」라고 생각하는 것은 의지이다. 의지를 갖게 된 이유도 극히 이치에 맞다.「담배는 건강에 좋지 않다」「금전적으로도 만만치 않다」「타인을 불쾌하게 한다」「미국의 엘리트들은 피우지 않는다」「끊으면 부인이나 아이들도 기뻐한다」이만큼 훌륭한 이유가 있고, 확고한 의지를 굳히면 끊을 수 있을 것 같다.
　하지만 한 대 피우는 자신의 릴렉스 한 모습을 상상했을 때, 벌써 담배에 손이 가 있는 것이다. 아무리 의지를 강하게 해도 상상에는 이길 수 없다. 다른 일에 대해서도 같다고 말할 수 있다. 아무리 노력해도 결과가 나오지 않는 사람은, 노력하는 의지가 있는 것은 틀림없지만, 상상으로 그것을 엉망으로 만들고 있다.
　사람들 앞에서 긴장하지 않는 최선의 방법은「긴장하지 않겠다」라고 하는 의지를 버리는 것이다. 긴장하는 것이 당연한 것이니까「반드시 긴장할 것이다」로 괜찮다. 다만, 그 후에 이렇게 덧붙인다.「긴장하겠지만, 반드시 잘 된다」이러면 정신의 긴장이 풀려, 긴장해서 횡설수설하면서도 사람들로부터 호감을 받는 자신을 상상할 수 있다. 인생 모름지기 이런 방식으로 가면 좋다.

문제 4

콜 센터 스텝 모집

① 콜 스텝
　시급 900엔~ + 인센티브(수수료)
② 사무
　시간급 850엔~

근무 : 역에서 도보 3분
　　　9월 상순 시작
　　　※사정이 좋지 않은 분은 9월 중순 시작도 가능
내용 : 고객에게 상품 설명, 안내, 애프터 보충, 주문 받는 업무까지 종합적인 고객 서포트를 부탁합니다.
　　　미경험이라도 선배가 정중한 연수를 실시하기 때문에 안심하셔도 됩니다.
자격 : 이번 봄 졸업 · 미경험자 환영! 기혼자 환영!
　　　경험자 우대, PC의 기본적인 입력 조작을 할 수 있는 분
시간 : (1) 9:30~18:00　(2)12:00~20:30
휴일 : 시프트(변동)제
대우(혜택) : 교통비 지급(상한 2만 엔까지/한 달), 급여가 오름, 사회보험 완비
응모 : 우선은 부담없이 전화해 주세요.
　　　전화 연락 후, 이력서(사진 첨부) 지참해 주십시오.

주식회사 쿠로바(黒葉)미디어
TEL : 0120-999-***

1　여기서 일할 수 없는 사람은?
　1 미경험자
　2 차로 통근하는 사람
　3 결혼하지 않은 사람
　4 9월 21일부터 일할 수 있는 사람

2　모집 내용에 맞는 것을 선택하시오.
　1 노력에 의해 급여가 오르기도 한다.
　2 버스요금이 1개월 2만 엔을 넘어도 전액 받을 수 있다.
　3 경험자와 미경험자의 급여는 같다.
　4 응모 시에는 이력서를 우송한다.

문제 5

A
나도 연습을 대부분 하지 않다가 중학교에 들어가서 그만 두어 버렸습니다. 후회하고 있습니다. 본가에서 피아노를 연주하고 있을 때는 매우 기분 좋습니다. 더 성실하게 연습해서 적어도 고등학교까지 계속 했었더라면… 좋아하는 곡을 많이 칠 수 있었을 텐데… 모두에게 피로도 할 수 있었을 텐데..... 자녀분도 좋아하는 곡부터라면 의욕이 솟아날지도. 저는 클래식뿐인 매너리즘으로 의욕이 고조되지 않은 것도 그만둔 원인의 하나입니다. 또는 한 번 피아노로부터 거리를 두게 하는 것도 좋을지도 모르겠네요. 어느 날 돌연 무언가에 눈을 뜰지도! 피아노를 칠 수 있으면 정말 멋져요!

B
안녕하세요? 피아노 교사입니다. 어떤 학생이 전혀 의지가 없어서 아드님처럼 발표회 곡도 칠 수 없게 되었으며, 연습도 하지 않은 채 몇 년이 흘렀을 때, 학교에서 반주를 부탁 받은 것이 계기가 되어 「선생님 가르쳐주세요!」라면서 매우 의욕적이게 되었습니다. 그저 한 예입니다만…연습을 재촉하는 일은 중요합니다. 그와 동시에 칭찬하는 일도 중요합니다. 의욕은 그저 사소한 일로 일전합니다. 피아노뿐만이 아닙니다. 저 자신도 저학년 무렵 연습이 정말 싫었었습니다. 스스로 알아서 진행한다는 것은 있을 수 없는 일이었습니다. 그래서 어머니는 매우 엄하게 자주「연습하세요!」라고 화를 내셨습니다…하지만 매우 칭찬하셨습니다. 「정말 좋은 음색이다!」등 어른이 되어서 그 일에 대해서 물었더니 칭찬하는 방법을 몰라서 소리 같은 건 잘 몰랐지만, 어쨌든 그냥 그렇게 말 했었던거야…라고 하셨습니다. 조금만 해줘도 굉장하답니다. 칭찬하고, 칭찬하고, 계속 칭찬해서 아드님의 의욕을 높여 주면 어떨까요?

1 A와 B의 문장은 누구에 대해서 의견을 말한 것인가?
  1 피아노 교수법에 곤란해하고 있는 피아노 교사
  2 피아노 연습을 하고 싶어 하지 않는 아이
  3 피아노 연습을 싫어하는 아이의 부모
  4 피아노 발표회를 가까이 둔 학생

2 A와 B의 내용에 대해서 올바른 것은 어느 것인가?
  1 A도 B도 자신의 경험을 기본으로 주의하고 있다.
  2 A는 클래식은 좋은 연습이 된다고 말하고 있다.
  3 B는 칭찬하는 것만이 전부가 아니라고 말하고 있다.
  4 A는 피아노를 그만두게 하는 것도 좋다. B는 칭찬하는 것은 중요하다고 어드바이스 하고 있다.

Part 06

문제 3

조사하는 것과 쓰는 것은 전적으로 나와 같은 저널리스트들에게만 필요시 되는 능력이 아니라 현대 사회에 있어서는 거의 모든 지적 직업에서 일생동안 필요하게 되는 능력이다. 저널리스트이든, 관료이든, 비즈니스맨이든, 연구직, 법률직, 교육직등의 지적 노동자이든, 대학을 나오고 나서 하는 대부분의 직업 생활의 상당한 부분이, 조사하는 것과 쓰는 것에 소비되는 것이다. 근대사회는 모든 측면에서 기본적으로 문서화 되는 것으로 조직되어 있기 때문이다.

사람을 움직이고, 조직을 움직이고, 사회를 움직이려고 한다면, 좋은 문장을 쓸 수 없으면 안 된다. 좋은 문장이란, 명문이라고 하는 것은 아니다. 능숙한 문장이 아니어도 좋지만, 달의(전달하고자 하는 바를 잘 전달함)의 문장이 아니면 안 된다. 문장을 쓰는 것은 무엇인가를 전하고 싶다는 것이다. 자신이 전하고 싶은 것을 그 문장을 읽는 사람에게 전하지 않으면 아무것도 안 된다.

무엇인가를 전하는 문장은, 우선 논리적이지 않으면 안 된다. 그러나 논리에는 내용(콘텐츠)이 동반되지 않으면 안 된다. 논리보다는 증거인 것이다. 논리를 세우는 쪽은, 머릿 속의 작업으로 해결되지만, 콘텐츠 쪽은 어디에선가 재료를 조사해 가져오지 않으면 안 된다. 좋은 콘텐츠에 필요한 것은, 재료가 되는 팩트(사실)이며 정보이다. 그런 까닭으로 어떡해든 조사라고 하는 작업이 필요하게 된다.

문제 4

만약. 우주인이 우리가 사는 태양계를 탐험하러 와서, 지구를 찾아내면 뭐라고 할까요? 아마 이 지구를 「푸르게 빛나는 아름다운 수구」라고 명명하겠지요? 바다는 지구표면의 70.8%를 감싸고 있습니다. 또, 육지에도 많은 강이 흐르고 있고, 큰 호수도 있습니다.

우주인들은 또, 지구의 군데군데가 언제나 구름에 감싸여 있는 것에 놀라겠지요? 구름이 걸려 있는 하늘에서는, 물이 비가 되어 내리거나, 육지도 항상 물로 보입니다. 이렇게 보면, 우리는 물 세계에서 살아가고 있다고 조차 말할 수 있습니다.

1 이 문장에서 필자가 말하고 싶은 것은 무엇인가?
  1 우주인이 지구를 「푸르게 빛나는 아름다운 수구」라고 명명한 것

2 우주 안에서 지구는 물이 풍부한 별이라는 것
3 우주인이 처음 우리가 사는 지구에 오는 것
4 우주 안에서는 지구가 어느 별보다 아름다운 것

문제 5

일본에서는 정치가뿐만 아니라, 선거를 하기 전에, 종종 서로 협의 하에 당선자가 정해지는 일이 많다. 비록 선거를 한다 해도, 그것은 형식적인 것으로, 실제로는, 미리 선택된 사람이 승리를 거두는 결과가 이미 만들어져 있는 일이 자주 있다.

문제점에 관해서, 철저히 논쟁을 펼쳐서, 상대를 패배시키는 것이 인기를 얻고 선거에 이긴다고 하는 민주주의의 원점이라고도 말해야 할 선거의 방식이, 왜 ①일본에서는 행해지지 않는 것일까!

「②말없이 나를 따르라!」라는 지도자는 일본에서는 오래가지 못한다. 일본의 지도자는, 선두에 서서 집단을 이끌어 가는 것이 아니라, 많은 의견의 조정역이다. 즉, 강한 개성과 명확한 방침을 가지고 있는 인물은, 자신의 의견에 너무 고집을 부려서, 다른 의견을 받아들이지 않는다. 그러면 그에 의해서 받아들여지지 않았던 사람들이, 원래는 각각 다른 의견을 가지고 있었음에도 불구하고, 단결하고 반란을 일으켜, 그는 지도자의 지위에서 쫓겨나게 되어 버리는 것이 된다. 그것보다는, 하나하나의 의견에 귀를 기울여, 어떻게든 타협점을 찾아내고, 누구나가 찬성할 수 있는 하나의 결론으로 모두를 이끌어 가는, 그러한 인물이 귀하게 여겨지는 것이다.

일본의 수뇌가 국제회의장소에서, 뚜렷한 견해나 의견을 말하지 않고, 오로지 각국 수뇌의 의견을 듣고 돌아다니는 것도, ③그러한 조정역을 완수하려 하고 있는 것이다.

1 「①일본에서는 행해지지 않는」선거란 어떤 선거를 말하는 것인가?
1 충분히 논쟁을 하고 거기에서 이긴 사람이 당선하는 선거
2 정해진 방법에 따라서 형식적으로 행해지는 선거
3 협의에 따라서 당선할 사람을 정해 버리는 선거
4 미리 선택된 사람이 결국 이기는 선거

2 일본에서는 「②말없이 나를 따르라!」라고 말하는 지도자가 오래 가지 못하는 이유는 무엇인가?
1 뚜렷한 견해나 의견을 말하려고 하지 않기 때문에, 사람에게 신뢰 받지 못하니까
2 자신의 생각을 강하게 가지고, 타인의 의견을 듣지 않기 때문에, 적이 생기기 때문에
3 민주주의적인 선거를 실시하지 않고, 지도자로서 실격이라고 인정받기 때문에
4 다른 사람과 논쟁이 되었을 때, 상대를 패배시킬 수 없기 때문에

3 「③그러한 조정역」이란 어떠한 일을 하는 사람인가?
1 논쟁을 하고 상대를 패배시키는 사람
2 누구를 선택할지 미리 정하는 사람
3 선두에 서서 집단을 이끌어 가는 사람
4 주위 사람들의 의견을 듣고 타협점을 이끌어 내는 사람

Part 07

문제 3

편지라고 하는 것이, 아무래도 서투르다. 편지를 써야하는 필요에 쫓기게 되면, 갑자기 재채기가 멈추지 않게 되거나 배탈이 나거나 한다.

원래, 문장을 쓰는 것이 싫은 것도 있다. 하지만 그 이상으로 편지를 쓰는 것이 싫은 것은 그 형식 탓이다.

우선, 「삼가 아뢰옵니다」라고 하는 것이 마음에 들지 않는다. '삼가 아뢰옵니다'라고 하는 것은 「삼가 말씀드린다」라고 하는 의미인 것 같지만, 요즘 그런 것을 알고 있는 사람은 별로 없다. 의미도 모르며 왜 「삼가 아뢰옵니다」따위를 쓰지 않으면 안 되는 것인지 나로서는 전혀 이해할 수 없다.

(중략)

뭐, 무조건 「형식」이 안 된다고는 말하지 않겠다. 원래 형식이라고 하는 것은, 모두의 편리함을 위해서 있는 것이다. 형식이 있기 때문에 우리들은 불필요한 일로 불필요하게 신경을 쓰는 일을 하지 않고 끝낸다. 만약 편지의 형식이라는 것이 없었으면, 우리들은 편지를 쓸 때마다 「어떻게 쓰면 좋을까」라던가 「이렇게 쓰면 실례가 되지 않을까」라던가, 이것저것 사소한 것에 신경을 쓰며, 쓰기 전부터 기진맥진 하게 되어 버릴지도 모른다.

하지만 그러한 형식의 효용은 충분히 인정한 연후에, 더욱 지금의 편지의 형식은 죽어 있다고 나는 생각한다. 그리고 그것이 우리들의 목이나 몸에 감겨 붙어 우리들의 편지를 질식 상태로 몰아넣고 있다고 생각한다. 형식을 제대로 해내면 해낼수록, 편지에서 자꾸자꾸 생기가 없어져 간다.

문제 4

일본은, 그 초기와 근대에 두 계획도시를 만들었다. 쿄토 하고 삿포로이다. 오래된 도시의 대표인 쿄토나 새로운 도시의 대표 선수인 삿포로도, 둘 다 자연발생적인 도시가 아니고, 일본에서는 매우 보기 드문 인공적인 도시이다. 쿄토는 중국을, 삿포로는 미국을 모델로 한 도시이며. 동양 문명의 원점과 서양 문명의 도달점을 함께 공존시키는데, 일본 문명의 특징이 나타나 있다고 말 할 수 있지 않을까! 문명이라는 것은 자기가 지닌 원리원칙의 불변성을 근본으로 한다. 일본의 문명은, 가변성이라고 하는 원칙을 불변적으로 계속 가지고 온 문명이며. 삿포로의 발전은 고대 이래의 일본 문명이 아직껏 건재한 것의 좋은 예증일 것이다.

1. 삿포로와 쿄토의 공통점은 무엇인가?
   1. 같은 도시를 모델로 해서 만들어졌다는 점
   2. 자연스럽게 만들어 진 도시라는 점
   3. 인공적으로 만들어진 도시라는 점
   4. 동양의 도시를 모델로 했다는 점

2. 필자에 따르면 일본 문명이 불변적으로 계속 이어가는 특징은 무엇인가?
   1. 계획성   2. 발전성   3. 가변성   4. 인공성

문제 5

세계 여러 민족의 인사를 조사해 살펴보면, ...(중략) 악수로 대표되는 상호적인 인사는 극히 드물다는 것을 잘 알 수 있다. 그것은 대부분의 사회에서, 신분이나 지위나 역할이 분명히 규정되어 있다는 바로 그것이다. 또, 매일 가벼운 인사가 행해지는 사회가 적다고 하는 것은. 그러한 사회에서는 사람들은 오로지 가족이나 친족, 부족 등 소속하는 사회집단의 구성원으로서 살아가고 있고, 개인으로서의 역할이 별로 인정받지 못하는 것과 관계가 있다. 그러한 집단 내에서는 물건을 교환 할 때에도 보통 인사는 필요 없기 때문이다.

예를 들어 인도에서는 가족이나 친구사이에서는 보통 감사의 표현은 행해지지 않는다. 오히려 터부시되지만, 가족의 식탁에서 소금을 집어줘도 「고마워요」라고 하는 유럽과 미국처럼 가족이 일체가 되어 사는 사회에서는, 오히려 "서먹서먹한 행동"일 것이다.

일본인도 어느새 가족 간에도 「고마워요」를 반복하게 되었다. 게다가, 그것은 불평 없는 좋은 습관이라고 여겨지는 것 같다. 그것은 가족이 서로 의지하면서 살았던 생활이 완전히 과거가 되면서. 인간관계양상이 바뀐 것을 여실히 말해주고 있다.

1. 「상호적인 인사는 극히 드물다」라고 있는데 왜 그러한가?
   1. 많은 사회에서는 사람들의 신분이나 역할이 정해져 있기 때문에
   2. 신분이나 지위와 관계없이 악수가 대표적인 인사이기 때문에
   3. 매일 가벼운 인사가 행해지는 것이 당연하기 때문에
   4. 세계 여러 민족에게는 신분이나 역할이 아직 분명히 정해져 있지 않기 때문에

2. 인도에 대한 설명으로 올바른 것은 어느 것인가?
   1. 개인으로서의 역할을 인정받을 수 있어서, 보통 가족에게 「고마워요」라고 하지 않는다.
   2. 가족 간의 식사자리에서 소금을 건네받고 감사의 표현을 하지 않는 것은 터부시된다.
   3. 가족이나 친족 등의 사회집단 구성원끼리는 감사의 표현이 잘 사용된다.
   4. 가족이 일체가 되어 사는 사회이므로, 너무 「고마워요」라고 하지 않는다.

3. 일본에 대한 설명으로 올바른 것은 어느 것인가?
   1. 「고마워요」가 좋은 습관이라고 생각되어지는 것은 인간관계가 변해, 개인으로서의 역할이 별로 인정받지 못하기 때문이다.
   2. 예전에는 가정 안에서 감사의 표현은 별로 사용되지 않았지만. 요즘에는 좋은 습관이라고 생각되어져 빈번하게 사용된다.
   3. 옛날부터 가정 안에서는 감사의 말이 잘 사용되고 있었지만. 요즘에는 불만 없는 좋은 습관으로서 정착하고 있다.
   4. 가정 안에서 감사의 말이 잘 사용되는 것은, 가족이 서로 의지하면서 살아가고 있기 때문이다.

Part 08

문제 3

　나는 대학시절, 테니스 선수였다. 서투른 플레이어였지만, 테니스로 배운 것은 수없이 많다. 그 중에서, 내게 있어서 가장 큰 교훈은 지는 것을 인정하는 것이었다. 아무리 분하고 머릿속이 새하얗게 되어 이성을 잃어도, 이긴 상대를 칭찬하고, 악수를 하지 않으면 안 된다. 이것은 간단한 일은 아니다.
　어느 날, 나는 대접전 끝에 졌다. 매치 포인트를 세 번이나 잡으면서 역전패했다. 나는 네트를 사이에 두고, 대전 상대와 악수를 하고, 라켓을 겨드랑이에 끼고 테니스 코트에서 나왔다.
　그리고, 코치 있는 곳으로 가서,
「상대가 한수 위였습니다」
라고 말했다. 그러자, 코치는 나의 머리를 라켓대로 때리며, 「진 것은, 상대가 강했기 때문이냐? 아니다. 네가 약했으니까 진 것이다. 상대가 강하다고 말하는 것은, 진 것을, 상대의 탓으로 돌리고 있는 것이다(관서지방 사투리)」라고 꾸짖으며, 게다가 이렇게 고함쳤다.
「게임이 끝나고, 상대와 악수를 했을 때의 너의 얼굴은 도대체 무엇이냐. 상대의 얼굴에서 눈을 외면하고, 단지 손만 내밀고. 너, 도대체, 무엇을 위해서, 테니스를 해 온 거냐? 다시 한 번 상대방에게 가서 진심으로 웃는 얼굴로 「축하합니다」라고 말하고 와. 그것이 가능하지 않다면, 더 이상 내일부터 방(테니스 숙소)에 오지 마라. 테니스 따위 때려치워」
　울 것 같이 되면서도, 나는 코치가 말하는 대로 했다.

문제 4

　사람은 언제 죽는가 하는 연구를 하던 외국의 사회학자가 조사를 한 결과, 생일 한 달 정도 전부터 사망률이 갑자기 떨어지지만, 생일이 지나면 또 상승한다는 것을 알게 되었다. 어째서, 생일이 사람의 죽음과 관계가 있는 것일까! 이 사회학자는 축하를 받을 날을 마음속으로 기다리는 것이 연명 효과를 가지는 것이 아닐까라고 해석을 했다. 의학자들은 어떻게 말할지 모르겠지만, 인간에게는 그러한 과학으로는 깨지 못하는 부분이 틀림없이 있을 것이라고, 그 이야기를 듣고 나름대로 상상해본 적이 있다.

1　필자는 이 사회학자의 의견에 대해서 어떻게 생각하고 있는가?
  1　과학적이지 않지만, 받아들일 수 있다.
  2　과학적이지만, 받아들일 수 없다.
  3　과학적이지 않기 때문에, 받아들일 수 없다.
  4　과학적이어서, 받아들일 수 있다.

문제 5

　어른들의 말과 아이들의 말의 경우도, 어른들의 말이 「중심」으로, 아이들의 말은 「중심」이 아닙니다. 그래서 보통 우리는, 「중심」이 되는 어른들의 말을 유지해야 한다고 생각해서 아이가 무엇인가 이상한 말투로 말하면, (　①　).
그러나 그 (주)반면, 아이들의 말이라고 하는 것은, 반드시 전부 어른들의 말에 맞추어 고쳐져 버리는 것은 아닙니다. 그것은, 말이라고 하는 것이, 시대와 함께 바뀌는 것을 보면 금방 알 수 있습니다. 「말이 바뀐다」라고 하는 경우, 그것은 세대에서 세대로의 변천으로, ②차이가 일어나고 있는 것이고, 그 차이라고 하는 것은, 아이들의 말에서 시작한 것이, 그것을 고치려고 하는 시도에도 불구하고, 다 할 수 없어서, 그것이 어른들의 말에 섞여들어, 언어를 바꾸는 것이라고 생각할 수 있습니다. 이런 식으로 생각하면, ③「중심이 아닌 것도」, 최근의 말을 사용하면, 문화라는 것을 「활성화」한다는, 즉, 거기에 활력을 주는 그러한 의미를 가지고 있는 것으로서 다시 파악할 수 있는 것입니다.

1　(　①　)에 들어갈 것으로 가장 적당한 것은 어느 것인가?
  1　그것은 이상하다고 말하고 고칩니다.
  2　그것은 좋다고 말하고 어른들의 말에 도입합니다.
  3　무리하게 고치려고 하지 않고 당분간 상태를 봅니다.
  4　전혀 고치려고 하지 않고 그대로 방치합니다.

2　②「차이가 일어나고 있다」라는 것은 예를 들자면 어떤 경우인가?
  1　어른들의 말이 아이들의 말을 활성화 하는 것
  2　아이들의 말이 어른들의 말로 섞여 들어가는 것
  3　아이들의 말과 어른들의 말이 서로 활성화 되는 것
  4　어른들의 말이 아이들의 말 속으로 어느새 섞여 들어가는 것

3　③「중심이 아닌 것도」라는 것은 무엇을 가리키는 것일까?
  1　옛 말　　　　　2　어른들의 말
  3　아이들의 말　　4　세대 간 말의 차이

Part 09

문제 3

나는 한 쪽으로 치우쳐 있다. 무슨 소리냐 하면, 예를 들어 영화가 보고 싶다고 생각하면 몇 편이나 연속해서 본다. 감상하는 것이 아니라, 본다는 것이 어울린다. 책도 읽을 시간이 없어서 초조해지면, 엄청나게 사서 책을 바라보고 있다. 읽는 것이 아니라, 바라보고 있다. 친구와 만나고 싶으면, 몇 사람에게나 전화를 한다. 만날 시간이 없는데 약속하려고 한다. 고기를 과식하고 있다는 생각이 들어 반년동안 먹지 않았다. 배추가 맛있다는 생각이 들어 매일 먹은 적도 있다. 차를 운전하고 싶어져 한밤중에 카와구치 호수 주변까지 갔다. 왠지 나는 한 쪽으로 치우쳐 있고, 딱 좋은 느낌이라고 하는 것을 모른다는 생각이 든다. 절실히 밸런스가 나쁘다고 생각한다.

그런데 최근 하나 기쁘다고 생각했던 적이 있다. 치우쳐 있기 때문에 지금의 자신이 있다고 통감했던 것이다. 확실히 음악 일이든, 소설을 쓰는 일이든, 편향된 성격이 아니면 계속할 수 없었다. 그러나 그것보다. 언제까지나 망가져버린 잡동사니를 버릴 수 없는 자신이 갑자기 좋아진 것이다. 버리지 않고 남아있는 것이 기쁜것이 아니다. 버릴 수 없는 자신의 마음을 좋아하게 되었던 것이다.

나의 가슴 안에 망가져 버린 하트가 있다. 그것을 끌어안은 채로 살아가고 있다. 버려버리는 쪽이 짐은 가벼워지는데, 언제까지나 안고 있다.

망가진 하트로 앞으로도 걸어갈 것이다.

문제 4

바로 일전의 일이었는데, 미국의 어느 스포츠 지도자가 일본 선수에게 쓰여 있었던 말을 신문에서 보고 흥미를 갖게 되었다. 일본인들은 스포츠에 자신의 인생을 쌓아 가고 있다. 출발점에 사람이 없다. 그러면 안 된다고 했다.
이것은. 거의 그대로 우리 음악에도 들어맞는다. 왜 음악을 하는가 하는 것을 묻기 이전에 음악에서 출발한다. 그래서 학생 때는. 혹은 콩쿨까지는 괜찮았지만, 그 다음으로는 이어지지 않는다. 이정도의 음악 수준을 확보하면서, 정말 대가는 나오지 않는다.

1 이 문장에서 필자는 무슨 말을 하고 싶은 것인가?
1 음악을 하는 사람도, 스포츠를 할 필요가 있다.
2 왜 음악을 하는지를 처음에 생각해야 한다.
3 음악을 스포츠와 같이 생각해선 안 된다.

4 우선 연주의 기술을 높이지 않으면 안 된다.

문제 5

일본에는 ①「물(더운물과 찬물)쓰듯 사용한다」라는 말이 있다.「돈 등을 뜨거운 물이나 찬물을 쓰듯이, 생각 없이. 펑펑 쓴다 」라는 의미다.

일본에서는. 옛날부터 물이 풍부하다고 생각해 왔었다. 비도 많이 오고 강도 많다. 특히 도쿄나 오사카 등 큰 강 근처에 있는 도시에서는, 별로 물에 불편하지 않았다.

또. 일본인은 목욕을 좋아한다. 충분한 양의 목욕물에 잠기어, 그 뜨거운 물을 척척 사용하면서 몸을 씻는다. 실제로 기분 좋은 것이다.

그러나 요즘에는 「물처럼」이라고 하는 말투는 ②「잠깐만! 그건 아니잖아~」라고 하는 느낌이 든다. 세계 도처에서 물이 부족하다. 일본과 같은 나라는 예외로, 큰 강 유역에서는 강물을 둘러싸고 나라끼리 싸움을 벌일 정도다. 비가 내리지 않아서, 작물을 전혀 수확할 수 없는 나라도 많다.

게다가 온천을 따로 하면, 뜨거운 물을 끓이려면 연료가 필요하다. 석유든 가스든 결코 무한하지 않다. 또, 그것들을 태울 때 발생하는 이산화탄소는 지구 온난화의 원인으로 되고 있다.

이미 일본인들은 뜨거운 물이나 찬물을 문자 그대로「물처럼」사용할 수 없게 되고 있는 것이다.

1 ①「물처럼」이라는 표현의 배경에는 일본인들의 어떠한 생각이 있을까?
1 물은 많이 있으므로, 개의치 말고 아무리 사용해도 괜찮다.
2 물은 많이 있지만, 소중히 사용하지 않으면 안 된다.
3 돈이든 물이든 신경 쓰지 말고 척척 사용하는 것이 좋다.
4 돈도 물과 같이 타인에게 나누어 주어야 한다.

2 요즘엔 왜 ②「잠깐만! 그건 아니잖아~」라고 하는 느낌인 것인가?
1 일본은 물을 얻기 위해서 다른 나라와 싸우게 되었기 때문에
2 최근 일본에서는 옛날만큼 목욕탕에서 물을 사용하지 않게 되었기 때문에
3 일본에서는 비가 줄어들었고, 물이 부족해졌기 때문에
4 많은 나라에서 물이 부족하게 되어 물의 중요성을 인식해야 하기 때문에

3 뜨거운 물을 「물처럼」사용할 수 없게 된 이유로서 올

바른 것은 어느 것인가?
1 지구 온난화의 영향으로, 뜨거운 물의 양이 줄어들고 있기 때문에
2 온천을 만들기 위해서는 석유나 가스등의 연료를 많이 사용하기 때문에
3 온천에서 나오는 이산화탄소는 지구에 나쁜 영향을 주는 것이기 때문에
4 물을 뜨거운 물로 하기 위해서 사용하는 석유나 가스는 언젠가 없어지는 것이기 때문에

Part 10

문제 3

인간이 마음으로 생각하는 것을 타인에게 전해 알리는 데는, 여러 가지 방법이 있습니다. 예를 들면 슬픔을 호소하는 데는, 슬픈 얼굴을 해도 전해진다. 음식을 먹고 싶을 때는 손짓으로 먹는 모습을 해 보여도 안다. 그 밖에, 운다든가, 신음한다든가, 외친다든가, 노려본다든가, 탄식한다든가, 때린다든가 하는 수단도 있어서, 갑작스러운, 격렬한 감정을 단번에 전하는 데는, 그러한 원시적인 방법이 적합한 경우도 있습니다만, 그러나 약간 세세한 생각을 명료하게 전하려면, 언어에 의할 수밖에는 없습니다. 언어가 없으면 얼마나 부자유스러운지는, 일본어가 통하지 않는 외국으로 여행해 보면 압니다.

그리고 또, 언어는 타인을 상대로 할 때뿐만이 아니라, 혼자서 생각할 때에도 필요합니다. 우리는 머릿속에서 「이것을 이렇게 해」라든가 「저것을 저렇게 해」라는 것처럼 혼잣말을 하며, 스스로 자신에게 들려주면서 생각한다. 그렇게 하지 않으면 자신이 생각하는 것이 확실하지 않고, 정리하기가 어렵다. 여러분이 산술이나 기하의 문제를 생각하는 데도, 반드시 머릿속에서 언어를 사용한다. 우리는 또, 고독을 숨기기 위해서 스스로 자신에게 말을 건네는 습관이 있습니다. 억지로 생각하려고 하지 않아도, 혼자서 우두커니 있을 때, 자신 안에 있는 또 한명의 자신이, 문득 갑자기 속삭이는 일이 있습니다.

문제 4

(주1) 아이누 사람들과 자연과의 관계는 한마디로 말하면 「공존」이다. 「존중」이라고 해도 괜찮을지도 모르지만, 「지배」나 「파괴」라는 개념과는(주2) 무관한 관계를 가지고 있다. 사람들은 자연으로부터 많은 것을 얻는다. 다양한 것을 취한다. 취한다고 해도 강탈하는 것이 아니라, 신으로부터 받는 것이라는 생각을 가지고 있다. 훔쳐서 취하는 것이 아니라 받는 것이다. 그러니까 은혜를 받는다든가, 주신다고 하는, 신을 의식한 말투가 많다.

1 자연과의 관계에 대해서 아이누 사람들은 어떻게 생각하고 있는가?
   1 자연으로부터 사는데 필요한 것을 받아 자연과 함께 살아간다.
   2 자연을 소중히 생각해 자연에서는 결코 먹을 것을 취하지 않으려고 한다.
   3 다양한 것이 있는 자연을 신과 같이 지배하려고 한다.
   4 자연은 성장해 감으로 별로 파괴를 신경 쓰지 않아도 괜찮다.

문제 5

아이가 자기 방에서 두문불출하는 것은 부모로부터 독립한 자신만의 정신적 세계를 가지기 시작한 것의 현상이기 때문에, 나쁘다고 만은 말할 수 없다. 아이도 자신이 부모에게 뭐든 관리되는 것을 언젠가 싫어하게 되므로, 만약 그렇게 되지 않는다고 하면, 또 ①다른 걱정이 생길 것이다. 그러나 그렇다고는 해도, 이것은 정도 문제로 아이가 학교에서 돌아와서 잘 때까지, 식사 때를 제외하고 계속 자신의 방에 있는 것은, 가족 간의 커뮤니케이션이 (주1)희박하게 되는 것이다. 때문에 아이가 어느 연령이 되어 자기 방에서 두문불출하는 것을, 하나의 성장 과정으로서 인정은 한다 해도, 건축적으로 ②그것을 (주2)북돋우는 것 같은 공간을 만드는 방법은 피해야 할 것이다.

그러한 생각에 따르자면 아이 방은 너무 (주3) 있기가 편하지 않은 쪽이 좋지 않을까? 편하지 않다고 하면 (주4) 어폐가 있겠지만, 최소한 너무 좋지 않은 것이 좋다. 더 정확하게 말하자면, 어느 (주5)내성적인 때를 보내려면 있기 편한 곳이지만, 그 기분이 갑자기 밖으로 향했을 때에는, 다소 답답하게 느껴져서 자연스럽게 방밖으로, 거실이나 부엌으로 나가고 싶어지는 방이 좋다.

1 ①다른 걱정이란 어떤 것인가?
   1 아이가 독립심이 너무 강해서 자신만의 세계에 틀어박히는 걱정
   2 아이에게 독립심이 생겨나지 않고 부모에게 의존하는 아이가 되는 걱정
   3 부모가 아이에 대해서 영향력을 못가지게 될 걱정
   4 부모가 아이에게 완전하게 지배되게 될 걱정

2 ②그것이란 무엇을 가리키는 것인가?

1 아이가 자신의 방에 두문불출하지 않게 하는 것
2 성장 과정에 필요한 커뮤니케이션을 하는 것
3 아이가 자신의 방에 틀어박히는 경향이 되는 것
4 가족 간의 커뮤니케이션이 생기는 것

3 필자의 아이 방에 대한 생각은 어떤 것인가?
1 아이 방은 아이의 독립심을 키우기 위해서는 불필요하다.
2 아이 방은 아이가 어느 연령에 이를 때까지 필요하다.
3 아이 방은 아이가 지나치게 관리 받지 않는 설계가 좋다.
4 아이 방은 아이에게 있어서 너무 쾌적하지 않은 설계가 좋다.

사회에의 반란」이라든가 「자신 찾기의 시대」등과 같은 말의 허식에 놀아나고 있다. 요컨대 응석꾸러기인 것이다. 그러나 어떻게 굴러도 먹고 살 수 있는 행복한 시대는 언제까지나 계속 된다고는 생각되지 않는다. 노부모의 보살핌이나 육아, 연금 보험금의 지불 등은 할 수 있는 것인가. 일본의 생산력의 장래는 어떻게 되는 것인가. 사회를 표류하는 젊은이들의 행방이 걱정이 된다.

문제 4

오늘날처럼 「노동」이 잊혀지고 있는 시대는 없을 것이다. 일하면서 일이나 사람들에게 가르침을 받고, 혹은 사람들과 힘을 모아 일을 한다는 것, 또한 일한 성과로 사회와 이어져 있다는 것을 실감하며, 그러한 것들에 의해 자신이 일을 하는 의미와 살아 있다는 것의 의의를 확인 받을 수 있다. 그러한 것으로부터 우리는 오랫동안(주) 담을 쌓고 있다. 「노동의 기쁨」이라는 표현이 아주 옛스럽게 느껴질 만큼, 「노동」은 우리의 생활에서 멀어지고 있다.

Part 11

문제 3

요즘 대학 졸업생명부의 직업란에 「프리타」라고 하는 기입예가 있다고 한다. 프리타. 즉 프리 아르바이터. 임시 파트직이나 아르바이트로 사는 것이 당당히 「정직업화」되었다?
일전의 「노동 백서」에 의하면, 일정한 직업을 가지지 않고 아르바이트 등으로 생활하는 젊은 층의 프리타가 151만 명이 되었다. 최근 5년간에 50만 명이나 급증해, 작년에는 대학을 새로 졸업한 사람의 23%나 차지했다. 대부분은 「일이 맞지 않는다」등으로 스스로 회사를 그만두는 케이스라고 한다.
나쓰메소세키의 중편 소설 「소레카라」의 주인공. 나가이 다이스케는 서른이 되어도, 직업을 가지지 않고, 부모나 형으로부터 돈을 받아 취미처럼 사는 「고등유민」이었다. 그러나 그럼에도 불구하고 부모로부터 의절당해 생활 자금이 끊기니, 마침내 마음을 정하고 전철을 타고 일을 찾으러 나간다…
그런데 현대의 다이스케들은 조금도 서두르는 법이 없다. 대부분은 부모에게 얹혀사는 파라사이트(기생하고 있는) 프리타로, 아르바이트로 돈을 벌어서는 여행을 떠나거나 놀이를 즐기거나 한다. 정사원에 채용되는 것은 질색이라고 하는 젊은이도 적지 않다고 한다.
한마디로 프리타라고 해도, 정말로 하고 싶은 일을 원해 모색하고 있는 사람도 있거니와, 단지 일하고 싶지 않다는 이유만을 가진 사람도 있을 것이다. 그러나 대부분은 「관리

1 「노동」이 잊혀지고 있는 시대란 어떠한 시대인가?
1 노동하는 장소가 줄어들어 실업이 증가하고 있는 시대
2 옛날부터 사회에 있는 일이 잊혀진 시대
3 노동하는 의의를 실감할 수 없게 된 시대
4 개인의 즐거운 생활을 일과는 분리해서 생각하는 시대

문제 5

나에게는, 사람을 칭찬하는 습관이 있다. 「사람」이라고 하는 것은, 예술가 제군이다. 이것은 나의 마음이 넓어서가 아니라 좁기 때문이다. 아무리해도 칭찬 받지 못하는 상대도 있지만, 조금이라도 좋은 점을 발견하도록 노력하면, 대개는 칭찬을 받는다. 비록 사람에게 상처를 주었더라도, 올바른 견해를 주장하는 것이, 비평의 엄격함일 텐데 좀처럼 ①이 원칙을 지킬 수 없다. 지킬 수 없다고 하는 것은, 나의 마음이 좁고 약해서일 것이다. 바꿔보려고 공격하는 것만을 유의하는 것도, 실제로 좁은 방식이지만, 만사를 적당히, (주) 너무 지장이 없도록 하는 것도 ②좋지 않다고 생각한다. 나는 때에 따라서 내 작품을 비난 한 동료의 작품에 새삼스럽게 좋은 점수를 매기는 일이 있다. 이것은 자신을 호되게 비판한 상대에 대해서도, 관대한 태도를 나타내고 싶은. 즉 자신의 마음의 넓이를 증명하고 싶을 뿐인 것이며 결국은 마음의 넓이가 아니라, 마음의 좁음을 폭로하는 것이 된다.

1 ①「이 원칙」이란 필자의 어떠한 태도를 가리키는가?

1. 예술 작품의 비평을 할 때, 조금이라도 장점을 찾아내려고 노력하는 태도
2. 예술 작품의 가치를 판별하기 위해, 비평을 실시할 때의 어려움을 잃지 않는 태도
3. 예술 작품의 비평을 할 때, 작품뿐만이 아니라 예술가에게 결코 상처주지 않는 태도
4. 예술 작품의 진정한 가치에 관계없이, 항상 엄격한 비평이나 주장으로 공격하는 태도

2 ②「좋지 않다고 생각한다」라고 있는데 필자는 무엇이 좋지 않다고 생각하는가?
1. 엄밀한 평가가 아니고, 좋은 평가를 표현해주는 것
2. 비판받은 적이 있는 상대의 작품을 공격하는 것
3. 비평에 있어서, 항상 옳다고 생각하는 견해를 전하는 것
4. 엄격한 평가에 의해서, 자신의 능력의 높음을 증명하는 것

Part 12

문제 3

「자신의 집에서 역까지의 지도를 그려 주세요」 그런 말을 듣고, 어느 정도의 지도를 그릴 수 있을까. 「지금까지 지도 읽는 법은 배워 왔지만, 지도 그리는 방법은 모른다」라고 할지도 모르겠지만, 정확하지 않아도 좋으니까, 한 번 그려 보길 바란다.

대학생 시절, 심리학 수업에서, 이 과제가 나왔다. 제한 시간은 20분으로, 그리면서 자기혐오를 느꼈다. 매일 걸어 다녀서 익숙해진 길인데도, 자주 가는 가게와 위험한 교차로 밖에 머리에 떠오르지 않고, 그 사이의 가게나 길 등을 전혀 생각해 낼 수 없다는 것을 깨달았던 것이었다. 거리감이나 방향감각도 엉터리이고, 얼마나 객관적으로 사물을 보지 않았는가 하는 것을 깨닫게 해준 과제였다.

(중략)

지도에는 주제도와 기본도가 있지만, 스스로 그리는 지도는 주제도이다. 무엇을 테마로 그릴지는 본인에게 맡겨진다. 완전히 자유롭게 지도를 그렸을 경우에는, 자신이 신경을 쓰고 있는 것부터 그리기 시작한다. 신경 쓰이는 것이 적으면, 지도의 정보는 적게 된다. 말하자면 자신의 가치관 속에 있는 「마음의 지도」가 거기에는 완성된다.

반대로 말하면, 스스로 지도를 그리려고 거리나 필드(바깥)에 나오면, 평소 보지 않았던 것을 보게 된다. 깨닫지 못했던 간판이나 식물을 발견하거나 할 수 있다. 새로운 가치를 찾아낼 수 있을지도 모르고, 재차 자신의 시점을 깨달을지도 모른다.

히말라야 8000m봉우리에 단독으로 도전하는 친구에게, 지도와 컴퍼스를 어떻게 사용하고 있는지 물어 봤다. 「컴퍼스는 사용하지만, 지도는 별로 보지 않는다」라고 하는 대답이 되돌아 왔다. 지도는 분명히 도움이 되지만, 지도에 너무 의지하면, 별로 주위의 상황을 느낄 수 없게 된다. 오를 때에 어떤 장소를 걷고 있는지 감지하면서 걸으면 되고, 만약 날씨가 나빠졌을 때를 위해서, 컴퍼스로 각도만은 측정해 둔다는 것이다. 즉, 걸으면서 자신의 지도를 그려 간다. 필요한 것을 머리에 그려 넣어 간다. 처음부터 지도와 눈싸움을 하면, 의지가 되는 것은 지도만이 되어 버린다. 그 편이 위험할지도 모른다.

적극적으로 자신의 지도를 그려 보자. 그러기 위해서는 주위와 자신을 차분히 보지 않으면 안 된다.

문제 4

「사람은 그 혈관과 같이 나이를 먹는다」라고 하는 명언이 있습니다. 물론, 인간뿐만이 아니라, 여러 동물에게도 해당되는 말입니다. 이 말은 혈관이라는 것이, 노화를 생각할 때, 얼마나 중요한가를 말해주고 있습니다. 몸의 각 기관이 아무리 젊다하더라도, 혈관에 장해가 있으면, 그 기관에 영양소도 산소도 보낼 수 없고, 또한, (주1)노폐물은 쌓이기만 할 뿐입니다. 철도나 운송 회사, 거기에 청소 업자가 스트라이크를 일으켰다고 했다면, 도시는(주2)빈사 상태가 되겠지요? 혈관의 역할이 그만큼 중요하다는 겁니다.

1 문장 안에서의 「사람」과「혈관」의 관계에 해당하는 것은 어느 것인가?
1. 동물과 각 기관   2. 영양물과 노폐물
3. 철도와 청소업자   4. 도시와 운송회사

문제 5

①「독서란, 책을 사는 것이다」. 사면 자기 것. 언젠가 반드시 페이지를 펼친다. 사서 쌓아 두기만 하는 흔히 말하는 「츤독(쌓아두는 독서)」도 독서의 일종인 것이다. 이 경우에 「사다」라는 것은 서점에서 손에 넣어서, 잠깐이라도 마음이 흔들렸다면, 바로 그 자리에서 사 버리는 것을 가리킨다. 좀 더 생각해보고 라든가, 내일이라도 괜찮아 라든가, 돌아가는 길에 역 앞 가게에서 사면되겠지 뭐 라고 생각한 순간, 그 책과의 인연은 끝났다고 할 수 있다.

(중략)

그 자리에서 바로 살 수 없는 한 가지 이유는 실패를 무

서워하기 때문일 것이다. 모처럼 사서 읽었는데 재미없으면 어떻게 하지? 라고 생각한다. 그러나 ②「실패도 독서의 일종이다」. 읽어서 재미없다고 느낀 것은 읽고 난 후인 것이다.「재미없다」라고 생각했어도, 그것을「실패」라고 생각해선 안 된다.「재미없다」라고 판단할 수 있었던 것을 오히려 자랑스럽게 생각해야한다. 재미없는 책을 재미없다고 느낄 수 있는 사람은, 재미있는 책을 재미있다고 느낄 수 있는 사람이다. 실패를 걱정하기보다도, 본질적으로 재미없고, 시시한 책을, 재미있다고 느껴질지도 모른 다는 것을 걱정해야 한다.

모처럼 샀으니까 재미없는 것을 참고 계속 읽을 필요는 없다. 자신의 판단을 믿고, 곧바로 내던지면 된다. 물론, 많은 책 중에는 곧바로 재미가 전해지기 어려운 것도 있다. 처음에는 읽기 어려워도, 읽어 감에 따라 재미있어지는 책이 있다. 일단은 내던졌었는데, 어느 순간에 한 번 더 손에 넣었을 때, 매우 재미있게 읽을 수 있다. ③「그러한 종류의 책」도 많이 있다.

몇 번씩 읽어서, 그때마다 새로운 재미를 발견하는 책도 있다. 예를 들어 소세키(漱石)의「나는 고양이다」는, 초등학교 3학년 이래, 몇 번 읽었을까! 스무 살에는 그 때만의, 환갑 때는 환갑에서 즐기는 방법이 있다.

1 필자가 ①「독서란, 책을 사는 것이다」로 말하는「사는 것」이란 어떠한 것인가?
   1 시간을 들여 잘 생각하고 나서 사는 것
   2 조금이라도 흥미를 가지면 곧바로 사는 것
   3 서점에서 집어 실패하지 않게 사는 것
   4 잘 아는 가게에서, 점원에게 상담하고 사는 것

2 ②「실패도 독서중 하나다」라고 있는데, 왜 그러한가?
   1 여러 가지 책을 읽는 것으로, 책의 가치를 판단할 수 있게 되기 때문에
   2 책을 사서 실패했다고 생각해도, 구입한 책은 끝까지 읽기 때문에
   3 실패라고 알고 있어도, 독서를 하는 것에 따라 지식의 양이 늘기 때문에
   4 다양한 책을 읽는 것으로, 시시한 책에서도 재미를 느끼게 되기 때문에

3 ③「그러한 종류의 책」이란 어떤 책인가?
   1 재미를 발견하기 위해서 읽는 책
   2 몇 번 읽어도 재미를 발견하는 책
   3 첫인상과는 다른 재미를 가지는 책
   4 재미없어도 계속 읽지 않으면 안 되는 책

4 이 문장을 정리 한 것으로 가장 적당한 것은 어떤 것인가?
   1 시시한 책을 계속 읽어도, 재미있어진다고는 할 수 없다.
   2 구입한 책을 몇 번이나 읽으면, 그 가치를 알 수 있게 될 것이다.
   3 독서의 재미를 알기 위해서는, 우선 책을 사 가까이에 두는 것이다.
   4 책의 재미는 연령에 의해서 바뀌므로, 초등학생 때부터 독서가 중요하다.

Part 13

문제 3

인간다움이란 무엇인가. 인간답게 살려면 어떻게 하면 좋을까라는 문제는, 아마 인류의 역사를 통해서 항상 사람들의 마음을 괴롭혀왔음이 틀림없다. 그러나 과학기술이 발달한 현대에 이르러서도, 그 물음에 대한 대답에는 거의 진보가 보이지 않는다고 생각된다. 아니 오히려, 최첨단 과학기술의 성과를 눈앞에 둔 상황에서, 우리의 마음은 더욱 더 혼란하여 갈피를 못 잡고 있다고 말할 수 있을지도 모르겠다.

일찍이「무쇠팔 아톰」이 등장했을 무렵, 우리는 그와 같은「인간다운」로봇이라는 것에 대해서 아무런 의문을 갖지 않았다. (중략)

그러나 지금 컴퓨터의 진보 덕분에, 스스로 생각하는 로봇이 현실화 되어 가고 있다. 로봇뿐만이 아니라, 다양한「생각하는 기계」가 출현해 일상생활과 관계를 맺는 시대를 맞이하려 하고 있다. 그러한 기계가, 인간에게 행복을 가져오는 것이 아니면 안 되는 것은 당연할 것이다. 인간다운 삶을 방해하는 것이어서는 안 된다. 그런 까닭으로, 재차「인간다움」이란 무엇인가라는 것에 대한 되물음이 필요하게 되었다. 다만, 과학기술이 상대이다. 대답은 명확하지 않으면 안 된다.

우리는, 자주 현실의 문제에 직면했을 때「인간다움」이 얼마나 막연한 것인가를 알게 된다. 병에 걸려 힘들어하는 사람, 장해가 있는 사람, 누워서 투병생활을 하는 노인 등을 눈앞에 두고, 인간다운 삶의 방법을 논하는 것은 매우 어렵다. 멀리서는 생생하게 보였을 터인데, 가까워져 손에 잡으려고 하면 마치 신기루 현상(멀리서 보면 물이 흐르는 것처럼 보이다가 가까이 가면 또 멀어져 보이는 대기 현상)처럼 떠나 버린다. 과학기술의 진보를 눈앞에 둔 지금, 우리는 인간의 마음과 관계되는 기본적인 물음에 대해서, 명확한

대답을 발견해 낼 수 없는 것을 재차 알게 된 것이다.

문제 4

내가 알고 있는 초밥집의 젊은 주인은, 돌아가신 그의 부친을, 아직까지도 존경하고 있다. 돌아가신 근친은 대부분의 경우, 미화되는 것이 보통이라 그의 부친에 대한 추억도 그러한 것이 아닐까라고 듣고 있었지만 ①언제부터인가 생각이 바뀌게 되었다.

학교를 졸업했을 때부터 그는 부친에게 스시를 잡는 방법이나 밥 짓는 방법—초밥가가 되는 모든 것을 배웠다. 부친은 그의 밥 짓는 것이 서투르다며 그것을 뒤엎을 정도로 엄하셨지만, 무슨 말을 해도 솜씨에 차이가 있으니까 불평을 말할 수 없다. 하지만 어느 날 참을 수 없어서 ②「왜 나에게만 가혹하게 혼내시는 겁니까?」라고 묻자 「내 자식이니까 가혹하게 혼내는 거야!」라는 말씀을 하셨다고 한다. 부친이 돌아가시고, 제 몫을 할 수 있게 되어 가게를 해보니, 그 혹하게 익힌 기술이 도움이 되어, ③그래서 그러셨구나! 라고 그는 깨달았다고 한다.

나는 이 젊은 주인의 이야기를 들을 때마다 부럽다고 마음속으로 생각한다. 거기에는 우리가 어느 의미로 ④이상으로 생각하는 아버지와 자식의 관계가 있기 때문이다.

아이들은 그런 경우, 기술만이 아닌 아버지의 살아가는 법도 배워 간다. 자신이 만드는 초밥에 타협하지 않는 아버지. 밥 짓는 법 하나에도 성의를 가지고 하시는 부친의 살아가는 법을 기술과 동시에 배워 간다. 그것이 본디 아버지의 모습이다.

내가 이 젊은 주인을 부럽다고 생각한 것은, 나에게는 내 아들에게 그러한 기술을 가르칠 수 없기 때문이다. 나는 소설가지만, 아들은 다른 길로 갈 것임에 틀림없다. 내가 오늘까지 습득한 소설을 쓰는 기술을 그에게 가르칠 수 없다. 요즘의 많은 아버지들도 나와 같은 슬픔을 아이에게 가지고 있는 것이 분명할 것이다. 자신이 습득한 기술을 자식에게 가르칠 수 없는 슬픔, 혹은 가르칠 수 있는 기술을 갖고 있지 않은 슬픔이 마음 어디엔가 틀림없이 있을 것이다. 그리고 자식들에게 있어서도 아버지는 그것에 따라서 자신이 미래를 살아가는 지혜를 전해 주는 스승이 아니라 단지 자욱한 존재이던지 친구와 같은 파파에 그쳐버리기 때문일 것이다.

적어도 그렇다면 자식에게 자신의 취미를 불어넣자! 낚시를 좋아하는 아버지는 아이에게 낚시를, 레코드를 좋아하는 아버지는 아이에게 클래식을. 장미 재배를 좋아하는 아버지는 꽃 재배하는 방법을 자식에게 가르치자고 생각은 하지만….

1 ①그런 와중에 생각이 바뀌게 된 것은 누구의 생각인가?
1 필자
2 초밥 집 젊은 주인
3 돌아가신 아버지
4 필자의 아들

2 ②왜 나에게만 가혹하게 혼내시는가라고 했는데 「가혹하게 혼내다」라고 하는 것은 이 경우 어떤 의미인가?
1 격렬하게 부딪친다.
2 필요이상으로 엄하다.
3 이유를 말하지 않고 때린다.
4 아무것도 가르쳐 주지 않는다.

3 ③그래서 그랬구나라고 그는 알게 되었다라고 했는데 그가 알게 된 것은 무엇인가?
1 아버님이 돌아가신 이유
2 가게를 계승한 이유
3 아버님이 가혹하게 혼내신 이유
4 필자가 그를 부럽다고 생각하는 이유

4 필자가 생각하는 ④이상으로 생각하는 부친과 아이의 관계란 어떤 관계인가?
1 다른 일을 하는 관계
2 취미를 가르치는 관계
3 서로 불평하지 않는 관계
4 기술과 함께 삶의 방법을 전수하는 관계

5 이 문장에 나타나 있는 필자의 마음은 어느 것인가?
1 죽은 후에도 존경받는 아버지가 되기 위해 취미를 가르치자.
2 아버지들은 죽은 후에 자식에게 존경받고 싶은 것이다.
3 자식에게는 폭력을 써도 괜찮으니까, 기술을 가르쳐야 한다고 생각한다.
4 기술을 통해 아이에게 삶의 방법을 가르칠 수 있으면 좋다.

문제 5

이것은 종전 후 얼마 되지 않은 무렵, ①친구로부터 들은 이야기다. 그는 대체로 신중하게 운전을 하는 남자였는데, 어느 날은 골목에서 갑자기 국수집 청년이 자전거를 타고 튀어 나와서 그의 자동차와 충돌해 버렸다.
다행히 청년은 상처는 없었지만, 자전거는 엉망진창이었다. 곧바로 많은 사람들이 울타리처럼 둘러섰고 경찰관도 왔다. 친구가 「나에게는 책임이 없다. 그 청년의 부주의다」라고 주장하자, 그 이야기를 들은 경찰관은 ②어쨌든 5천 엔 지불하면 가도 괜찮다고 말했다고 한다.
친구가, 「잠깐만요! 저는 잘못이 없는데, 왜 벌금을……」이라고 ③되묻자 그는 「아니 벌금이 아니고, 청년이 불쌍하지 않습니까?」라고 대답했다. 그 청년은 아마 가게에 있을 수 없게 될 것이다. 그러니까 적어도 엉망진창으로 된 자전거의 대금의 일부만이라도 라고 경찰관은 생각했을 것이다.

안 좋게 하면 이것은 큰 트러블이 될 수도 있다. 친구는 뿌리가 일본으로, 일본어도 일본인들의 심정도 이해하고 있었기 때문에, 그 이상의 논쟁은 되지 않았지만, 어느 쪽의 잘잘못의 문제가 아니고, 서양과 일본에서는 법이나 정의에 대한 생각이 전혀 다르다는 것을 알 수 있다. 이 경찰관의 생각 속에는 정의라든지 법이라든가 하는 이념보다, 지극히 일본적인 동정이나 정이라고 하는 것이 깊게 비집고 들어가 있었던 것이다.

이것은, 실로 인간미가 있는 태도와 생각으로 친구 이야기를 들은 나는 ④많이 감동했다. 도리나 이성만으로 판단을 내리는 것이 아니라, 그 전후의 사정이나 개개인의 상황을 참고로 해서, 보다 인정미 넘치는 결정을 내린다는 것은 정말로 인도적이라고 생각한다.

서양적인 법의 관념에 길들여진 사람이, 이러한 ⑤일본적 심정을 이해하는 것은 꽤 어려운 일이지만, 이러한 불합리한 부분이 용서되기 때문에, 일본은 세계에서도 드물게 살기 좋은, 인간의 만남이 있는 나라로 있을 수 있는 것은 아닐까! 이러한 점들이 일본인이 스스로의 장점으로 더 자각해서 자긍심을 가져도 좋은 것이다.

그러나, 동시에 이러한 정은 정말 정의하기 어려운 것이고, 객관적인 법의 이념 안에 들어가기는 꽤 어렵다. 그리고 만약 그것을 허락한다면, 최후에는 인권을 지키는 것조차도 할 수 없게 되어 버린다.

1 ①「친구로부터 들은 이야기」의 내용에 포함되는 것은 다음의 어느 것인가?
1 사고로 많은 사람이 죽었다.
2 사고로 상처를 입은 사람은 없다.
3 사고로 친구는 큰 부상을 당했다.
4 사고로 자동차가 사용할 수 없게 되었다.

2 ②「어쨌든 5천 엔 지불하면 가도 괜찮다」라고 했는데, 경찰관이 그렇게 말한 이유로서 생각할 수 있는 것은 다음의 어느 것인가?
1 많은 사람이 보고 있었기 때문에
2 자전거는 당시 5천 엔 정도였기 때문에
3 필자의 친구에게는 책임이 없으니까
4 청년의 입장을 동정했기 때문에

3 ③「되묻자」라고 있는데 친구는 왜 되물었는가?
1 자신에게는 죄가 없다.
2 주위 사람들에게 죄가 있다고 생각했기 때문에
3 청년에게 죄는 없다.
4 경찰관에 죄가 있다.

4 ④「많이 감동했다」라는 것은 왜인가?
1 청년에게는 상처가 없었으니까
2 법과 정의의 이념이 실현되었기 때문에
3 경찰관의 방식이 인도적이었기 때문에
4 친구가 그 이상 논쟁하지 않았으니까

5 ⑤「일본적 심정」에 대해 필자가 말하고 싶은 것은 다음의 어느 것인가?
1 인도적인 면도 있지만, 자동차 사고가 있으면 손해 보는 사람도 있다.
2 인도적인 면도 있지만, 법의 이념에는 넣기 어렵다.
3 인도적인 면이 있으므로, 일본의 경찰관은 더 자긍심을 가져야 한다.
4 인도적인 면이 있으므로, 서양의 법률에도 도입해야 한다.

Part 14

문제 4

[A]「요즘의 어머니」
　겨울철의 소아과 의원은 바쁘다.(중략)
　아이 진찰에 따라오는 것은 엄마로 정해져 있는 것 같은데, 도쿄·세타가야에서 오랜 세월 개업하고 있는 소아과 의사의 M선생님은 ①「요즘 젊은 엄마들에게 놀랐습니다」라고 누설한다. 바쁜 중에 술을 나누면서 들은 요즘 엄마들의 진료 장면모습은———.

〈제1장〉②자기중심적인 어머니
「선생님, 이 아이, 약으로는 안 됩니다」
「어째서요?」
「한방에 치료해 주셨으면 합니다. 주사로」
「……」
「그게... 제가 일이 바쁘거든요」
일을 내세우는 어머니에게 M선생님은 할 말을 잃었다.

〈제2장〉③울보 어머니

한 달도 못 버티고 아이를 무료 검진에 데려 오는 엄마가 있었다. M선생님이「이상 없으니까 좀 더 기간을 두고 오시는 것이 어떨까요?」라고 타일렀다. 금새, 엄마의 눈에서 눈물이 흘렀다.

M선생님은 말이 좀 심했나하고 당황스러웠다.「이 분은 혼나 본적이 없는 건가?!」라고 골똘히 생각했다.

〈 구제3장〉○×식의 어머니
「열은 어떻습니까?」
「있습니다」
「어제는?」
「있었습니다」
「어느 정도?」

이런 식으로 물어본 것 밖에 대답하지 않는다. 국회의 증인 환문도 아닌데. ○×교육의 후유증일까?라고 생각했다.

(중략)

상냥한 선생님들을 곤란하게 하는 나쁜 엄마들이다.

〔B〕「아버님들은 어디에」
「요즘의 엄마들」로부터, 곧바로 역습의 소식이 쇄도했다. 지난 주 이 란(欄)에서 쓴 것은, 소아과 의원에서의 응답의 1막.

「이러한 이야기를 보고 들을 때마다, 이상하게 생각하는 것은「요즘의 아빠들」입니다. 이런 장면에서는 어째서 아빠들이 등장하지 않는 것일까요?」(도쿄 여성으로부터) 이 질문이 대부분의 소리를 대표하고 있다. 부끄럽지만 나 자신도, 아이의 진찰에 따라 가본 것은 셀 수 있을 정도도 없다.

소아과나 노인 과에는 사회의 폐해와 모순이 응축돼 있을 것이다. 아빠들의 모습이 안 보이는 무대에서 전개되는 희비극을 그릴 생각이었지만, 여기는 역시 ④<u>무대 뒤</u>도 들여 다 보지 않으면 안 된다. 엄마들의 소식으로부터, 이런 상황이 떠오른다.

〈제1장〉차가운 부친
「당신도 가끔씩은 병원에 데려가줘!」
「애가 열이 나는 정도로 남자가 일을 쉬면 남들이 웃어...의사 얼굴도 모르고...」
「나도, 회사에 그런 폐는 끼칠 수 없어!」
라고 하면서 엄마는 초조하게 주사를 요구했을지도 모른다.

〈 제2장〉외로운 모친
아이의 상태가 좋지 않으면 엄마는 걱정이 되어 어찌할 줄 모르지만 가까이에 상담할 근친이 없다.「아무것도 아니예요」라는 말을 들으러 소아과를 방문한다. 눈물은 의사한테까지도 차갑게 여겨진 외로움 때문인지, 말을 걸어 준데 대한 기쁨인 것인지.

〈제3장〉무서운 의사
의사는 언제나 바빠 보이고 무서운 존재다. 그것이, 퉁명스러운 ○×식 응답을 낳는 배경이 된다.「아버님의 부재로, 집에서 두문불출하는 모친을 생각하면, 이런 응대는 이상하지 않다」라고 하는 의견도 있었다.

아직 수는 적지만, 예전에 비해서 소아과를 방문하는 아빠들은 증가하고 있다고 한다. 그분들은 평소부터 기저귀 같은 보살핌을 했었던 아빠들이다. ⑤「요즘의 아빠들」의 칼럼을 쓸 수 있는 변화를 기대하고 싶다.

그건 그렇고 착한 엄마들을 곤란하게 한 것은, 나쁜 아빠들이었습니다. 저도 포함해서요.

1 M선생님이 ①「요즘 젊은 엄마들에게 질렸습니다」라는 이유로 생각할 수 있는 것은 다음 중 어느 것인가?
1 의사를 곤란하게 하기 위해 오는 젊은 엄마들이 많아진 것
2 의사와 필요한 대화를 할 수 없는 젊은 엄마들이 많아진 것
3 옛날에 비해 M선생님에게 오는 젊은 엄마들이 많아진 것
4 육아방법을 배우러 오는 젊은 엄마들이 많아진 것

2 ②「자기중심적인 어머니」란 이 경우 어떤 어머니인가?
1 아이보다 자신의 일을 우선시해서 생각하는 어머니
2 의사는 환자가 말하는 대로 치료해줘야 한다고 생각하는 어머니
3 의사보다 의학적 지식을 많이 알고 있다고 생각하는 어머니
4 자기 자신이 약을 싫어해서, 아이도 그럴 거라고 생각하고 있는 어머니

3 ③「울보 어머니」가 울보가 된 원인을 필자는 어떻게 생각하고 있는가?
1 의사에게 괴롭힘을 당하기 때문에
2 아이가 자주 병을 앓기 때문에
3 육아 상담 상대가 없어서
4 어린 시절 혼나 본 적이 없어서

4 ④<u>무대 뒤</u>라는 뜻은 무슨 말인가?

1 필자가 처해진 상황
2 의사가 처해진 상황
3 엄마들이 처해진 상황
4 아이들이 처해진 상황

5 ⑤「요즘의 아빠들」이란 칼럼을 쓸 수 있는 변화」로서 생각할 수 있는 변화는 어떤 변화인가?
1 M선생님에게 진찰 받는 아빠들이 늘어나는 것
2 신문의 칼럼을 읽고 투서를 하는 아빠들이 늘어나는 것
3 아빠들이 많이 등장하는 드라마의 상연이 늘어나는 것
4 엄마들과 같이 아이를 돌보는 아빠들이 늘어나는 것

6 문제6은 [A] [B] 양쪽 모두를 읽고 대답하시오. 자기중심적인 어머니가 자신 중심적으로 된 원인을 필자는 어떻게 생각하고 있는가?
1 남편이 부재로 외로우니까
2 아이를 싫어하기 때문에
3 의사에게 차가운 대우를 받아서
4 남편의 협력을 받을 수 없어서

문제 5

나도 벌써 48세로 「젊으시네요!」라는 인사치례를 듣는 나이가 되었다. 물론, 그러한 인사는 대부분 흘려듣지만, 때로는 「젊지 않아요. 옛날 같으면 인생 50년, 이제 곧 끝나가요」라고 ①말대꾸를 하기도 한다. 그런 말을 듣기 시작하는 것은, 사람들에게 내가 노인으로 보여 지기 시작했다고 해도 지나치지 않기 때문이다.

그것은, 스스로 자신을 보는 경우에도 말할 수 있는 것으로, 「자신은 (②)」라고 생각하기 시작하면, 그것은 (③) 표시인 것이다. 실제로 젊은 사람들은 「자신은 아직 젊다」고 생각하지 않고, 오히려(주1)「이제는 나이를 먹었다」는 것을 말하고 싶어 한다. 그것이 늙기 시작하면 「자신은 젊다」라고 하기 시작하고, 대부분의 노인들은 자신은 실제의 연령보다 젊게 보이며, 가령 젊게 안보여도 사실은 정신적으로나 육체적으로나 젊다고 믿고 있다. 자신은 실제 연령보다 나이 들어 보인다고 생각하는 노인을 뵌 적이 아직은 없다.

분명 노화의 진행 상태는 사람에 따라서 달라서, 연령의 진행 상태와 반드시 일치하지 않지만, 대부분의 노인이 실제 연령보다 젊다고 하는 것은 논리적으로 이상한 이야기로, 그렇다면, 실제의 연령대로 나이가 드는 노인 쪽이 예외인 경우가 되어 버린다. ④그런 바보 같은 짓은 없다. 노인들이 그렇게 생각하고 있는 것이 희망적 관측에 지나지 않다는 것은 분명하고, 자신의 상태 보다 더 늙은 상태를 마음대로 「연령 상응」이라고 혼자서 정해놓은 다음, 그것과 자신을 비교하는 것에 지나지 않는다.

즉, 노인이 되어 가면 갈수록 자신은 젊다고 생각하고 싶어 하므로, 따라서 그러한 것으로부터 본인의 노화 정도를 판정할 수 있는 것은 아닐까라고 나는 생각하고 있다. 만일 (주2) 노화 지수라는 말을 사용하면, (노화 지수)=(주3)(연령) − (당사자가 생각하는 연령)이라고 하는 방정식이 성립된다. 예를 들어 15세의 사람이 자신은 또 완전한 성인으로 스무 살로 통한다고 생각하면 노화 지수는 마이너스 5, 스무 살의 사람이 자신은 스무 살 정도라고 생각하면 0, 40세의 사람이 35세 정도라고 생각하면 5, 60세의 사람이 50세 정도라고 생각하면 10이다. 여기에 자신은 50세와 다르지 않다고 생각하는 70세의 사람과 자신은 60세 정도로는 보인다고 생각하는 70세의 사람이 있다면, 노화 지수는 전자가 (⑤), 후자가 (⑥)로, 전자 쪽이 2배나 보다 노화하고 있는 것으로 있다.

「요즘의 젊은이들은」이라고 말하면 늙은 증거라고 웃을지도 모르지만, ⑦요즘의 젊은이들에게는 스무 살을 갓 넘겼는데 벌써(주4)「아저씨」또는(주5)「아줌마」가 되었다며 한탄하고, 10대로 보여 지고 싶어 하는 사람들이 있지만, 22살 먹은 사람이 자신은 18살로 보인다고 생각한다면 노화 지수는 20대로 들어서 4가 된다. 최근, 그러한 젊은이들이 많다고 하는 것은, 한편에선 젊은 사람들의 유아 화라고 말들을 하지만, 다른 한편에서는 일찍부터 정신적으로 늙어가고 있는 증거는 아닐까?

1 ①「말대꾸를 하기도 한다」라고 했는데, 왜 그렇다고 생각하는가?
1 인사치례를 듣는 나이가 되었기 때문에
2 자신의 인생은 곧 끝난다고 생각했기 때문에
3 노인으로 보여지기 시작했기 때문에
4 인사치례 말을 흘려버린다는 것은 상대에게 실례라고 생각했기 때문에

2 (②)와 (③)에 들어가는 편성으로 가장 적당한 것을 고르시오.
1 ②벌써 나이를 먹었다 ③젊다
2 ②벌써 나이를 먹었다 ③노인이 되었다
3 ②아직 젊다 ③젊다
4 ②아직 젊다 ③노인이 되었다

3 ④「그런 바보 같은 짓」이란, 어떤 것을 말하나?
1 노화의 진행 상태는 사람에 따라서 다른 것
2 정신적으로나 육체적으로나 자신은 젊다고 믿고 있는 것
3 실제 나이대로 늙어 가고 있는 노인이 예외가 되는 것
4 나이를 먹으면,「젊으시네요!」라고 인사치레를 듣는 것

4 ⑤와⑥에 들어가는 편성으로 가장 적당한 것을 고르시오.
1 ⑤5 ⑥ 10
2 ⑤10 ⑥ 5
3 ⑤10 ⑥ 20
4 ⑤20 ⑥ 10

5 「노화 지수」에 따르면 다음 중 가장 나이가 들었다고 말할 수 있는 것은 어느 것인가?
1 자신이 20세라고 생각하는 30세
2 자신이 35세라고 생각하는 40세
3 자신이 40세라고 생각하는 30세
4 자신이 45세라고 생각하는 40세

6 ⑦「요즘의 젊은이들」에 대해서, 필자가 가장 지적하고 싶었던 것은 무엇인가?
1 정신적으로 유아 화 되어있다.
2 정신적으로 완전히 늙었다.
3 젊어 보이게 되었다.
4 나이 들어 보이게 되었다.

Part 15

문제 4

 특이한 취미를 몇 가지씩 가지고 있는 사람을 만나서 여러 가지 질문을 해서 알게 된 것이 있다. 어느 단조로운 취미에 대해서, 그런 일이 재미있습니까? 라고 묻자 "무엇이든 그렇지만, 열심히 하면 재미있어요"라는 대답을 듣고 감탄했다. 이 사람은 취미에 대해서 잘 알고 있는 사람이라고 생각했지만, 그것은, 취미뿐만 아니라 일도 똑같고, 결국, ①인생 전체를 봐도 같을 것이다! 라고 생각한다.
 무언가 재미있는 취미는 없을까? 라고 하는 사람들이 있지만, 열심히 하지 않는다면 취미는 모두 시시해서 재미없

어 지는 것이 분명하다. 골프도, 바둑도, 낚시도, 테니스도, 무엇이든 그렇지만, 서툴러도 열심히 하는 사람과 함께 있을 때는, 기분이 좋다는 것은 누구나 경험이 있을 것이다. 불평을 하거나 비평하면서 한다면 ②참 즐거움은 그 사람으로부터 도망쳐 버린다. 재미나 행복은 자신의 내부로부터 솟아오르는 것이지 외부에 존재하는 것은 아니기 때문이다.

(중략)

 그러한 점에서 말하자면, 동료의 눈을 늘 의식하는 일본인들은, 좀처럼 하나의 일에 열중할 수 없다. 주위로부터 어떤 말을 듣는 것이 두려워서, 적절한 변명을 생각하거나 도피처를 미리 만들거나 하면서 열중하는, 행복감은 모른 채 일생을 마감해 버리는 것이 일반적이다. 그 정도면 양호하지만, 때로는 타인에게도 ③같은 것을 요구하면서 무언가에 열중하고 있는 사람이 있으면, 여러 가지 트집을 잡는다. 트집의 이유로는 동료와의 교제가(주1) 소홀하다는 것이 언제나 첫 번째로, 일을 안 하는 것이 아닐까 하는 것이 두 번째다.
 그러한 분위기 속에서 생활하다보면, 사람은 누구나 부지불식간에 (1)④약자 연출 (2) 피해자 연출 (3) 서투름 연출을 하는 것에 언제나 유의하게 된다. 일본인들 사회에서 살아가면서 잊어서는 안 되는(주2) 삼종의 신기(일상의 귀중한 3가지 물건)는 사람과 이야기를 할 때는"저는 안돼요!"라든지,"언제나 좋을 대로 당하기만 하고"라든지,"실패만해서 그런 여유는 없습니다" 라든지를 반드시 3분에 1번 정도 말하지 않으면 안 되는 것 같다.

 (주3) 승진의 축하인사를 들었을 때에도"삼류 회사기 때문에 부장이 되었다고 해도 실태는(주4) 보통사원과 같아요"라든지,"무리하게 끌어내 위원이 된 것이지, (주5) 오리무중입니다"라든지의 대답을 하지 않으면 안 되는 것으로 인식이 되어있다. 이것은 이제 예의의 일종이며, 많은 사람들이(주6) 반복 사용해서 갈고 닦여져, 거의 예술 작품이 된 것 같은 표현도 있다.
 이것은, 대인관계 원활화의 기술로서는 확실히 유효하고, 미국인이라도 가끔은 그런 회화를 한다. 그러나 결코 본심은 그렇게 생각하고 있지 않다는 것은, 일본인으로서 배우지 않으면 안 된다. 많은 일본인들은 연출을 거듭하고 있는 사이에, 그것이 진짜 자신이 되어 버리고 있다.

1 ①인생 전체를 봐도 같을 것이다라고 했는데, 여기서 필자가 말하고 싶은 것은 무엇인가?
1 이 사람은 취미를 많이 가지고 있어서 인생을 즐기고 있을 것이다.

2 열심히 하면 뭐든지 재미있다고 하는 것은 인생에 대해서도 말할 수 있을 것이다.
3 이 사람은 색다른 취미를 갖고 있기 때문에 삶의 방법도 바뀐 사람일 것이다.
4 인생에 대해서도 이 사람으로부터 배우면 재미있어지는 일이 있을 것이다.

[2] ②참 즐거움이라고 했는데, 취미의「참 즐거움」에 대해 필자는 어떻게 생각하고 있는가?
1 취미라는 것은, 열심히 하면 할수록 정말로 재미있어지는 것이다.
2 취미를 정말로 재미있게 느끼는 것은, 능숙한 사람과 함께 할 때다.
3 타인으로부터 권유받아 하기 시작한 취미는 정말로 재미있어지지는 않는다.
4 취미라고 하는 것은, 비평하면서 하지 않으면 참 재미를 모른다.

[3] ③타인에게도 같은 것을 요구해서라고 했는데, 어떠한 것을 요구하는 것인가?
1 취미도 일을 함에 있어서도 열심히 할 것
2 주위에 행복해 보이는 사람의 트집을 잡는 것
3 무언가에 열중하거나 하지 않게 하는 것
4 지금 취미의 재미에 대해 이야기하는 것

[4] ④약자 연출이라고 했는데, 어떻게 행동하는 것을 말하는가?
1 자신의 약점이나 결점을 사람들에게 숨기려고 하는 것
2 사람의 결점을 찾아내 그것을 다른 사람에게 전하는 것
3 몸이 약하다는 것을 다른 사람들이 알도록 궁리하는 것
4 자신이 약하고 형편없는 사람 인척 하는 것

[5] 필자가 이 문장에서 가장 말하고 싶어 하는 것은 어느 것인가?
1 대인관계를 원활히 하는 말은 유효한 것이며, 일본인들은 자신감을 가지고 사용해야 한다.
2 약해서 당하기만 하는 섣부른 사람이, 일본인들 사회에서는 살기 편하다.
3 남의 눈을 의식해서 형편없는 자신을 연출하기보다, 무언가에 열중해 살아가는 것이 인생은 재미있다.
4 동료와의 교제나 일을 확실히 한다면 사람들에게 트집 잡히지 않고 행복해질 수 있다.

문제 5

세상은 지금 표현 교육이라고 하는 것이 활발히 주장되고 있다. 아이들에게 어떻게든「풍부한 표현력」,「누구와라도 이야기할 수 있는 커뮤니케이션 능력」을 몸에 익히게 하려고, 부모나 교사도 기를 쓰고 있다. 아이들이 봤을 때는 표현을 강요당한다고 조차 말할 수 있는 ①상황이다. 하지만, 어쨌든 가르치는 쪽이나 아이들이나,「표현」이라고 하는 것을 무전제로 너무 지나치게 생각하고 있지는 않은가?

아니 도대체 무엇을 그렇게 전달하고 싶다는 것인지! 나는 최근 몇 년 동안 연극의 워크숍(체험형의 연극 교실)을, 연간 백 회 이상 전국에서 반복해가며 개최해 왔다. 교육의 문외한에게 이러한 의뢰가 쇄도하는 것도, 표현 교육 융성의 한 현상일까?

나는 단지 그러한 장소에서 아이들이 감지해 주었으면 하는 것은, 표현의 기술보다도「다른 사람과 만나는 것의 어려움」이다. 어떻게 하면 커뮤니케이션 능력이 높아 질까가 아니라 자신의 말은 다른 사람에게 통하지 않는다고 하는 통절한 경험을, 가장 먼저 해 주기를 바란다고 생각해 왔다.

고등학교 연극의 지도 등으로 전국을 돌아다니며 언제나 느끼는 것은, 학생 창작 작품이 하나같이 자신의 주장이 다른 사람에게「전해진다」라고 하는 것을 전제로 해서 쓰여 있다는 점이다.

나는 창작을 지향하는 젊은 세대들에게 ②연극을 만드는 것은, 러브 레터를 쓰는 것이다라고 설명한다.「나는 너를 이렇게 좋아하는데, 너는 어째서 나를 몰라주는가!」라고 하는 지점에서 우리의 표현은 출발한다. 서로 안다면, 러브 레터는 쓸 필요 없지 않은가!

일본은 원래, 유동성이 낮은 사회 속에서,「서로 아는 문화」를 형성해 왔다. 누구나가 다 아는 사람으로, 같은 가치관을 가지고 있다면, 서로가 서로의 기분을 헤아려서, 작은 공동체가 잘 헤쳐 나가기 위한 말이 발달하는 것은 당연한 것이다. 그것은 일본 문화의 특징이며, 그 자체를 비하할 것은 아니다.

메이지 이후 근대화의 과정도, 가치관을 다양화하기 보다는, 큰 국가 목표에 따라서, 가치관을 하나로 정리하는 방향이 중시되었고, 교육이나 사회제도도, ③그렇게 프로그래밍 되어 왔다. 균질화(동질화)한 사회는 단기간으로 근대화하는 데는 좋은 조건이다. 일본은 메이지 근대화와 전후 부흥이라고 하는 두 개의 기적을 완수했다.

그러나 우리는 벌써 큰 국가 목표를 잃었고 개인은 각각의 가치관으로 살아가는 방법을 결정하지 않으면 안 되는 시대에 돌입했다. 이러한 사회에서는 가치관을 하나로 통일하기 보다는 다른 가치관을, 그대로 놓고 그 가치관을 맞추어가며, 얼마나 잘 공동체를 운영해 나갈지가 중요한 과제가 되고 있다.

지금 모든 국면에서 커뮤니케이션 능력이 중시되는 것은, 여기에 원인이 있다.「서로 알고 있는 문화」로부터,「서로 설명하는 문화」로의 전환을 도모하고자 하는 것일 것이다.

하지만, 여기에 하나의 함정이 있다.

표현이란 단순한 기술문제가 아니다. 맹목적인 스피치 연습을 반복해도, 자신의 표현이 잘 되는 것은 아니다. 자기 자신과 타인은 결정적으로 차이가 난다. 사람은 한 사람 한 사람 다른 가치관을 가지고 있고, 다른 생활 습관을 가지고 있으며, 다른 말을 이야기하고 있다는 것을, 절실하게 기억하고 있는 사람만이, 진짜 표현의 영역에 발을 디딜 수 있는 것이다.

1. ①「상황」이라고 했는데 필자는 지금 어떤 상황이라고 말하고 있는가?
   1. 부모나 교사가 아이에게 무리하게 표현시키려고 하지 않는 상황
   2. 부모나 교사가 아이에게 상호 이해의 중요성을 가르치려 하고 있는 상황
   3. 부모나 교사가 아이에게 어쨌든 무엇인가를 표현시키려고 하고 있는 상황
   4. 부모나 교사가 아이에게 표현하는 것의 어려움을 가르치려 하고 있는 상황

2. ②「연극을 만드는 것은 러브 레터를 쓰는 것이다」라고 했는데 어떠한 의미인가?
   1. 서로 상호간에 아는 것을 전제로 해서 연극을 만들어내야 한다.
   2. 상대방에게 자신의 주장이 통하지 않는 것을 전제로 연극을 만들어내야 한다.
   3. 애인에게 자신의 애정을 표현하는 것과 같은 기분으로 연극을 만들어내야 한다.
   4. 상대에게 마음을 전하는 기술을 닦는 것을 목적으로 연극을 만들어내야 한다.

3. ③「그처럼」이라고 한 것은 어떠한 의미인가?
   1. 개인이 삶의 방법을 선택할 수 있도록
   2. 누구나가 같은 표현 능력을 가질 수 있도록
   3. 존재하는 다른 가치관이 공존하도록
   4. 국가의 목표에 맞는 가치관으로 통합되도록

4. 현재의 일본 사회에 대해서 필자가 말하고 있는 것으로 맞는 것은 어느 것인가?
   1. 「서로 아는 문화」에서「서로 설명하는 문화」로 향하는 도상에 있다.
   2. 「서로 아는 문화」와「서로 설명하는 문화」가 잘 공존하기 시작하고 있다.
   3. 이미「서로 아는 문화」에서「서로 설명하는 문화」로의 전환을 완수했다고 말할 수 있다.
   4. 「서로 아는 문화」는 지금도 일본 문화의 특징으로, 사람들의 가치관은 기본적으로 같다.

5. 필자는 자기 자신의 표현을 잘 하기 위해선 무엇이 조건이 되어야 한다고 말하는가?
   1. 상대에게 자신의 말이 전해지지 않았다고 하는 괴로운 경험을 가지는 것
   2. 자신의 주장이 상대에게 전해지도록 스피치 연습을 몇 번이나 하는 것
   3. 외국에서 살거나 외국어를 공부하거나 한 경험을 가지고 있는 것
   4. 자신과 상대의 기분을 서로 알 수 있었던 경험을 많이 하는 것

Part 16

문제 3

인간은 생활을 유지하고, 그 내용을 충실하게 해 나가기 위해서, 적극적으로 일을 해 나가지 않으면 안 된다. 그러기 위해서, 몸은 생각대로 움직이고, 충분한 힘과 충분한 스피드와 충분한 지구력을 가지고 있는 것이 바람직하다. 이것을 체력이라고 한다. 이러한 체력은, 그 차이는 있어도, 남녀 모두에 필요한 것이다. 또, 한편에 있어 우리는 어느 정도의 추위나 더위에는 아무렇지 않게 참을 만한 저항력이나, 조금쯤의 세균을 죽여 버리는 정도의 면역력을 가지고 있지 않으면, 도저히 자연환경 속에서 생활을 유지해 갈 수 없다. 이러한 몸의 능력도 체력의 일종이다. 그래서 체력을 2개로 나누고, 전자와 같은 체력을 행동 체력이라고 부르고, 후자와 같은 체력을 방위 체력이라고 부르기도 한다. 방위 체력이 남녀 모두에게 필요한 것은 말할 필요도 없는 것이다.

행동 체력 안에는, 또 2개의 요소가 포함되어 있다. 그 하나는, 근력, 스피드, 지구력이라는 것으로, 이것들은 에너지에서 본 체력이라고 할 수 있다. 얼마나 많은 에너지를 한꺼번에, 또 장시간에 걸쳐서 낼 수 있는가 하는 것으로, 몸의 크기, 근육의 굵기, 심장의 크기 등이 관계한다. 따라서 이것은 일반적으로 남자 쪽이 여자의 체력보다 낫다. 특히 고교시절 이후에는 그렇다. 그런데 또 하나의 체력, 즉, 교치성(동작을 정교하고 치밀하게 수행하는 능력), 평형성 등과 같은 조정력은 주로 신경의 기능에 의하는 것이므로, 몸

의 크기와는 별로 관계없고, 또 근력이나 지구력과도 관계가 적기 때문에, 남녀 사이에 별로 차이가 없다. 특히 세세한 동작의 조정 등은 여자가 남자보다 낫다.

문제 4

연령별 「생활습관 병 예방」을 위한 검진 메뉴

당신이 받아야 할 검진은?

대상자(연령)		검진 명칭	내용	요금	문의처
만18세~39세		헬스 업 스쿨	혈액검사, 체력측정 등	2500엔	각 구, 보건복지 센터
40세~ 75세 미만	국민건강 보험가입자	신체측정, 특정검진1	소변검사 혈액검사, 심전도 등	국보특정 500엔	검진안내 센터
	국보이외의 의료보험 가입자	특정검진2	신체측정, 소변검사 혈액검사 등	건강보험증에 기재된 의료 보험자에게 문의 하십시오.	
만75세 이상 등		후기 고령자 건강검진	신체측정, 소변검사 혈액검사 등	600엔	후기고령자 의료광역 연합센터

※ 40세 이상으로 의료보험에 가입되어 있지 않은 생활보호 대상자를 대상으로 한 검진도 있습니다.

1 75세인 사람이 받는 검진은 어느 것인가?
 1 특정 검진 1
 2 특정 검진 2
 3 특정 검진 1 · 특정 검진 2
 4 후기 고령자 건강 진단

2 안내 내용과 맞지 않은 것을 고르시오.
 1 연령과 상관없이 혈액검사는 있다.
 2 보험 종류에 따라서 검사요금이 다르다.
 3 전부 생활 습관 병을 위한 검사이다.
 4 52세의 남성은 검사요금이 무료다.

문제 5

A
초등학생시절부터 미국에 살고 있는 여자입니다…. 온지 얼마 안 되었을 때 모두가 스커트를 입고도 보통 책상다리를 하는 것이 몹시 이상했습니다. 일본에서는 계속 「체육시간에 앉는 자세(무릎을 껴안아 넣는 앉는 방법)」로 하는 것으로 배워 왔기 때문에, 그렇게 해왔었는데…. 어느 새인가, 조부모님 댁에서 책상다리를 했는데 좀 이상한 눈으로 쳐다 보셨습니다. 그 밖에도 이야기를 하자면, 회화 시간에 제스처를 섞는 일이라고 생각합니다. 특별히 의식하고 있는 것은 아닙니다만, 어느 순간 보면 손이 마음대로 움직이곤 합니다. 그리고 같은 회화수업 때 희로애락의 표현이 과장되어 있는지도 모르겠습니다. 이상한 일본사람입니다.

B
현지사람들에게 잔소리를 듣고 의식해서 하기 시작했습니다. 아파트의 지하 차고를 뒤따라 들어 온 남자에게 권총으로 협박당하고 차를 빼앗기거나, 열쇠를 꽂아 놓은 채로 잠깐 차에서 멀어졌을 때 그 틈에 승차도주 당한다던가, 차에 가까이 온 남자에게 가방을 빼앗긴다든가, 노상 주차로 유리창을 부셨다는 이야기는 비교적 많고, 차에 관련되는 범죄 이야기를 자주 듣습니다. 지금은 완전히 습관이 되어서, 아무런 의미도 없이, 무의식적으로 2, 3분마다 뒤를 뒤돌아보곤 합니다. 일본에 일시 귀국했을 때는 그런 일은 하지 않으니까 「현지 한정」이네요.

1 A와 B의 내용에 대해서 올바르지 않은 것은 어느 것인가?
 1 A도 B도 몸에 밴 습관 때문에 곤란해 하고 있다.
 2 A는 손윗사람 앞에서 책상다리를 하는 것은 실례 되는 행위다.
 3 B의 습관은 죄를 범하지 않기 위한 지혜이다.
 4 A는 주위의 환경에 의해 만들어진 버릇, B는 치안이 나쁜 지역에서만 있는 습관이다.

2 왜 A는 자신을 이상한 일본사람이라고 말하는 것인가?
 1 제스처만으로 마음을 표현하려고 하기 때문에
 2 무의식중에 말하기 시작하기 때문에
 3 일본인다움을 잊은 행동을 가끔 해 버리기 때문에
 4 이상한 눈으로 봐도 동요하지 않아서

문제 6

나는 요즘에 외국에 갈 기회가 몇 번인가 주어져서 여러 나라 철도를 타 보고 있다. 풍경이나 승객은 물론, 차량의 구조나 철도 운영의(주1)방식 등, 무엇이든지 신기한 것투성이로 재미있어서 견딜 수가 없는데, 외국의 철도 맛을 알아버리면, 일본 철도가 시시해지는가 하면, 결코 그렇지 않다. 외국에서의 철도 여행의 재미는 (주2) 이방인으로서의 재미고 일본의 그것과는 맛보는 방법의 입장이 다른 것이다. 외국 철도를 타면서 일본철도에 대한 (주3) 향수를 느끼는 일이 자주 있었던 것도, 그 때문일 것이다.

1 외국의 철도를 타면서 일본 철도에의 향수를 느끼는 일이 자주 있었던 것은 왜 그런가?
   1 외국 철도를 타고 있으면, 이방인이라고 보여 져서 지쳐 버리기 때문에
   2 외국 철도는 신기한 것투성이로 지쳐 버리기 때문에
   3 외국 철도와 일본의 철도에서는 다른 재미를 느끼기 때문에
   4 외국 철도와 일본의 철도는, 뭐든지 비슷하기 때문에

문제 7

강에 상류와 하류가 있듯이, 우리의 일상생활에도 상류(업 스트림)와 하류 (다운 스트림)가 있다. 마개를 비틀면 나오는 물이 오는 곳은 상류이며, 개수대에 버린 물의 행선지는 하류이다. 미, 육, 어, 야채, 전기, 가스, 석유, 이러한 일상생활에 필요한 것을 공급하는 곳이 상류이며, 부엌에서 나오는 야채 쓰레기, 화장실의 분뇨, 이러한 방해물을 내쏟는 곳이 하류이다.

①우리는 예외 없이 하류보다 상류 쪽을 신경 쓴다. 상류가 더러워져 혼란해지면, 물이나 음식 맛이 없어지거나 위험하게 되어 생활의 즐거움이 줄어들어, 몸이 상하기 쉬워지기 때문이다. 상류에 비해서, 하류에 대한 관심은 제로라고 할 수 있을 만큼 없다. 눈앞에 놓아두면 싫은 것을 안 보이는 곳 먼 곳으로 가지고 가는 것만으로도 벌써 완전히 그 존재마저 잊어버린다. (②) 자가용차를 운전하고 있는 사람은 편한 마음으로 보행자나 자전거족에게 배기가스를 내뿜고 있지만, 그것을 의식하고 있는 사람은 거의 없다. 이러한 것들이 하류에 대한 무관심의 전형이다.

그런데도 옛날 아주 옛날이었다면 상류와 하류는 양쪽 모두 생활터전 바로 옆에 같이 있었고 누구의 눈에도 그 모습이 잘 보였었다. 먹는 고기가 바로(주1) 일각 전까지는 뜰을 분주히 돌아다니고 있었던 닭이었거나 야채 쓰레기가 뜰의 구석 구멍에 묻혀 얼마 후에(주2) 퇴비가 되어 밭에 사용되는 일들이 흔히 있었던 풍경들이었다. 그 당시에는 상류는 자연과 자기스스로가 감시하게 되어 있었고, 자신은 하류에 관심이 없다 하더라도, 적어도 가족 중 한 사람이 그것을 처리하고 있는 것은 볼 수 있었다. 그러니까, ③직접 손을 대지 않았다고 해도, 하류 상태는 틀림없이 모두가 알고 있었던 것이다.

④상류와 하류가 양쪽 모두 옆에 있다는 것은, 자신의 생활의 상류가 타인의 생활의 하류인 것이다. 그것은, 또, 자신의 하류가 타인의 상류인 것이기도 했었다. 그러니까, 그 시절 사람들은 (⑤) 생활을 하고 있었다. 식수를 긷고 흐르는 바로 위에서(주3) 기저귀를 빠는 것은, 아무리 시골이라도 삼가 했었고, 제철야채에(주4) 밑거름을 뿌리는 것은, 절대로 하지 않았다. 서로 그러한 지혜를 발휘하면서 사람들은 생활을 만들어 갔었다.

그런데 드디어 도시와 농촌이 구분이 되어졌다. 그리고 도시에서는 상류와 하류가 보기 어려워졌다. 그것은 도시 생활 중 하나의 큰 특징이었다.

도시가 커감에 따라, 이 특징은 도가 진행되어갔다. 실제로 지금은 자신의 집 수도에서 나오는 물이, OO강의 △△취수구로부터 들어오는 그 탁한 물이라고 하는 실감을 하고 물을 사용하고 있는 사람은 없을 것이다.

관심이 커야 할 상류마저 도시에서는 초등학교 교과서와 사회 견학으로 보게끔 되어 있을 뿐이다. 하물며 하류에 속하는 쓰레기나 하수를 보면 그것은 관념의 세계로 밖에 없다고 해도 과언이 아닐 것이다. 그것이 현대 도시 생활에 있어서의 "하류"의 위치. 상류도 안보이지만, 하류는 그 이상으로 안 보인다고 하는 것이, 현대도시 생활의 특징인 것이다.

1 ①우리는 예외 없이 하류보다 상류 쪽에 신경쓴다라고 했는데, 그 이유로서 올바른 것은 어느 것인가?
   1 상류의 존재를 잊어버리고 있기 때문에
   2 하류는 안 보이는 곳이 많으니까
   3 상류가 더러워지면 피해를 받기 때문에
   4 하류는 흔히 있는 풍경이니까

2 (②)에 넣을 말로 적당한 것은 어느 것인가?
   1 예를 들어   2 게다가
   3 그리고   4 그런데

3 ③직접 손을 대지 않았다고 했는데 예를 들자면 어떠한 것인가?
   1 닭고기를 스스로 요리하지 않는 것
   2 야채 쓰레기를 스스로 묻지 않는 것
   3 상류를 스스로 감시하지 않는 것
   4 하류를 스스로 보러 가지 않는 것

4 ④상류와 하류의 예로서 적당한 조합은 어느 것인가?
   1 상류: 수도의 마개   하류: 부엌
   2 상류: 배기가스   하류: 자가용차
   3 상류: 계   하류: 야채 쓰레기

4 상류:퇴비　　하류:밭

5 (⑤)에 들어갈 적당한 것을 고르시오.
1 상류를 신경 쓰지 않고
2 하류를 신경 쓰지 않고
3 상류를 신경 쓰면서
4 하류를 신경 쓰면서

6 이 문장에 따르면 현대 도시사람들의 상류와 하류에 대한 이해는 어떠한 것인가?
1 상류에 대해서도 하류에 대해서도와 같이 잘 알고 있다.
2 상류에 대해서도 하류에 대해서도 전혀 잘 모른다.
3 상류도 알지만, 하류는 더 잘 알고 있다.
4 상류는 잘 모르고, 하류는 더 모른다.

N1 문법패턴 요점정리

001 ~あっての ~이 있어야 성립하는
手助けあっての成功 도움이 있기에 가능한 성공

002 ~いかんだ/~いかんで(は)/~いかんによっては/~いかんにかかっている ~에 달려있다/~에 따라(서는)/~여하에 따라서는/~여하에 달려있다
道路の混み具合いかんだ 도로의 정체사정에 달려있다
結果いかんで 결과에 따라
当日の天候いかんでは 당일 날씨 여하에 따라서는
成績いかんによっては 성적 여하에 따라서는
自分の努力いかんにかかっている 자신의 노력 여하에 달려있다

003 ~いかんによらず/~いかんにかかわらず ~에 관계없이/~여하에 관계없이
理由のいかんによらず 이유에 관계없이
審査の結果いかんにかかわらず 심사결과여하에 관계없이

004 ~(よう)が, ~(よう)と /~だろうが ~だろうが (~かろうが ~かろうが) (설령)~하더라도, (설령)~이더라도/ ~이든 ~이든
どこへ行こうが何をしようが 어디에 가든 무엇을 하든
お金持ちだろうが、貧乏だろうが 부자든 가난하든
天気がよかろうが悪かろうが 날씨가 좋든 나쁘든

005 ~(よう)が~まいが, ~(よう)と~まいと 하든~안 하든, 이든~아니든
雨が降ろうが降るまいが 비가 오든 오지 않든
行こうと行くまいと 가든 가지 않든
化粧をしようがしまいが 화장을 하든 안 하든

006 ~(よう)にも~ない ~하려해도 ~할 수 없다
仕事が多くて、遊ぼうにも遊べない 일이 많아서 놀고 싶어도 놀 수 없다

007 ~(よう)ものなら ~했다가는,~하기라도 하면
部長に言おうものなら、怒られるよ 부장에게 말했다가는 혼나요

008 ~かいもなく ~한 보람도 없이
練習したかいもなく 연습한 보람도 없이
手術のかいもなく 수술한 보람도 없이
生きがいのある仕事がしたい 사는 보람이 있는 일을 하고 싶다.

009 ~かぎりだ 아주 ~하다
本当にうれしいかぎりです 정말로 기쁩니다
残念なかぎりだ 아주 아쉽다
感謝のかぎりです 너무 감사할 따름입니다

010 ~が最後 일단 ~했다하면
マイクを握ったが最後、誰にもマイクを渡さない 마이크를 일단 잡았다하면 누구에게도 마이크를 넘겨주지 않는다

011 ~かたがた ~할 겸
散歩かたがた銀行に寄る
산책할 겸 은행에 들르다

012 ~かたわら ~하는 한편
両親を手伝うかたわら専門学校に通っている。부모님을 돕는 한편, 전문학교에 다니고 있다

013 ~がてら ~하는 김에
運動がてら、自転車で買い物に行った 운동하는 김에 자전거로 쇼핑하러 갔다
遊びがてら寄ってみてください 놀러올 겸 들려주세요

014 ~が早いか ~하자마자
学校から帰るが早いか、かばんを放り出して遊びに行った。학교에서 돌아오자마자 가방을 내던지고 놀러 갔다

015 ~からある/~からの/~からする ~이나 되는
40キロからある荷物 40킬로그램이나 되는 짐
100人からの死傷者 100명이나 되는 사상자
500万円からする車 500만 엔이나 하는 차

016 ~きらいがある ~하는 경향이 있다
なんでも物事を悪いほうに考えるきらいがある 매사를 나쁜 쪽으로 생각하는 경향이 있다

017 ~極まりない, ~極まる
~하기 짝이 없다, 극히 ~하다
危険極まりない 위험하기 짝이 없다
失礼極まる行為だ 정말 실례가 되는 행위이다

018 ~ごとき/ ~ごとく ~와 같은/~와 같이(처럼)
今回のごとき事件は 이번 같은 사건은
予想したごとく、今回の試合はAチームが勝った 예상한 것처럼 이번 시합은 A팀이 이겼다

019 ~こととて ~이라서, ~이므로
はじめてのこととて緊張してしまった
처음이라서 긴장하고 말았다
慣れぬこととて、失敗をいたしました
익숙하지 않아서 실패를 했습니다

020 ~ことなしに(は) ~하지 않고(는)
努力することなしに、英語が上手になれるわけがない 노력하지 않고서 영어가 능숙해질 리가 없다

021 ~始末だ ~형편(꼴)이다, ~하게 되었다
学費を値上げしたせいで、逆に入学者の数まで減ってしまう始末だ 학비를 올린 탓에 오히려 입학생 수까지 줄어들게 되었다

022 ~ずにすむ ~하지 않고 끝나다
収納棚が多かったため、食器棚を買わずにすんだ 수납선반이 많았기 때문에, 식기장을 사지 않아도 되었다

023 ~すら, ~ですら ~조차, ~도
重病のため、一人では食事すらできない
중병으로 혼자서는 식사조차 못한다
そんな易しい漢字は、小学生ですら読める
그런 쉬운 한자는 초등학생조차 읽을 수 있다

024 ~ずくめ ~일색, ~투성이
今月はいいことずくめの1か月でした
이번 달은 좋은 일만 가득한 한 달이었습니다
黒ずくめの服装をしている
검정 일색의 복장을 하고 있다

025 ~ずじまい ~하지 않고 끝남, ~하지 못하고 말았음
なかなか自分が考えていることを言えずじまいだった 좀처럼 자신이 생각하고 있는 것을 말하지 못하고 말았다

026 ~ずにはおかない, ~ないではおかない
~하지 않을 수 없다, 반드시 ~하다
あんなひどいことをしたからには罰を与えずにはおかない 그런 심한 일을 한 이상 벌을 주지 않을 수 없다
注意しないではおかない 주의를 주지 않을 수 없다

027 ~ずにはすまない, ~ないではすまない
반드시 해야 한다, ~하지 않으면 해결되지 않는다
税金は払わずにはすまない
세금은 지불하지 않으면 안 된다
こうなった以上は本当のことを言わないではすまない 이렇게 된 이상에는 반드시 사실을 이야기해야 한다

028 ~そばから ~하는 족족, ~하기가 무섭게
年を取ると物忘れが激しくなり、聞くそばから忘れてしまう 나이를 먹으면 건망증이 심해져, 듣는 족족 잊어버린다

029 ~だけましだ ~한 것만으로도 다행이다
給料はやっぱり安いです。でも、仕事があるだけましだと思って何とか頑張っています 급료는 역시 적습니다. 그렇지만 일이 있는 것만으로도 다행이라고 생각해 어떻게든 열심히 하고 있습니다

030 ただ ~のみ/ただ~のみならず
단지 ~할 따름(뿐임)/ 단지~뿐만 아니라
軍人はただ命令に従うのみだ
군인은 단지 명령에 따를 뿐이다
このレストランはただおいしいのみならず、雰囲気もいい 이 레스토랑은 단지 맛있을 뿐만 아니라, 분위기도 좋다

031 ~たてまえ ~한 체면상, ~해 놓았으니
自分でやると宣言したてまえ、やらざるを得ないよ 스스로 한다고 선언해 놓았으니, 체면상 하지 않을 수 없어

032 ~たところで ~해 봤자, ~한들, ~한다 해도
後悔したところで、今さらどうにもならない
후회한들, 이제 와서 어쩔 도리가 없다

033 ~だに ~조차(~도), ~(하는 것)만으로도
まさかこんなことになろうとは想像だにしなかった。 설마 이렇게 되리라고는 상상조차 하지 않았다

034 ~たりとも 비록 ~이라도
救助活動では一刻たりとも無駄にはできない
구조 활동에서는 비록 일각이라도 헛되이 할 수 없다

035 ~たるもの ~인 이상, ~이면 당연히
政治家たるものは国民の利益を第一に考えるべきだ 정치가인 이상 국민의 이익을 제일로 생각해야만 한다

036 ~つ ~つ ~하기도 ~하기도 하면서
抜きつ抜かれつ 앞서거니 뒤서거니
持ちつ持たれつ 돕고 도움을 받으며, 상부상조하며

037 ~っぱなし 계속~하다, ~한 채로 버려두다
水道の水は出しっぱなしにしないで、必ず蛇口を閉めなさい 수돗물은 계속 틀어놓지 말고, 반드시 수도꼭지를 잠그세요

038 ~であれ/ ~であれ ~であれ
~라 해도/ ~든 ~든 간에
たとえ小さな子どもであれ、許されることではない 비록 어린아이라 해도 용서되지 않는다
男であれ女であれ、この不景気では再就職は難しい 남자든 여자든 이런 불경기에는 재취업은 어렵다

039 ~てからというもの ~하고 나서부터는
マラソンを始めてからというもの、冬でも風邪を引かなくなった 마라톤을 시작하고 나서부터는, 겨울에도 감기에 걸리지 않게 되었다

040 ~てしかるべきだ ~해야 마땅하다
この映画は再評価されてしかるべきだと思う
이 영화는 재평가되어야 마땅하다고 생각한다

041 ~でなくてなんだろう
~가 아니고 무엇이겠는가, 바로~그것이다
これが男女差別でなくてなんだろう 이것이 남녀차별이 아니고 무엇이겠는가

042 ~ではあるまいし ~가 아닌데(어찌)
子どもではあるまいし、夜一人でトイレに行けないなんて… 아이도 아닌데 밤에 혼자서 화장실에 갈 수 없다니…

043 ~てまで ~하면서까지
お金を借りてまで、車を買おうとは思わない
돈을 빌려서까지, 차를 살 생각은 없다

044 ~てみせる ~해 보이겠다
俺が世界一のボクサーだということを証明してみせる 내가 세계 제일의 복서라는 것을 증명해 보이겠다

045 ~てもさしつかえない ~해도 지장이 없다
印鑑がなければサインをしてもさしつかえない
도장이 없으면 사인을 해도 지장이 없다

046 ~てはかなわない ~해서는 견딜 수 없다
いくら熱帯魚でもこう暑くてはかなわない 아무리 열대어라도 이렇게 더워서는 견딜 수 없다

047 ~てやまない ~하여 마지않다
私には心から尊敬してやまない恩師がいる
나에게는 진심으로 존경해 마지않는 은사가 있다

048 ~と相まって ~와 더불어, ~와 어울려
天分と努力が相まって成功した
천성과 노력이 어울려 성공했다

049 ~とあって ~이라서
今日は平日とあって参詣の人影が少ない
오늘은 평일이라서 참배하는 사람들이 적다

050 ~とあれば ~이라면
あなたのためとあれば、たとえ死んでも構いません 당신을 위해서라면, 설령 죽는다고 해도 괜찮습니다

051 ~といい ~といい
~로 보나 ~로 보나, ~도 그렇고 ~도 그렇고
この服は値段といい、デザインといい私にぴったりです 이 옷은 가격으로 보나, 디자인으로 보나 나에게 딱 맞습니다

052 ～というところだ, ～といったところだ
기껏해야~정도이다
1日の睡眠時間はせいぜい5時間といったところです 하루 수면 시간은 겨우 5시간정도입니다

053 ～といえども ～라고는 해도, ～라 할지라도
利用料金は、いかなる理由といえども返還されないものとします 이용 요금은 어떠한 이유라 할지라도 반환되지 않습니다

054 ～というもの 최근 ~동안
この三日間というもの、ろくに寝られなかった 최근 3일간, 제대로 잠잘 수 없었다

055 ～といったらありはしない(～といったらありゃしない), ～といったらない
정말이지 ~하다, ~하기 짝이 없다
腹立たしいといったらありはしない 정말이지 화가 난다
変な奴といったらない 괴상하기 짝이 없는 놈이다

056 どうりで ～はずだ 그럼 그렇지 ～수밖에
どうりで寒いはずだ。雪が降っている 그럼 그렇지 추울 수밖에. 눈이 내리고 있어

057 ～と思いきや ～라고 생각했더니(사실은 ～아니었다)
物価が高いと思いきや、案外安い 물가가 비싸다고 생각했는데, 의외로 싸다

058 ～ときたら ～로 말할 것 같으면
近頃の若者ときたら、礼儀を知らない! 요즘 젊은이들은 예의를 모른다!

059 ～ところだった ～할 뻔 했다
危うく車にひかれるところだった 하마터면 차에 치일 뻔했다

060 ～ところを ～때에, ～인 중에
カンニングしようとしたところを、運悪く先生に見つかってしまった 컨닝하려고 했을 때, 운 나쁘게 선생님에게 발각되어 버렸다
お忙しいところを申し訳ありませんが 바쁘신 중에 죄송합니다만

061 ～としたところで, ～にしたところで, ～としたって, ～にしたって ～라고 한들, ～의 경우라도
私としたところで、いい方法があるわけではない 나라고 한들 좋은 방법이 있는 것은 아니다
医者にしたって、必ずしも自分の健康に気をつけているとはかぎらない 의사라고 해서 반드시 자신의 건강에 신경을 쓰고 있다고는 할 수 없다

062 ～とて ～도 역시, ～라고 하여
社長とて人間である以上、常に正しく考えることはできない 사장도 역시 인간인 이상, 항상 올바르게 생각할 수는 없다
未成年者とて許すわけにはいかない 미성년자라고 하여 용서할 수는 없다

063 ～とは ～다니, ～라고는
まさかこんな所で君に会えるとは思ってもみなかった 설마 이런 곳에서 너를 만날 수 있다고는 생각해보지도 않았다

064 ～とはいえ ～이라고는 해도
春とはいえ、夜はまだ肌寒い 봄이라고는 해도, 밤에는 아직 쌀쌀하다

065 ～とばかりに ～라는 듯이
弟はいい事を思いついたとばかりにニッコリと笑った 남동생은 좋은 일이 생각났다는 듯이 빙긋 웃었다
黙れとばかりに、部長は強い目つきで私を睨んだ 입을 다물라는 듯이 부장은 매서운 눈초리로 나를 쏘아 봤다

066 ～ともなく, ～ともなしに
특별히~할 생각도 없이, 무심코
電車の中で聞くともなしに二人の話を聞いてしまった 전철 안에서 특별히 들을 생각도 없이 두 사람의 이야기를 듣고 말았다

067 ～ともなると, ～ともなれば
～이 되면(당연히), ～라면(당연히)
3月ともなると、いろいろなところから春を感じられるようになる 3월이 되면, 여러 곳에서 봄을 느낄 수 있게 된다
社会人ともなれば、親の手を離れて自立しなければならないはずだ 사회인이 되면, 부모의 손을 떠나 자립해야 할 것이다

068 ~ないでもない ~하지 않는 것도 아니다
どうしても必要というのなら、お金を貸してあげないでもない 꼭 필요하다고 한다면, 돈을 빌려 주지 못할 것도 없다

069 ~ないとも限らない ~할지도 모른다
最悪の事態にならないとも限らない 최악의 사태가 될지도 모른다

070 ~ないまでも ~까지는 하지 않더라도
海外に行くことはできないまでも、せめて温泉にでも行きたい 해외에 갈 수 없더라도, 적어도 온천에라도 가고 싶다

071 ~ないものでもない ~하지 않는 것도 아니다, ~할 수도 있다
努力すれば合格できないものでもないだろう 노력하면 합격할 수 없는 것도 아닐 것이다

072 ~ながらも ~이면서도, ~이지만
障害を持ちながらも働いている人 장해를 가지고 있으면서도 일을 하고 있는 사람

073 ~ながらに ~면서
生まれながらに 태어나면서, 선천적으로
涙ながらに 눈물을 흘리면서
昔ながらの風習 옛 그대로의 풍습

074 ~なくして/~なくしては ~없이/~가 없으면
きちんとした準備なくして新しい事を始める 제대로 된 준비 없이 새로운 일을 시작하다
愛なくしては生きていけない 사랑이 없으면 살아 갈 수 없다

075 ~なしに/~なしには ~없이/~없이는
ノックなしに部屋に入ってきた 노크 없이 방에 들어 왔다
インターネットなしには考えられない時代となった 인터넷 없이는 생각할 수 없는 시대가 되었다

076 ~ならいざしらず ~라면 모를까
小さな子どもならいざしらず、大学生にもなって~ 어린 아이라면 모를까, 대학생이나 되어서~

077 ~ならでは ~가 아니면 없는, ~고유의
この店ならではの味が楽しめる 이 가게가 아니면 맛볼 수 없는 맛을 즐길 수 있다

078 ~なり/~なり~なり ~하자마자/ ~하든 ~하든
彼女は「好きにして」と言うなり、部屋を出ていった 그녀는 「마음대로 해」라고 말하자마자 방을 나갔다
辞書を引くなり誰かに聞くなりして、調べておきなさい 사전을 찾든지 누군가에게 묻든지 해서 알아놓으세요

079 ~なりに/~なりの 나름대로/ ~나름대로의
色々と私なりに調べてみましたが 여러모로 제 나름대로 조사해 보았습니다만
成功する人にはそれなりの理由がある 성공하는 사람에게는 그 나름의 이유가 있다

080 ~にかこつけて ~를 구실로
出張にかこつけて、京都旅行をしてきた 출장을 구실로, 교토 여행을 하고 왔다

081 ~にはあたらない ~할 것 까지는 없다
これは予想されていたことで、驚くにはあたらない 이것은 예상되고 있던 것으로 놀랄 것 까지는 없다

082 ~にあって ~에서, ~의 상황에서
長期的な不況下にあって、コスト削減は最大の懸案だ 장기적인 불황 하에서, 코스트 삭감은 최대의 현안이다

083 ~に至るまで/~に至って(は)
~에 이르기 까지/~에 이르러서(는)
離婚に至るまでの心の葛藤は~ 이혼에 이르기까지의 마음의 갈등은~
ことここに至っては選択の余地はない 일이 이 지경에 이르러서는 선택의 여지는 없다

084 ~にかかわる ~에 관계된, ~에 관련된
商品開発にかかわるリサーチを行っている 상품개발에 관련된 리서치를 실시하고 있다

085 ~にかたくない ~하기에 어렵지 않다
子どもを亡くした彼女の悲しみは、察するにかたくない 아이를 잃은 그녀의 슬픔은 헤아리기 어렵지 않다

086 ~にこしたことはない ~보다 나은 것은 없다
直接会って話すにこしたことはない
직접 만나 이야기하는 것보다 좋은 것은 없다

087 ~にして ~이면서, ~로서도, ~이 되어
彼は発明家にして、音楽家でもある
그는 발명가이면서 음악가이기도 하다
天才の彼にして解決できなかった問題なのだ
천재인 그로서도 해결할 수 없었던 문제이다
27歳にして初めて~ 27살이 되어 처음으로~

088 ~に即して/~に即した ~에 입각하여/~에 입각한
ルールに即して実施する 룰에 입각해 실시하다
現実に即した解決策を提示する
현실에 입각한 해결책을 제시하다

089 ~にたえる/~にたえない
~할 만하다/차마 ~할 수 없다, ~해 마지 않다
大人の鑑賞にたえる絵本です
어른들이 감상할 만한 그림책입니다
お世話になりまして感謝にたえない
신세를 져서 감사할 따름이다
読むにたえない書き込みが多すぎる
차마 읽을 수 없는 게시글이 너무 많다

090 ~に足る ~할 만하다, ~하기에 충분하다
会長は信頼するに足る人物だ。
회장은 신뢰할 만한 인물이다

091 ~にひきかえ ~와 반대로, ~에 비해
勤勉な姉にひきかえ、妹は怠け者だ
근면한 언니와는 반대로, 여동생은 게으름뱅이이다

092 ~にもまして ~이상으로, ~보다 더
今年の公演は、例年にもましてチケットの売れ行きが好調だ 올해 공연은 예년보다 더 티켓의 팔림새가 호조이다

093 ~の至り 지극히 ~함(극치), ~의 소치(탓)
このようなすばらしい賞をいただき、光栄の至りです 이러한 훌륭한 상을 받아, 영광스러울 따름입니다
原因は、すべて私の不徳の至りです
원인은, 모두 저의 부덕의 소치입니다

094 ~の極み 지극히 ~함(극치)
感激の極みです 감격스럽기 그지없습니다
贅沢の極みだ 사치스럽기 그지없다

095 ~はおろか ~은커녕(물론)
客はおろか通行人さえいない
손님은커녕 지나다니는 사람마저 없다

096 ~ばこそ 바로 ~이기 때문에
子どものためを思えばこそ、過ちは放置できない 아이들을 위해서라고 생각하기 때문에 잘못은 방치할 수 없다

097 ~ばそれまでだ ~면 그것으로 끝이다
いくらお金を貯めても、死ねばそれまでだ
아무리 돈을 모아도, 죽으면 그것으로 끝이다
どんなに頑張っても、途中であきらめたらそれまでだ 아무리 노력해도, 도중에 포기하면 그것으로 끝이다

098 ひとり ~だけでなく、ひとり ~のみならず
단지 ~뿐만 아니라
ひとりわが国だけでなく、世界全体の問題である 단지 우리나라뿐만이 아니라, 세계 전체의 문제이다
ひとり本人のみならず、社会的にも大きな損失である 단지 본인뿐만 아니라, 사회적으로도 큰 손실이다

099 ~べからず、~べからざる |
~해서는 안 된다, 할 수 없다
関係者以外立ち入るべからず
관계자 이외에 들어가지 말 것
言うべからざることは絶対に口に出せない
해서는 안 될 말은 절대로 말할 수 없다

100 ~べく/~べくもない
~하기 위해(~하려고)/~할 방도가 없다
文化遺産を後世に伝えるべく、幅広い活動をしている 문화유산을 후세에 전하기 위해, 폭넓은 활동을 하고 있다
これ以上の成果は望むべくもない
이 이상의 성과는 바랄여지가 없다

101 ~まじき ~로서 해서는 안 된다, ~있어서는 안 된다
暴力をふるうなんて、教師にあるまじきふるまいだ 폭력을 휘두르다니, 교사로서 해서는 안 되는 행동이다

102 ~までだ, ~までのことだ ~할 뿐(따름)이다, ~하면 그만이다
いやなら断(ことわ)るまでのことだ 싫으면 거절하면 그만이다
念(ねん)のために確認(かくにん)したまでだ 만일을 위해서 확인했을 뿐이다(과거형접속-이유를 강조)

103 ~までもない/~までもなく ~할 필요도 없다/~할 것까지도 없이
今(いま)さら説明(せつめい)するまでもない 이제 와서 설명할 필요도 없다
それは言(い)うまでもなく、大(おお)きな間違(まちが)いです 그것은 말할 필요도 없이 큰 잘못입니다

104 ~まみれ ~투성이
汗(あせ)まみれになってしまった 땀투성이가 되어 버렸다

105 まま(に) ~하는 대로, ~에 따라
思(おも)うままに書(か)いてください 생각대로 편하게 써주세요
父(ちち)に言(い)われるまま中村(なかむら)さんと婚約(こんやく)した 아버지에게 들은 대로(아버지가 시키는 대로) 나카무라씨와 혼인했다

106 ~めく ~다워지다, ~처럼 되다
すっかり暖(あたた)かくなり、春(はる)めいてきた 완연히 따뜻해져, 봄다워졌다

107 ~もかえりみず ~도 돌보지 않고
家庭(かてい)もかえりみず朝(あさ)から晩(ばん)まで仕事(しごと)に没頭(ぼっとう)した 가정도 돌보지 않고 아침부터 밤까지 일에 몰두했다

108 ~もさることながら ~은 물론이거니와
仕事(しごと)の内容(ないよう)もさることながら、社会的地位(しゃかいてきちい)や収入(しゅうにゅう)の面(めん)でも~ 일의 내용은 물론이거니와, 사회적 지위나 수입 면에서도~

109 ~も同然(どうぜん)だ ~나 다름없다
私(わたし)の心(こころ)は死(し)んだも同然(どうぜん)だ 내 마음은 죽은 거나 다름없다

110 ~ものなら ~했다가는, ~할 수 있으면
そんなことを言(い)おうものなら、上司(じょうし)に怒(おこ)られる 그런 말을 했다가는, 상사에게 혼난다
子(こ)どものころに、戻(もど)れるものなら戻(もど)りたい 어린 시절로 되돌아갈 수 있다면 되돌아가고 싶다

111 ~や, ~や否(いな)や ~하자마자 곧
彼(かれ)は舞台(ぶたい)に上(あ)がるや、踊(おど)り出(だ)した 그는 무대에 오르자마자, 춤추기 시작했다
この映画(えいが)は公開(こうかい)されるや否(いな)や~ 이 영화는 공개되자마자~

112 ~ゆえに/ ~ゆえの ~때문에/ ~때문의
悪天候(あくてんこう)ゆえに旅行(りょこう)は延期(えんき)された 악천후 때문에 여행은 연기되었다
貧(まず)しいがゆえに進学(しんがく)できなかったり~ 가난하기 때문에 진학할 수 없거나~
女性(じょせい)は女性(じょせい)であるがゆえの悩(なや)みがある 여성은 여성이기 때문에 갖는 고민이 있다

113 ~ようによっては ~하기에 따라서는
本人(ほんにん)のやりようによっては~ 본인이 하기에 따라서는~

114 ~をおいて~ない ~를 제외하고는 ~없다, ~말고는 ~없다
彼(かれ)をおいてこの任務(にんむ)を任(まか)せられる人(ひと)はいない 그를 제외하고는 이 임무를 맡길 수 있는 사람은 없다

115 ~を限(かぎ)りに ~를 끝으로
今年(ことし)を限(かぎ)りに現役(げんえき)を引退(いんたい)する 금년을 끝으로 현역을 은퇴한다

116 ~を皮切(かわき)りに(して), ~を皮切(かわき)りとして ~을 시작으로
東京(とうきょう)を皮切(かわき)りにして、全国(ぜんこく)で順次公開(じゅんじこうかい)される予定(よてい)です 도쿄를 시작으로 전국에서 차례차례로 공개될 예정입니다

117 ~を禁(きん)じ得(え)ない ~하지 않을 수 없다, ~를 금할 수 없다
怒(いか)りを禁(きん)じ得(え)ない 분노를 금할 수 없다
同情(どうじょう)の念(ねん)を禁(きん)じ得(え)なかった 동정하는 마음을 금할 길이 없었다

118 ~をおして ~을 무릅쓰고
周囲(しゅうい)の反対(はんたい)をおして、試合(しあい)に出(で)た 주위의 반대를 무릅쓰고, 시합에 출전했다

119 ～を踏まえて ～에 입각하여
現状を踏まえて予想してみる
현재 상황에 입각하여 예상해 본다

120 ～を経て ～를 거쳐
正規の手続きを経て輸入される製品
정규수속을 거쳐 수입되는 제품

121 ～をもって ～으로, ～로써
非常な努力をもってその実験を成功させた
대단한 노력으로 그 실험을 성공시켰다
主催者の挨拶をもってイベントは終了となりました 주최자의 인사를 끝으로 이벤트는 종료가 되었습니다
彼の才能をもってすれば～ 그의 재능이라면～

122 ～をものともせず(に)
～에도 개의치 않고, ～에도 아랑곳 않고
彼は火災をものともせずに飛び込んで～
그는 화재에도 아랑곳하지 않고 뛰어 들어가～

123 ～を余儀なくさせる/ ～を余儀なくされる
어쩔 수 없이 ～하게 하다/ 어쩔 수 없이 ～하게 되다
敵軍を追いつめ、秘密基地からの撤退を余儀なくさせた 적군을 궁지에 몰아, 비밀 기지로부터 철수를 하게 했다
社長は健康上の理由で辞任を余儀なくされた
사장은 건강상의 이유로 어쩔 수 없이 사임을 하게 되었다

124 ～をよそに ～를 생각하지 않고, ～에 개의치 않고
彼は医師の忠告をよそに、毎日タバコを吸いつづけている 그는 의사의 충고를 뒷전으로 하고, 매일 담배를 계속해서 피우고 있다

125 ～んがため(に)/～んがための
～하기 위해서/～하기 위한
彼は富と権力を得んがために～
그는 부와 권력을 얻기 위해～
選挙に勝たんがための政略である
선거에 이기기 위한 정치적 책략이다

126 ～んばかりだ/～んばかりに/～んばかりの
당장이라도 ～하려는 듯하다/당장이라도 ～하려는 듯이/당장이라도 ～하려는 듯한
今にも倒れんばかりだ 당장이라도 쓰러질 듯하다
壊れんばかりに～ 부서질 듯이～
今にも泣き出さんばかりの顔つきになった
당장이라도 울 듯한 얼굴이 되었다
まるで帰れと言わんばかりの嫌な顔をされた
마치 돌아가라는 듯한 불쾌한 표정을 지었다